방촌 황희의 학문과 사상

|방촌학술총서 제2집|

방촌 황희의 학문과 사상

(사)방촌황희선생사상연구회 편저

〈경기도 파주시 탄현면 금승리 방촌 묘소〉

발간사

방촌학술총서 제2집 《방촌 황희의 학문과 사상》 출간을 기쁘게 생각합니다. 우리 (사)방촌황희선생사상연구회는 2013년에 창립되어 방촌 황희 선생의 학문과 업적, 그리고 삶과 인품에 대해 연구해 오고 있습니다.

방촌 황희선생은 여말선초의 경세가로서 위대한 성군(聖君) 세종을 도와, 세종시대를 여는 데 중추적 역할을 하였습니다. 그는 90세의 장수를 하면서 60여 년의 공직생활을 하였고, 그 가운데 세종시대에 28년간 재상의 위치에 있었으며, 18년 동안 영의정으로 국정을 총괄하였습니다. 이러한 방촌선생의 이력은 아마도 역사상 전무후무한 사례가 될 것입니다. 물론 방촌선생이 벼슬을 오래했다는 것이 자랑일 수 없습니다. 그가 얼마나 일을 잘하고 많이 했느냐가 중요한 것입니다. 세종은 그를 존경하고 아껴서 연로할 때까지 놓아 주지 않았습니다. 아버지처럼 스승처럼 믿고 의지하였습니다. 훌륭한 정치는 임금과 신하의 군신공치(君臣共治)에서 이루어지는데, 그 역사적 본보기가 바로 세종과 방촌의 만남입니다. 상호 신뢰와 존경 속에 백성과 나라를 위한 정치적 신념이 일치함으로써, 역사상 일컫는 세종시대의 태평성대가 가능했던 것입니다.

방촌 황희선생은 유학자가 아니라 경세가입니다. 조선이 유교이념으로 입국한 초기 유교적 제도의 창안과 실행에 주도적 역할을 한 분이 바로 방촌선생입니다. 방촌선생은 흔히 청백리로 알려졌지만 방촌선생의 위대함은 조선이라는 나라를, 유교의 나라로 만드는 데 중추적 역할을 했다는 점입니다. 이 점에서 방촌선생이야말로 진정한 실학(實學)을 펼친 분이요, 삼봉(三峰) 정도전(鄭道傳)이 만든 유교 국가의 프로그램을 현실에 실천한 분이 방촌선생이라 할 수 있습니다.

앞으로 저희 연구회는 방촌선생의 위대한 학문과 업적을 현창할 뿐만 아니라, 장수 황씨 인물들을 발굴하고 현창하는 데도 앞장설 것입니다. 그리고 방촌선생 관련 유적에 관한 연구와, 이에 관련된 인물들에 관한 연구도 병행할 것입니다. 이번에 발간되는 방촌학술총서 제2집은 그동안 발표된 방촌선생 관련 논문 가운데 선별하여 게재한 것입니다. 앞으로도 여러 분야에서 발표된 연구 성과를 선별하여 학술총서로 해마다 간행할 예정입니다.

이상으로 소중한 옥고의 게재를 승낙해 주신 여러 교수님께 감사드리며, 이 책의 편집을 도와준 충남대 김창경 박사의 노고에 감사를 드립니다. 이 책이 한국학의 발전과 방촌 연구의 귀중한 자료로 활용되기를 기대합니다.

2017년 10월 25일
사단법인 방촌황희선생사상연구회 이사장 황의동

| 차 례 |

조선 초기 황희의 정치적 역할[1]

정두희[2]

1. 머리말

황희(黃喜)는 보통 청백리(淸白吏)라고 널리 알려져 왔다. 그러나 청백리 황희에 대한 선입견이 너무나 강하였기에 그가 조선 초기의 정치사(政治史)에서 매우 중요한 위치를 차지하고 있던 인물이라는 사실은 거의 알려져 있지 않다.

황희는 1363년 고려말 공민왕 12년에 태어나서 조선 초기 문종 2년인 1452년에 사망하였다. 고려왕조가 무너지고 조선왕조가 새로이 만들어지던 격동기에 그는 90년 생애를 살았다. 그리고 조선왕조 기틀이 확고하게 자리 잡히던 태종과 세종 대 50여 년 간에 그는 국가의 가장 중요한 직책을 맡고 있었다. 그러므로 그는 조선왕조의 역사상 가장 민감했던 시기에 정치적으로 매우 중요한 역할을 할 수 있는 위치에 있었던 것이다. 조선왕조의 건국 직후부터 건국에 공이 있던 개국공신들을 위시하여 격변하던 시대에 이름을 날렸던 많은 인물들이 있었다. 그리고 그들에 대한 많은 일화들이 전해지고 있다. 그러나 황희는 이 시기에 나라의 가장

---

1) 이 논문은 〈朝鮮初期 黃喜의 政治的 役割〉, 《吉玄益敎授停年紀念史學論叢》, 吉玄益 敎授停年紀念史學論叢 刊行委員會, 1996에 게재된 논문이다.

2) 전 서강대학교 교수

중요한 직책에서 가장 오랫동안 있었던 인물임에도 불구하고, 그가 청렴한 관리였다는 사실만이 야사처럼 전해질 뿐 국가의 경영에 미친 그의 정치적 역할은 거의 알려지지 않았던 것이다.

황희는 정치가로서 관료로서 또 태종과 세종의 절대적인 신임을 받던 재상으로서 그 영향력이 무척 컸던 사람이었다. 그러나 그는 자신의 권력과 정치력을 행사함에 있어서 매우 신중하고 절제적인 사람이었다. 그리고 이처럼 자신을 잘 드러내지 않는 황희의 인물됨과 역할이, 그가 살았던 시대에 특별한 기여를 하였던 것이다. 그러므로 조선 초기 태종에서 세종 대에 있어서의 황희의 정치적인 역할을 살펴보면, 그의 생애가 오늘날의 우리들 특히 공직에 임하는 사람들 모두에게 많은 것을 가르쳐 주고 있음을 발견할 수 있을 것이다.

2. 고려 말 조선 초기의 시대적 배경과 황희

14세기 후반 고려사회는 안과 밖으로 커다란 시련에 직면해 있었다. 대내적으로는 정치가 문란해지고, 나아가 농민들에 대한 극심한 수취로 인해 백성들의 생활은 극도로 피폐해졌다. 소수의 권문세족(權門勢族)들에 의해 불법적으로 자행되는 권력구조를 개편하고, 농민들의 생활에 기본 토대가 되며 나라의 재정적 기반이 되는 토지제도의 모순을 해결하지 않는다면 국가의 존립 자체가 위태로운 때였다.

이처럼 대내적인 위기가 고조되던 14세기 후반, 외부적으로는 우리나라를 둘러싼 동북아시아의 국제 질서가 크게 뒤바뀌던 시기였다. 1세기 이상 대륙을 지배하던 몽고족의 원나라 세력이 급속히 쇠퇴하면서, 중국에서는 명나라가 흥기하기 시작하였다. 그 결과 대륙에서 세력의 공백이 생기자 우리나라 북방의 여러 민족들의 움직임이 활발해졌고, 이들이 종종 고려의 국경을 넘어 침략해 들어왔다. 그리하여 공민왕 때 홍건적들은 일시 개성을 점령하기까지 하였던 것이다. 동시에 동쪽으로 왜구들은 가마쿠라 막부가 몰락하면서 지방의 호족들을 제어하지 못하게 되자, 해안지방의 세력들이 대부분 해적이 되어 고려의 전 해안을 유린하였다. 왜구라고 알려진 일본 해적들의 침략은 지속적으로 고려의 국력을 크게 소모시켜 나갔던 것이다.

결국 이와 같은 대내외적인 위기에 능동적으로 대처하지 못한 고려왕조가 몰락하고, 1492년 조선왕조가 새로이 건국되기에 이르렀다. 그러나 새로운 왕조가 건국되었다고는 하지만, 조선왕조가 제대로 발전해 나갈 수 있을 것이라는 전망은 불투명하였다. 고려 구세력들의 반발과 새로운 국가의 권력을 장악하기 위한 건국 주동세력 내부의 심각한 갈등, 그리고 새로운 왕조의 왕권이 어떻게 계승되느냐 하는 문제 등이 얽혀서 왕조의 초기는 매우 어지럽고 불안정하였다.

황희는 바로 이러한 시대에 태어나고 자랐던 것이다. 자료의 부족으로 황희의 어린 시절 및 젊은 시절에 관하여 자세히 알 수는 없다. 그러나 황희는 꽤 안정된 집안에서 생장하였던 것 같다. 그의 아버지가 판강릉부사(判江陵府使)의 관직을 지니고 있었으며, 황희는 문벌 있는 자손들이 과거를 거치지 않고 관료가 될 수 있는 음서제(蔭敍制)의 혜택을 받아, 고려 우왕 2년인 1376년(14세)에 복안궁(福安宮)의 녹사(錄事)가 되었다는 사실로서도 확인할 수가 있다.

황희는 어려서부터 총명하고 밤낮으로 책을 읽어 유교의 경전과 역사에 통달하였다고 한다. 그래서 주위에서 그가 과거에 응시하기를 권하였지만, 그는 과거를 보기 위한 경전공부보다는 글 짓는 공부에 열중해서 응시하지 않았다. 그러나 결국 그의 부모가 강권하여 그는 21세 때 우왕 9년(1383)에 사마시에 급제하였으며, 2년 뒤 다시 진사시에 급제하였다. 그리고 그가 27세 때인 공양왕 원년(1389)에 문과에 급제하였다. 그러나 그가 과거에 급제하였던 공양왕 원년은 고려왕조의 운명이 기울어지던 때였다. 그가 급제하고 3년이 되어 고려왕조는 멸망하고 새로운 조선왕조가 건국되었던 것이다. 그러므로 그는 고려시대에 별다른 역할을 할 기회도 없었다.

조선이 건국되자 여러 방면에 많은 인재가 필요하였기에 황희도 발탁되어 세자우정자(世子右正字), 직예문춘추관(直藝文春秋館), 사헌감찰(司憲監察) 등의 관직을 역임하였지만, 그의 존재가 널리 알려지지는 못하였다. 조선 태조 7년(1398) 그가 36세 되던 해에는 우습유(右拾遺)가 되어 문하부의 간관(諫官)이 되었지만, 오히려 황희는 간관으로서의 직무를 태만히 했다는 이유로 경원교수관(慶源敎授官)으로 좌천되기도 하였다. 태조가 물러나고 정종이 즉위하고서 다시 문하부의 간관인 보궐(補闕)이 되지만, 왕자였던 회안군(懷安君) 방간(芳幹)의 매부였던 민공생(閔公生)의 비리를 적극 탄핵하는 데 앞장섰기 때문에 다시 면직되는 불운을 겪기도 하였다.[3]

이렇게 보면 황희는 40이 다 될 때까지 자신의 능력을 발휘할 수 있는 별다른 기회를 얻지 못하고 있었다. 고려에서 조선의 왕조교체기라는 특

---

3) 이상 황희의 생애에 대하여는 《문종실록》 권12, 〈2년 2월 임신조〉 황희의 졸년기사를 참조할 것.

수한 환경 속에서 황희와 같은 인물이 능력을 인정받기란 쉽지 않았다. 그는 처세가 재빠르고 주위 환경변화에 능숙하게 적응하면서 자신의 입지를 키워나갈 수 있는 능력을 지닌 인물이 아니었던 것이다. 그렇기에 그는 40세가 다 되도록 주위의 눈길을 끌 만한 인물로 인정받지 못하였던 것이다.

3. 태종과 황희

고려에서 조선으로의 왕조교체기라는 특수한 상황 속에서 제대로 자신의 위치를 발견할 수 없었던 황희는, 태종의 인정을 받으면서 그 재능이 빛을 발휘하기 시작하였다. 그러므로 그의 생애에서 태종과의 만남은 특별한 의미를 지니고 있다고 하겠다.

태종이 언제부터 황희에 대하여 잘 알게 되었는지는 확실하지 않다. 태종에게 황희를 천거한 것은 좌명공신(佐命功臣)으로서 태종의 집권을 적극적으로 옹호하였던 박석명(朴錫命)이었다. 태종 3년 당시 박석명은 지신사(知申事)의 직책에 있었는데, 그는 그 자리에서 물러나기를 여러 번 간청하였다. 지신사란 곧 후일 승정원 체제가 완성되었을 때의 도승지(都承旨)와 같은 직위이며, 왕의 비서로서 왕의 의중을 잘 파악하여 이를 실제 정치에 반영되도록 해야만 하는 자리이다. 그러므로 지신사에는 왕의 심복이 될 만한 인품과 능력을 갖춘 사람이 필요하였다.

태종 3년 박석명의 천거에 따라 왕은 현재 부친상(父親喪) 중에 있는 황희를 특별히 등용하여 승추부(承樞府)의 경력으로 임명하였다. 당시에는 친상(親喪)을 당하면 3년상을 마칠 때까지 관직에서 물러나야 하지만, 태종은 무관(武官)의 경우 친상을 당한 지 100일이 경과하면 복직시킬 수 있다는 관례를 가지고, 황희를 특별히 대호군(大護軍)으로 임명하여 승추부 경력을 겸직하게 하였다.4)

태종은 조선 초기의 불안정한 정국을 바로잡는 데 있어서 사병(私兵)을 혁파하여 병제를 바로 잡는 것이 무엇보다도 선행되어야 한다고 믿었다. 그리하여 태종 원년에 병권을 일원화하여 왕에 귀속시키는 조처로, 중추원(中樞院)을 혁파하고 승추부를 세웠던 것이다.5) 그러므로 승추부는 태종의 정치개혁의 산물이었으며, 여기에 황희를 앉힌 것은 그를 신임할 수 있는지의 여부를 판단하려는 것이었다. 이런 과정을 거쳐 태종 4년 황희는 우사간대부(右司諫大夫)로 승진되고,6) 이어 태종 5년 12월 마침내 지신사로 발탁되었다.7)

당시 관료들의 인사권은 판이병조사(判吏兵曹事)를 겸한 의정부의 좌정승과 우정승이 장악하고 있었다. 태종은 이들 원로대신들의 인사권을 견제하고 관료들의 임면에 있어서 자신의 주장을 적극 반영하기를 원하고 있었다. 그리하여 그는 이조의 일에 밝다고 하여 지신사인 황희가 인사행정에 깊이 관여할 수 있는 길을 터놓았다. 당시의 사정이 《태종실록》에는 이렇게 기록되어 있다.

예전의 제도에 의하면 좌우정승은 판이병조사를 겸하여 인사행정을 장

---

4) 《태종실록》 권6, 〈태종 3년 윤11월 병신조〉

5) 태종대의 정치개혁에 대하여는 필자의 논문, 〈조선 건국초기 통치체제의 성립과정과 그 역사적 의미〉, 《한국사연구》 67집, 한국사연구회, 1989를 참조할 것.

6) 《태종실록》 권8, 〈태종 4년 10월 신묘조〉

7) 《태종실록》 권10, 〈태종 5년 12월 무진조〉

악하였다. 그러나 지신사 황희가 이조의 일에 밝기 때문에 오랫동안 인사행정에 깊이 관여하였다. 그러므로 비록 좌우정승이 천거하더라도 (황희가) 중간에서 작용하여 이들을 등용치 않도록 하였다. 그리고는 자신과 가까운 사람들의 좋은 점을 왕에게 자주 말씀드렸다. 그러니 좌우정승 등의 인사행정에 관여하는 관리들이 황희를 미워하였지만, 달리 어찌할 도리가 없었다. 그러므로 인사행정을 할 때면 이들은 매번 사양하고 물러나곤 하였다. 이에 좌우정승이 모두 겸판이병조사를 사직하였다. 이는 모두 황희가 인사행정을 불공정하게 처리한다는 익명의 투서가 두세 번이나 게시되기에 이른 것이다. 이에 황희는 조금 깨닫는 듯하였다. 이에 이르러 계문을 올려 예전의 제도를 복구하자고 주장하였지만, 그는 여전히 재상들의 의견만을 따르면 붕당이 일어나는 폐단이 있다고 주장하였다. 그러니 사람들이 모두 눈을 흘겼다.8)

위의 기록을 보면 당시 좌우정승을 비롯하여 원로대신들이 황희가 인사행정에 깊이 관여하는 것을 좋지 않게 여기고 있음을 알 수 있다. 그러면서도 이들이 황희를 어찌지 못했던 것은 황희가 태종의 절대적 신임을 바탕으로 활동하고 있기 때문이었다. 사실 인사행정에 관하여 태종이 황희에게 이처럼 강력한 권한을 부여한 것은 또 다른 정치적 이유가 있기 때문이었다. 즉 원로대신인 공신들의 권한을 제한하고 관료체제를 정비하려는 노력을 기울여 왔던 태종이, 인사행정에 있어서도 원로대신들의 입김을 배제하려고 하였던 때문인 것이다. 그러므로 황희가 이들 대신들

---

8) 《태종실록》 권15, 〈태종 8년 2월 계미조〉

의 미움을 받았다는 것을 부정적으로 평가할 필요는 없다.

이처럼 황희가 원로대신들의 권한을 견제하면서 인사행정에 깊숙이 관여했다는 것은 그가 태종의 절대적인 신임을 받고 있었다는 증거였다. 이때에 태종이 얼마나 황희를 신임하였는가에 대하여는 다음의 사료를 보면 잘 알 수 있다.

태종이 황희를 특별하게 신임하여 국가의 긴요한 업무를 그에게 전적으로 맡겼다. 비록 하루 이틀만 보지 못하여도 반드시 그를 불러 보았다. (태종이) 일찍이 말하기를 "이런 일은 나와 그대만이 알고 있을 뿐이다. 만약 일이 누설된다면, 이 책임이 그대 아니면 나에게 있을 것이다."라고 하였다. 그러므로 훈구대신들이 황희를 좋지 않게 생각하여 때로는 그를 모함하는 말을 하기도 하였다.9)

태종은 황희를 항상 측근에 두고 나라의 중대사를 내밀하게 의논하였음을 위의 기록은 잘 전해 주고 있다. 그러므로 훈구대신들이 황희를 좋지 않게 생각할 것은 당연하였다.

태종은 왕위에 오른 직후부터 왕권을 강화하고 중앙집권적인 통치체제를 확립하기 위해 노력하였다. 그런 과정에서 조선왕조를 건국하고 또 자신의 어려웠던 집권을 가능하게 하였던 공신 및 대신들의 사적인 권력을 제어하지 않으면 안 되었다. 그러므로 그는 자신의 이러한 정치개혁의 궁극적인 목표를 깊이 인식하고 적극적으로 나서 줄 인재가 절대적으로

---

9) 《문종실록》 권12, 〈문종 2년 2월 임신조, 황희의 졸년 기사〉

필요했던 것이다. 그런 의미에서 황희는 태종의 의중에 꼭 맞는 인물이었던 것이다. 그러나 태종대에 있어서도 정국이 안정되었던 것은 아니었으며, 새 왕조 권력구조의 재편성 과정에서 심각한 갈등이 빚어질 가능성은 항상 존재하였던 것이다.

태종 7년 태종의 왕비인 원경왕후의 친동기간인 민무구와 민무질의 역모사건이 발생하였다. 이로 인하여 이 둘은 태종 9년에 처형을 당하게 되었다. 원경왕후 민씨는 태종이 왕이 되는 데 중요한 역할을 하였으며, 민무구와 민무질의 공로도 매우 컸다. 그러므로 이들은 태종이 왕이 되자 모두 좌명공신이 되었던 것이다. 왕의 외척이라는 특수한 관계를 생각한다면 이들의 권세가 얼마나 강하였을 것인가 짐작할 수 있다. 사실 이 민씨 형제를 처벌해야 할 구체적인 이유가 무엇인지 상세하게 알 수는 없다. 그러나 민씨 형제가 당시 세자였던 양녕대군과 연결하여 다른 왕자들을 제거하고 뒷날을 도모하려고 한다는 의혹을 받은 것은 사실이었다.[10]

조선 건국 후 왕위의 계승문제는 심각하게 전개되었다. 태종 자신이 왕이 되기까지의 과정이 그러했다. 그러므로 태종 재위 시에도 네 왕자를 두고 조정 내의 분위기가 어떻게 형성되어 갈 것인지 예측하기 어려웠다. 민무구 등이 세자를 옹립하고 또 세자에 잠재적인 위협이 될 수도 있는 충녕대군(후일의 세종) 등, 여러 왕자들을 제거하려고 하였다는 것은 매우 그럴듯하다. 이 문제가 결국 양녕대군의 폐세자 문제로까지 발전했다는 것은 당연한 일이라고 생각한다.[11] 바로 이 문제가 심각하게 전개

---

10) 민무구 사건에 대해서는《태종실록》권14, 〈태종 7년 9월 을해조〉를 참조할 것.

11)《태종실록》권18, 〈태종 9년 9월 임신조〉를 참조할 것.

되었을 때, 황희는 이숙번(李叔蕃)·조영무(趙英茂) 등과 함께 왕의 내밀한 명을 받들어 이들의 음모를 제거하는 데 결정적인 역할을 하였다. 이런 일은 결코 일이 누설될 염려가 없는 최고의 측근과 의논해야 했을 것이다. 그렇기에 태종은 "이런 일은 나와 그대만이 알고 있을 뿐이다. 만약 이 일이 누설된다면 이 책임이 그대 아니면 나에게 있을 것이다."라고까지 말할 수 있었던 것이다.

민무구 사건이 종결된 다음 태종의 신임은 더욱 두터워졌다. 민무구와 민무질이 처형된 직후, 태종 9년 12월에는 형조판서,[12] 10년 2월에는 지의정부사(知議政府事),[13] 7월에는 사헌부 대사헌을 역임하였고,[14] 이어 예조판서를 연임하였다.[15] 그리고 태종 14년 6월에 이조판서,[16] 15년 11월에 의정부참찬,[17] 15년 12월에는 호조판서가 되었다.[18] 그가 46세 때인 태종 5년 12월 지신사로 발탁된 지 10년 만에, 6조의 판서를 두루 역임하면서 드디어 의정부의 재상으로 승진하였던 것이다. 태종 14년 2월 황희는 병이 나서 예조판서를 사직할 정도였다.[19] 이때에 태종은 자신의 내의(內醫)를 황희에게 보내어 그의 병세를 살펴보게 하였다. 그의 병이 치유되자 태종은 내의들에게 "황희는 충직한 사람이어서 진정 재상감이

---

12) 《태종실록》권18, 〈태종 9년 12월 계묘조〉

13) 《태종실록》권19, 〈태종 10년 2월 경술조〉

14) 《태종실록》권20, 〈태종 10년 7월 신미조〉

15) 《태종실록》권25, 〈태종 13년 4월 계축조〉

16) 《태종실록》권27, 〈태종 14년 6월 계축일〉

17) 《태종실록》권29, 〈태종 15년 5월 계축조〉

18) 《태종실록》권30, 〈태종 15년 12월 신묘조〉

19) 《태종실록》권27, 〈태종 14년 2월 정사조〉

다. 너희들이 그를 잘 치료했으니 내가 매우 기쁘다."고 하여 후한 상까지 내릴 정도였다.[20] 태종은 황희와 같은 충직한 신하가 필요했던 것이다.

그러나 황희가 태종의 신임을 받은 것은, 오직 태종의 명령만을 충실하게 따랐기 때문이 아니었다. 위에서 언급하였듯이 황희는 태종에게 신중하고도 사려 깊은 의논 상대가 될 수 있었기 때문에 그처럼 신임을 받은 것이었다. 그리고 태종의 신임이 더욱 깊어만 가도 그는 그러한 특별한 지위를 이용하여 자신의 사적인 이익을 추구하려고 하지 않았기 때문에, 태종은 더욱 그를 신임하고 나라의 중대사에 대하여 속을 터놓고 의논할 수가 있었다. 이 당시 이처럼 중요한 공인으로서의 황희의 일 처리 태도는 목인해(睦仁海)의 고발 사건이 일어났을 때의 사정을 전하는 다음 실록의 기록에 잘 나타나 있다.

목인해가 변란을 일으켰다. 이때에 황희는 마침 집에 있었는데 태종이 급히 그를 불러 말하기를 "평양군(平壤君) 조대림(趙大臨)이 모반을 하였으니, 경계를 엄하게 하여 만약의 사태에 대비하라."고 하였다. 그러나 황희는 "누가 주모자입니까?"라고 (먼저) 물었다. 태종이 "조용(趙庸)이다." 고 답하였다. 황희는 "조용의 사람됨으로 볼 때 결코 부모를 죽이고 임금을 시해할 인물이 아닙니다."라고 답하였다. 평양군을 옥에 가두자 황희는 목인해도 같이 하옥시켜 평양군과 대질 심문을 시키자고 권하니, 태종이 말을 따랐다. 그 결과 과연 목인해가 꾸며낸 음모였음이 밝혀졌다. 그 후 김과(金科)가 죄를 지었는데 조용이 또 그 일에 연루되었다. 이

20)《태종실록》권27, 〈태종 14년 2월 정사조〉

에 태종은 대신들이 모두 모인 자리에서 친히 조용을 변호하면서 황희에게 말하기를 "그 전에 목인해가 변고를 일으켰을 때 그대가 조용의 사람됨으로 보아 결코 부모와 임금을 죽일 사람이 아니라 했는데 과연 그러하였다."고 하였다. 조용이 이때 비로소 그 말을 듣고 물러나와 감격하여 말을 잇지 못하였다.21)

이 사건은 태종 8년 목인해가 태종의 사위이며 개국공신인 조준(趙浚)의 아들 조대림이 반란을 일으키려 한다고 고발함으로써 발생하였다. 그리고 이러한 사건은 당시의 정국에 매우 심각한 문제를 야기시키는 것이었다. 이 문제에 대한 자문에 응하여 황희는 서두르지 않고 신중하게 대처하여, 이 사건이 무고였다는 것을 밝혀낸 것이다. 이런 사건은 설사 그 고발이 전혀 근거 없는 것이었다고 해도, 왕의 지위와 관련되는 것이기 때문에 문제가 크게 확대되기 쉬운 것이었다. 이러한 파국을 막을 수 있었던 것은 황희 덕분이었다. 이 사건에서 보듯이 황희가 단지 왕의 명령만을 무조건 따르는 신하였기에 신임을 받은 것이 아니라, 자신의 뚜렷한 주관을 가지고 왕을 보좌했으며, 또 왕의 뜻과 다른 생각을 지니고 있더라도 왕의 생각이 잘못될 가능성이 있으면, 왕을 잘 설득해 낼 수 있는 역할을 다했기 때문이었던 것이다.

그러나 태종과 황희의 관계는 양녕대군의 폐세자 문제로 인하여 위기를 맞이하였다. 이미 태종 7년 민무구와 민무질 형제사건이 있었을 때부터, 세자 양녕대군의 문제는 악화되기 시작하였다. 태종은 여러 왕자들

---

21) 《문종실록》 권12, 〈문종 2년 2월 임신조 황희의 졸년 기사〉

사이의 치열한 투쟁 속에서 왕이 되었기 때문에 자신의 후계를 놓고 무척 고심하였다. 결국 새 왕조의 기틀을 잡으려면 무엇보다도 왕위의 계승이 순조로워야 한다고 판단하였던 것이다. 그래서 태종은 양년대군을 세자의 자리에서 폐하고 뒷날 세종이 된 충녕대군을 봉하려 하였다. 그러나 한 번 세워 둔 적장자인 세자를 폐한다는 것은 상당히 심각한 문제였다. 그래서 그는 이때에도 황희와 의논을 하였다. 왕위의 계승문제를 놓고 논의한다고 하였지만, 이미 태종의 마음은 양녕에게서 떠나 있었으며, 그 자리에 충녕대군을 내정하고 있었다. 그러므로 황희는 그냥 태종의 뜻을 따라가면 그만이었다. 그러나 그는 이 자리에서 원칙을 강조하였다. 그는 양녕대군이 몇 가지 말썽을 빚은 것은 단지 나이가 어려서 그런 것이지, 무슨 큰 잘못이 있는 것은 아니라고 양녕대군을 옹호하고 나섰던 것이다.

이때에 태종은 황희가 양녕대군을 옹호하고 나설 줄은 몰랐던 것 같다. 그래서 태종은 황희가 일찍이 민무구 형제를 제거할 때는 주동적인 역할을 하고, 이제 와서는 세자의 편을 들어 뒷날 자신의 위치를 다지려 한다고 오해하고서는 황희를 멀리하였다. 이때의 사정이 당시의 실록에는 다음과 같이 기록되어 있다.

태종은 "오늘날 사람들의 마음이 나를 버리고 세자를 따르려 한다. 만약 늙은 나를 버리고 젊은 세자를 따르려 한다면, 노인인 나는 살아가기가 어려울 것이다. 자손을 위한 계책을 누가 소홀히 하겠는가? 그런데 노인을 버리고 돌보지 않는다면 그게 옳은 일이냐? 그대는 당시(의논할 때) 반쯤 몸을 틀고 밖을 보면서 내 말을 듣고 있었다. 그날의 발언은 바로 그대가 한 말이다. 예전에 대신들이 그대를 지목하여 간사하다고 하였다. 그래도 나는 그대를 이조판서·공조판서로 삼았으며, 뒤이어 평안도 도순문사로 내보냈는데, 이는 그대의 간사함을 미워했기 때문이다. 그래도 다시 몇 달 후에는 그대를 형조판서로 삼았다. 육조판서의 임무는 매일 아침 왕에게 보고하는 것인데, 나는 그대의 얼굴을 보기가 싫었다. 그래서 그대를 한성판윤으로 임명했다. 그래도 그대는 어찌 내 마음을 알지 못했느냐? 그 죄로 말한다면 마땅히 법대로 처치해야 할 것이지만, 차마 내가 그럴 수는 없다. 그러니 그대는 시골로 물러나 편안한 대로 살면서 노모를 봉양하라."고 엄명했다. 이에 황희는 교하(交河)로 내려갔다.[22]

황희가 양녕대군을 세자에서 폐하는 일을 반대한 것은 태종에게는 뼈아픈 일이었다. 유교 국가에서 적장자를 폐한다는 것은 상상하기 어려운 일이었다. 더욱이 태종 자신이 적장자가 아니면서 무력으로 왕위를 쟁취한 사람이었다. 이는 유교적인 이념으로는 정당화될 수 없는 일이었다. 그러므로 황희처럼 자신이 절대적으로 신임하는 신하가 이를 반대한다면 자신의 입장은 어떻게 될 것인가? 태종은 결국 황희가 양녕이 뒤에 왕이 되면 자신에게 유리하리라는 판단으로 반대한 것이라 몰아붙인 것이다. 이로 인하여 황희는 거듭 좌천되었다가 끝내는 경기도 교하로 유배되었다. 그리고 얼마 되지 않아 태종은 황희를 그의 본향인 남원으로 유배 조치를 내렸던 것이다.[23] 태종의 개혁정치와 더불어 자신의 능력을 발휘

---

22) 《태종실록》 권35, 〈태종 18년 5월 경신조〉
23) 《태종실록》 권35, 〈태종 18년 5월 병자조〉

할 수 있는 지위에 오르게 되었던 황희는, 태종의 치세 말기에 양녕대군 폐세자 문제에 대한 견해 차이로 그 모든 것을 다 잃고 남원으로 유배당하게 되었던 것이다. 이는 황희의 일생에서 가장 어려운 시련이었다.

4. 세종과 황희

태종 18년 양녕대군을 세자 자리에서 폐하고, 세종을 그 후계자로 정한 다음 곧이어 왕위를 세종에게 양위하였다. 선왕이 죽은 다음 그 후계자가 왕위에 오르는 것이 보통이지만, 태종은 자신의 생전에 미리 왕위를 물려주고 새 왕의 위치가 공고해지도록 돌보아 주었던 것이다. 왕위 계승을 둘러싼 분쟁을 사전에 봉쇄하고 왕조의 기틀을 확고히 다지려 했던 태종은, 양녕대군을 폐하고 세종을 후계자로 지목한 다음 다시 오랜 시간이 지나면 어떤 예기치 못한 일이 발생할지 몰랐기 때문에, 그러한 조치가 취해진 직후 왕위를 세종에게 물려준 것이었다.

왕위를 물려준 이후에도 태종은 병권과 인사권 등 나라의 중대사에 대하여 일일이 간여하였다. 그러면서 그는 어린 세종이 왕으로서 확고한 자리를 굳힐 수 있는 여러 조치를 취하였다. 그런 조처들 가운데 그가 가장 고심하였던 대목은 왕권을 위협할 세력들을 미리 제거하는 일이었다.

세종이 즉위한 지 불과 한 달도 지나지 않아서 병조판서 박습(朴習)과 병조참판 강상인(姜尙仁)이 태종의 명에 의해 사형을 당하였다. 병조에서 군사에 관한 일을 상왕인 태종에게 보고하지 않고 처리했다는 것이 그 이유였다. 세종이 왕이 된 후에도 태종은 나라의 중대사, 그중에서도 군사에 관한 일을 직접 관장하겠다고 했는데, 이들이 이러한 명령을 어겼다는 것이었다. 이 사건으로 말미암아 이들 이외에도 당시의 영의정이며 세종의 장인이었던 심온(沈溫)도 사형을 당하였다.

사실 강상인이나 박습의 행위가 얼마나 심각한 것이었는지는 확실하지 않다. 그리고 심온의 경우에도 그가 영의정의 직을 지니고는 있지만 실권이 없으므로, 인사권을 장악할 수 있는 겸판이병조사를 겸하고 있는 좌의정이 되려 한다는 것이 빌미가 되어 사형을 당한 것이다. 그러므로 태종은 이러한 야심이 큰 대신이 세종의 주위에 있다면 자칫 왕의 지위를 실질적으로 위협할 수도 있다고 판단한 것이며, 차제에 자신의 손으로 이들을 사전에 제거한 것이었다. 태종은 자신의 사후 후계자인 세종의 지위가 위태롭게 될 것을 매우 염려하였다. 그러므로 그는 자신이 살아서 왕위를 넘겨주고, 새로이 즉위한 왕을 자신의 권위로 보호하려고 하였던 것이다.24)

그러나 위협이 될 만한 정치세력을 사전에 제거하는 것만으로는 불충분하였다. 그는 왕권에 위협이 되지 않으면서도, 진실로 나라의 기반을 다질 수 있는 역할을 할 만한 사람을 물색하여 세종을 보필시키고자 하였다. 그리고 이러한 구상에 가장 적합한 인재가 바로 황희밖에 없다고 판단하여, 세종에게 황희를 중용하도록 충고하였던 것이다.

태종 18년 5월 황희가 유배 조처될 때의 상황은 매우 심각하였다. 이때의 형편이 다음의 사료에 기록되어 있다.

이때 세자 양녕대군을 폐하자 황희도 폐하여 서인으로 만들어 경기도의

---

24) 이상 세종 즉위 초의 정치적 사건은 필자의 책《조선초기 정치지배세력 연구》, 일조각, 1988 참조.

교하로 유배하여 어머니와 함께 지내게 하였다. 그러자 대신들과 대간에서 황희를 거듭 거듭 탄핵하였다. 태종은 황희의 사위 오치선(吳致善)을 보내어 말하기를 "그대가 비록 공신은 아니지만 공신처럼 대우하였고, 하루 이틀만 보지 못해도 반드시 그대를 불러 보며, 하루라도 나의 좌우에서 떠나지 않게 하였다. 지금 대신들과 대간들이 처벌해야 한다고 하니 그대를 개성과 서울 사이에 둘 수 없다. 그러니 그대는 그대의 어머니를 모시고 고향인 남원으로 가라."고 하였다. 또한 사헌부에 명하여 황희를 압송하지는 못하게 하였다. 오치선이 돌아와 태종에게 보고 하니, 태종은 황희가 무슨 말을 하더냐고 물었다. 오치선은 "황희가 말하기를 나의 살과 뼈는 부모에게서 받은 것이지만, 내가 먹고 입는 것과 종복은 모두 왕의 은혜로 갖게 된 것이니, 신하가 어찌 왕의 은덕을 배반할 까닭이 있겠느냐. 진실로 나에게는 다른 마음이 없다고 하면서 눈물을 흘리며 어찌할 줄을 모르더라."고 왕에게 보고하였다. 태종은 "일이 이미 이렇게 되었으니 어찌할 도리가 없다."고 하였다.25)

태종은 황희를 처음에 교하로 유배시켰다가 얼마 후 남원으로 보냈다. 그래도 태종은 자신이 가장 신임하던 황희를 유배 조처하면서 마음이 편치 않았다. 그래서 황희의 사위 오치선을 보내어 동정을 살피고 오게 하였다. 이때에 오치선은 황희를 만나고 돌아와 태종에게 황희의 진실된 심정을 전달하였고, 태종도 황희가 자신을 배반한 것은 아니라는 것을 알았던 것 같다. 더욱이 황희가 남원으로 내려와서도 극히 조심하고 근

---

25) 《문종실록》 권12, 〈문종 2년 2월 임신조, 황희의 졸년수기〉

신하였는데, 황희는 "남원에 도착한 이래 문을 닫아걸고 일체 손님을 사절하였다. 비록 친구들이 찾아와도 그 얼굴을 볼 수 없었다."고 하였다. 이러한 정황을 들은 태종도 황희에게 잘못이 있다고는 생각지 않게 되었던 것이다.

이러한 때문에 태종이 세종에 대한 잠재적인 위협이 되는 정치세력을 제거하고 뛰어난 능력과 충성심으로 세종을 끝까지 보필할 수 있는 인물을 발탁하고자 하였을 때, 남원에 있는 황희를 다시 불러들일 생각을 하게 되었던 것이다.

세종 4년 2월 황희는 남원으로부터 서울로 왔다.26) 당시의 사정을 실록이 다음과 같이 전하고 있다.

태종이 황희를 서울로 불렀다. 황희는 태종을 배알하고 은혜에 감사하는 인사를 드렸다. 이때에 세종이 곁에 있었는데, 태종은 "내가 풍양에 있을 때 항상 그대의 일을 왕(세종)에게 말씀드렸다. 그대가 오늘 서울에 돌아왔으니 그대를 후하게 대접하라고 명하셨다."라고 말하면서 그에게 과전(科田)과 고신(告身)을 다시 돌려주며 세종에게 황희를 중용하라고 부탁하였다.27)

황희가 궁중으로 태종과 세종을 찾아뵈었을 때, 태종은 자신이 황희를 천거했음을 밝히고 세종에게 황희를 중용하라고 권하였음이 위의 사료에 잘 나타나 있다.

---

26) 《태종실록》 권15, 〈태종 4년 2월 정미조〉
27) 《문종실록》 권12, 〈문종 2년 2월 임신조, 황희의 졸년 수기〉

그러나 양녕대군의 폐세자를 반대했다면 이는 결과적으로 현재의 왕인 세종의 왕위 계승을 반대했다는 말이 된다. 이런 입장에 몰리게 되면 살아남기가 매우 어렵다. 황희가 유배지에서 서울로 돌아오자, 대간에서는 바로 이런 문제를 들어 황희를 탄핵하였다. 즉 당시의 대사헌 허성(許誠)은 황희를 불충죄로 논해야 하므로 복직시킬 수는 없다고 주장하였다. 그러나 세종은 "황희가 명확하게 양녕을 두둔하는 말을 한 것은 아니다. 너희들이 태종의 뜻을 어떻게 짐작할 수 있겠느냐?"고 하면서 "황희의 죄를 불충으로 논할 수 없다. 이미 서울로 돌아온 이상 이를 번복할 수 없다."고 답하였다.28) 이렇게 해서 황희는 60세가 되던 해 세종 4년 10월 경시서제조(京市署提調)로 임명되었으며, 그로부터 15일후에는 의정부참찬의 재상직으로 복직되었다.29)

그러나 황희가 세종에게 절대적인 신임을 받기 시작한 것은, 세종 5년 7월 강원도 지방을 휩쓴 혹심한 기근에 빠진 백성들의 어려움을 잘 해결하고부터였다. 강원도의 기근이 심했을 때, 당시의 강원도 관찰사 이명덕(李明德)은 백성을 구휼하는 데 실패하였다. 이에 세종은 황희를 대신 강원도 관찰사로 보냈고,30) 황희는 마음을 다하여 백성들을 구휼하였다. 이에 세종은 기뻐하여 황희를 숭정대부 판우군도총제부사(判右軍都摠制府使)로 승진시키고 관찰사의 일을 계속 보게 하였다. 태종의 추천으로만 알고 있던 황희의 능력을 세종은 실제로 확인하게 되자, 이후 황희가 죽는 날까지 그에 대한 신임이 흔들리지 않았던 것이다.

---

28) 《세종실록》 권15, 〈세종 4년 2월 을유조〉
29) 《세종실록》 권18, 〈세종 4년 10월 정유조〉
30) 《세종실록》 권21, 〈세종 5년 7월 계사조〉

세종 8년 2월에는 이조판서,[31] 동년 5월에는 의정부 우의정,[32] 이듬해에는 의정부 좌의정으로[33] 연속 승진하였다. 물론 세종과 황희와의 관계에 있어서도 위기가 없었던 것은 아니었다. 그가 좌의정으로 임명된 지얼마 지나지 않아서, 세종 9년 6월 황희의 사위 서달(徐達)이 그의 모친 최씨를 모시고 대흥현(大興縣)으로 가는 길에 신창현(新昌縣)을 지나게 되었다. 이때 그 고을의 아전이 말을 잘 듣지 않는다고 매질한다는 것이 지나쳐서 그 아전을 죽게 하였다. 그런데 이 사건을 조사하는 과정에서 황희가 조서를 변조하고, 또 몇 개월씩이나 사건의 심리를 고의적으로 지연했다는 것을 이유로 대간의 탄핵을 당하였다.[34] 이로 인하여 황희는 좌의정직을 사직하였다. 그리고 이 사건이 확대되는 것을 막기 위하여 세종도 곧 좌의정 황희와, 우의정 맹사성(孟思誠)을 의금부에 가두라고 명하고,[35] 일시 황희의 직을 파하였으나, 이것은 단지 남에게 보이려는 것 뿐이었다. 그러므로 세종은 사태가 잠잠해지자 1개월 후인 세종 9년 7월에 황희를 좌의정에, 맹사성을 우의정에 복직시켰던 것이다.[36]

황희가 일찍이 태종대에 평안도 지방을 순시할 때, 당시 행대감찰이었던 이장손(李長孫)이 황희를 극렬하게 비난하는 상소를 올린 적이 있었다. 세종 대 황희가 좌의정이 되어 인사행정을 장악하였을 때, 이장손은 경기도의 통진 군수로 있으면서 임기가 다되어 교체할 때가 되었다. 그러

31) 《세종실록》 권31, 〈세종 8년 2월 갑술조〉
32) 《세종실록》 권32, 〈세종 8년 5월 을사조〉
33) 《세종실록》 권35, 〈세종 8년 1월 갑인조〉
34) 《세종실록》 권36, 〈세종 9년 6월 갑술조〉
35) 위의 자료.
36) 《세종실록》 권37, 〈세종 9년 7월 신축조〉

나 황희는 이장손이 직무에 충실했던 사람이라고 평하면서 그를 사간원의 헌납(獻納)으로 승진토록 천거하였으며, 이어 의정부의 사인(舍人)으로 발탁하도록 하였다. 그만큼 황희는 자기의 직권을 남용하거나 사적인 감정으로 처리하지 않았던 것이다. 이런 점이 황희에 대한 세종의 신임을 두텁게 하였다. 그리하여 세종은 좌의정 황희를 세자(뒷날 문종)의 스승으로 삼기까지 하였던 것이다.[37]

세종 9년 가을 황희는 어머니가 돌아가시자 관례에 따라 사직하였다. 그러나 세종은 친상을 당하면 관직을 버리고 3년상을 지내야 하는 조선왕조의 관례를 깨고, 황희를 다시 등용하였다. 그만큼 세종은 황희를 필요로 하였다.[38] 그리고 세종 13년 69세가 된 황희를 영의정으로 임명하였다.[39] 그 이후 황희는 나이가 많다는 것을 이유로 여러 차례 사직을 원하였지만, 세종은 이를 허락하지 않았다. 황희가 83세가 되던 세종 27년 6월에는, 매일 출근하지 않고서도 일을 처리하도록 허용할 정도였다.[40] 그리고 그가 물러나도 좋다는 허락을 받은 것은 세종이 승하하기 불과 몇 달 전인 세종 31년 10월이었으며,[41] 이때 황희의 나이는 87세였다. 그러므로 황희는 세종의 전 치세기간을 왕과 더불어 나라를 이끌어갔던 것이다. 조선시대에 황희처럼 오랜 기간 동안 국가의 최고 지위라 할 수 있는 의정부의 대신직을 역임한 사람은 거의 없었다.

---

37)《문종실록》권12, 〈문종 2년 2월 임신조, 황희의 졸년수기〉
38)《세종실록》권38, 〈세종 9년 10월 임술조〉
39)《세종실록》권53, 〈세종 13년 9월 갑자조〉
40)《세종실록》권108, 〈세종 27년 6월 경신조〉
41)《세종실록》권126, 〈세종 31년 10월 임자조〉

왕의 신임이 두텁고 그의 지위가 너무나 높았기 때문에, 황희에 대하여 질시하는 사람이 없을 수 없었다. 그러므로 황희는 대간에 의해 여러 차례 탄핵을 당하기도 하였다. 그러나 세종은 그때마다 "태종도 황희의 재능을 지극히 아꼈는데, 내가 어찌 연소한 대간의 말에 따라 그를 등용치 않을 수가 있겠느냐?"고 하며, 그러한 비난을 모두 일축하였다. 그만큼 세종은 황희를 믿고 의지하였다.

세종 13년 9월 세종의 측근으로서 지신사였던 안숭선(安崇善)과, 황희에 대하여 의견을 나눈 적이 있다. 다음에 인용한 이때의 기록을 보면, 세종이 왜 황희를 그처럼 신임하였던가를 잘 알 수가 있다.

> 안숭선: "나라의 일을 의논하는 데 있어서 황희처럼 생각이 깊고 먼 앞날을 내다보는 통찰력을 갖춘 사람은 없습니다." 세종: "과연 그대의 말이 옳다. 지금 대신 중에 황희 같은 사람은 많지 않다. 예전의 대신들을 논한다면, 하륜(河崙), 박은(朴訔), 이원(李原) 같은 사람을 들 수 있으나, 이들은 모두 재산을 탐한다는 평을 듣고 있다. 하륜은 (나라나 왕을 위해서가 아니라) 자신의 욕심을 추구하였던 사람이며, 박은은 임금의 뜻에 맞추기만 하는 신하였다. 그리고 이원은 이해관계가 얽히면 의리도 버리는 사람이다." 안숭선: "과연 임금님의 말씀과 같습니다. 당시의 사대부들이 말하기를 하륜은 평소 가까운 사람들의 이름을 써서 주머니에 넣고 다니며 인사행정을 할 때 이를 이용한다고 합니다.…" 세종: "그대의 말이 옳다. 태종이 황희를 지신사로 삼으려고 하륜에게 의논하였다. 그때 하륜은 황희는 간사한 소인이니 깊이 믿고 등용하면 안 된다고 답하였다. 태종은 하륜의 말을 듣지 않고 황희를 지신사로 임명하였다. 그래

서 하륜이 인사행정을 장악하자 조말생(趙末生)을 집의(執義)에 임명하였다. 그러나 당시 대사헌이었던 황희는 조말생의 고신(告身)에 서명하지 않았다. 하륜이 재차 황희의 집에 찾아갔지만 황희는 듣지 않았다. 이후 하륜은 '태종이 황희를 지신사로 임명할 때 나는 반대하였다. 황희가 이 말을 듣고 나서 나의 청을 이처럼 들어주지 않는 것이며, 황희의 실책은 이미 역사책에 기록되어 있다.'라고 공언하였다."**42)**

위의 기록을 보면, 안숭선이 나라 일을 의논하는 데 있어서, 황희처럼 생각이 깊고 먼 앞날을 내다보는 통찰력을 갖춘 사람은 없다고 했을 때, 세종은 그 말이 옳다고 하였다. 세종이 황희를 절대적으로 신임한 첫째 이유였다. 그러고 나서 세종은 태종에서부터 세종 대에 걸쳐 유명한 재상이었던 세 사람, 즉 하륜, 박은, 이원 등과 황희를 비교하면서 이들 셋은 모두 자신의 직권을 남용하거나 아니면 이해관계에 따라서 처신하였다는 것을 구체적인 예를 들어 비판하였다. 그러나 황희는 그렇지 않고 공정하며 신중하게 나라의 중대사를 처리하였음을 이야기하고 있다. 이것이 왕이 그를 신임한 두 번째 이유였다. 그리고 하륜은 황희보다 훨씬 선배였으며 태종대의 정치적 실권을 장악하고 있었다. 그러한 하륜이 자신의 사람을 요직에 임명하고자 황희에게 압력을 가했어도 황희는 굴하지 않았던 것이다. 이처럼 황희는 공무를 수행함에 있어서 엄정하였다. 세종은 이러한 점을 높이 평가하였던 것이며, 이것이 그를 신임한 세 번째 이유였다.

---

42) 《세종실록》 권53, 〈세종 13년 9월 기사조〉

5. 황희의 생애가 의미하는 것

이상에서 살펴본 바와 같이 황희는 조선 초기, 특히 태종과 세종 양
대에 걸쳐 매우 중요한 역할을 담당하였음을 알 수 있다. 그러나 지금까
지 그는 청렴한 인물이었다는 점만이 강조되어 왔을 뿐이었다. 물론 황
희는 50여 년에 걸쳐 조선왕조의 가장 중요한 직책을 맡아 왔던 사람이
었으면서, 그가 직권을 남용하여 자신의 세력을 구축하거나, 나아가 자신
의 사리사욕을 추구한 사람은 아니었다는 점에서, 지금까지의 평가는 잘
못된 것은 아니라 할 수 있다. 그러나 그러한 평가는 그가 정치적으로 당
시에 수행하였던 역할을 바탕으로 이루어진 것은 아니었다. 오늘날 황희
의 생애에 대하여 특별한 관심을 표명하려고 한다면, 조선왕조의 역사상
나라의 기틀이 잡혀 가던 시기에 가장 중요한 역할을 하였던 공인으로
서, 그가 어떠한 태도로 임하였던가를 깊이 생각해 보아야 할 것이다.

일반적으로 황희는 청렴한 사람이었는지는 몰라도 정치가로서 관료로
서 매우 유능하였으며, 또한 신흥 왕조의 안정적 발전을 도모하는 데 있
어서 누구보다도 중요한 역할을 하였다는 사실을 등한시하여 왔다. 그런
과정 속에서 황희는 청렴하기는 하나, 공인으로서는 개성이 없고 줏대가
약한 인물인 것처럼 인식되어 왔던 것이다.

사실 황희는 평생을 근신하는 태도로 일관하였다. 이는 그가 막중한
국가의 재상직을 수십 년에 걸쳐 수행하였어도, 자신의 세력을 구축하지
않았다는 사실만으로도 알 수가 있다. 그러나 그는 무능하거나 아니면,
왕의 뜻에 무조건 따르기만 하는 사람이었다는 것을 의미하지 않는다.
황희와 같은 정치가와 관료가 당시에는 절대적으로 필요하였으며, 황희

도 이 점을 깊이 인식하고 있었다.

조선 건국 후에는 새 왕조의 권력구조 개편을 둘러싸고, 수많은 정쟁이 꼬리를 물고 이어졌다. 여기에 새 왕조의 왕권을 어떻게 정립할 것인가라는 문제가 겹쳐서 왕자들 간의 왕위다툼이 이어졌으며, 또한 당시 양반관료들의 정치적 이해관계가 겹쳐 사태를 더욱 악화시켰던 것이다. 이는 새 왕조의 운명에 심각한 위기를 조성한 것이었다. 조선왕조는 이제 왕권을 안정시키면서 양반관료들의 사적인 세력 확대를 저지시킬 수 있는, 확고한 중앙집권적인 통치체제를 구축해야만 하였다. 태종대의 정치개혁은 바로 여기에 초점을 둔 것이며, 황희는 이러한 시대적 요청에 적극 부응할 수 있는 인물이었다. 이것이 또한 태종과 세종이 황희를 그처럼 신뢰한 까닭이었다. 그러므로 황희가 죽은 후 조선의 사관(史官)들이 황희에 대하여 내린 다음과 같은 평가는 많은 참고가 될 것이라 생각한다.

황희는 천성이 관대하고 신중하여 재상으로서의 식견과 도량을 지니고 있었다. 타고난 풍채도 우뚝 크고 총명하기 그지없었다. 집안을 다스림에도 매우 검소하였고 화낸 표정을 짓는 일이 없었다. 또 일을 처리함에 있어서는 공명정대하였고, 사사로운 규정에 얽매이지 않고 큰 도리와 사리에 맞게 일을 처리하였다. 그러므로 일을 처리함에 있어서 이랬다저랬다 하지 않았다. 중년 이후 세종은 여러 가지 새로운 제도를 만들었는데, 황희는 나라의 옛 제도를 함부로 바꿀 수 없다고 홀로 반대하였다. 세종도 황희의 뜻을 모두 따르지는 않았지만, 그의 말에 따라 중단한 일도 많았다. 옛날 대신의 기품을 가지고 있어서 옥사를 다룰 때도 너그럽게 처리하였다. 일찍이 사람들에게 말하기를 "경솔하게 남의 죄와 형벌을 정할 수는 없다."고 하였다. 비록 늙었어도 책을 놓지 않았으며, 항상 한 눈을 감고 생활하면서 시력을 보호하려고 하였다. 그래서 비록 작은 글씨라도 읽지 못하는 것이 없었다. 24년간이나 재상을 지내어 그 명성이 크게 알려졌다. 사람들마다 모두 '현명한 재상'이라고 칭송하였다. 늙은 무렵에도 기력이 강건하여 붉은 얼굴과 흰 머리카락이 마치 신선과 같았다.43)

위의 기록을 보면 그는 너그럽고 여간한 일에도 심리적인 균형이 흐트러지는 사람이 아니었다. 특히 그는 나라의 운영을 도맡은 대신으로서 일을 처리함에는 이랬다저랬다 하지 않았던 것이다. 이와 같이 국가대사를 신중하면서도 확고한 원칙을 가지고 처리하였기 때문에, 왕이든 백성이든 황희를 보기만하여도 안심하고 따라갈 수 있었던 것이다.

황희가 87세 때인 세종 31년 10월에 관직을 물러나게 되었을 때의《세종실록》에 있는 기록을 살펴보면,

황희는 수상의 지위에 20여 년이나 재직하였다. 항상 그가 논하는 바는 너그럽고 관대하였으며, 소란스럽게 이것저것을 자주 바꾸는 것을 좋아하지 않아서 나라 사람들을 능히 진정시킬 수 있었다. 그래서 사람들이 황희를 두고 진정한 재상감이라고 칭하였다.44)

라고 하였는데, 그야말로 그의 생애와 업적을 매우 적절하게 평가한 것이

---

43)《문종실록》권12, 〈문종 2년 2월 임신조, 황희의 졸년 수기〉
44)《세종실록》권126, 〈세종 31년 10월 임자조〉

라 할 수 있다. 당시의 조선왕조 사람들이 그를 높이 평가한 것은, 국가 최고의 정치가요 관료로서 그가 매사에 신중하였으며, 너그럽고 관대하면서도 확고부동한 원칙을 가지고, 일관성 있는 태도로 국가대사를 결정하였다는 것에 있었다. 그러하기에 그는 "나라 사람들을 능히 진정시킬 수" 있었던 것이다.

조선조의 명재상 방촌 황희의 생애와 사상[1]

오병무[2]

1. 황희의 가계(家系)와 인품

1) 황희의 출생과 가계

황희의 처음 이름은 수로(壽老)이고, 자는 구부(懼夫)이며, 호는 방촌 (厖村)이고, 관향은 장수(長水)이다. 그의 시호(諡號)는 익성(翼成)이다. 황 희의 증조는 석부(石富)인데 이조참의(吏曹參議)에 추증되었다. 할아버지 는 균비(均庇)인데 의정부참찬(議政府參贊)에 추증되었다. 아버지 군서(君 瑞)는 판강릉대도호부사(判江陵大都護府事)로 의정부영의정(議政府領議 政)에 추증되었고, 어머니는 호군(護軍) 김우(金祐)의 따님이다. 군서와 김 씨 슬하에서 2남 3녀가 태어났는데, 황희는 그들의 차남으로 고려 공민 왕(恭愍王) 12년(1363) 2월 10일 태어났다.

황희의 출생지는 송경(松京) 가조리(可助里)로 기록되어 있기도 하고 (《방촌집(厖村集)》, 〈신도비문(神道碑文)〉 등) 어떤 기록에는 "아버지 군서 가 장수현감(長水縣監)으로 와 있을 당시 장수현의 치소(治所)가 있던 수 내면(水內面) 선창리(船倉里) 내아(內衙)에서 출생했다."고 하였다. 그런데 당시 외직(外職)으로 나와 있던 수령(守令)들이 임지(任地)에서 자녀를 낳

---

1) 이 논문은 〈조선조의 명재상 방촌 황희의 생애와 사상〉, 《전라문화연구》 제10집, 전북 향토문화연구회, 1998에 게재한 논문이다.

2) 전 순천대학교 교수

아도 출생지는 본주소(本住所)로 행세하는 것이 상례였다. 이러한 점에서 황희가 장수현 내아에서 태어났다 할지라도 공식 기록에는 본주거지로 기록되었을 것이다. 여기서 황희의 비문이나 묘지명에 그렇게 기록된 것도 이해할 수 있다.

그리고 황희의 할아버지 참찬(參贊) 균비가 남원에 살았었고, 황희의 셋째 아들 영의정 수신(守身)도 장수현 사람으로 되어 있다(神道碑). 또 황희의 귀양살이 장소를 교하(交河: 지금의 파주(坡州))에서 장수(당시 장수는 남원부의 속현)로 옮길 때 태종(太宗)께서 이르기를 "어머니를 모시고 가서 같이 있으라."고 하였다. 그런데 황희의 어머니는 장수가 전연 생소한 곳이었다. 어머니를 아들에게 귀양살이를 하는 곳으로 모시고 가도록 하지는 않았을 것이다. 그렇다면 남원이 황희의 관향일 뿐만 아니라 본거주지였고, 송경 가조리는 그의 아버지가 관직을 따라 한동안 거주하던 곳으로 보아야 할 것이다. 한편 《왕조실록(王朝實錄)》을 비롯한 여러 문헌을 보면 황희가 귀양살이를 하였던 장소가 남원으로 기록되었지만, 당시 장수현이 남원부의 속현(屬縣)이었기 때문에 그렇게 기록한 것이지 실제로는 장수현 임내면(任內面) 도지촌(지금의 장계면 도장동)이었다.

장수 황씨(長水黃氏)는 신라 때 시중(侍中) 황경(黃瓊)을 시조(始祖)로 한다. 그러나 그 선계(先系)는 중국 후한(後漢) 광무제(光武帝) 건무(建武) 4년, 신라 유리왕(琉璃王) 5년, 서기 28년 후한 사람 황낙(黃洛)이 유신(儒臣)으로 구대림(丘大林) 장군과 함께 교지국(交趾國, 지금의 베트남 북부 통킹, 하노이 지방)에 사신으로 가던 중 풍파를 만나 표류되어 신라의 평해(平海)에 이르러 살게 된 것이 황씨의 시조라 한다. 지금도 경상북도 울진군 평해면 월송(越松) 지방에 황장군(黃將軍)과 구장군(具將軍)의 묘지라고 전하는 곳이 있다.

황낙의 자손이 후대에 평해, 장수, 창원의 황씨 3본(三本)으로 나뉘고, 이 3본에서 다시 현재의 황씨 160여 본이 분파되었다고 한다. 장수 황씨는 신라 때 시중(侍中) 황경(黃瓊)이 지금의 전북 장수군 장계(長溪)에 정착하여 살면서부터 장수(長水)를 관향으로 삼았다. 황경의 자손들이 살던 곳은 지금의 장수군 계내면(溪乃面) 삼봉리, 월강리, 송천리 일대로 지금도 그에 관한 전설과 유적이 남아 있다. 황경의 자손 중 공유(公有)는 고려 명종(明宗) 때 전중감(殿中監)이었는데, 당시의 권신(權臣) 이의방(李義方)과 혐의가 있어 벼슬을 버리고 고향 장수로 돌아왔다. 또 현관(縣官)이 공유(公有)를 찾으므로 다시 가족을 이끌고 남원으로 이사하여 여러 대를 살게 되었다고 하며, 지금의 남원 광한루(廣寒樓)가 있는 자리가 그의 집터였다고 전해지고 있다.

황희는 나이 17세가 되던 해 우왕(禑王) 5년(1379) 판사복시사(判司僕寺事) 최안(崔安)의 따님과 결혼하였다. 그런데 최씨 부인은 황희가 24세 때 딸 하나를 두고 죽었다. 그리하여 황희는 26세 때 다시 공조전서(工曹典書) 양천진(楊天震)의 따님과 결혼하여 3남(4남이라는 설도 있다.) 1녀(2녀라는 설도 있다.)를 두었다. 큰아들 치신(致身)은 호조판서로 우의정에 추증되었고, 시호는 호안(胡安)이다. 둘째 아들 보신(保身)은 종친부전첨(宗親府典籤)으로 한성소윤(漢城小尹)에 추증되었고, 셋째 아들 수신(守身)은 영의정으로 시호는 열성(烈成)이다. 넷째 아들이 직신(直身)이라는 설도 있다. 맏딸은 교동현사(喬棟縣事) 서달(徐達)에게 시집가고, 둘째 딸은 강화 부사(江華府使) 기질(奇質)에게 시집갔다. 공에게는 손자 손녀가 모두 69명이 있었다.

2) 황희의 인품

황희만큼 관직에 재직하는 가운데 왕이나 동료 백성의 신망이 컸던 사람도 없을 것이다. 죽은 뒤에도 생전의 치적(治績)이나 공적, 또는 인간성에 관한 찬사와 일화(逸話)가 많은 것도 다른 사람에게서 찾아보기 드문 일이다. 후대 문헌에 황희에 대한 언급은 이루 헤아릴 수 없이 많다. 그 모두가 그에 대한 추앙과 찬양이지만 그 가운데 일부를 살펴보면 다음과 같다. 우선 이덕형(李德泂)의 저서인《죽창한화(竹窓閒話)》를 보면,

역대로 어진 신하와 장한 보필이 많지 않은 것은 아닌데, 한(漢)·당(唐) 때는 다만 소하(蕭何)·조참(曹參)·병길(丙吉)·위상(魏相)·방현령(房玄齡)·두여회(杜如晦)·요숭(姚崇)·송경(宋璟)만을 칭도하고, 송(宋)나라 때는 다만 한기(韓琦)·범중엄(范仲淹)·부필(富弼)·마기(馬墍)만을 말했다. 이 나라들이 모두 300~400년씩이나 느리었건만 한 대에 각각 네 사람씩만을 말하고 말았으니, 보필하는 일이 얼마나 어려운 것임을 알 만하다. 우리나라 전기(前期)에는 익성공(翼成公) 황희(黃喜)·문경공(文敬公) 허조(許稠)가 있었고, 후기(後期)에는 문익공(文翼公) 정광필(鄭光弼)·충정공(忠正公) 이준경(李浚慶)이 있다. 익성공은 덕량이 넓고 깊었으며, 문경공은 천품이 바르고 곧았는데 그들은 몸이 성주(聖主)를 만나 태평한 세상을 이루었다. 그리고 문익공은 북문(北門)의 변을 당하여 옷소매를 잡고 울면서 간하여 사류(士類)들을 구호했고, 충정공은 위태롭고 의심나는 날을 당해서 정책(定策)하여 성군(聖君)을 맞아들여 국가를 편안케 했으니 그들의 공명(功名)과 사업은 전후가 같은 법도이므로 모두 어진 정승이라고 일컫는 것이 또한 마땅치 않겠는가?[3]

라 하였다. 《동국여지승람(東國興地勝覽)》권39와 《국조인물지(國朝人物誌)》에는,

　　황공이 일을 처리함에는 사리(事理)에 따랐고, 규모가 원대하여 세종의
　　예우와 신임이 갈수록 융숭하여 비록 궁중의 비밀이라도 반드시 공을
　　불러 의논하면 한마디로 결정지었고 물러 나와서는 그 일을 일체 입 밖
　　에 내지 않으므로 그 일이 외부에 알려지지 않았다. 그래서 사람들이 우
　　리나라 어진 재상을 말할 때는 으레 공을 우두머리로 쳤고, 송(宋)의 왕
　　문정조(王文正旦)와 한사헌기(韓史獻琦)에 비하였다.

고 하였다. 이자(李耔)의 《음애문집(陰涯文集)》에는 "우리나라 명신(名臣)
으로 영릉(英陵, 세종) 때는 황희와 허조(許稠)요, 성종 때는 허종(許琮)이
다."라고 하였다.
　　이수광(李睟光)의 《지봉유설(芝峰類說)》에 "유관(柳寬)은 황희, 허조와
더불어 세종조의 명신이고, 청백리(清白吏)로 세상에 알려졌다."라 하였
고, 이목(李穆)의 《평사소기(評事所記)》에는 "세종은 진정 동방의 순(舜)
과 탕(湯)이다. 그러나 30년 동안 태평을 이룬 것은 어진 재상을 얻었기
때문이다. 황희나 허조와 같은 사람이 재상이 되었으니 말이다."라고 하
였으며, 임보신(任輔臣)의 《병진정사록(丙辰丁巳錄)》에도 같은 의미의 말
이 있다.
　　이미(李瀰)의 《경암집(敬庵集)》 서(序)에는 세상에서 우리나라의 재상

---

3) 《방촌황희선생문집》권13, 〈竹窓閑話, 이덕형〉 참조.

을 일컫는 이는 으레 황희와 허조를 드는데, "세종의 성대(聖代)를 만나 황희는 기량(氣量)으로, 허조는 예행(禮行)으로 함께 삼공(三公)의 지위에 있으면서 태평을 협찬했다."라 하였다.

'정승(政丞) 황희'라 하면 명재상이나 청백리, 또는 온후한 인간성이나 검소한 사람의 표본적인 인물이 되어 마치 그러한 사람의 대명사처럼 불린다. 다음의 기록들은 후세 사람들이 그를 두고 평한 내용들이다. 《대동야승(大東野乘)》을 보면,

익성공(翼成公) 황희는 세종조 때 수상이 되어 거의 30년이 되었으나 기쁨과 노여움을 말이나 얼굴에 한 번도 나타내지 아니하고, 종들을 대할 때도 사랑을 하여 일찍이 매질을 하지 아니 하였다. 사랑하는 시비(侍婢)가 어린 종놈과 장난이 너무 심하여도 공은 보고 문득 웃었다. 일찍이 말하기를 "노복(奴僕) 또한 하느님께서 내리신 백성인데 어찌 포악하게 부리겠느냐?" 하고 글을 지어 자손에게 끼쳐 주었다. 일찍이 홀로 동산을 거닐고 있었는데 이웃집에 철없는 아이들이 한창 무르익은 배에 돌을 던져 땅에 가득히 떨어졌다. 공이 큰 소리로 시동(侍童)을 부르니, 아이들은 시동을 부르는 것은 반드시 우리들을 잡아가려는 것이라 하고는 놀래어 모두 달아나서 몰래 숨어 엿듣고 있었다. 그런데 시동이 오니 버들고리(柳器)를 가져오라 하여 "떨어진 배를 주워서 이웃집 아이들에게 주라." 하고는 아무 말도 아니하였다.

문강공(文康公) 이석형(李石亨)이 장원 급제하여 정언(正言)이 되어 공을 뵈니 공은 《강목(綱目)》과 《통감(通鑑)》 한 질씩을 내놓고 문강에게 제목을 쓰도록 명하였는데, 바로 못된 계집종이 간소한 음식을 차려 가지고

공을 기대고 앉아서 문강을 내려다보다가 공에게 말하기를 "술을 드리겠습니다." 하니 공이 나지막하게 "아직 두어라." 하였다. 계집종이 다시 공의 곁에 한참 서 있다가 성낸 소리로, "어찌 그리 더디시오." 하니 공은 웃으면서 "가져 오너라." 하였다. 드린 즉 두어 명의 작은 아이들이 모두 떨어진 옷에 맨발로, 어떤 아이는 공의 수염을 잡아당기고, 어떤 아이는 공의 옷을 밟으면서 차려 놓은 음식을 모두 퍼먹고, 또한 공을 두들기니 공은 "아프다. 아프다." 라고만 하였다. 이 작은 아이들은 모두 노비의 자식들이었다.

또 같은 책《해동야언2》를 보면,《필원잡기(筆苑雜記)》를 인용하여 다음과 같은 기록이 있음을 볼 수 있다.

익성공 황희는 도량이 넓어 대신의 체통이 있었다. 정승의 지위에 있는 지 30년이요, 향년이 90세였다. 국사(國事)를 의논하여 결정할 때는 관대히 하도록 힘썼으며, 평소에는 담담하여 비록 아손동복(兒孫童僕)들이라도 좌우에 늘어 앉아 울부짖고 또는 껄껄 웃어대며 희롱하여도 꾸지람하거나 금하는 일이 없었다. 혹은 공의 멱살을 잡아당기고 뺨을 쳐도 그들이 하는 대로 따라갈 뿐이었다. 일찍이 각료들과 국사를 의논하며 붓으로 먹을 찍어 막 글씨를 쓰려 할 때 한 동노(童奴)가 그 위에 오줌을 쌌으나 공은 아무 노여운 기색도 없이 손수 그것을 훔칠 따름이었으니 덕량이 이와 같았다. 일찍이 남원(南原)에 귀양살이를 할 때에는 7년간을 폐문단좌(閉門端坐)하고 빈객을 접하지 않으며, 다만 손에는 한질(一帙)의 시운(詩韻)을 들고 정신을 집중하여 주목해 읽을 따름이었다. 뒤에 나이가 많아서도 글 뜻 한 마디 글자 한 획을 백에 하나도 그르친 일이 없었다.

여러 문헌에 보이는 황희의 인간성에 대한 기록은 온후고결(溫厚高潔)하다든가, 청렴결백하다든가, 검소하다든가, 외유내강하다든가, 인자하다는 말로 표현되어 있다.

서거정(徐居正)의 《필원잡기(筆苑雜記)》, 이제신(李濟臣)의 《청강쇄어(淸江鎖語)》를 비롯한 여러 문헌에는,

공은 공사(公私)에는 엄격하면서도 관대하기에 힘썼고, 집에서는 담담하여 손자나 종의 아들이 몰려들어 울고 장난을 쳐도 일체 나무라지 않고 혹 수염을 잡아당기거나 뺨을 때려도 아프다고 할 뿐 내버려두었다. 하루는 속관(屬官)을 데리고 공문(公文)을 작성하는데 종의 아들이 종이에 오줌을 쌌다. 그러나 공이 성내지 않고 손으로 오줌을 씻어 버릴 뿐이었다.

라고 하였다. 여기서 그의 온후 고결한 성품을 엿볼 수 있다고 하겠다. 그런가 하면 성현(成俔)의 《용재총화(鏞齋叢話)》 권3에는,

공은 자질구레한 일에 얽매이지 않고 나이가 많고 지위가 높아서도 자신을 낮추었다. 하루는 정원 밖에 있는 배가 한창 익었는데 이웃집 아이들이 몰려 와서 마구 따냈다. 공은 그것을 보고도 너그러운 어조로 "얘들아 나도 맛보게 다 따가지 말거라" 하고 잠시 후에 나가 보니 이미 다

따 가버렸다.

라고 기록하고 있어서, 그의 너그러운 마음과 관대함을 알 수 있다.

이기(李墍)의《송와잡기(松窩雜記)》에는,

황익성공(黃翼成公) 희(喜)는 고려말에 적성(積城)의 훈도(訓導)로 있었다. 하루는 적성에서 송경(松京)으로 가는 길에 한 노인이 검은 소와 누른 소 두 마리로 밭을 갈다가 멍에를 떼어 놓고 나무 밑에서 쉬는 것을 보고 노인에게 묻기를, "소 두 마리 중 어떤 소가 일을 더 잘하느냐?" 하니 노인이 공의 귀에 입을 대고 말하기를 "검은 소가 낫습니다." 하였다. 공이 묻기를 "그 말을 하는데 어찌 귓속말로 하느냐?"고 하니, 그 농부가 하는 말이 "비록 짐승이라 할지라도 제가 못한다 하면 섭섭하지 않겠습니까?" 하였다. 공의 한평생 겸손하고 인후(仁厚)한 덕은 그 노인의 한마디가 귀감이 되었던 것이다.

이 이야기가 유몽인(柳夢寅)의《어우야담(於于野談)》에는 황희가 암행어사로 민정(民政)을 살필 때의 일로 장소만 다르게 기록되었다.

다음의《송와잡기》를 보면, 그의 우유부단한 성격도 엿볼 수 있는 내용이 있다. 그러나 그의 이 같은 행위는 고귀한 인품에서 비롯된 것으로 보아야 할 것 같다.

공은 정사(政事)에만 전념할 뿐 집안일에는 무관심하였다. 하루는 계집종 둘이 서로 다투더니 한 종이 공의 앞에 와서 말하기를 "저것이 이러

저러했으니 간악한 년"이라 하니 공이 "네 말이 옳다." 하였다. 조금 뒤에 이제는 다른 종이 와서 "저년이 이러 저러했으니 나쁜 년"이라 하니 공이 또 "네 말이 옳다." 했다. 그 말을 공의 조카가 듣고 있다가 공에게 두 사람이 싸웠으면 시비를 가려 주어야지 둘 다 "네 말이 옳다고만 하시니 그럴 수가 있습니까?" 하니 "네 말도 옳다."고 하며 계속 글만 읽고 있었다.4)

그러나 위의 내용과는 달리 가정에서 자신의 자제(子弟)들을 대할 때는 얼마나 엄했는지를 엿볼 수 있는 기록도 다음에서 찾을 수 있다.

호안공(胡安公) 황수신(黃守身)과 열성공(烈成公) 치신(致身)은 모두 익성공(翼成公) 황희의 아들인데, 익성공의 생존 시에 두 정승은 이미 재추(宰樞)가 되었었다. 《청파극담(青坡劇談)》에 "익성공이 밥을 먹을 때 아이 종들이 떼 지어 수선을 떨며 심지어 공의 수염을 붙잡고 밥을 달라고까지 하였으되 공은 꾸짖지 아니하였다."고 기록되었으니, 가정에 있을 때에는 한결같이 관대하고 온유한 것 같다. 그러나 자제(子弟)들을 대할 적에는 매우 엄하여 담소하는 일이 드물었다.

하루는 호안공 형제가 같이 딴 채에 있었는데, 비와 눈이 갑자기 쏟아져서 지척(咫尺)을 통행할 수 없었다. 두 정승이 안채로 들어갈 것을 생각하다가 편리한 꾀를 얻지 못하자, 호안공이 열성공에게 말하기를 "네가 형을 업는 것이 좋겠다."고 하였다. 열성공이 막 업고 가려 하는데, 익성

---

4) 《방촌황희선생문집》 권13, 〈松窩雜記, 이기〉 참조.

공이 이를 보고 말하기를 "이런 때에 아우가 만일 형을 땅에 메붙이면 탈이다."고 하시므로 열성공이 갑자기 호안공을 눈 속에 메붙여서 옷과 건(巾)이 다 더럽혀지자 익성공이 비로소 빙긋이 웃었다. 두 정승은 기뻐하며 말하기를 "오늘에야 아버지께서 한 번 웃으시는 것을 보게 되었으니 대단히 행복하다."고 하였다.

또 이긍익(李肯翊)의 《연려실기술(練藜室記述)》에는,

공의 아들 치신(致身)이 신문(新門) 밖에 집을 새로 짓고 낙성식을 할 때 여러 관원이 모여 축하했다. 그때 선생은 정무를 마치고 늦게야 돌아와 집을 둘러보고는, 연석에 참석하지도 않고 떠나 버렸다. 집이 너무 크고 호화스러움을 책망한 것이다. 그래서 치신은 집의 구조를 바꾸었다.

라고 기록하고 있다. 이 내용으로 미루어 보아 그가 얼마나 검소하고 분수에 맞는 생활을 하였는지를 알 수 있다.

또 김덕성(金德誠)의 《식소록(識小錄)》을 살펴보도록 하자.

황익성공은 집에서는 위엄스럽지 않으나, 묘당(廟堂)에 나가면 여러 관료들이 감히 고개를 들고 바라보지 못했다. 김종서(金宗瑞)가 6진(六鎭)을 개척하고 나서 병조판서를 제수 받아 왕의 대우가 융숭하므로 거만스러워져서 방약무인한 태도가 있었다. 어느 날 공회(公會) 때 김종서가 술이 거나하여 의자에 비스듬히 앉았으니 공이 소리(小吏)에게 넌지시 이르기를, "지금 병조판서의 앉은 의자가 삐뚤어졌으니 의자의 다리를 고치도록 하라." 하니, 김종서가 듣고 황공하여 어쩔 줄을 몰랐다. 김종서가 뒤에 다른 사람에게 말하기를 "내가 6진을 개척할 때 밤중에 적의 화살이 날아들어 책상머리에 꽂혔어도 놀라지 않았는데, 오늘에는 식은 땀을 흘렸다"고 하였다.

라는 기록이 있다. 이 이야기가 《국조보감(國朝寶鑑)》에는 다음과 같이 전해져 온다.

황희가 장생전(長生殿)에 나갔을 때 공조판서 김종서가 음식상을 걸게 차려 왔다. 황희가 노하여 이 음식이 어디서 나왔느냐고 추궁하자(빈청의 음식은 공무 외에 사사로 사연에 쓸 수는 없으므로), 김종서가 땅에 엎드려 잘못을 빌고 물러 나와 다른 사람에게 6진 개척 때의 일을 말한 것으로 되어 있다.

이 내용에서 그가 얼마나 공(公)과 사(私)의 분별을 명확히 하였는지 짐작이 간다고 할 수 있다.

임영(林泳)의 《창계록(滄溪錄)》에는,

방촌이 입궐한 뒤 부인이 배 몇 개를 얻어 공에게 드리려고 공의 침소 시렁 위에 얹어 두고 가까운 친가(親家)에 갔는데, 공이 퇴근하여 방에 보니 쥐가 시렁 위에 들락거리면서 배를 물어가려고 애쓰다가 물어갈 수 없자 마침내 다른 쥐 한 마리를 데리고 와서, 한 마리는 배를 안고 드러 눕고 다른 한 마리는 배를 안고 있는 쥐를 물고 나갔다. 이렇게 몇 번을 들락거리더니 마침내 배를 다 물어 갔다. 얼마 후에 부인이 들어와 배를 찾으니 없었다. 공은 무엇을 생각했던지 시치미를 떼고 보지 못했다고 했다. 부인이 집 보던 여종들을 추궁하니 모른다고 하므로 노하여 매를 들고 때리자 겨우 몇 대를 맞고는 제가 먹었다고 거짓 자백했다. 공은 그 일을 보고 크게 탄식하였다. 그 며칠 뒤 공은 조정에서 그 일을 이야기 하고 지금 국내에는 매를 못 이겨 애매한 형을 받은 자가 많을 것이라고 했다. 왕이 즉시 행회(行會)에 명하니 오랫동안 수감되어 있는 죄수를 석 방하라고 하여 경향(京鄕) 각지의 옥이 텅 비었다.

는 일화(逸話)도 기록되어 있다. 또 이상진(李尙震)의 《만암집(晩庵集)》을 살펴보자.

황공(黃公)이 수상(首相)으로 있을 때 무슨 일이 있어 관료 수십 명과 함께 정청(政廳)에서 식사를 하게 되었는데, 황공이 밥을 덜어 놓으려고 할 때 밥 속에 벌레가 들어 있었다. 그러나 황공은 그 벌레를 덜어 놓은 밥 속에 숨겨 버리고 아무 말이 없이 밥을 먹었다. 관료 중에 그 사실을 안 사람이 있었으나 수상이 그러하므로 그도 아무 말 없이 밥을 먹었다. 만일 그 일이 탄로 나면 주방 하인들이 중죄에 걸릴 자가 많을 것이므로 공이 덮어 버린 것이다.

이 내용에서는 그가 아랫사람들이나 하인들에게도 세심한 관심을 배 려하고 있음을 알게 한다고 하겠다.

이긍익의 《연려실기술》에는 다음과 같은 일화를 전하고 있다.

공은 천성이 검소하여 재상의 지위에 있은 지 수십 년 동안에 집안이 쓸쓸하여 마치 벼슬 없는 선비의 집과 같았다. 언제나 멍석자리에서 기거하면서 이르기를 멍석자리는 가려운 데를 긁기에 매우 좋다고 하였다. 공의 아들 수신(守身)이 한 기생과 정이 깊어 공이 늘 엄격하게 나무라면 그 기생과 끊겠다고 하면서도 끝내 끊지 못했다. 하루는 수신이 외출하였다가 들어오는데 공이 관복을 갖추고 문 밖에 나가 아들을 맞이하였다. 수신이 황공하여 땅에 엎드려 그 까닭을 묻자 공이 "나는 너를 자식으로 대하는데 너는 내말을 듣지 않으니 그것은 나를 아비로 여기지 않음이다. 그러므로 나도 이제부터는 너를 손님으로 대하는 것이다." 했다. 수신은 그 뒤부터 기생과 일체 만나지 않았다고 한다.

신숙주(申叔舟)가 쓴 황희의 묘지명(墓誌銘)을 살펴보도록 하자.

공의 천성이 관인(寬仁)하고 침중(沈重)하며 도량(度量)이 있고, 말과 웃음이 적었으며, 기쁘고 노함이 표정에 나타나지 않았고, 부모에 효도하고, 아랫사람들을 지성으로 대우하였다. 일가 중 외롭거나 가난하여 생계를 스스로 유지할 수 없는 이가 있으면 자재를 털어 구조하고, 집에 있을 때는 청렴 검소하고, 수상으로 있으면서도 가세가 쓸쓸하여 벼슬이 없는 선비의 살림과 같았다. 정부에 있은 지 24년 동안에 조종(祖宗)의 법도를 준수할 뿐 뜯어고치기를 좋아하지 않았으며, 일을 사리에 따라 처리하되 그 규모가 원대하여 그물의 벼릿줄만 들면 그물이 저절로 펼쳐지듯 모든 일이 다스려졌다.[5]

---

5) 《방촌황희선생문집》 권13, 〈墓誌銘, 신숙주〉

하였다. 또 신숙주가 쓴 신도비문(神道碑文)에는,

식견이 깊고 국량(局量)이 커서 바라보면 마치 태산 황하와 같았으므로
일찍이 중국 사신이 공을 보고는 자기도 모르게 탄복하여 극진한 예의
로 대하였다. … 세종은 늘 공이 큰일을 잘 결단한다고 칭찬하면서 공을
길흉을 점치는 기귀(耆龜)와 물건을 다루는 권형(權衡)에 비유했다. …
평생 남의 전날의 잘못을 새겨 두지 않았고, 평소의 처사(處事)에는 관
용을 위주로 하되, 큰일을 의논함에는 시비를 직접 가려내어 조금도 용
납이 없었다.6)

하였다.

이상에서 살펴본 바 황희는 고려나 조선조를 통해서 명재상의 우두머
리로 치는 사람이기에 죽은 뒤에도 국가에서나 국민의 예우와 찬사가 누
구보다도 돈독했었을 것을 짐작할 수 있다. 황희가 1452년인 문종 2년 2
월 8일 사망하자,《문종실록》의 기록에 황희가 죽었음을 말하고, 그의 공
직 생활을 전기적(傳記的)으로 서술하여 놓았는데 그 내용은 찬양의 연
속이었다. 그 기록이 길기 때문에 그 가운데 맨 끝 부분만을 살펴보도록
하겠다.

비록 늙은 나이에 이르러서도 손에서 책을 놓을 때가 없었고, 늘 한쪽
눈을 감고 안력(眼力)을 길러 아무리 작은 글씨라도 잘 보았다. 24년 동

---

6)《방촌황희선생문집》권13,〈神道碑文, 신숙주〉

안이나 재상으로 있었건만 모두가 다 어진 재상이라고 우러러보았다. 늙어서도 기력이 강건하고 홍안과 백발이 마치 신선처럼 보였다. 세상에서 모두 옛날 송(宋)나라 명재상이었던 문로공(文潞公) 문언박(文彦博, 1006~1097)과 같다고 하였다. 죽은 지 5일 만에 임금께서 도승지 강맹경(姜孟卿)을 시켜 정부에 의논하기를 황희를 세종의 묘정(廟庭)에 배향하고 싶은데, 모두들 어떻게 여기느냐 하니, 김종서·분(鄭苯)·허허(許嘘) 등이 여쭈기를 "황희는 수상이 된 지 20년이 넘었습니다. 어떤 전쟁에서 괴로움을 겪은 일은 없을지라도 모든 정사에 왕을 도와 성취한 공은 대단히 크고 또 대신의 체통을 제대로 지켰으니 선왕께 배향하면 여러 사람들도 다 좋아할 것입니다." 하였다. 문종이 즉시 세종 묘정에 배향(配享)하라는 명을 내리고 시호는 익성(翼成)이라 했다. 익성의 뜻은 사려(思慮)가 심원(深遠)하니 '익(翼)'이고, 위상 극종(位相克終)하였으니 '성' 이라 하였다.

그리고 문종은 황희가 죽은 4일 뒤인 문종 2년(1452) 2월 12일 제문(祭文)을 내렸고, 그 뒤 조선 말기까지 여러 임금들이 내린 10여 차례의 제문도 그에 대한 예우(禮遇)와 찬사로 이루어져 있다. 그 가운데 문종 2년 2월 12일에 내린 제문을 살펴보자.

방금 3년간 세종의 국상(國喪)을 마쳤으므로 태묘(太廟)에 모시고, 황희가 (世宗을) 신하로서 한결같이 보필하였으므로 세종의 묘정에 배향하였으니, 이는 사사로운 은혜로서가 아니라 진실로 예부터의 전례(典禮)에 의한 것이다. 경은 풍채가 엄준하며, 국량이 크고 깊으며, 확고한 수행은 꺾일 수가 없고, 정대한 학문은 참으로 높았도다. 진퇴는 모두 도의에 맞고, 희로(喜怒)는 일체 표정에 나타내지 않았으며, 사람의 재주를 용납할 수 있는 아량과 어려운 국사(國事)에 앞장서는 충성을 지녔다. 나라가 번창할 즈음에 마침 우리 황조(皇朝)를 만나 이목지관(耳目之官)이 되어 기강이 바로 잡히고, 후설지신(喉舌之臣)이 되어 좋은 진언(眞言)이 많았도다. 그 지략은 흉계(민씨 형제)를 저지시킨지라 황실의 화근이 제거되었다.

충직한 재상인지라 명주(明主)의 지우(知遇)를 받았으며, 두 도(道)에 나가니 관리는 두려워하고 백성은 그리워하였으며, 6조의 판서가 되자 정사가 닦아지고 폐단이 시정되었도다. 외국 사신을 전담하여 요리하고 정당의 의논에 참여하여 도왔으므로 소고(小考, 세종)는 심복처럼 기대었고, 사림은 태산과 북두처럼 우러러 보았도다. 1품의 품계에 올라 우뚝 군부(軍府)에 임했고, 삼태(三台)의 지위에 이르러 엄연히 백관의 지표(指標)가 되어 큰일과 큰 의논을 결단하는 데 있어 진실로 길흉을 점치는 기귀(蓍龜)와 같았고, 좋은 정책과 좋은 의견을 고함에는 언제나 병을 고치는 약석(藥石)보다 나았도다. 임금을 과오 없이 인도(引導)하고 백성을 완전하게 이끄는 데 힘썼으며, 조종의 법도는 뜯어 고치기를 즐기지 않고 평소의 의론은 관후함을 힘썼도다. 국정을 잡은 지 16년 동안에 인재들이 그 뛰어난 안목에 발탁되고, 수상으로 있은 지 24년 동안에 국가가 반석처럼 편안하였도다. 아홉 번 시관(試官)을 맡았으나 번번히 인재를 얻었다는 칭찬을 받았고, 열 번 사직을 빌었으나 오히려 나를 도와 달라는 부탁을 받았다. 병이 났을 때는 약이(藥餌)를 보내고, 나이가 높았을 때는 지팡이를 하사 하셨도다. 몸소 4대를 섬기면서 충의(忠義)가 더욱 돈독하고, 나이가 90에 이르도록 덕과 지위가 함께 높았으니 진실로 왕의 수족이며 국가의 기둥과 주추였다.[7]

내가 대위에 오르던 해가 마침 경이 사직하던 때였다. 그러나 중대한 일에는 꼭 사람을 보내어 문의하였도다. 어진 재상으로 영원한 의지를 삼으려 했는데 어찌 갑자기 반염(攀髯)의 뜻을 두어, 나로 하여금 망감(亡鑑)의 탄식이 있게 하였소. 대신의 나라를 돕는 마음이 생시(生時)와 사후(死後)가 다름이 없으니, 임금의 덕을 존중하는 전례도 처음과 나중이 같아야 하므로, 특별히 시호(諡號)를 정하는 영광을 논하고 묘정에 배향하는 서열에 오르게 하였소. 이에 공종을 기록하여 제사를 드리니 거의 낙고(洛誥)와 같이 부합되고 탕(湯)에게 나아가 상서(祥瑞)를 내리게 하니 반경(盤庚)만이 아름다운 게 아니로다. 바라건대! 정순(貞純)한 혼(魂)이시여 나의 이 성의(誠意)를 받으소서.

황희에 대한 크나큰 존중과 지극한 찬사이라고 할 수 있다. 이 같은 문종의 제문 외에 신숙주가 쓴 그의 묘지명과 신도비문이 있고, 연산군 6년 (1500) 황희의 제2손 첨지중추부사(僉知中樞府使) 사장(事長)이 신도비를 묘 옆에 세웠다. 이 밖에 남곤(南袞)이 쓴 '소공대명(召公臺銘)'이 있다.

세조 원년 그의 아들 수신이 좌익공신(左翼功臣)에 녹훈되었던 관계로 그에게 순충보조공신남원부원군(純忠補祚功臣南原府院君)이 추증되었다. 그를 모신 서원(書院)으로는, 선조 13년(1585) 그의 5세손 현감 돈(惇)이 상주(尙州) 중모현(中牟縣)에 세운 옥동서원(玉洞書院)이 있고, 숙종 19년

7)《문종실록》권12,〈문종 2년 2월 8일〉

(1693) 장수현감 민진숭(閔鎭崇)이 본현 사림(士林)과 더불어 현의 북쪽에 세운 창계서원(滄溪書院)이 있으며, 정조 12년(1788) 남원 사림이 부의 서쪽에 세운 풍계서원(楓溪書院)이 있고, 정조 14년 공주 사림이 세운 기호서원(岐湖書院)이 있다. 철종 7년(1856) 연기(燕岐) 사림이 세운 태악사(台嶽祠)가 있고, 철종 8년(1857) 삼척 사람이 세운 소공대(召公臺)가 있으며, 그 아래에 산양서원(山陽書院)을 세웠다.

2. 황희의 관직 생활

황희는 조선조의 벼슬살이가 풍전등화와 같았는데도 63년간의 관직 생활을 하는 가운데 재상의 직위에 24년 동안 있었다. 그 가운데 영의정으로 18년을 재직하였다. 또 이조판서와 예조판서를 각각 3차례씩 하였고, 형조판서를 2차, 병조·공조판서를 각각 1차례씩 맡아 6조판서를 두루 거쳤다. 또 왕의 신임이 황희만큼 두터웠던 사람도 없을 것이다. 재직 중 사직서를 18번이나 냈지만, 왕이 들어준 일이 단 한 번도 없었다. 이러한 일은 조선 500년 동안 여러 신하 가운데 그 유례를 찾아볼 수 없을 것이다. 그리고 정치 생활에 있어 내치(內治)·외교·국방·경제·사회·문화 등 여러 방면에 그만큼 혁혁한 공로를 세운 사람도 드물 것이다.

고려 우왕 9년(1383) 황희의 나이 21세에 사마시(司馬試)에 합격했고, 우왕 11년(1385) 진사시(進士試)에 합격하였다. 황희의 나의 27세인 공양왕 1년(1390) 문과에 급제했다. 관직으로는 앞서 우왕 2년 음보(蔭補)로 복안궁녹사(福安宮錄事)에 제수되었던 것이 관계로 진출하는 시작이다. 공양왕 2년(1376) 28세로 성균관 학관에 보직되었는데, 다음 해에 고려는 망하고 조선 왕조가 개국되었다. 조선이 개국되었던 그 해, 즉 태조(太祖) 원년(1392)에 황희는 세자우정자(世子右正字)로 임명되었다.

묘지(墓誌)에 의하면 황희는 평소 이화정(梨花亭)과 정의(情誼)가 두터웠는데, 고려 말에 정사가 어지러워지자 이공이 금강산에 들어가 숨어버렸다. 고려가 망하고 조선이 개국되자 황희가 찾아가 함께 은거하려 하니 이공이 말하기를 "만약 그대가 나를 따른다면 저 백성들은 어찌 되겠는가?"라 하니, 황희는 자신의 마음을 돌려 태조 이성계의 부름에 응했다고 한다. 일설에 의하면, 이성계 일파에 의해 혁명이 일어나자 황희는 고려의 신하 72인과 함께 두문동(杜門洞)에 들어갔는데, 그들이 백성의 촉망(囑望)에 따라 황희에게 출사(出仕)를 부탁하므로 황희는 벼슬길에 나오게 되었다고 한다.

조선을 개국한 태조는 정도전(鄭道傳)·하륜(河崙)·변계량(卞季良) 등을 두문동에 보내 치국의 동량(棟樑)이 될 상재(相材) 세 사람 정도를 하산해 줄 것을 설득하게 하였다. 그리하여 두문동에 은거하고 있던 72현들이 모여 협의한 결과 황희를 지목하게 되었다고 한다. 그들은 태조 이성계가 요구한 세 사람 모두를 보내 줄 수는 없고, 중국 고대 은(殷)나라 재상 이윤(伊尹)에 견줄 만한 황희 한 사람만을 지목하게 되었던 것이다. 이렇게 하여 비록 그가 양조(兩朝)를 섬기는 신하가 되었지만, 조야(朝野)의 환영을 받았던 것이다. 그것은 당시 정변(政變)의 풍파에서 방황하는 백성들에게 희망을 주었고, 그가 조정에 들어감으로써 두문동이나 부조현(不朝峴)에 은거하고 있던 고려 수절신(守節臣)들의 안전을 꾀할 수 있었기 때문이었다.

태조 원년(1392) 황희는 나이 30세에, 세자우정자(世子右正字)로 조선조에서 처음으로 벼슬길에 나가게 되었으며, 세종(世宗) 13년(1431) 나이 69세로 영의정에 오르기까지 승진을 거듭했다. 다만 승진하는 가운데 5차례의 파면이 있었으나, 대부분 몇 개월 뒤에 다시 임명되었다. 세자 양녕대군(讓寧大君)의 폐세자(廢世子) 사건으로 4년간 귀양살이가 있었으며, 부모님의 상을 당하여 몇 개월간 관직을 떠난 일이 황희의 정치 생활에서 비었던 시간이었다.

황희의 연대별 관직 생활에 대해서는 '연보(年譜)'에서 자세히 살펴보기로 하고, 여기서는 황희가 관직에 재직하는 가운데 일어났던 일부 사건을 살펴봄으로써 전체를 살펴보기로 하겠다. 황희는 태종 5년(1405) 1월 좌부대언(左副代言)에 임명되었다가, 12월 승정원 지신사(承政院 知申事, 도승지)로 승진되었는데, 이에 대하여《문종실록(文宗實錄)》12권, 문종 2년 (1452) 2월 8일자 기록이 있다. 이 기록에 의하면,

박석명(朴錫命)이 지신사(知申事)로서 오랫동안 기밀(機密)을 맡아 오다가 여러 차례 사면을 간청하매 태종께서 말하기를 "경(卿)이 경과 같은 사람을 천거한다면 지신사를 체대하여 주겠노라." 하여, 박석명이 황희를 천거하여 황희가 임명되었다. 임명된 후 모든 기밀을 맡아보았으므로, 비록 하루 이틀만 나오지 않아도 태종께서 반드시 불러 보았다. 한번은 태종이 말하기를 "이 일은 나와 경만 알고 있으니 만일 누설되면 경이 아니면 내 입에서 나온 말이오, 훈구대신이 우리의 계합(契合)을 기뻐하지 않으며, 어떤 이는 경이 간사하다고 말하는 사람도 있소."라고

하였다니 태종의 신임이 얼마나 두터웠던가를 알겠다.[8]

라고 하였다. 이와 비슷한 내용이 《해동야언(海東野言)》에도 있다. 즉 박석명이 승지(承旨)가 되었을 때, 태종이 "누가 그대를 대신하여 승지가 될 만한가?" 하니 박공이 아뢰기를, "신하 가운데에는 적당한 사람이 없고, 오직 승추부사(承樞府使) 황희가 그럴 만한 사람입니다." 하였다. 태종이 드디어 황희를 등용시키고 얼마 안 되어 박공을 대신하여 승지로 삼았는데, 나중에 유명한 정승이 되니 세상에서 사람들은 박공이 사람을 알아볼 줄 안다고 하였다는 것이다.

태종 8년(1408) 8월 황희는 자신이 기밀을 너무 오래 맡아 사람들의 평론이 좋지 못하다는 구실로 사표를 냈으나 왕이 받아 주지 않았다. 그해 태종은 지신사인 황희로 하여금 생원시관(生員試官)을 삼고자 하였으나 황희는 사양하기를, "옛 규례(規例)에 시관은 반드시 성균관대사성(成均館大司成)에게 임명했고, 또 신은 학문이 옅어 그 책임을 감당하지 못합니다. 유백순(柳伯淳)은 학문이 넓고 인품이 노성(老成)하니 그로 시관을 삼게 하옵소서." 하니 그대로 하였다. 왕이 황희에게 시관을 맡긴 것은 그만큼 공을 믿었기 때문이다. 또 시관을 맡는다는 것은 명예로운 일이지만, 공이 굳이 사양한 것은 전례를 깨고 자신이 시관을 맡으면 규범이 무너지고, 또 남이 시기하고 불쾌히 여길까봐 그랬던 것이라고 할 수 있다.

《문종실록》 문종 2년(1452) 2월 8일 조에 의하면,

---

8) 《문종실록》 권12, 〈문종 2년 2월 8일〉

태종 8년 목인해(睦仁海)의 모반 사건이 일어났을 때 황희가 마침 집에 있었다. 태종께서 황희를 불러 말하기를 "평양군(平壤君)이 반란을 일으켰으니 계엄령을 내려 반란에 대비하라."고 하니, 공이 말하기를 "일을 꾀한 주모자는 누구입니까?" 하고 물었다. 태종께서 "조준(趙浚, 태종의 사위인 조대림(趙大臨)의 아버지)이다."라고 했다. 공이 말하기를 "조준은 결코 아비와 임금을 죽이는 일을 하지 않을 사람입니다." 하였다. 평양군이 옥에 갇히자 공이 목인해와 아울러서 하옥시켜 대질할 것을 청하니 태종이 그에 따랐는데, 취조 결과 과연 목인해가 주모한 일이었다.

그 뒤 김과(金科)가 죄를 범하였고 조준도 또한 그 일에 연루되었는데, 태종이 대신들을 착석시키고 심문한 결과 조준의 무죄가 판명되었다. 태종께서 황희에게 말하기를 "전일 목인해의 변란이 일어났을 때 경의 말에 조준이 그럴 사람이 아니라고 하더니 과연 그렇도다." 하였다. 조준이 그 말을 듣고 비로소 목인해 때의 일을 알고 물러나와 감격한 나머지 "말을 잇지 못했다."고 하였다. 그 해 "12월에 맹사성은 태종의 사위 조대림(趙大臨)을 옥중에서 고문하였고, 박안신(朴安臣)은 조대림이 성내(城內)에서 군사를 동원한 죄를 논핵(論劾)하였으므로, 태종이 크게 노여워하여 두 사람을 순금사(巡禁司)에 가두고 장차 저자에서 베려 하였는데, 공이 권근(權近), 이숙번(李淑蕃), 하륜(河崙) 등과 함께 힘써 간하여 마침내 감형되어 귀양 보내게 되었다." 하였다.9)

이 이야기가 통정대부(通政大夫) 김영한(金甯漢)이 쓴 〈방촌황선생신도

---

9) 《문종실록》 권12, 〈문종 2년 2월 8일〉

비명(厖村黃先生神道碑銘)〉에는 다음과 같이 전해진다.

조대림이 왕의 사위로서 은총을 믿고 온갖 사치를 부리자 맹사성과 박
안신이 장계(狀啓)하지 않고 잡아다가 다스렸더니 태종께서 크게 노여워
하여 두 신하를 죽이려 하므로, 공이 지성껏 간해도 듣지 않는지라 공이
원졸(院卒)에게 시켜 정원(政院)의 지붕에 올라가서 기와를 걷어 내리도
록 하였다. 그것을 태종께서 보시고 "왜 그러느냐?"고 꾸짖자 공이 답하
기를 "정직한 신하를 죽여 없앤다면 이 정원을 두어 무엇에 쓰겠습니
까?" 하였다. 그래서 태종께서 마침내 두 신하를 놓아주었다.

고 하였다. 태종의 신임이 얼마나 컸으면 황희가 그렇게 한 일에 대하여
노(怒)하지 않고 받아들였을까! 그리고 황희가 아니었더라면 조선조의
명재상의 하나로 손꼽는 맹사성을 잃었을 것이니 얼마나 국가의 큰 손실
이었을까 생각된다. 조선의 명재상 가운데에서도 자신의 생활이 검소했
다는 사람으로 황희와 맹사성을 꼽는다. 맹사성이 그렇게 검소했던 것은
자신의 생명의 은인인 황희의 영향이 미친 것인지도 모른다.

태종 14년(1414) 2월, 방촌은 병으로 예조판서를 사직했다. 왕은 내의
(內醫)를 보내어 치료하도록 하고, 돈 100량을 하사하였다. 또 매일 3·4
차례씩 환관을 보내어 문병하도록 하였다. 병이 나은 뒤 내의에게 상금
을 주며 "황희는 충성스럽고 정직한 참 재상인데 너희가 병환을 치료하
여 주어 내가 기뻐하노라." 라고 하였다. 이 외에도 《왕조실록》의 기록 가
운데 어떤 사람이 태종의 뜻을 거슬러 죄를 받게 되거나, 또는 파직에 이
르렀을 때 황희의 충간(忠諫)으로 모면한 사람이 많고, 또 왕이 계획한

일도 황희가 불가하다고 간하여 중지된 일이 많았으니 이런 일들은 황희가 사사로운 욕심이 없이 공명정대(公明正大)하게 처리함으로써 왕의 믿음이 컸기 때문이다.

방촌은 왕의 비서실장격(秘書室長格)인 지신사(知申事, 도승지)로 3년 9개월 동안이나 재직하다가 수차례 사직을 청함으로써 태종 9년(1409) 8월에 참지의정부사(參知議政府事)로 승진하면서부터는 직책이 자주 바뀌었다. 그 까닭이 무엇이었는지 살펴보도록 하겠다. 우선 직책이 바뀐 일을 보면 태종 9년 12월, 참지의정부사로 있은 지 4개월 만에 형조판서(刑曹判書)로 승진하였다. 곧이어 태종 10년(1410) 2월, 지의정(知義政)으로 승진하였고, 같은 해 7월, 사헌부대사헌(司憲府大司憲)으로 옮겼다. 태종 11년(1411) 8월, 병조판서(兵曹判書)에 임명되고. 태종 13년(1413) 4월, 다시 예조판서에, 태종 14년(1414) 5월, 의정부찬성사(議政府贊成事)로, 6월에는 다시 예조판서에, 태종 15년 5월에는 이조판서에 승진되었다.

이렇게 형조판서 재직 2개월, 지의정 5개월, 사헌부대사헌 1년, 병조판서 8개월, 예조판서 1년, 의정부찬성사 1개월, 다시 예조판서 1년 등과 같이, 한 직위에 최장 1년에서 불과 몇 개월 사이에 직책이 바뀌었다. 그것도 같은 위계(位階)거나 승진이었다. 그런데 왕정(王政) 시대에 있어 조금만 실수가 있거나 무능하다고 인정되면 여지없이 파직되거나 좌천되었는데, 왕의 신임이 커 승진되면서도 그렇게 직책이 자주 바뀐 것은 황희가 정사(政事)에 유능하고, 또 외유내강하여 원만하면서도 공사(公私)에 사가 없어 죄과가 있는 자는 사정없이 처단하므로 어느 부서의 모순이나 잘못을 시정(是正)하거나, 새로운 시책을 펴거나, 기강을 바로잡기 위해서는 황희가 필요함으로써 임명된 것으로 보인다. 그렇게 느끼는 것은 어느 부서에 임명되면 바로 여러 문제에 장계(狀啓)를 올려 왕의 윤허를 받은 일이 헤아릴 수 없이 많다는 것으로서 그것이 입증된다. 또 황희가 죽자 문종이 내린 제문(祭文) 가운데 "6조의 판서가 되자 정사가 닦아지고 폐단이 시정되었다."라고 하였음에서 알 수 있다.

태종 2년(1402), 황희는 아버지 상사(喪事)를 당하여 상중에 있었다. 부모의 상중에 있는 사람도 나라에서 꼭 필요하면 관직을 맡게 하였는데, 이른바 기복법(起復法)이라 한다. 당시 왕은 이 기복법을 황희에게 적용하여 거상(居喪) 100일 만에 황희를 대호군(大護軍)에 임명하고, 승추부 경력(承樞府經歷)을 겸직하게 하였다. 또 세종 9년, 어머니 상을 당했을 때도 3개월 만에 기복법을 황희에게 적용하여 본직 좌의정(左議政)을 맡게 하자, 황희는 몇 번이나 사양했지만 허락하지 않았던 일도 황희가 그만큼 국가에 필요했기 때문이라고 할 수 있다.

세종 5년(1423) 6월, 강원도 도관찰사(都觀察使)에 임명되었다. 그것은 강원도에 큰 흉년이 들었는데 관찰사 이명덕(李明德)이 백성을 구제하지 못하므로 황희로 교체하였던 것이다. 그렇게 함으로써 원만한 구휼이 이루어졌다고 한다. 이렇게 유능하고 왕의 신임이 컸던 공이 세자 양녕대군의 사건에 태종의 뜻을 거슬러서 좌천되고, 또 귀양을 가게 되었다.《해동야언》의 내용을 살펴보자.

헌릉(獻陵: 태종)이 세자 양녕(壤寧)을 폐할 때, 대신들을 불러들여 어느 때의 일을 들어 말했다. 황희와 이직(李稷)이 그때 판서(判書)로 있었는데, 폐하는 것이 옳지 않다고 굳이 고집하다가 거의 6년 동안을 지방으로 가서 귀양살이를 하였다. … 어느 날 태종이 황희를 부르니, 황희가 통이 높은 갓을 쓰고 푸른 빛깔의 거치를 베로 만든 단령(團領)을 입고, 남빛 조알(條兒)을 띠고 승정원(承政院)에 들어왔다. 황희는 방금 시골로 부터 올라왔으므로, 용모만 헌칠할 뿐이어서 사람들이 별다르게 여기지 않았다.

태종이 이르기를 "황희의 전날의 일은 어쩌다가 잘못된 것이니, 이 사람을 끝내 버릴 수는 없다. 나라를 위해서는 이 사람이 없어서는 안 된다." 하고 곧 예조판서를 주었는데, 때마침 흉년이 들어 강원도 관찰사(江原道觀察使)로 삼았다. 황희는 마음이 너그럽고 성격이 모가 나지 않아, 윗사람이나 아랫사람에게 한결같이 예의(禮儀)로써 대하고, 나라 일을 의논할 때에는 전례(前例)를 잘 지켜, 고치고 바꾸기를 좋아하지 아니하였다.

라는 기록을 볼 수 있다. 이와 관련하여 그의 성정을 알 수 있는 글을 살펴보자. 그가 강원도 관찰사로 있으면서 강릉(江陵) 경포대(鏡浦臺)에서 읊은 시 한 수를 보면 다음과 같다.

澄澄鏡浦涵秋月 落落寒松鎖碧烟
雲錦滿地臺滿竹 塵寰亦有海中仙[10]

맑고 밝은 경포에 가을 달이 젖었구나,
낙락하게 늘어진 외로운 푸른 소나무 연기 감아 돌고

---

10) 《방촌황희선생문집》, 권1, 〈詩〉

비단 같은 구름 땅 위에 가득하고 푸르른 대나무 돈대에 가득하다.

띠끌처럼 더러운 세상에도 바다 속 신선이 노니는구려.

다음의 내용은 《문종실록》의 문종 2년(1452) 2월 8일 기록으로, 황희가 유배 가는 내용의 전기적인 기록이다.

태종 16년 공이 이조판서에 재직 중 태종께서 황희와 이원(李源)을 불러 세자의 실덕(失德)과 무례한 행동을 말하니 황희가 이르기를 세자의 지위를 경솔히 할 수 없다고 하며 세자가 나이가 젊은 소치로 그런 것이니 큰 과실이 아니라고 두둔했다. 태종은 그 말을 듣고 속심에 황희가 일찍이 태종의 처족인 민무구·민무병 등을 위시한 여러 민씨를 제거하는 데 주동했으므로, 세자에게 붙어 민씨 사이에 혐의를 풀고 후일의 영화를 도모하려는 것이라고 생각하고 크게 노하여 공조판서로 좌천시키고, 태종 17년 외직(外職)으로 평안도도순문사(平安道都巡問使)로 내보냈다가 태종 18년 판한성부사(判漢城府事)로 불러들였다.

그러나 마침내 그해 세자 양녕대군을 폐하게 되자 황희도 서인(庶人)으로 내려 경기도 파주(坡州) 교하(交河)로 귀양 보내고 모자(母子)와 같이 살도록 했는데, 대신과 대간(臺諫)들이 황희에게 죄를 더 주어야 한다고 상소가 그치지 않았다. 태종은 황희의 사위 오치선(吳致善)을 교하로 보내어 황희에게 전하기를 "경은 공신(功臣)이 아니지만 내가 공신으로 대우하고 하루 이틀만 보지 못하면 반드시 불러 본 것은, 경을 하루도 나의 옆에서 떠나지 못하도록 하려던 것이었소. 그런데 지금 대신과 대간들이 경의 죄는 개성과 한성 사이에서 살게 할 수 없다고 하므로 이제 경의 관향인 남원으로 옮기도록 하였으니 어머님을 모시고 함께 가도록 하오, 그리고 헌부(憲府)에는 황희를 압송하지 말고 마음대로 가도록 하라고 했소." 하였다.

오치선이 다녀와 복명하자 태종께서 묻기를 황희가 무어라도 하더냐 하니, 오치선이 대답하기를 "황희의 말에 '나의 피골은 부모에게서 받았으나 나의 의식(衣食)과 복종(僕從)은 모두 임금의 은공인데 어찌 그런 은공에 배반하겠느냐?' 하며 울었습니다." 하니 태종께서 말하기를 "이미 떠났을 터이니 이젠 어쩔 수 없구나."하였다.

태종도 황희의 죄가 사실이 아니었다는 것을 알고 귀양살이 3년 9개월 만인 세종 4년 2월 서울로 불러들였다. 황희가 태종을 뵙고 은혜에 감사드릴 때 세종도 그 옆에 있었는데, 태종은 말하기를 "내가 풍양(豊壤, 오늘의 양주(楊州))에 있을 때 항시 경의 사실을 주상(主上, 세종)에게 이야기했더니 오늘에야 돌아오게 되었구려." 하고 후하게 대접한 뒤 세종에게 과전(科典)과 고신(告身)을 되돌려 주고 서용(敍用)하도록 했다.11)

이에 관한 이야기가 《세종실록(世宗實錄)》 권1, 10월 28일 기록에는 다음과 같다.

상왕(上王, 태종)이 위로연을 베풀 때(8월 10일 세종의 즉위식)··· 상왕이 여러 신하에게 말하기를··· "내가 황희를 처음에는 매우 부정한 사람으로 여겼는데(세자를 폐하는 사건에 있어) 그의 사위 오치선을 시켜 물은 즉 황희가 말하기를 '세자가 참으로 덕이 없으나 장차 대통(大統)을 이

---

11) 《문종실록》 권12, 〈문종 2년 2월 8일〉

을 분에게 어찌 감히 이간 붙이는 말을 하겠는가'라고 말했다니 내가 그

말을 듣고 곰곰 생각하건대 어찌 죄 줄 것이 있겠는가?" 하였다.

황희는 귀양살이를 마친 뒤 세종 4년 10월 의정부참찬(議政府參贊)에 임명되었고, 그 뒤 몇 직책을 거쳐 세종 8년(1426) 2월 이조판서에, 그 해 5월에는 우의정에 임명되었으며, 9년(1427) 1월 좌의정에, 13년(1431) 9월 영의정에 각각 올랐다. 그 동안에도 몇 번 사직을 청했으나 왕이 윤허하지 않았고, 세종 9년 좌의정에 재직 중 서달의 일로 6월 21일부터 7월 4일 까지 13일간 파면된 일이 있었다. 세종 12년(1430) 태석균(太石均)의 일로 사헌부의 탄핵을 받아 11월부터 다음해 8월까지 파면되었으나, 세종 13년 9월 3일 영의정에 승진된 뒤 세종 31년(1449) 10월 87세 벼슬살이를 떠나기까지 18년간 줄곧 영의정에 재직하였다.

황희에 대한 태종의 신임이 깊었던 것은 앞에서 대강 살펴보았다. 그런데 세종의 신임은 그보다도 더 두터웠다. 그것은 세종 때 18년간 계속 영의정에 재직했다는 사실만으로도 그것을 짐작할 수 있다. 또 영의정 때 10차례나 사직을 청하며, 그 구실로 능력이 없다든가, 귀가 어둡다든가, 각기(脚氣)가 있다든가, 하혈(下血)이 심하다는 등의 이유를 붙여 사직서를 냈는데도 일체 받아들이지 않았다. 또 어머니 상을 당한 석 달 만에 기복법(起復法)을 적용하여 공을 불렀을 때도 몇 번을 사양하였으나 받아들여지지 않았다. 또 사간원과 그 밖에 몇 차례 황희의 탄핵을 청했으나 그것도 일체 윤허하지 않았다는 것은, 탄핵을 요구하는 사람들보다는 왕이 황희를 더 믿었기 때문일 것이다. 또 황희가 세종에게 논의나 장계로써 어떠한 제도나 시책, 또는 관원의 치죄(治罪) 등을 상달하면 거의 다 윤허한 것으로도 그 믿음을 짐작할 수 있다.

이와 관련하여《문종실록》권12 문종 2년 2월 8일 기록을 살펴보면,

세종이 하루는 황희를 만난 자리에서 조용히 말하기를 "경을 외지(外地)
로 내쳤을 때 태종께서 나에게 이르기를, '황희는 곧 한 나라 사단(師丹)
과 같은 사람인데 무슨 죄가 있겠는가?' 하였다"

고 했다. 사단은 서한(西漢) 사람으로 왕에 바른말로 간하다가 파면되어
내쫓겼으나 뒤에 그 충절이 알려져 다시 서용(敍容)된 사람이다.

또《세종실록》권 38, 세종 9년 11월 27일 기록을 살펴보면 다음과 같
다.

세종께서 분부하시기를 "옛날에도 나이 60세 이상이면 비록 상중(喪中)
에 있더라도 고기 먹는 것을 허용하였는데 이제 황희는 이미 기복(起復)
출사(出仕)하였고, 또 나이가 65세이니 소식하는 것은 옳지 않다. 내가
불러들여 고기 먹기를 시작하게 하려 하나 내가 마침 몸이 불편하여 불
러 보지 못했으니, 그대들이 내 분부로서 빈청에 초청하여 고기를 권하
면 어떠할지? 혹은 대신을 소홀히 대접할 수 없다면 내가 완쾌하기를 기
다려 친히 육식을 권해야 할지 모르겠다." 하니 지신사(知申事) 정흠지
(鄭欽之) 등이 대답하기를 "전하께서 친히 권하지 않더라도 명령만 하시
면 그가 어찌 성상(聖上)의 뜻을 모르겠습니까?" 하므로 "그렇게 하라."
하여 황희를 불러 들여 정흠지와 여러 대언(代言)들이 빈청에서 고기를
권했다.

황희가 말하기를 "내가 지금 병이 없어 소식을 할 수 있는데 어찌 감히

고기를 먹겠습니까? 청컨대 나를 위하여 상감께 잘 말씀을 드리시오."
하니 정흠지가 말하기를 "전하께서 결심한 바 있어 신 등에게 명하여 고
기를 권하게 한 일이니 우리가 다시 아뢸 도리가 없으며, 또 왕명(王命)
에 따르지 않을 수도 없을 것입니다." 하였다. 황희가 말하기를 "성상께서
신이 늙은 것을 불쌍히 여기시고 혹 병이 날까 염려하서 육식을 명하시
니 신이 어찌 감히 따르지 않겠습니까?" 하며 이마를 조아리고 눈물을
흘리며 자리에 나아가 고기를 먹었다.12)

윗글을 살펴볼 때, 세종은 황희의 건강까지도 그렇게 세심하게 생각하
였음을 이해할 수 있다. 세종 14년(1432) 4월 25일 기록에 의하면 황희에
게 지팡이를 하사함과 동시에 교서(敎書)를 내린 것을 알 수 있다. 그 교
서에 의하면,

상신(相臣)이 이미 기영사(耆英社)에 들어갔으니 임금이 융숭한 처우를
함은 마땅한 일이로다. 이에 명전(命典)을 내리노니 사사로운 은혜는 아
니로다. 경은 세상을 인도할 큰 재목이오, 나라를 경륜할 위대한 인물이
로다. 지혜는 족히 만 가지 일을 판단하고, 덕망은 족히 백관을 진압했도
다. 높은 위망은 모두 우러러보았고, 부조(父祖)의 전해오는 풍도는 엄정
했도다. 몸은 4조(四朝)를 섬겼으니 충의가 돈독하였고, 나이는 칠순에
이르렀으니 달준(達遵, 작(爵), 나이, 덕(德))이 구비하였도다. 국가의 주석
(柱石)이요 과인의 수족(手足)이로다.

---

12) 《세종실록》 권38, 〈세종 9년(1427) 11월 27일〉

그대에 의뢰(依賴)함이 깊었으니 노성(老成)의 아름다움을 어찌 포창하지 않으리. 이에 궤장(几杖)을 내리노니 기거를 편안케 함이로다. 경은 몸을 보호하여 화기(和氣)를 기르고 심력을 다하여 나라를 다스리는데 보좌하라.

라고 하였으니 신하에 대한 임금의 극찬으로써, 《왕조실록》 어디에도 이와 같은 찬사를 받은 신하를 찾기가 어렵다.

세종 21년(1439) 6월 11일, 황희는 영의정직을 사표를 냈는데 왕이 허락하지 않았다. 황희가 도승지 김돈(金墩)에게 "내가 혼모(昏眊)하고 하혈증(下血症)이 있어 그러노라." 하고 시(詩)를 지어 보냈다. 김돈이 그 말대로 왕에게 아뢰니 왕께서 김돈에게 묻기를 "그대가 보기에 영의정이 과연 혼모하더냐?" 하니 김돈이 말하기를, "신이 보기에는 귀가 좀 어둡기는 하나 정신은 혼미에 이르지 않았고, 도덕과 지량(指量)은 세상에서 드물게 보는 바입니다. 비록 노병(老病)으로 (허리가) 구부러졌으나 벼슬을 그만두는 것은 마땅치 않고, 집에서 큰일을 처리하였으면 좋을 것 같습니다." 하였다.

이 무렵 그의 나이 81세 되던 해, 설날 아침 '원일회연례(元日會宴禮)'에서 그는 다음과 같은 시를 읊었다.

九九年來押百官 三元獻壽對天顏
日明堯殿春風裏 多少群臣各盡歡[13]

---

13) 《방촌황희선생문집》 권1 , 〈詩〉

81세가 오도록 백관들을 거느리고

정월 초하룻날 헌수(獻壽)하러 임금의 얼굴을 대하니

봄바람 부는 어진 임금의 궁전 속에 햇빛이 밝도다.

높고 낮은 신하들이 제각기 즐거움을 다하네.

이 한 수의 시에서 그의 관직 생활이 얼마나 고달팠는가를 엿볼 수 있다.《세종실록》세종 27년(1445) 6월 18일 기록에는 황희에 대한 신뢰와 신하를 존중하는 임금의 마음을 가늠할 수 있다.

세종이 의정부에 교지를 내리기를 "영의정 황희는 나이가 80이 넘고 조정에 일이 번다하여 편히 쉴 여가가 없으니 이후부터는 전교(傳敎)에 의한 공사(公司)와 본부(本府)가 합좌(合座)하는 날 이 외에 보통 시행되는 서무에는 번거롭게 하지 말라."**14)**

황희는 공직에 재직하는 가운데 관리나 백성들의 폐단이 되는 일이나, 사치스러운 일, 또는 번폐스러운 행사를 약화하고 사무를 간소화하려고 노력했다. 그 하나로 지방에서 중앙 정부에 바치는 공물(貢物)도 줄이기를 여러 차례 장계했고, 사치 풍조를 억제해야 한다고 아뢰기도 했으며, 옥송(獄訟)을 지연시키는 법관을 파면하는 일도 장계하고, 또 역승(驛丞)으로 하여금 감목관(監牧官)을 겸하도록 하여 필요치 않은 관원을 정리

---

14)《세종실록》,〈세종 27년(1445) 6월 18일〉

하기도 하였다. 그리고 황희는 세종 8년(1426) 2월 12일 장계를 올려 지방 관원이 다른 데로 옮겨 부임할 때 일일이 조정에 와서 하직 인사를 하는 제도도 생략하기를 청하여 왕의 윤허를 받았다.

황희는 외유내강하여 남에게 관대하고 너그럽게 대하면서도, 죄 지은 자에게는 철두철미하게 징계하였다. 이에 관하여는 그가 재직 중 과실 있는 사람을 면직(免職)시키거나 죄를 주기를 청한 장계가 수십 차례 있었다는 것으로도 짐작할 수 있다. 또 자신과 사이가 좋지 않은 사람도 헐뜯지 않았으며, 그가 능력이 있다고 인정되면 도리어 천거한 점도 그것을 증명한다고 하겠다. 이에 관련하여 《문종실록》 권12, 문종 2년 2월 8일자를 살펴보면,

> 황희가 평안도 순문사(巡問使)로 있을 때 행대(行臺) 이장손(李長孫)이
> 동등한 예로 맞서 황희를 욕보이려 하므로 황희와 이장손이 서로 소(疏)
> 를 올려 논핵하니 태종께서 화해시킨 일이 있었다. 그 뒤 황희가 집권함
> 에 미쳐 공이 이장손이 벼슬에 종사하여 명성이 있다 하며 천거하여 헌
> 납을 삼고, 또 천거하여 사인(舍人)을 삼았다.15)

라는 기록도 있다. 이처럼 황희의 장계 중에는 공(功)이 있거나 어떤 일을 잘 처리한 사람에게 상을 줄 것을 청한 일이 많고 공과 사를 잘 분별하였음을 알 수 있다.

세종 31년(1449) 봄, 황희는 87세의 나이로 벼슬에서 물러날 뜻을 왕에

---

15) 《문종실록》 권12, 〈문종 2년 2월 8일〉

게 밝혔다. 이때 그가 왕에게 올린 '영의정사임소(領議政辭任疏)'를 살펴
보자.

하고자 함을 반드시 좇음은 오직 성현(聖賢)의 큰 도량이요, 능하지 않
는 자 그침은 신(臣)의 생각으로서 마침내 징험한 바이니 간절한 정성으
로 감희 아뢰옵나이다. 높고 밝은 보살핌을 우러러 엎드려 생각하옵건
대, 신은 성질이 순박하고 비루하여 배움과 꾀가 거칠고 소홀합니다. 하
온데 그릇되게 태종대왕께서 발탁하심에 힘입어 여럿 어진 사람들과 더
불어 섞이어 나아감으로써 물방울이나 티끌 같은 보필도 있지 아니하였
습니다. 다만 조석으로 근무한 공밖에 없으니 복이 지나치면 재앙이 생
기고 일이 어그러져 죄에 미침을 마음속으로 달게 생각하나이다.

몇 년 내에 궁촌(窮村)에서 생명을 보전하였더니 성조(聖朝)에 다시 거
두어 쓰심을 어찌 뜻하였겠습니까? 삼가 생각하오니 주상전하께서는 하
늘과 땅 같은 동량(棟樑)이오, 부모와 같이 어짐입니다. 늙은이가 여러
사람의 비방 속에 있음을 특별히 생각하시어 형상할 수 없는 여러 사람
이 우러러보는 높은 자리에 뽑아 올리시니 비록 몸이 가루가 된다 하더
라도 보답하기 어렵나이다. 감히 두려운 사실로서 가득하여 옛 것을 버
리지 않고 지금에 이르러 힘써 노력하고 좇아 섬겨, 귀가 먹고 눈이 역시
어두워 듣고 살피는 데 오직 어렵고 허리가 아프고 다리가 나가지 않으
니 제자리걸음이 되어 자주 쓰러집니다. 모두 원기가 쇠잔함으로 인하여
백 가지 병이 침입한 것인 즉 항차 신은 회갑이 지났으며, 칠순의 나이
가득하였습니다.

늙으면 관직을 내놓고 물러남이 보통 규칙이 있는 나라의 법이오, 병들

어서 한가함을 구함은 뜻이 허식에 있음이 아닙니다. 신이 엎드려 비오니 신의 나이 노쇠하여짐에 임박하였음을 가련히 여기시고, 신이 지성이 깊은 충성에서 나온 것을 생각하시어 칙령을 천하에 내리셔서 신하의 아룀에 대답하여 직위를 변함을 허락하여 주시면, 신은 삼가 성스러운 혜택을 입어 편하고 한가롭게 살아남은 생명을 조금 더 연장하여, 항시 대왕께서 오래 사실 것을 빌며 성상(聖上)의 큰 은혜에 모두 보답하겠습니다.

이처럼 황희는 사직을 청하였지만, 세종은 황희가 더 오래 조정에 있어 주기를 간청하였다. 그는 왕에게 다시 말하기를 "소신도 이제 많이 늙었사옵니다. 어느 때는 눈이 침침하고, 마음과는 달리 몸도 전과 같이 말을 잘 듣지 않사옵니다. 부디 윤허하여 주옵소서." 하였다. 세종의 나이 아직 어릴 때부터 왕과 신하이기 이전에 손자와 할아버지와 같은 사이로, 세종의 황희에 대한 애정이 남다른 바가 있었다. 황희는 다시 말하기를 "흐려진 눈과 판단력으로 국사를 논한다면, 전하와 백성들에게 큰 죄를 짓는 것이 될 것이옵니다."고 하였다. 마침내 황희는 영의정 자리에서 물러나게 되었다. 영의정 18년, 우의정 2년, 좌의정 3년으로 정승의 자리에서만도 23년이었다. 34세의 나이로 두문동에서 내려온 지 53년 만의 일이었다.

벼슬에서 물러난 그는 모처럼 한가한 생활을 보낼 수 있었다. 책을 읽고, 시를 짓는가 하면, 강가에 나가 낚시질을 하기도 하였다. 이 무렵에 지은 것으로 보이는 시 한 수를 살펴보면 다음과 같다.

푸르고 맑은 물가의 초가집 담에는, 봄이 어이 더딘가. 배꽃은 벌써 피어

향기를 풍기고, 버들가지에는 새 움이 돋았구나. 골짜기 가득한 구름 속

두견새는 우짖는데, 봄빛 받은 마음 달랠 길이 없구나.**16)**

3. 황희의 사상(思想)

1) 권농정책(勸農政策)·천민보호책(賤民保護策)

《왕조실록》에 보이는 황희의 장계(狀啓) 가운데 농업 정책에 관한 문제

가 15차례, 굶주린 백성에 대한 구제책에 관한 장계 26차례를 비롯하여

각 방면에 대한 장계가 허다하고, 또 그것이 거의 윤허되어 시행됐다. 예

컨대 황희는 재직 중 농업 정책에 유의하여 뽕나무 심기를 권장하고, 양

(羊) 기르기도 그 사육두수(飼育頭數)를 지정하여서 그를 실시하지 못하

는 고을 수령을 문책하도록 하였다. 그리고 곡식 종자의 예비와 배급, 농

민의 노역 동원 감축, 농사의 작황 조사, 농민의 이민 실시 등 여러 권장

사항과 규정을 세웠다. 또 흉년이나 그 밖의 재해 때의 이재민과 빈민의

구제책, 또는 조세나 공물(貢物)의 감면, 의탁할 곳이 없는 사람이나 노

인, 걸인 등에 대한 구호책, 관청 창고의 관리책, 굶주린 백성의 구제에

소홀한 지방관에 대한 문책, 죄수를 죽게 하거나 옥에서 죽은 사람의 가

족 문제, 천민의 혹사문제 등 농민과 빈민 또는 천민에 대한 구호 보호책

이나 그에 대한 규정 등, 여러 가지 시책을 베풀었다.

세종 5년(1423) 6월 강원도에 큰 흉년이 들었는데 관찰사 이명덕(李明

---

16) 《방촌황희선생문집》 권1, 〈詩〉

德)이 굶주린 백성을 구제하지 못하므로 황희를 강원도 관찰사로 임명함으로써 도민들이 무사했다고 한다. 그래서 황희가 관찰사 직에 물러나자 그곳 지방민들이 그의 은덕을 사모하여 그가 재직하는 가운데 간간이 쉬던 곳에 대(臺)를 짓고, 《시경》〈감당편(甘棠篇)〉의 옛 일을 의방(依倣)하여 그 이름을 '소공대(召公臺)'라 불렀다고 한다.

이와 관련하여 황희가 올린 세종 18년(1436) 7월 8일 장계를 보면,

"지금 충청·전라·경상도와 경기좌도(京畿左道)의 여러 고을은 가뭄으로 인하여 모든 곡식이 타서 가을 추수의 희망이 없으니 민생 문제가 크게 염려됩니다. 따라서 금년에 납부할 재목(材木)을 모두 탕감하여 주고, 또 전에는 가을철이면 충청도의 쌀을 배로 운반하여 백관들의 정월 녹봉을 주었습니다만, 금년에는 가을부터 백성들의 식량이 절핍(絶乏)되었으니, 양곡의 상납을 중지시키고, 명년 정월의 관리 녹봉을 적당히 감하여야 합니다."고 하니 왕께서 윤허했다.[17]

같은 해 10월 13일 황희는 또 장계를 올렸는데,

"지금 충청·전라·경상의 3도에 큰 흉년이 들어 민생 문제가 심히 어려우니 이제 파견하는 경차관(敬差官)은 각 고을을 순행하고 사찰하여, 만약 굶주려 부황난 백성이 있으면 그 고을 수령 3품 이상은 장계를 올려 죄에 처하고, 4품 이하는 법에 의하여 즉시 처단하도록 하여야 합니다."

---

17) 《세종실록》, 〈세종 18년(1436) 7월 8일〉

라고 하니 왕이 그에 따랐다. 세종 16년(1434) 7월 26일 기록에는,

전라·경상·충청도 3도에 노루와 사슴이 거의 멸종되어 조포(條哺)와 편포(片哺)도 만들어 바치기가 쉽지 않다기에 하는 수 없이 모든 진속군관(鎭屬軍官)과 각 고을에 분담시켜 잡아 바치도록 했으나, 그 폐단이 백성에게까지 미치게 되니 매우 딱합니다. 따라서 주장관(主掌官)에게 이 장록포(獎鹿哺) 수를 훨씬 줄여서 받도록 해야겠습니다.

하였고, 세종 19년(1437) 1월 13일에 올린 황희의 장계에는,

"기민(飢民) 구제를 위하여 각 지방에 경차관을 보내어 순행하며 살피도록 하였으나, 각 고을의 수령들이 일찍이 기민구제에 힘쓰지 않고 있다가 경차관이 그 지방에 이르면 사방에 사람을 보내어 효유(曉諭)하여 비록 부황(浮黃)이 나고 굶어 죽은 사람이 있더라도 서로 숨기니 적발할 도리가 없습니다. 따라서 수령들이 두려워하지 않고 심상히 여겨 태만하니, 지금부터는 경차관으로 하여금 남모르게 갑자기 나가 마을을 순행하고 엄밀히 살펴, 만약 수령이 태만하여 굶주려 죽은 자가 있으면 3품 이상은 장계를 올려 죄에 처할 것이요, 4품 이하는 공신(功臣)이나 그 자손임을 불문하고 모두 죄의 경중에 따라 치죄하되, 장(杖) 1백 이하는 속전(贖錢)을 징수하지 말고 등수에 의하여 죄를 논하며 책임을 마치도록 그 자리에 그대로 유임시키십시오. 그리고 이 사실을 감사에게 이첩(移牒)하고 수령들을 조사하여 중앙에 보고하도록 하며, 또 감사들도 이 규

례(規例)에 따라 수령들을 처단하게 하옵소서." 하여 왕이 윤허했다.**18)**

라 하였다. 그리고 세종 21년(1439) 2월 2일 기록에는,

"공(황희)이 장계하되 서울에서는 옥에 갇힌 죄수들이 사망하는 자가 적
은데, 외지의 죄수들은 혹 배꼽 아래가 붓거나 가슴과 배가 답답하여 옥
중에서 죽는 자가 잇따르니, 이것은 수령들이 죄상을 적발하는 데 급급
하여 혹은 법에 없는 형벌을 쓰거나 또는 고문을 혹독히 했기 때문에
독기(毒氣)가 장부(臟部)에 들어가 부종(浮腫)이 나서 죽은 것입니다.
옛 제도를 상고하건대 《전한 형법지(前漢刑法誌)》에는 태형(笞刑)에 해당
한 자는 볼기를 치는데 치는 사람을 바꾸지 말라 하였고, 《당율소의(唐
律疏議)》에는 태형에 해당한 자는 볼기를 허벅다리에 나누어 받게 하고,
장형(杖刑)에 해당한 자는 등과 허벅다리와 볼기에 나누어 받게 하며,
여러 차례 고문하는 자도 또한 같습니다.
그리고 태형(笞刑) 이하는 등과 허벅다리에 나누어 받기를 원하는 자는
들어 준다고 하였습니다. … 혹은 죄수의 두 귀를 잡고 끌어당겨 상처를
입게 하며, 혹은 양쪽 구레나룻을 나무 틈에 끼어 잡아당기니 피부가
붓고 찢어지는 일도 있다 합니다. 그리고 형장(刑杖) 30도를 치고서도 오
히려 부족하여 형장 끝으로 상처를 찌르는 등의 혹독하고 잔인한 자도
있다하니 청컨대 이런 일을 일체 엄금하게 하옵소서." 하였다. 왕께서 이
에 따랐다.

---

18) 《세종실록》, 〈세종 19년(1437) 1월 13일〉

옛날 백성들이 죄를 지었을 때 억울한 벌을 받지 않도록 하기 위한 '삼복법(三復法)'이 있었다. 이 제도는 오늘날 재판을 하는 데 있어서 '삼심제(三審制, 한 사건에 대하여 세 번 재판을 받을 수 있는 제도)'와 비슷하다. 죄인을 다룸에 있어 철저한 조사가 이루어지지 않는다면 억울한 죄인이 생길 수 있기 때문이다. 그래서 그것을 막기 위해 한 가지 사건에 대해 세 번씩 조사하도록 한 것이다. 이것이 곧 삼복법이란 것이다. 매로 죄인을 다스리는 것을 '태형(笞刑)'이라 하고, 그 가운데에서 '태배법(笞背法, 매로 등을 치는 법)'이 있는데 황희는 그것을 없애 버렸다. 매로 등을 칠 경우 내장(內臟)을 다치기 쉬운 탓에 엉덩이를 치는 '태둔법(笞臀法)'으로 바꾼 것이다.

또 70세 이상의 노인이나 15세 이하의 어린 사람이 가벼운 죄를 저질렀을 때는 옥에 가두지 못하도록 하였다. 그리고 80세가 넘은 노인과 10세 이하의 어린 사람이 비록 사형에 처할 만한 죄를 저질렀다고 하더라도 옥에 가두는 것을 금하도록 하였다. 당시까지만 해도 집에서 부리는 종은 주인이 그를 때리거나 심지어 죽이는 일까지 있었다. 그래도 그것은 법을 어기는 일이 아니어서 주인은 아무런 벌도 받지 않았다. 황희는 이와 같은 잘못된 관행을 없애 버렸다. 종들도 죄를 지으면 그 죄에 맞게 벌을 받도록 법을 새로 만들었던 것이다. 이로부터 종을 함부로 때리거나 죽이는 잘못된 풍습이 사라지게 되었다.

세종 12년(1430) 10월 황희는 장계를 올려 비자(婢子)들의 산전(産前) 산후 100일간은 천역(賤役)을 면제하는 법을 청하여 윤허를 받아 그것이 규정이 되었다.

태종 14년(1414) 6월 27일 기록에는 당시 공이 예조 판서로 있으면서

계(啓)하기를 "천첩(賤妾)에게서 태어난 아들에게 방역(放役)하는 법은 아비가 양민(良民)일 경우에는 아들도 그 아비에 따라 양민으로 보아 주어야 옳습니다." 하니 왕께서 "경의 말이 옳다. 그렇게 하면 방역하는 법이 없다 할지라도 스스로 역사(役事)가 없게 될 것이다. 재상의 아들로 태어나 천한 어미를 따라 역사한다는 것은 옳지 못한 일이다." 하고 전지를 내렸다. 전지의 살펴보면 다음과 같다.

> 모든 생민(生民)은 본래 미천한 사람이 없는 법인데, 고려 때 노비제도를 마련한 후로 양민(良民)과 천첩이 서로 혼인하게 되자 대개 아비에 따르는 자가 적고 어미에게 붙이는 자가 많았기 때문에 천민이 날로 많아지고 양민이 줄어들었다. 지금부터는 공사(公私) 비자(婢子)를 막론하고 양민에게 시집가서 낳은 아들은 모두 그 아비에 따라 양민이 되도록 하고, 고려에서 만든 판정백성법(判定百姓法)에 의해 제대로 속적(屬籍)시켜 시행하도록 하라.[19]

이처럼 황희는 천민에 대한 보호책을 마련하고 있음을 알 수 있다. 또 세종 14년(1432) 12월 9일 조에 의하면 변방 백성이 야인(野人)들에게 약탈당한 때의 구제대책을 황희가 세워 의정(議定)하였다. 이러한 자료를 《해동야언》을 통해 살펴보면 다음과 같다.

> 황희 등이 조세(租稅)와 부역(負役)을 30년 동안 탕감하고, 부모가 없는 아이들에게는 관에서 옷과 식량을 주며, 친척으로 하여금 그들을 보호

---

19) 《태종실록》, 〈태종 14년(1414) 6월 27일〉

하여 기르게 하되 만일 친척이 없을 경우에는 살림살이가 넉넉한 이웃 사람으로 하여금 구휼하게 함이 마땅하다고 하여, 그렇게 시행하기로 하였다.[20]

세종 18년(1436) 황희는 기민(飢民) 구제방책을 세우고 그것을 몇 차례 상달하는 동시에 수령으로 진휼(賑恤)을 태만하게 하는 자는 징계하는 반면, 진휼에 공을 세운 수령은 상을 주는 계청(啓請)을 내었다. 또 유리걸식(遊離乞食)하는 백성을 구제하여 고향으로 돌려보내는 계책을 마련하였다. 유리걸식하는 백성들을 위한 계책을 이민책(移民策)이라고 한 말은, 세종 23년 5월 18일 기록에서 찾을 수 있다. 황희가 함경도 길주(吉州) 이남(以南)의 각 고을 정군(正軍) 1,600호를 강변(江邊)으로 이주시킴으로써 집과 논이 비어 있는 경상도에서 600호, 전라도에서 550호, 충청도에서 450호를 이민시켜 살게 하였다. 또 세종 24년(1442) 2월 다시 평안도에 3,000호를 이주시켰으며, 그 뒤에도 몇 번 이주시켰다는 기록이 있다.

2) 국방외교정책(國防外交政策)

황희가 병조판서에 임명된 것은 세종 11년(1429) 8월이었다. 하지만 그 이전부터 또는 형조·예조·호조·이조판서로 재직했을 때에도 국방이나 외교 문제에 대한 왕의 물음이 여러 번 있었다. 병조판서와 우의정·좌의정·영의정에 재직했을 때 변방 읍성을 쌓는 문제, 군제개편 문제, 병기나

---

20) 《해동야언》

군수품의 정비와 보충, 그리고 점검 문제, 병영의 설치 문제, 야인(野人, 여진족(女眞族))이나 왜(倭)에 대한 방어책, 군관이나 사병의 근무기강 문제, 군공(軍功)을 세운 사람의 포상이나 대우 문제, 병마(兵馬)의 관리 문제, 봉화(烽火) 문제, 강무(講武) 때의 제복 문제, 선군(船軍) 사역 문제, 군관 사망자에 대한 제사 규정 등, 각 방면에 걸쳐 배려하지 않은 부분이 없었다.

이 밖에 국방과 관계되는 외교 문제에도 큰 관심을 두어 사신의 예우 문제, 야인(野人)이나 왜와 유구(琉球)와의 외교나 접대 문제 등에도 여러 차례의 장계가 있었다. 또 중국에서 사신이 오면 거의 황희가 전담하여 접대하고 사건을 처리하였다. 《왕조실록》에 나타난 것을 뽑아 보면, 국방 문제에 관한 공의 장계만도 27회이고, 외교 문제에 대한 장계가 6회, 야인 문제가 10회, 그 밖의 문제 등으로 나타나 있다.

국방외교와 관련한 자료로 《세종실록》 44권 세종 11년 6월 6일 기록을 살펴보면 다음과 같다.

"좌의정 황희가 제의하기를 광암(廣巖)과 풍천(豊川)에 있는 병선(兵船)은 이전대로 그냥 두어야 할 것입니다. 지금 광암의 병선을 얼마쯤 웅도(熊島)로 옮기고, 또 관량(館梁)의 병선도 제사포(齊沙浦)로 옮긴다 할지라도 광암과 풍천에 있는 병선은 본시 수효가 많지 않으므로 더 줄일 수 없을 것입니다. 만약 대적(大賊)이 들이닥칠 경우에는 장산곶 이북에 있는 각포(各浦)의 병선을 한 곳으로 모으고, 장산곶 이남에 있는 각포 병선도 역시 한 곳으로 모아 모두 요충지에서 대응하도록 한 것은 이미 전례가 있습니다. 그러므로 병선을 새로 더 만들 필요도 없고, 또 광암과 풍천에 있는 병선을 덜어서 딴 데로 옮길 필요도 없을 것입니다." 라고 하니 임금께서 "그렇게 하라." 하였다.**21)**

또 황희가 영의정으로 함경도 도체찰사(都體察使)를 겸임했던 세종 14년(1432) 4월 12일 기록을 찾아보면 다음과 같다.

황희가 계하기를 용성(龍城)·장항(獐項)·승가원(僧袈院)·요광원(要光院) 등의 여러 고개는 적이 침입하는 통로이므로 잘 방어해야 할 요충지대입니다. 그러므로 경원진(慶源鎭)을 용성(龍城)으로 옮겨 돌로 성을 쌓고, 경성(鏡城) 보도현(甫都縣) 이북(以北)을 분리하여 승사원에 소속시킨 다음 고갯길에는 토성(土城)이나 석성(石城)을 굳게 쌓되, 통할 만하도록 해야 할 것입니다. 산등성이는 조금 깎아 낮추고, 또 그밖에는 깊은 웅덩이를 파서 통행할 수 없도록 해야 합니다. 또 경원으로 통하는 길도 넓혀야 하고 요광원 고개에도 성을 쌓고 해자(垓字)를 파야 하며, 또 길이 닿는 곳마다 자그마한 보루(堡壘)와 군포(軍鋪)를 만든 다음 군인을 알맞게 배치시켜 지키고 망을 보도록 하며, 오고가는 사람을 잘 살피게 해야 할 것입니다. 그리고 경원으로 연결되는 곳에는 성벽을 굳게 쌓고 무략(武略)이 있는 자를 뽑아 모든 군사를 거느리도록 한 다음 둔전을 설치하여 농사도 지을 수 있게 해야 합니다. …

용성 이북과 장항 이남에도 진황지(陳荒地)가 자못 많습니다. 여기는 장항천(獐項川) 동쪽에서 대산록(大山麓)까지 500여 보쯤 되는 지대에 성

---

21)《세종실록》권44, 〈세종 11년(1429) 6월 6일〉

을 쌓고, 냇가 쪽으로 성을 쌓기 어려운 곳에는 목책(木栅)을 설치해야
합니다. 또 장항에는 성을 쌓아 관문을 만들고 조그마한 보루와 군포를
설치한 다음 척후병을 두어 적을 망보도록 해야 합니다. 또 우뚝 솟은
동쪽 봉우리 위에 연대(煙臺)를 쌓고 지키는 군사를 두어 수상한 변보
(邊報)가 있을 때마다 연기를 피우고 신포(信砲)를 쏘아 빨리 알려 주도
록 해야 할 것입니다. 그 안의 넓고 큰 진황지(陳荒地)에는 경원에서 새
로 이사 온 백성을 시켜 개간하도록 해야 합니다.[22]

당시 조선은 북쪽의 야인들 때문에 골치를 앓고 있었다. 그들은 사냥
과 목축업을 위주로 하면서 산간 지방에서 살았다. 그렇다 보니 그들에
게는 늘 일상 생활용품이 부족하였던 것이다. 그리하여 그들은 사냥으로
잡은 짐승의 가죽이나 양과 같은 목축을 들고 와서, 명(明) 나라나 조선
에서 각종 생활용품과 바꾸어 갔다. 그런데 만일 일상 생활용품을 제대
로 구하지 못할 경우에는 조선의 국경을 침범하여 필요한 물품들을 약
탈해 가거나 공략하는 것이었다. 이로 말미암아 세종 15년(1433) 여연 사
변이 있은 뒤부터 왕은 야인을 칠 생각으로 6조참판 이상 관원과 삼군
(三軍) 도진무(都鎭撫) 등으로 하여금 '야인토벌에 대한 방책'을 진술케
하였다. 이에 대해 황희는 다음과 같이 계책을 올리고 있다.

"얼음이 얼기를 기다려 군사가 몰래 강을 건너가 불의의 엄습을 하는 것
이 좋겠습니다. 농사철에 군사를 일으켜 다리를 만들어서 군사를 건너
게 하면, 적이 먼저 알게 되어 복병이 갑자기 일어난다면 승패를 헤아리

---

22)《세종실록》,〈세종 14년(1432) 4월 12일〉

기 어려울 뿐더러, 비가 와서 물이 불어나면 진퇴양난(進退兩難)일까 합니다." 하니 임금이 이르기를 "경들의 뜻은 이미 잘 알았다." 하였다.

또 황희는

잃은 것을 판상(判償) 받지 못하면 애쓴 보람이 없을 뿐더러 도리어 적들의 웃음거리가 될 것이오니, 전날 말씀드린 계책대로 도절제사(都節制使)로 하여금 잡혀간 사람과 마소(馬牛)·가재(家財)들을 가지고 돌아오게 하되, 만일 듣지 않으면 선언(宣言)하고 쳐서 그들로 하여금 무서움을 알게 하는 동시에 편안히 농사지을 수도 없이 멀리 도망치게 한다면, 명분도 서고 듣기에도 좋아 정의(正義)가 우리에게 있을 것입니다. 만일 부득이 하거든 반드시 얼음이 얼기를 기다리소서.
부교(浮橋)를 놓는 일은 수세(水勢)가 빠르고 배다리(舡橋)가 편리한지 안한지를 멀리서 추측하는 것은 실로 어려운 일이오니 장수로 하여금 배다리는 편리에 따라 만들게 하소서. … 옛날에 간첩을 쓴 것은 같은 중국 사람으로서 옷이나 음식이 다름이 없고 말소리도 서로 같아 그 속에 섞여 들어가도 알지 못했습니다. (그런데) 우리나라와 야인(野人)은 말이나 옷 음식 등이 아주 딴판입니다. 그리고 사람이 많지 않아 그들과 섞이기가 어려울 것 같으니 만약 잡힌다면 더욱 해가 될까 두렵습니다.

3) 교육문화정책(教育文化政策)

방촌은 교육 문화면에도 심혈을 기울였다. 학문을 권하는 시책, 학당 개수(改修) 문제, 인재선출 문제, 상제례(喪祭禮) 문제, 사직(社稷) 제도,

'경제육전(經濟六典)'을 현실에 맞도록 개편한 일, 형벌에 가혹함이 없도록 한 일, 소송자(訴訟者)에 대한 지방관의 결송(決訟) 문제, 또는 역대의 음악제도와 궁중악 문제, 악공(樂工)의 의복 제도 등에 대한 황희의 장계가 많았는데, 그의 장계의 내용이 거의 윤허되어 그대로 시행했다.

방촌은 악률(樂律)에도 능했다. 당시 박연(朴堧)이 음률에 정통하여 '의례상정소(儀禮詳定所)'를 설치했는데, 임금이 영의정 황희, 우의정 맹사성, 좌찬성 허조, 총제(總制) 정초(鄭招) 등 음악에 밝은 사람들에게 명하기를 박연과 함께 제조(提調)가 되어 악률을 제정하도록 하였다.

그리고 세종 5년(1423) 6월 20일에는 예조판서였던 황희가 장계하기를, 《노걸대(老乞大)》·《박통사(朴通事)》·《전·후한서(戰後漢書)》·《직해(直解)》·《효경(孝經)》 등의 판본이 없기 때문에 독자가 필사하여 사용하므로 주자소(鑄字所)로 하여금 활자를 만들어 인쇄 간행하도록 하소서," 라고 하여, 활자 인쇄를 시작하는 점에서도 황희의 공이 적지 않았음을 알 수 있다.

황희의 '억불정책(抑佛政策)'은 공적(功績)이라기보다는 하나의 사상(思想)이나 정책 문제라고 하겠지만, 일면 왕가(王家)나 조정에서 불교 의식이 성행한다든가, 그에 막대한 경비를 소모하는 일, 또는 왕이 어떤 승려를 지나치게 대접하고 접촉함으로써 그에 은연중 권세를 부여하게 되는 일 등을 억제했다는 것은 공적이라고 하겠다. 황희는 유학(儒學)의 입장에서 불교배척을 주장한 사람이다. 그래서 궁중에 불당을 건축하지 말도록 상소도 하고, 사찰에 나라에서 경찬(慶讚)을 베풀지 말도록 하는 상소, 또는 불상이나 보살상에 도금(鍍金)을 금하라는 상소, 중을 고찰하도록 청하는 상소, 중의 도첩법(度牒法) 시행을 청하는 장계, 동불(銅佛)

의 중국 전송(轉送)을 중지하도록 하는 상소 등이 많았다. 이와 관련한 자료를 살펴보도록 하자.

태종 6년(1405) 5월 왕께서 태조의 왕비 신덕왕후(神德王后)의 혼전(魂殿)인 인소전(仁昭殿)을 세우려고 터를 닦으라 명하고 말하기를 "내가 처음에는 다만 진전(眞殿)만을 세우려 했는데, 김첨(金瞻)이 말하기를 마땅히 불당이 있어야 한다고 하니 아울러 세우게 하라" 하니, 공이 "불당 하나를 세우는 것은 비록 폐단이 없다고 할 수 있으나 다만 후세에 준례가 되니 합당하지 않습니다." 하였다. 그러자 왕께서 "불씨(佛氏)의 도는 그 허실을 알 도리가 없소, 옛날 권중화(權仲華)의 말에 의하면 오도자(吳道子)가 그린 관음상(觀音像)이 방광(放光)했다고 하는데, 내가 그 말을 듣고 심히 이상하게 생각하오." 하니 황희가 말하기를 "그랬다면 그것은 오도자가 비술(秘術)이 있어 그런 것이지 어찌 불씨의 영험이라 하겠습니까?" 하였다.[23]

세종 19년(1436) 세종께서 흥천사(興天寺)를 짓고 내탕에서 금·은·주옥 등을 지출하였고, 또 그 주지(住持)가 왕의 은총을 믿고 세도를 부리므로 정극인(丁克仁)이 태학관(太學館)에서 여러 학생들과 함께 그 일이 불가하다고 상소하였으나, 왕이 듣지 않으므로 정극인이 학생들과 더불어 태학관을 비워 버렸다. 왕께서 황희를 불러 태학관을 비운 연유를 물었다. 황희가 말하기를 "전하께서 부처님을 높이고 계시므로 학생들도

---

23) 《방촌황희선생문집》 권1, 〈疏〉

돌아가서 중이 되려는 것입니다." 하고 간하였다. 왕이 크게 노하시어 정극인을 사형에 처하려 하자, 영의정 황희가 왕의 옷깃을 붙잡고 간곡히 간하되 "전하께서 만일 정극인을 죽이신다면 장차 역사에 무어라고 쓰겠습니까?" 하니 왕도 크게 깨닫고 정극인의 죄를 낮춰 귀양만 보냈다고 한다.

또 세종 30년(1448) 내불당(內佛堂)을 지었다. 세종은 왕비를 잃고 마음을 의지할 데가 없었다. 그러던 가운데 점점 불교에 마음을 의지하기 시작하였다. 그것은 왕비가 깊이 믿었던 불교에 의지함으로써 왕비를 잃은 슬픔을 조금이나마 달래 보고자 한 데서 비롯된 것으로 마침내 내불당을 짓게 되었던 것이다. 이때 황희는 정승으로 있었는데, 세종과 조정 대신들 사이에 불교 문제로 한바탕 큰 소동이 일어났다. 태학관 유생들이 길거리에서 황희를 만나 면대하여 나무라기를 "당신은 정승이 되어 임금의 그릇된 마음을 바로잡지 못한단 말이오." 하였으나 황희는 성을 내지 않고 도리어 기쁘게 생각하였다. 또 이때 대신들이 내불당을 짓지 못하도록 왕에게 간하였으나 왕은 듣지 않았다. 그러자 집현전 학사(學士)들도 극렬하게 간하였으나 왕이 듣지 않으므로 모두 각자의 집으로 돌아가 버려 집현전이 텅 비게 되었다. 이에 세종은 눈물을 흘리며 황희를 불러 이르기를 "집현전 제생이 나를 버리고 가버렸으니 장차 어떻게 해야 하겠소." 하였다. 이에 황희는 "신이 가서 달래 보리다." 하고 드디어 학사들의 집을 두루 다니며 다음과 같이 간곡히 말하였다.

자네들이 걱정하는 바는 나도 다 알고 있네. 자네들은 고려 때 불교가 득세하였던 것을 염려하는 것 아닌가. 그러나 지금의 주상(主上)은 그렇

게 우매한 분이 아닐세. 주상께서 얼마나 사려가 깊고 분별이 있는 분이
신가는 그대들이 더 잘 알고 있지 않은가. 궁 안에 절을 짓는다 하더라
도 고려 때와 같이 중들이 국사(國事)를 휘두르게 하는 일은 절대 없을
것일세. 행여 그런 일이 있거든 그때에 이르러 이런 행동을 취해도 늦지
않을 걸세.

이러한 황희의 말을 들은 집현전 학사들이 집현전으로 돌아왔다고
한다.

그리고 황희는 아들들에 유언(遺言)하기를, "내가 죽거든 우리 가법(家
法)대로 하고 불가(佛家)에서 하는 일들은 하지 말라. 그리고 빈소를 만
든 지 7일 만에 전물(奠物)을 드리는 것은 《가례》에는 없는데 불가의 의
식을 본받은 자가 제 마음대로 하는 일이니 그런 의식을 행해서는 안 될
것이다." 하였다고 한다.

4. 황희의 저술(著述)

황희의 저서로는 《방촌집(厖村集)》 2권이 있었으나 현재에는 전하지 않
는다. 현재 전해지고 있는 《방촌집》은 뒷날 여러 문헌들에서 그가 저술
한 기록들을 모아 만든 것이다. 그 밖에 방촌의 작품으로 전하는 것은
《동국여지승람(東國輿地勝覽)》에 실려 있는 각 누정(樓亭)이나 객사(客舍)
에 쓰여 있는 시, 또는 《동문선(東文選)》에 전하는 것, 또는 '가승(家乘)'
이나 개인의 문집에 전하는 경수연(慶壽宴)이나 증별시(贈別試), 만사(輓
詞), 차운(次韻) 등 약 20여 수의 시(詩)와 그가 써 준 남의 행장(行狀),

묘표(墓表), 서문(序文) 등과 시조(時調) 몇 수가 전하고 있다.

관직 생활 중 자신의 편저나 몇 사람과 더불어 같이 이루어 놓은 것으로 《선원록(璿源錄)》이 있다. 이것은 왕실의 계통을 정비한 것이다. 그리고 《태조실록(太祖實錄)》을 감수(監修)하여 처음으로 정통 국사(國史)의 기본을 세웠으며, 모든 법령·교지(敎旨)·조례(條例)·관례(慣例) 등을 기록하거나 규정한 《경제육전(經濟六典)》을 이루어 놓았다. 《치평요람(治平要覽)》, 《역대병요(歷代兵要)》, 《의주상정(儀註詳定)》 등을 편찬하였다. 이 밖에 재직 중에 낸 상소문·장계·서(書)·(箋)·의(議) 등이 650건 가량 된다.

방촌 황희의 경세사상과 그 의의[1)]

이영자[2)]

1. 들어가는 말

"강과 산에 뭉친 정기가 대지의 힘찬 세와 어우러져 오직 공이 우뚝 나시어 크나큰 공덕을 쌓으셨네./ 온화하되 불의에 휩쓸리지 않고 창백하되 과격함이 없었으니 뛰어난 기품 드날려 이르는 곳마다 공적이 드러나네./ 논의 중에 가부 결단을 내릴 때는 깊은 계곡 달리는 급한 여울과 같고 가장 오랜 기간 집권하며 세운 공훈과 업적이 불꽃처럼 빛나고 있네. /처음부터 끝까지 한결같은 정성을 가정에서 국가에 다 바치어 온 세상 태평으로 다스리고도 얼굴 표정 하나 변하지 않네./ 오직 한충헌과 왕문정[3)]만이 공과 더불어 짝할 수 있네.[4)]"

이것은 신숙주가 쓴 황희(黃喜, 1363~1452)의 묘지명이다. 황희, 그 이름은 청백리와 명재상의 대명사로 학령기 이상의 한국인이라면 모르는 이가 없을 정도이다. 조선조에서 재상까지 역임하였으면서도 청백리로

거론되는 인물은 약 18명이다. 그 가운데 단연 첫 번째로 꼽을 수 있는 이가 황희이다. 그는 조선에서 가장 오랫동안 재상에 있으면서도 역대 재상 중 가장 칭송받는 재상으로도 유명하다. 그래서 《문종실록》에는 "24년 동안이나 재상으로 있었건만 중외(中外)가 다 앙망하면서 어진 재상이라 우러러 보았다."[5]라고 기록하고 있다.

이와 같은 평가에도 불구하고 그에 대한 연구 성과는 그 명성에 미치지 못할 뿐 아니라, 다소 충격적이기까지 하다. 대부분 아동용 위인전이 고작이고, 소설 1편,[6] 설화 연구 1편,[7] 생애와 사상 관련 저서 몇 편[8] 등 30여 편이 전부인 상황이다. 그마저도 철학계의 학술연구 논문은 전무한 상황이다. 그 이유는 그가 후학 양성을 목표로 한 교육자의 측면보다는 조선 초기 덕행 위주의 실천가, 경세가의 측면이 강하기 때문일 것이다. 더불어 그의 문집 발간이 늦어져 문집으로서의 평가를 제대로 받지 못하는 것과도 연관해 볼 수 있다. 《방촌집(厖村集)》은 1935년 황의창(黃義昌)에 의해 우여곡절 끝에 간행되었다. 실례로 고전번역원에서 20년 동안 민족고전을 발굴, 정리하여 '한국문집총간' 350책을 완간하여 발간하는 데 있어서도, 《방촌집》이 1910년 이후 간행돼 문헌적 가치가 낮다는 이

5) 《厖村黃喜先生文集》, 本傳, 장수황씨대종회, 1980, 4쪽(이하 《문집》으로 표기).

6) 김선, 《황희정승과 청백리》, 빛샘, 1997.

7) 김낙효, 〈황희 설화의 전승양상과 역사적 의미〉, 《비교민속학》, 제19집, 비교민속학회, 2000.

8) 《방촌 일화집 황희 정승》, 장수황씨대종회/황영선, 《황희의 생애와 사상》, 국학자료원, 1998/황대연 《공작은 날거미줄만 먹고도 산다》, 공옥출판사, 2004/정두희, 《조선시대 인물의 재발견》, 일조각, 1997/김선, 《황희 정승》, 진화당, 1993/정두희, 《조선시대 인물의 재발견》, 일조각, 1997/황대연, 《(조선왕조실록에서 가려 뽑은) 황희 정승》, 공옥출판사, 2010.

유로 발간 대상에서 제외된 바 있다. 이렇듯 황희의 덕행은 대대손손 칭송되는데도 그의 사상에 대한 연구는 홀대되고 있다는 점에서 매우 안타깝다.

이에 본고에서는 황희에 대한 학술연구의 초석을 마련해 보고자 한다. 먼저 황희의 생애와 시대적 배경을 살펴본 후, 황희 경세사상의 유학적 기반 및 구체적 경세사상의 고찰을 통해, 그것이 민본의식의 발로임을 논의하는 것으로 전개해 보도록 하겠다.

2. 황희의 생애와 시대적 배경

황희는 고려시대 1363년(공민왕 12년) 개성에서 자헌대부 판강릉대도호부사(判江陵大都護府使) 황군서(黃君瑞)의 아들로 태어났다.[9] 고휘(古諱)는 오래 살라는 뜻에서 수로(壽老)라 했는데 뒤에 희(喜)로 고쳤고, 자는 구부(懼夫), 호는 방촌(厖村)이다. 시호는 익성(翼成)인데, '사려심원(思慮深遠)'의 '익'과 위상극종(爲相克終)의 '성'을 뜻한다.[10] 즉, '생각이 깊고 원대하다'는 뜻에서 '익'을, '재상이 되어 종말까지 잘 마치다'는 뜻에서 '성'이라 하였는데, 그의 관리생활을 축약한 시호라 하겠다.

황희는 어려서부터 학문을 좋아하여 밤에도 불을 켜고 공부를 하였으므로 경사(經史)에 통달하지 않은 것이 없었다. 이에 지인들이 과거에 응시하길 권하자 황희는, "사장(詞章)은 군자가 힘쓸 만한 훌륭한 일이 아니다. 나의 학식은 성현의 말씀을 제대로 이해하는 수준은 아니다."라며

---

9) 황영선, 《황희의 생애와 사상》, 국학자료원, 1998, 11~21쪽 참조.

10) 《문집》, 本傳, 4쪽.

응시하지 않았다. 그러나 부모가 강권하여 1383년(우왕 9년)에 사마시, 1385년(우왕 11년)에는 진사시에 각각 합격하였고, 1389년(공양왕 원년)에는 대과(大科)에 급제하기에 이른다.

그러나 그 시기는 격동기로, 그는 과거 급제 이후 성균관 학관을 거치는 동안 여말선초의 정치적 시련 앞에 많은 고민에 빠질 수밖에 없었다. 1392년 마침내 이성계가 조선의 태조가 되자, 황희는 불사이군을 외치며 두문동 72현으로 은거생활을 시작하였다. 그러다 결국 태조의 부름을 받고 조선의 조정에 나아가 성균관 학관으로 복직하게 된다.

이때 태조는 황희를 경학(經學)에 밝고 행실을 닦은 선비로서, 세자와 일상생활을 함께하며 예의범절을 교육하는 관리인 '세자우정자(世子右正字)'의 적임자로 여겨 겸임하게 하였으니, 태조의 황희에 대한 평가와 신임을 확인할 수 있다. 이어 황희는 여러 높은 관직에 이르렀으나, 정직하게 곧은 말을 하다가 임금의 뜻에 거슬리어 파직되었다가 복직되기를 되풀이하는 등 순탄치 않은 관직 생활을 하였다. 그러나 그가 부임한 지역에서는 어디든 원칙과 소신에 따라 성실히 업무를 수행하는 능력 있는 관리로 평가되었다. 급기야 이조판서에 이른 황희는 태종의 신임에도 불구하고, 결국 폐세자를 반대한다는 이유로 56세의 나이로 경기도 파주 교하 지방을 거쳐 남원으로 유배를 가게 된다.

4년간의 유배 생활 이후, 드디어 1422년(세종 4) 성군 세종과 명재상 황희와의 만남이 시작되었다. 황희는 예순의 나이에 세종의 부름을 받고 서울로 돌아와 의정부 참찬을 거쳐 강원도 관찰사가 된 후, 87세로 퇴직할 때까지 18년 동안을 명재상으로서 세종을 보필하고 당대를 태평성대로 이끌었다. 특히 1431년(세종 13) 영의정에 오른 황희는 노쇠를 이유로 재차 사임을 간하였지만 윤허하지 않고 오히려 더욱 간곡히 청할 정도로, 세종에게 황희는 없어서는 안 될 존재였다. 그러다 1449년(세종 31) 87세가 되어서야 비로소 사직하게 해주었는데, 특별히 명하여 2품의 봉록을 종신토록 지급케 할 정도였다. 그러면서도 나라에 큰일이 있게 되면 임금이 반드시 근시(近侍)로 하여금 황희에게 묻도록 한 뒤에 결정하였으니, 세종의 황희에 대한 신임 및 존숭 정도를 알 수 있다. 황희가 영의정에서 물러난 이듬해인 1450년, 54세의 세종이 먼저 세상을 떠나고, 뒤이어 황희 또한 1452년(문종 2) 90세의 나이로 세상을 하직하였다.11)

황희는 74년간을 관리로 일했으며, 그 가운데 18년을 세종시대 재상으로 지냈다. 그동안 좌천 2번, 파직 3번, 서인 1번, 귀양살이 4년을 겪었던 파란만장한 관직 생활이었다. 그러면서도 그는 태조, 정종, 태종, 세종 4대 왕에 이르기까지 유례없는 신임을 받고 만세의 귀감이 될 명재상으로서 탁월한 정치력 역량을 발휘하였다.

3. 황희 경세사상의 유학적 기반

당시는 조선 초기로 유학적 기반이 확실히 자리 잡지는 못했다. 그러나 황희의 경세사상이 유학에 기반하고 있음은 그의 충효사상, 《주자가례(朱子家禮)》의 엄수, 척불의식 등을 통해 확인할 수 있다.

황희는 어릴 때부터 공부해 온 유학을 일상생활에서도 몸소 실천하여 가정에서는 부모에게 지극한 효로써 정성을 다했고, 자녀에게도 《소학》

---

11) 같은 책, 권13, 附錄 上, 金石文, 〈墓誌銘(申叔舟)〉, 496-497쪽.

을 끌어대어 자세하게 타이르며 유도(儒道)에 충실한 예의를 몸소 가르쳤다. 사회에서는 아랫사람을 지성으로 대하였고, 임금에게는 맹종이 아닌 비판적 충성으로 국가의 발전에 크게 이바지하였다. 일생을 두고 유교의 목표인 '수기치인(修己治人)'을 실천하였던 것이다.

그는 부모상을 당했을 때 두 번 모두 기복(起復)의 명을 받게 되어 충과 효 사이에서 갈등할 수밖에 없었다. 왕명을 끝까지 거역할 수도, 그렇다고 부모의 상을 심상(心喪)12)으로 그칠 수도 없었다. 1427년(세종 9) 세종은 모친의 상중에 있는 황희에게 세자가 명나라에 가서 황제를 배알하는 데 배석하여 시중케 하기 위해 좌의정으로의 기복을 명하였다. 그때 황희는 국가에 대한 충에 앞서 모친에 대한 삼년상의 효를 다하고자 여러 차례 사양하였다.

> 신은 지나간 태종 2년(임오 1402년)에 부친상을 당했을 때, 겨우 석 달
> 만에 기복하게 되어 삼년복을 제대로 입지 못했습니다. … 지금 또 죄가
> 천지에 가득 차서 갑자기 화가 닥쳐 어머님이 세상을 떠났습니다. 오직
> 정해진 상제에 따라 망극한 마음을 펴려고 했는데, 또 겨우 석 달을 지
> 나 기복하라는 교명(敎命)을 받게 되었으니, 하늘을 쳐다보아도 부끄럽
> 고 땅을 내려다보아도 부끄러우며, 또 황공한 심정도 한량없습니다. 대개
> 남의 마음을 뺏고 기복하도록 하는 것은 본래 좋은 법이 아닙니다. 혹
> 병란이 일어나 국가가 위급할 무렵에 안위의 책임을 가진 자에게 하는
> 수 없이 권도(權道)에 따르도록 하는 것입니다. 지금은 국가에 아무 일

---

12) 상복은 입지 않지만 상제와 같은 마음으로 말과 행동을 삼가고 조심하는 것을 뜻한다.

도 없는데 왜 하는 수 없이 권도로 시키는 이 제도를 못난 신에게 덮어 씌워서, 고금에 통용하는 이 삼년상 예제를 무너뜨리게 합니까?[13]

대개 충효란 신하된 자의 대절(大節)인 만큼 한 가지도 없어서는 안 될 것입니다. 사람으로서 부모에게 효도를 제대로 다하지 않는다면, 백행이 모두 무너지게 되어 국가에 충성도 제대로 해낼 수 없을 것입니다. 이러므로 옛 글에 "충신을 구하려면 반드시 효자의 집안에서 찾아야 한다"고 했습니다. 신은 어머님이 계시던 때도 아침저녁 문안을 제대로 드리지 못했고, 맛있는 음식도 마음껏 봉양하지 못했으니, 이런 점을 모두 따지면 세상에 버림을 받아야 마땅할 것입니다. 도리어 성은을 입고 백료(百僚)의 우두머리로 되었으니, 남들이 어떻게 여기겠습니까? 지금 또 상제를 줄이고 성인의 법을 무너뜨린다면, 신이 스스로 잘못을 저지르는 것인데, 장차 무엇으로 풍속을 장려시키겠습니까?[14]

충효와 더불어 《주자가례》를 중히 여기던 황희에게는 삼년상을 다하고자 하는 마음이 누구보다 강했을 것이다. 오히려 그는 충보다도 효를 우선시하기도 하였다. 그러나 세종도 "임금과 어버이는 오륜에 있어 다만 이름과 자리만 다를 따름이요, 충과 효는 두 가지 도(道)가 아니고 시행하는 것은 모두 한 가지이다. 전쟁이 있을 때는 비록 안위에 관계된다 하여도 어찌 이보다 더 큰 것이 되겠는가? … 효를 옮겨서 충을 하는 것이 오직 이때일 것이니 국가와 더불어 몸을 같이함이 어찌 옳지 않겠는

---

13) 《문집》, 권2, 元集, 下, 〈起復就職을 사양한 箋〉, 25쪽.
14) 같은 책, 권2, 元集, 下, 〈두 번째 起復就職을 사양한 箋〉, 27쪽.

가?"15)라며 끝내 뜻을 굽히지 않았다. 충효는 유교의 핵심이념인 만큼 둘 다 중요하겠지만, 결국 황희는 자식으로서의 효와 신하로서의 충 사이에서 고민하다가 효보다는 충을 강조하는 세종의 권유를 이기지 못하고 기복하게 되었다.16) 이것은 황희도 넓은 범주의 충 속에는 효가 포용됨을 수용하였기 때문일 것이다.

이와 같이 황희는 가례나 충효를 기반으로 하는 유교적 사회 풍속을 장려하고, 이를 해치는 것을 크게 염려하였다. 더 나아가 "효자, 순손, 절부 등을 정문(旌門)하고 서용(敍用)하고 부역을 면제하는 것은 뒷사람을 권장하기 위한 때문이니, 마땅히 인도의 평상적인 일로 해야 할 것입니다."17)라거나 "고려 이래의 열녀들이 삼강행실에 다 기록되어 있으나, 그들을 포상하는 은전(恩典)이 다 거행되지 못하였사오니, 이조에 명하여 다 벼슬 칭호를 추정하게 하소서."18)라고 하여, 유교적 사회 풍속의 정립, 확대를 역설하기도 하였다.

또한 황희는 억불숭유의 정신에 따라 불교식 예법 대신《주자가례》의 준칙을 따라야 함을 자손에게 유언하였다.

내가 죽은 후에 상제에 대한 예절은 모두《주자가례》에 따르되 만약 우

---

15)《世宗實錄》, 권38,〈9年(1427 丁未) 10月 8日(壬戌) 2〉: "君親在五倫, 但有名位之異, 忠孝非二道, 惟其施措則同. 金革之際, 雖係安危危, 豈有大於此者 … 移孝爲忠, 惟其時矣. 與國同體, 豈不違哉!"

16) 파주문화원,《명재상 방촌 황희의 삶과 사상》, 2008, 133~135쪽 참조.

17)《世宗實錄》, 권59,〈15年(1433 癸丑), 1月 18日(壬申), 5〉: "孝子·順孫·節婦, 旌表門閭, 敍用復戶, 所以勸後也, 當以人道平常之事."

18) 같은 책, 권106,〈26年(1444 甲子) 10月 20日(乙丑) 4〉: "高麗以來, 列女雖已錄《三綱行實》, 然褒賞之典, 未盡擧行, 請令吏曹立追贈爵號."

리나라에서 행하기 어려운 일을 억지로 따를 필요는 없을 것이다. 힘과 분수에 맞추어서 가세의 유무에 따라 시행할 것이고 허례허식 하는 일은 일체 행하지 말라. 《주자가례》 중에 음식 일절도 꼭 그대로 하면 병나기가 쉬울 듯하니 이는 존장의 명령을 기다리기 전에 억지로라도 죽은 먹어야 할 것이다. 이미 전해 온 가법에 따라 행하고 불가에서 하는 짓은 전혀 하지 말라. 빈소에 7일 동안 요전(澆奠)하는 것은 《주자가례》에 없는 일인데 부처를 좋아하는 자들이 모두 사견(私見)에 하는 것이니 이는 절대 행하지 말라.[19]

황희는 상제에 있어 불교식을 배척하고 《주자가례》를 준수할 것을 명하면서도, 그것을 분수나 형편과 관계없이 무조건 따를 것을 요구하지는 않았다. 오히려 허례허식보다는 검약할 것을 더욱 강조하고 있어 관념화되고 교조화된 허례허식의 묵수보다는, 합리적인 경세가로서의 면모를 엿볼 수 있게 한다.

이 밖에도 황희는 척불의 견해를 자주 피력하여, "저 불씨(佛氏)의 탄망(誕妄)에 대해서는 선유들이 다 변론하였고, 전하의 성학으로서도 이 불교가 생민의 모적(蟊賊, 해충)이 된다는 것을 분명히 알고 계시니, 신이 무엇을 더 여쭐 것이 있겠습니까?"[20]라거나, "요즘 궁성 부근에 새로 불당을 짓는다는 소문을 듣고 바로 대궐로 나아가 신의 소견을 여쭙고 그만 중지하도록 하려 했으나 온갖 종기로 낯을 씻을 수 없어 친히 나아가지 못했습니다. … 지금 이 불자(佛字)를 세운다는 것은 다만 국가의 재

---

19) 《문집》, 권2, 元集, 下, 〈자손에게 遺言한 글〉, 73쪽.
20) 같은 책, 권1, 元集 上, 〈興天寺 舍利閣에 대한 慶讚을 그만 두도록 한 소〉, 21쪽.

정을 모손(耗損)시키고 백성의 마음을 해롭게 하는 것뿐입니다."[21]라고 말할 정도였다. 물론 황희의 이러한 척불의식이 유학의 정통론에 입각한 배불의식에서 기인한 것이기는 하지만, 단지 맹목적인 이단의식이라기보다는 당시 불가의 일부 무리가 세상을 현혹하고 사치를 일삼는 비합리성을 비판하고 있음을 알 수 있다. 이와 같이 황희는 유학적 사유방식을 충실히 계승하면서도 맹목적 묵수보다는 소신을 갖춘 합리적이고 이성적인 사유의 유학적 경세가임을 알 수 있다.

4. 황희의 경세사상

1) 인권존중과 민본의식

본래 경세란 세상과 국가를 경륜하는 경국제세(經國濟世)의 의미인 만큼, 정치, 경제, 교육, 사회, 국방, 법 등 광의의 정치를 말한다. 따라서 경세의 내용에는 많은 분야가 망라됨은 물론이다.[22] 이러한 제 영역은 민본적(民本的) 정치사상으로 연역된다. 황희의 경세사상 역시 민본적 정치사상으로 귀결된다는 점은 여타 경세사상과 다를 바가 없다. 그러나 그의 경세사상은 여타의 학설보다 선진적이고 인권 존중의식에 투철하다는 점에서 남다르다.

흔히 인권이란 인간이 인간답게 존재하기 위한 보편적인 인간의 모든 정치·경제·사회·문화적 권리 및 지위와 자격을 총칭한다. 특히 힘없는

---

21) 같은 책, 권1, 元集, 上, 〈佛堂을 건축하지 말도록 한 소〉, 23쪽.
22) 황의동, 《율곡 경세사상의 철학적 배경》, 《인문학 연구》, 제21호, 충남대 인문과학연구소, 1994, 208쪽 참조.

소수에 해당하는 사람들의 최소한의 권리를 지켜 주고자 하는 취지가 강하다. 조선사회에서의 인권의 범주에는 노비나 백정 같은 천인이나 범죄자는 포함되지 않는 경우가 많았다. 그러나 황희는 빈민, 천인, 범죄자, 여성, 장애인 등 여러 약자를 보호하는 정책을 반영하고자 노력하였으며, 몸소 실천하였다. 그런 면에서 비록 현대사회에 근접한 인권의식은 아닐지라도, 계급제도가 철저히 지켜지던 조선조에서 황희의 이러한 인권의식은 매우 선진적인 것이라 하겠다.

　무엇보다 황희는 사람을 대함에 있어 신분을 초월해 인을 실천하였다. 버릇없는 노복의 아이들이 수염을 잡아당기고 뺨을 때려도 그저 한없이 어질고 너그럽게 대했으며, 비록 노비라 하더라도 함부로 대하지 않았다. 이러한 의식의 기저에는 집에서 부리는 노복도 역시 하늘이 보낸 사람이고 귀중한 백성인데 어찌 무리하게 부리겠냐는 생각에서 비롯된 것이다. 또한 황희는 예조판서로 있으면서 천첩 소생에 대해, 아버지가 양민일 때에는 아버지를 따라 양민이 되어 부역을 면하게 해야 한다는 계를 올려 시행하기도 했다. 특히 황희는 "백정이 모두 도적질하는 것은 아니고 편안한 직업으로 평민과 같이 사는 자도 자못 많으니, 만약 죄악을 구분하지 않고 강제로 재산을 처분하게(말을 다 팔도록) 한다면 원통하고 억울함이 또한 클 것입니다."[23]라는 내용의 계를 올려, 백정이라는 신분 때문에 죄 없이 가혹하고 부당한 조치를 받지 않도록 했다.[24]

　다음으로 황희는 죄의 무거움보다는 죄수의 인격을 먼저 생각하여 근

23) 《世宗實錄》, 권69, 〈17年(1435 乙卯) 8月 2日(辛丑) 6〉: "新白丁, 非皆作賊, 安業而居, 如平民者頗多. 若不分罪惡, 勒令盡賣, 則冤抑亦大."
24) 《명재상 방촌 황희의 삶과 사상》, 파주문화원, 2008, 141-142쪽 참조.

본적으로 형을 무겁게 주는 것에 반대하였다. 그래서 늘 옥사(獄事)를 의논할 때에는 항시 너그러운 마음을 앞세우면서 남에게 이르기를, "죄를 조금 경하게 다스릴지언정 형을 잘못하여 중히 주어서는 안 된다."[25]고 말하였다. 또한 죄수가 굶주리거나 사망하는 것을 관리의 태만으로 보아 다음과 같이 징계를 요구하기도 하였다.

근년에 외방의 옥수들이 잇달아 사망하니, 그윽히 생각건대 전수(典守)하는 관리들의 승진하고 파출하는 법이 서지 않았으므로 그 임무에 태만하여 그런 듯하옵나이다. 원컨대 지금부터 만약 옥수의 죽은 자가 있으면 감사가 정밀히 안검(按檢)하여 혹 고문이 혹독했거나 기색이 절박했거나 치료에 소홀하여 죽는 데 이르게 한 자는 그 수령을 즉시 죄에 처단하여 파출할 것이요, 만약 죄상이 애매하여 결안(決案)을 내리지 못한 미결수에 대하여 1년에 2인 이상 죽게 한 자는 전최(殿最)할 때에 이를 참작하여 시행할 것입니다. 의금부 전옥(典獄)의 죄수가 죽었을 때에는 사헌부로 하여금 추핵하게 하여 항식(恒式)을 삼을 것이요, 서울과 외방의 옥졸도 또한 이전(吏典)의 첫머리 조항에 의하여 처결하게 하시옵소서.[26]

이와 같이 황희는 죄수라 할지라도 제대로 먹고 건강을 유지할 최소한의 권리가 있음을 명시하고, 죄수를 죽이는 것은 관리의 태만이므로 죄

---

25) 《문집》, 本傳, 4쪽.
26) 같은 책, 권4, 別集, 二, 〈법관이 獄囚를 구휼하지 아니하여 죽는데 이르게 한 죄상을 엄벌에 처하도록 청하는 장계〉, 135쪽.

가 있는 죄수보다 오히려 관리를 벌해야 함을 주장하고 있다.

또한 죄인과 관련하여 특정관계에 있는 사람에게 연대책임을 묻는 연좌제(緣坐制)의 금지에 대해서도 논의하고 있다.

> 한 죄인의 잘못으로 아무것도 모르는 그 처자를 모조리 연좌시킨다면
> 너무 억울한 일이 아니겠습니까? 저들의 죄의 경중을 구분하여 석방시
> 키는 것이 옳겠고, 또 대소를 막론하고 공죄와 사죄를 구분하여 환수한
> 직첩(職牒)도 되돌려 주는 것이 타당할 듯합니다.27)

한국에서 연좌제가 폐지된 것이 1894년 갑오개혁 때의 일인 것을 감안하면, 황희의 범죄자에 대한 인권존중 의식이 얼마나 선진적이었는지 알 수 있다. 그 외에도 애매하게 형을 받은 자가 없도록 노력하였고, 허위자백을 받기 위한 혹독한 고문 등의 남용을 금지하기도 하였다.

다음으로 황희는 능력 있는 자라면 비록 천인이나 장애인이라 할지라도 기회를 주어야 함을 여러 번 역설하였다. 실제로 그는 참찬으로 있을 때 글공부를 잘하는 어린 노비의 능력을 가엽게 여겨 남몰래 양민으로 면천시켜 주었고, 이후 그 노비가 과거에 급제했다는 것은 많이 알려진 바이다. 또한 맹인에게도 벼슬을 줄 것을 권하여, "고려 말기에 맹인으로서 자첨부사(資瞻副使)를 삼고 또 강안전(康安殿) 대위호군(待衛護軍)을 삼기도 했습니다. 이런 규례는 옛날부터 있었으니, 지금도 맹인에게 관작(官爵)을 제수하는 것이 타당할 듯합니다."28)라고 하여 장애인의 인권 및

---

27) 같은 책, 권2, 元集, 下, 〈억울하게 緣坐된 죄인을 석방하도록 한 議〉, 52쪽.
28) 같은 책, 권2, 元集, 下, 〈맹인에게도 官爵을 주는 제도를 개진한 議〉, 64쪽.

취업에 있어서도 적극적이었다.

심지어는 국내에 들어와 굶주리고 있는 왜인에 대해서도, "경상도의 여러 포구에 머물러 있는 굶주린 왜인들을 구휼하지 않을 수 없으니, 사람마다 약간의 양곡을 나눠 주어 그 본국으로 돌아가게 함이 마땅할 것입니다.[29]"라는 장계를 올릴 정도였다. 이것은 그가 구휼의 대상을 단지 조선인뿐만 아니라 조선에 머무는 모든 사람으로 여길 만큼 그의 인권의식은 박애주의에 바탕한 매우 원대하고 포괄적인 것이었다.

이와 같이 황희가 천인, 죄인, 장애인, 심지어 외국인의 인격을 존중한 것은 그의 의식에는 약자들 또한 모두 조선의 백성이고, 백성이 나라의 근본이고 핵심이라는 위민사상과 애민사상을 가지고 있기 때문에 가능한 것이다. 그런 점에서 황희는 공맹이 말하는 유덕자(有德者)가 덕으로서 하는 정치인 인정(仁政)이나 덕치(德治)를 몸소 실천한 진정한 경세가라고 평가할 수 있을 것이다.

2) 개혁을 통한 백성의 불편과 고통 해소

황희의 민본의식은 모두 백성을 위하는 마음에서 출발하였으며, 이것은 개혁을 통해 백성의 불편과 고통을 해소하고자 하는 현실적인 정책으로 발현되었다. 아무래도 당시 민생을 가장 피폐하게 하는 것은 지나친 조세제도에 있었다. 그런 점에서 황희는 백성의 입장에서 백성의 실정에 맞지 않는 조세제도의 개혁을 통해 백성의 고통과 불편을 해소해 주고자 하였다.

---

29) 같은 책, 권3, 別集, 一, 〈굶주린 倭人의 구휼을 청하는 狀啓〉, 113쪽.

가장 바치기 어려운 물품들은 모두 그대로 두었으니, 이는 다만 감공(減貢)했다는 이름만 있을 뿐이고 백성에게 미치는 혜택은 조금도 없습니다. 회양부(淮陽府) 관내에 들어 있는 일곱 고을 중에 금성(金城)·김화(金化)·낭천(狼川)·평강(平康) 이 네 고을만은 우선 다른 도에서 생산되지 않는 물품만 바치도록 하여 국용(國用)에 지장이 없게 하고, 그 외에 여러 가지 공물은 훨씬 더 줄여서 백성을 잘 살도록 해야 할 것입니다.30)

전라, 경상, 충청의 하삼도에는 노루와 사슴이 거의 멸종하다시피 되어 조포(條脯)와 편포(片脯)도 만들어 바치기가 쉽지 않답니다. 하는 수 없어 모든 진속군관(鎭屬軍官)과 각 고을에 분담시켜 잡아 바치도록 했으나 그 폐단이 백성에게까지 미치게 되니, 매우 불편할 듯합니다. 주장관(主掌官)에게 이 장록포(獐鹿脯) 숫자를 훨씬 줄여서 마감하도록 해야 하겠습니다.31)

경외(京外)에 모든 관리가 자기에게로 끌어들이지 않고 그냥 손실된 잡물은 추징하지 말도록 해야겠습니다. 또 1433년(세종 15) 이전에 미납된 공물도 모두 면제해 주고, 그중 흉년이 심한 평안도, 황해도 두 도에 있어서는 지난해 환상곡(還上穀)을 매호(每戶)에 얼마큼씩 줄여서 백성들을 돌보아 주어야겠습니다. 또 궐내와 각 관청에서 받아들여야 할 잡물(雜物)도 혹 도적이 훔쳐갔거나 또는 파괴되어 쓰지 못하게 된 물품들은 더 이상 바치지 말도록 해야겠습니다.32)

---

30) 같은 책, 권2, 元集, 下, 〈강원도 飢民에게 減貢하도록 청한 啓〉, 38쪽.
31) 같은 책, 권2, 元集, 下, 〈下三道에 바치는 獐鹿脯에 대해 수를 줄이도록 한 議〉, 58쪽.
32) 같은 책, 권2, 元集, 下, 〈京外의 각종 貢物을 줄여 없애도록 한 議〉, 58쪽.

지금 공법이 좋지 못하다는 것이 이와 같으니 후손(朽損, 썩어서 헒)당한 전지는 모두 세액을 면제하지 않을 수 없습니다. 만약 세액을 면제하지 않는다면 백성들이 반드시 곤경에 빠질 것입니다.[33]

이와 같이 황희는 민생안정을 위해서는 백성의 삶을 궁핍하게 하는 조세제도의 개혁을 역설하고 있다. 백성에게는 무엇보다 경제적인 안정이 중요하다. 한마디로 그는, "백성을 넉넉하게 하는 정치는 백성으로부터 너그럽게 거두어들이는 것이지, 곡식을 풀어서 백성을 구휼하는 것과는 다른 것입니다."[34]라고 말하고 있다. 그는 구휼도 중요하겠지만 더 중요한 것은 조세 정책 등을 바르게 펴서 백성들이 굶주림의 고통에 빠지지 않도록 미리 예방하는 정책이 더 중요하다는 것이다. 그리고 그런 정책을 펼 때는 탁상공론이 아니라, 백성의 입장에서 백성 한 사람, 한 사람의 의견에도 귀를 기울여야 한다는 것이다. 그래서 그는 "부역이 균등하지 못하고 세금 징수가 과중하며, 환곡의 출납이 증가되고 감손되는 등의 일은 비록 이것이 백성들의 공통의 걱정이지마는, 또한 이것은 한 사람의 사사로운 원통한 일이오니 모두 다 들어서 심리하게 함이 옳겠습니다."[35]라고 말하였다.

그 외에도 황희는 한번 정해진 원칙과 법제는 고치는 것을 매우 꺼렸는데도, 조선 초기《경제육전(經濟六典)》이 백성을 위한 조항보다는 군주

---

33) 같은 책, 권2, 元集, 下, 〈貢法의 불편한 점을 개진한 議〉, 65쪽.

34)《명재상 방촌 황희의 삶과 사상》, 파주문화원, 2008, 137쪽 인용.

35)《世宗實錄》권115, 〈29年(1447 丁卯) 2月 21日(癸丑) 1〉: "以至賦役不均, 征(徵)斂過重, 糶糴加減等事, 雖是民之通患, 亦是一己私冤, 一切聽理可矣."

의 편의를 위한 것이 많다는 이유에서 우리나라 백성의 실정에 맞는《경제속육전(經濟續六典)》을 편찬하기도 하였다. 이처럼 황희가 얼마나 백성의 입장에서 백성에 고통을 감소시키고 편리함을 증진시키고자 노력했는지 미루어 짐작할 수 있다.

3) 구체적 경세정책

(1) 기강 확립 방안

황희는 조선 초기 태조로부터 4대왕을 모시면서 태평성대의 국가가 되기 위해서는 원칙이 지켜지는 나라가 돼야 함을 역설하며 기강확립에 경주하였다. 황희는 1444년(세종 26) 종친 이인이 궁녀와 기강을 어지럽히는 일을 저질렀는데도 세종이 처벌하지 않자, "국가에는 강상보다 더 소중한 것이 없기 때문에 강상이 늘 바로 잡혀야 인도가 제대로 서게 됩니다. 신하된 자로서 만약 이 강상을 버리는 자가 있다면 이는 난신이요 적자라는 것이므로 죄를 용서할 수 없다는 것입니다. … 전하께서는 다만 은정(恩情)에 얽매어 바로잡아야 할 법을 무시하시니, 무엇으로 후세 사람에게 보일 것입니까?"[36]라고 하였다. 황희는 비록 종친이라 할지라도 보은이나 온정에 사로잡혀 국가의 기강을 무너뜨리는 것은 결코 용서할 수 없음을 밝히고 있다.

무엇보다 황희는 국가의 기강확립을 위해서는 행정조직의 구조조정이 절대적으로 필요하다고 보았다.

---

36)《문집》, 권1, 元集, 上, 〈宗室 李仁이 宮人 薔薇와 더불어 倫紀를 어지럽힌 죄를 바로 잡도록 한 소〉, 22쪽.

개국할 초기에는 온갖 일이 많아도 재추(宰樞)의 수효가 채 40도 못 되었는데, 그 후에 와서 70명에 이르게 되었습니다. 대개 이 재추란 자리 는 맡은 직무가 큼에 따라 해야 할 책임이 무거우니, 많이 둘 필요가 없 고 또 봉록도 그 범위가 넓어짐에 따라 폐단이 적지 않았습니다. 오직 전하께서는 태종 초기의 제도에 따라 각 사(各司)에 없어도 될 만한 관 원은 모두 없애고 한 40명만 두어도 넉넉히 일할 수 있을 것입니다.[37] 그 일을 하는 자가 그 봉록을 먹는 것이 원리원칙이옵니다. 이제 검교(檢 校)의 각 품관(各品官)들은 그 하는 일이 없이 가만히 앉아 봉록만을 먹 고 있는데 이는 합당치 않은 일이니, 청컨대 혁파(革罷)하시옵소서.[38]

세종 대 당시는 개국공신이 거의 사망한 이후인 만큼 황희는 불필요 한 인력을 정리하여 재정의 낭비와 기강의 확립을 도모하고자 한 것이 다. 더불어 모든 인사관리에 있어 실질적인 실무에 꼭 필요한 최소 인원 만을 남기고, 일하지 않는 자는 과감히 정리하는 합리적인 행정개혁을 주장하였던 것이다.

(2) 치안과 국방 강화책

황희는 민생안정을 위해서는 국가의 안녕과 질서의 유지가 필요하며, 이를 위해서는 치안과 국방에 힘을 써야 함을 주장하고 있다. 황희는 백 성이 오직 나라의 근본이요, 근본이 튼튼하여야 나라가 편안하다는 입 장에서 국가의 정책이라는 것도 백성을 보호하고 안정적인 삶을 누릴 수

---

37) 같은 책, 권2, 元集, 下, 〈쓸데없는 관리를 없애도록 한 啓〉, 36쪽.
38) 같은 책, 권3, 別集, 一, 〈冗官의 除去를 청하는 狀啓〉, 77쪽.

있는 방향으로 가야 한다고 역설했다. 그는 구체적인 치안책의 하나로 다음과 같은 도적방지책을 제시하기도 하였다.

대개 도적은 모두 게으르고 일정한 마음이 없어 생업을 일삼지 않습니다. … 아무리 잡아 가둔다 하더라도 관사에서 추문할 무렵에는 범죄에 따라 정해진 태형과 장형 몇 차례에 지나지 않습니다. … 이런 법으로만 다스린다면 도적이 그칠 날이 없을 것이고, 또는 날마다 금지시킨다 하더라도 마침내 아무 유익함도 없을 것입니다. … 그러나 만약 이들이 또다시 죄를 범한다면 그들의 처자까지 아울러 먼 해도(海島)로 압송시켜 길이 제대로 들도록 해야 할 것입니다. … 먼 해도까지 내쫓는 것이 너무 중할 듯하지만, 그냥 가까운 곳에 두어 여러 차례 범죄 하게 한 다음 목 베이는 죄를 당하도록 하기보다는, 먼 낙토(樂土)에서 제대로 농사하여 세금이나 바치다가 제 목숨이 끝날 때까지 살도록 하는 것이 도리어 좋지 않겠습니까?[39]

황희는 단순히 도적질하는 자를 잡아 처벌하고 종국에는 사형시키는 것보다는 차라리 바다 가운데 섬에 보내 회개할 기회를 주고 백성으로서의 의무를 다할 수 있도록 하는 실질적인 도적방지책을 제안하고 있다. 또한 절도범이 근절되고 풍속이 바로잡힐 동안은 재차 범죄를 저지른 자의 다리의 힘줄을 끊어 범죄의 근본을 근절하게 하는 보다 엄중한 처벌을 내릴 것을 청하는 계를 올리기도 하였다.[40] 이것은 단지 도적을 징벌

---

39) 같은 책, 권2, 元集, 下, 〈절도 금하는 법을 개진 한 啓〉, 44쪽.
40) 같은 책, 권3, 別集, 一, 〈國家 用途의 節減을 청하는 狀啓〉, 105-106쪽.

하는 목적만이 아니라 백성들로 하여금 도적질을 경계하고 재발하지 않게 하면서 죄인을 교화하고자 하는 사려 깊은 정책입안이라 하겠다.

그는 또한 도성 안에서 좀도둑이 밤을 틈타 화재를 내고 도적질을 하는 사례가 빈번하게 발생하자, 여타 대신들의 소극적인 대안과 달리 지금의 소방서격인 '금화도감(禁火都監)'의 설치를 적극적으로 개진하였다. 그는 "도성 안에 금화의 법을 전장(專掌)한 기관이 없어 거리에 사는 지각 없는 무리들이 주의하여 잘 지키지 못하고 화재를 발생시켜, 가옥이 연소되어 재산을 탕진하게 되오니, 백성의 생명이 애석합니다. 따로 금화도감을 설치하여 … 상설 기관으로 하고 폐지하지 말아 화재 방지하는 것을 사찰하게 하소서."[41]라고 하였다. 금화도감의 설치는 당시로서는 매우 획기적인 것이었으며, 설치 후 방화범이 줄어 도성 안이 평안해졌다고 하니, 황희의 탁월한 정책 실행을 엿볼 수 있다.

다음으로 그는 국방대비책의 일환으로, "용성(龍城), 장항(獐項), 승가원(僧袈院), 요광원(要光院) 등 모든 고개는 적이 침입하는 통로이기 때문에 잘 방어해야 할 요충지입니다. 마땅히 경원진(慶源鎭)을 용성으로 옮겨 석성을 쌓고 경성(鏡城) 보도현(甫都縣) 이북을 분리하여 승가원에 소속시킨 다음, 고갯길에는 토성이나 또는 석성을 굳게 쌓아서 통해 다닐 만하도록 해야 할 것입니다. 산등성은 조금 깎아 낮추고, 또 그 밖에는 깊은 웅덩이를 파서 통행할 수 없도록 해야 합니다."[42]라고 피력하였다.

---

41) 《世宗實錄》, 권31, 〈8年(1426 丙午) 2月 26日(庚寅) 5〉: "都城內無專掌禁火之法, 閭巷無識之徒, 不能用心愼守, 以致失火, 延燒家舍, 財産蕩盡, 民生可惜. 別立禁火都監 … 常置不罷, 考察禁火."

42) 《문집》, 권2, 元集, 下, 〈慶源, 龍城 등지에 築城策을 개진한 啓〉, 40쪽.

이와 같이 황희는 치안과 국방을 튼튼히 하고자 노력하였다. 이러한 치안과 국방강화의 정책 또한 그에게는 사랑하는 백성을 지키는 가장 기본적인 전제조건이었으며, 가장 우선해야 할 민생안정이었던 것이다.

(3) 빈민구제책

황희의 문집 내용 중 가장 많이 등장하는 내용은 빈민구제책이다. 민본주의 정신에 투철한 경세가였던 만큼 그는 백성의 고통을 해소하기 위해 다음과 같은 실질적인 빈민구제책을 입안하고 있다.

> 충청·전라·경상의 여러 도와 경기좌도의 여러 고을은 가뭄으로 인하여 백곡이 타서 추수의 희망이 이미 끊어졌으니, 민생의 문제가 크게 염려되옵니다. 금년에 납부할 재목(材木)을 모두 탕감해 줄 것이요, 또 옛 규례에 해마다 가을철에는 충청도의 백미(白米)를 수로로 운반하여 백관들의 춘정월(春正月) 녹봉을 주었습니다. 그런데 금년에는 가을부터 백성의 식량이 절핍되었으니, 양곡의 상납을 중지시키고 명년 춘정월의 녹봉을 적당히 감하게 하시옵소서.[43)]
> 경상, 전라, 충청도 지방에 흉년이 더욱 심하오니, 그 지방 수령들에게 권면과 징계를 가하여 구제에 힘쓰게 할 것이요, 기민을 구제하지 못하는 수령은 속전(贖錢)을 징수하지 말고 그 죄상의 경중에 따라 처단할 것이며, 도로 임명하여 성과가 있는 자는 자급(資級)을 올려 권장할 것입니다. 또 수령을 체대(替代)시키면 한갓 전송(餞送)과 신영(新迎)에 폐단이

---

43) 같은 책, 권3, 別集, 一, 〈가뭄이 심한 各道에 賦役 탕감하기를 청하는 狀啓〉, 105쪽.

있을 뿐 아니라, 새로 부임한 수령이 백성의 빈부를 두루 알지 못하여 기민을 구제하기가 심히 어려울 것입니다. 그 과만(瓜滿)이 찬 수령은 오는 정사년 가을을 기다려 교대할 것이요, 삼차(三次)를 연달아 성적이 중(中)에 해당한 수령도 또한 교대하지 말고 후년(後年)의 고과(考課, 관리의 성적)를 통계하여 서용(叙用)하게 하시옵소서.**44)**

이제 들은 즉, "경기, 전라도 지방에 수령을 차정하여 여러 고을의 기민 구제를 보살피게 하였는데, 도리어 본읍의 기민을 돌보지 않는다"고 하니, 참으로 큰 폐단이옵나이다. 지금부터는 수령의 차정을 중지하고 각기 그 지방을 지켜 기민의 구휼과 농사의 권면을 전담하게 할 것이며, 교전와 검율과 역증 등을 차정하여 간단한 차림으로 불시에 나타나 왕래하며 고찰하게 하시옵소서.**45)**

이와 같이 황희는 관리들이 본연의 임무인 백성을 사랑하고 어려움을 살펴 진정한 구휼이 이뤄지기를 바라고 있다. 그러기 위해서는 치밀하게 현장을 파악해야 하고 구체적인 구휼정책이 실행되도록 노력하여야 한다. 그런 면에서 황희는 여타 관리들과 달리 탁상공론이 아닌 구체적이고 현실적인 구제 방안을 내놓을 수 있었다. 그리고 그러한 노력의 원동력은 위민, 애민사상에서 비롯된 것이다. 이처럼 그는 나라가 백성으로 근본을 삼는다면, 백성은 먹는 것을 하늘로 삼는다는 민생 우선의 왕도정치를 늘 인식하고 실천하였던 것이다.

---

44) 같은 책, 권3, 別集, 一, 〈下三道守令을 아직 遞職시키지 말고 飢民에 대한 구제를 완결하도록 청하는 狀啓〉, 108쪽.
45) 같은 책, 권3, 別集, 一, 〈飢民의 구제할 방책을 아뢴 狀啓〉, 111쪽.

(4) 교육정책

황희는 국가 발전의 원동력은 인재 양성에 있다고 보았다.

> 옛날에 공경·대부·원사(元士)의 적자를 모두 대학에 입학시킨 것은 가
> 르치고 키워 인재를 만들어 뒷날의 쓰임에 대비하고자 함이었습니다. 비
> 옵건대 지금 조관(朝官)의 자손을 모두 학교에 입학시켜, 그 학문이 우
> 수해지고 나이가 25세에 이르기를 기다려 이에 벼슬하게 하고, 유음자
> 손(有蔭子孫)으로 나아가 15세 이상이 된 자는 오부학당(五部學堂)에 승
> 보(升補)된 자를 제외하고 모두 성균관에 입학하게 하여, 경서를 연구하
> 고 예도(禮道)를 배우게 할 것입니다.[46]

이와 같이 그는 뒷날을 위해 인재 교육, 학문 진흥에 힘쓸 것을 장려
하고, 그 구체적 방법론을 제시하였다. 그리고 문과 무의 관계에 있어서
는 "문무의 쓰임은 어느 한 편에 치우쳐 폐지할 수도 없습니다. 그러나
옛 글에 이르기를 '무를 접어 두고 문을 닦는다' 하였으니, 문을 보이고
무를 숨기는 것은 진실로 제왕이 천하국가를 다스리는 긴요한 도인 것입
니다."[47]라고 말하고 있다. 조선이 유교국가로서 문을 숭상하고는 있으나
무를 천시한 것이 아니라 국가의 발전에 있어서는 문무의 균형 발전이

---

46) 《世宗實錄》, 권43, 〈11年(1429 己酉) 1月 3日(庚戌) 4〉: "古者公卿大夫元士之適子,
皆入太學, 欲其教養作成, 以備他日之用也. 乞今朝官子孫, 皆入于學, 待其學優, 年至
二十五歲, 乃得從仕. 其有蔭子孫年十五以上者, 除五部學堂升補, 許令盡入成均, 窮
經學道."

47) 같은 책, 권43, 〈11年(1429 己酉) 1月 3日(庚戌) 4〉: "文武之用, 不可偏廢. 然古書有
曰: '偃武修文, 覩文匿武.' 是誠帝王治天下國家之要道也."

필요하다고 보았다. 다만 무는 국가 기반의 전제인 만큼 중요한 것이고, 그 기반 위에 문을 드러냄이 이상적임을 주장하고 있다.

인재를 양성하고 문을 드러내기 위해서는 반드시 학교의 설립이 필요하다. 그래서 그는 학교 설립을 청하는 계를 올리기도 하였다.

> 함길도에 새로 설치된 회령(會寧), 종성(種城), 공성(孔城) 등 고을에 학교
> 를 설치하지 않은 것은 참으로 옳지 않은 일이옵니다. 종성과 공성에는
> 우선 도내에 학문 있는 자를 택하여 학장(學長)을 차정(差定)할 것이요,
> 회령부(會領府)는 큰 고을이니, 경원부의 예에 의하여 교도(敎導)를 차정
> 하시옵소서.[48]

그러나 학교의 설립보다 더 본질적인 것은 스승의 선택이라는 것을 역설하여, "현명한 인재의 배출은 모두가 학교에서 말미암는 것이고, 학교를 일으키는 데에는 스승을 선택하는 것보다 앞서는 것이 없사옵니다. 스승이 될 만한 사람을 얻게 되오면 어린이의 교양이 바루어져서 풍속이 아름다울 것이요, 스승이 될 만한 사람을 얻지 못하오면 어린이의 교양이 바르지 못하여 풍속이 불미할 것이니, 인재의 현·부와 풍속의 미·악은 모두 이에서 관계되는 것입니다."[49]라고 말하였다. 인재양성을 위해서는 그만큼 좋은 스승의 역할이 매우 중요함을 표현한 것이다.

---

48) 《문집》, 권4, 別集, 二, 〈咸吉道의 新設各郡에 學校의 설치를 청하는 狀啓〉, 119쪽.
49) 《世宗實錄》, 권84, 〈21년(1439 己未) 2〉: "賢才之出, 皆由於學校, 而學校之興, 莫先於擇任師儒. 師得其人, 則蒙養正, 而風俗美 ; 不得其人, 則蒙養不正, 而風俗不美, 人才賢否 風俗美惡, 皆係於此."

그는 이러한 학교 설립, 교사 선택의 중요성과 더불어 외국어 교육의 필요성에 대해서도 적극적으로 피력하고 있다.

오늘날의 강습관은 일찍이 영선(榮選)을 지낸 사람들로서, 역학관을 보기를 외국인이나 변방 사람처럼 여겨 마음속으로 실로 비천하게 여길 것입니다. 그러니 어찌 그 스승의 가르침을 마음껏 본받아 재주를 제대로 성취하기를 바라겠습니까? … 훈도관으로 하여금 일상적으로 쓰는 한담까지 모두 화어(華語)로 가르치게 하소서.

여진의 문자를 배우는 생도 1~2인 가운데 6인을 선택하여 항상 서울에 머물게 하고 원래 정한 체아직(遞兒職) 사원(四員) 가운데 삼원을 채용하고 돌려가며 균평하게 차정하여 권장하게 할 것입니다. 또 북청 이북의 한 곳에 여진 문자에 익숙한 자 1인을 교훈으로 정하고 연소하며 총명한 자 10인을 선택하여 날마다 채업(采業)하게 할 것이며, 서울에 머물러 있는 자 6인 가운데 결원이 생기면 감사로 하여금 재주를 시험하여 서울로 보내어 결원을 보충하게 할 것입니다.[50]

황희 스스로가 중국어에 능통하여 여러 외교 활동을 활발하게 수행한 터라, 그는 누구보다 외국어의 필요성을 절실하게 느꼈을 것이다. 그러나 당대는 역관에 대한 처우가 매우 낮았으며, 회화 위주의 실용외국어 교육이 제대로 수행되지 않는 문제점이 있었다. 황희는 이를 지적하고, 소소한 얘기까지 중국어를 쓰도록 하여 실용외국어의 실질적 교육을 주

---

50) 《문집》, 권4, 別集, 二, 〈女眞文字의 學業을 권장하기를 청하는 狀啓〉, 135쪽.

장하였다. 더 나아가 한족뿐만 아니라 여진족의 문자까지도 교육할 필요성을 논의하기도 하였다.

위와 같이 그의 교육정책 또한 매우 실질적이고 구체적인 것임을 확인할 수 있었으며, 그의 경세정책이 얼마나 시대를 초월하여 선진적인 것인지를 다시 확인하게 해준다.

(5) 언론과 여론 중시

그 외에도 황희는 언로 개방의 중요성을 주장하였는데, 이 또한 여론을 백성의 소리로 여기는 민본주의에 기반한 것이다. 그 예로 황희는, "모든 관료와 일반 선비들까지 숨김없이 다 아뢰는 것은 정치와 교화가 잘 행해진 때문에 그렇게 된 것입니다. 이것이야말로 나라에 복이 되고 실상 만세에 한이 없는 경사입니다."[51]라고 말하고 있다. 즉, 언론의 자유가 보장되어 만백성이 자기주장을 펼 수 있는 사회를 이상적인 정치가 구현된 사회라고 보고 있는 것이다. 그래서 황희는 재상이 되어 권력의 핵심에 있으면서도 정부를 가차 없이 비판하는 강직한 선비를 선발하려는 의도에서 '의견이나 주장을 거리낌 없이 자유롭게 표현하고 전달하는 것'에 관한 문제를 과거의 논제로 제시하기까지 했다.

더불어 황희는 백성 다수의 목소리인 여론을 중시하여 비록 나라를 이롭게 하고 백성을 편안하게 하는 데 관련된 일이라 할지라도 사람들이 모두 옳지 않다고 말하면 마땅히 굽어 좇아야 한다고 보았다. 황희는 이

---

51) 《世宗實錄》, 권121, 〈30年(1448 戊辰) 7月 26日(庚戌) 2〉: "百僚庶士盡言不諱者, 治化大行之致然也, 此爲國之福, 實萬世無疆之慶."

처럼 민본주의에 따라 백성의 소리인 여론과 언론을 중시했다.[52] 이것은 맹자가 '민심(民心)이 곧 천심(天心)'임을 역설한 내용을 그가 몸소 실천하고 있음을 알 수 있게 한다.

5. 나오는 말

황희는 일생을 스스로 청빈을 즐기고, 항상 타인을 배려하여 관용을 베풀면서도, 업무를 처리함에 있어서는 합리적이면서 엄격한 재상이었다. 그런 면에서 그는 온화하나 강직한 성향으로 확실한 원칙과 현실 사이에서 균형감각을 잘 발휘한 경세가였다.[53]

이러한 황희에 대해 1452년 사망 직후에 작성된 실록의 졸기에는 "황희는 관대하고 후덕하며 침착하고 신중하여 재상의 식견과 도량이 있었으며, 후덕한 자질이 크고 훌륭하며 총명이 남보다 뛰어났다. 집을 다스림에는 검소하고, 기쁨과 노여움을 안색에 나타내지 않으며, 일을 의논할 적엔 정대하여 대체를 보존하기에 힘쓰고 번거롭게 변경하는 것을 좋아하지 아니하였다. … 재상이 된 지 24년 동안에 중앙과 지방에서 우러러 바라보면서 모두 말하기를, '어진 재상'이라 하였다."[54]라고 하였다. 이러한 평가는 훗날 영조, 정조, 순조, 헌종을 거쳐 고종에 이르기까지 계속

---

52) 《명재상 방촌 황희의 삶과 사상》, 파주문화원, 2008, 149-150쪽 참조.

53) 김낙효, 〈황희 설화의 전승양상과 역사적 의미〉, 《비교민속학》, 제19집, 비교민속학회, 2000, 475-476쪽 참조.

54) 《文宗實錄》, 권12, 〈2年(1452 壬申) 2月 8日(壬申) 1(영의정부사 황희의 졸기)〉: "喜寬厚沈重, 有宰相識度, 豊姿魁偉, 聰明絶人. 治家儉素, 喜怒不形, 論事正大, 務存大體, 不喜煩更. … 爲相二十四年, 中外仰望, 皆曰 '賢宰相也.'"

되었다. 그가 현재까지도 역대 재상 중 최고로 칭송받을 수 있었던 것도 그가 원칙과 소신을 지키고 청백리로서 타의 모범이 되며, 항상 백성의 입장에서 백성을 위해 일하는 민본주의, 실천중심의 경세가였기 때문일 것이다.

지금까지 살펴본 황희 경세사상의 특징 및 의의를 정리해 보면 다음과 같다. 먼저 황희의 경세사상은 유학의 경세사상의 정신을 충실하게 계승하고 있다. 본래 '유학'(人+需55))은 그 글자의 뜻에서부터 추상적인 사변철학을 의미하기보다는 사람에게 필요한 구체적이고 실학적인 학문을 뜻한다. 즉, 유학사상의 종지는 실용적인 '경세'에 중점을 두어야 된다는 의미이다. 유학사상은 동양의 역사에서 특히 사회경제적 현실에 대한 개선과 정치적 실천에 크게 기여해 왔다. 따라서 경세사상이란 세상과 국가를 경륜하는, 다시 말해서 다스리는 것과 세상과 민중을 구제하는 사상을 말한다. 이것은 유학의 근본사상, 즉 민본적 정치사상과 그대로 통한다.56) 이렇게 볼 때, 황희의 경세사상은 유학의 경세사상, 즉 민본적 정치사상을 그래도 반영하고 있다는 점에서 그가 유학의 정신을 올곧이 계승하고 있다고 할 수 있겠다.

이렇듯 황희의 경세사상이 유학의 경세사상에 충실하다지만, 황희의 경세사상은 거기서 그친 것이 아니라 유학의 이상세계인 대동(大同)사회를 목표로 왕도정치를 몸소 실천함으로써 당대를 태평성대로 이끌었다는 점에서 특징적이다. 경세의 목표가 왕도에 있다는 것은, 백성을 경세

---

55) 여기서 需는 덕을 가지고 남에게 은덕을 베푼다거나, 남을 구제한다는 뜻임.

56) 권인호, 〈내암 정인홍의 생애와 경세사상 연구〉,《남명학연구원총서》, 제4호, 남명학연구원, 2010, 15-17쪽 참조.

의 목적적 존재로 인식한다는 말이다. 유가철학의 이상적인 정치 형태인 왕도란 유덕자가 덕으로써 인을 실현하는 정치를 말한다. 위정자가 먼저 유덕자가 되어야 함은, 덕을 갖추어야 그러한 마음을 미루어 백성에게 펼 수 있기 때문이다. 그러한 점에서 《대학》에서는 "윗사람이 인을 좋아하여 그 아랫사람을 사랑하면, 아랫사람이 의를 좋아하여 그 윗사람에게 충성한다."[57]라고 하여 백성들에게 신의를 주기 위해서는 위정자가 먼저 백성을 사랑하고 인의를 실천해야 함을 강조하였다. 그런 후에야 위정자는 백성을 부릴 수 있다. 그래서 공자는 "군자는 먼저 백성의 신뢰를 얻은 후에 부릴 것이니, 신뢰를 얻지 못한 상태에서 부리면 자신을 괴롭힌다고 생각한다."[58]라고 말했던 것이다.

이렇듯 공자의 덕치는 백성을 먼저 생각하는 위민정치를 근본으로 한다. 이러한 위민사상은 맹자의 왕도정치사상에 이르러 단순한 위민의 차원을 넘어 여민동락(與民同樂), 여민해락(偕樂)뿐만 아니라, 백성, 사직, 군주순으로 중요하다는 백성제일의 정치사상으로 발전한다. 거기에는 민생안정이라는 경세사상이 핵심이며 기본이다. 맹자는 '유항산자 유항심, 무항산자 무항심'[59]이라는 전제하에 경제적 기반 마련을 무엇보다 중시하였다. 그래서 맹자는 "현명한 임금은 반드시 공손하고 검소한 마음가짐으로 아랫사람을 예로써 대하여 백성들에게 조세를 거둬들일 때에도 제

---

57) 《大學》, 傳文, 10章 : "上好仁以愛其下, 則下好義以忠其上."

58) 《論語》, 〈子張〉 : "子夏曰 君子 信而後勞其民 未信則以爲厲己也."

59) 《孟子》, 〈滕文公上〉 : "有恒産者 有恒心, 無恒産者, 無恒心."

한을 두어야 한다."60)라고 하였던 것이다.61)

이러한 공맹의 왕도정치사상을 황희는 일평생 동안 몸소 실천하였다. 이러한 그의 삶과 업무처리는 항상 백성에게 신뢰를 주고 공명정대했는데, 그것은 사랑으로 백성을 보살피고 다스리는 위민, 애민정신의 발로였기 때문에 가능했다. 오히려 황희는 공맹의 왕도정치보다 훨씬 더 평등의식에 있어 앞서 있으며, 사회적 약자에 대한 인권존중 정책을 좀 더 구체적으로 제시하고 실천하였다는 점에서 더욱 의의가 있다.

이와 같이 황희의 삶과 경세사상은 21세기 현대사회를 살아가고 있는 우리에게 시사하는 바가 크다. 첫째로, 이윤 극대화를 목표로 하는 자본주의 사회에서는 이미 과잉생산, 과잉소비로 환경파괴 및 자원고갈의 문제를 대두시켰다. 황희는 개인적으로는 일평생을 몸소 근검절약하며 청백리로서 칭송받으며, 사회적으로는 사치 및 불필요한 재정낭비를 막아 빈민구제 및 치안, 국방강화에 힘을 썼다. 이를 통해 우리는 개인적으로는 소비하면 할수록 소외되는 자본주의의 노예로부터 해방되도록 자기성찰 및 반성의 기회를 삼아야 할 것이다. 또한 사회적으로는 포퓰리즘(populism) 정책에 현혹되어, 국가재정을 낭비하고 정작 필요한 민생·복지 정책이 등한시되지 않도록 견제해야 할 것이다.

둘째로, 황희의 시대를 초월한 평등사상과 인권존중 의식은 현대를 사는 민주시민으로서 반드시 본받아야 할 점이다. 물론 황희뿐만 아니라 모든 유학의 궁극적 이상은 정치적으로든 경제적으로든 실질적인 평등

---

60) 같은 책, 〈滕文公上〉: "是故 賢君必恭儉禮下 取於民有制."
61) 손병해, 〈유가사상의 현대적 의의와 동북아 경제통합에의 시사점〉, 《동북아경제연구》, 제22권 1호, 한국동북아경제학회, 2010, 14-15쪽 참조.

주의를 추구하는 것이다.[62] 일례로 맹자도 "모든 사람이 요순이 될 수 있고, 거리의 모든 사람이 성인이다."[63]는 평등의식을 표방함으로써 신분과 계층에 의한 사람의 차별을 경계하고자 하였다. 황희 또한 이를 몸소 실천하였음은 앞서 제시한 바 있다. 현재 우리는 사회적 양극화가 더욱 심화되고, 신계급사회가 고착화되어 가고 있으며, 다문화 사회로 인한 문제, 외국인 노동자 50만 시대에 따른 여러 가지 사회 문제를 안고 살고 있다. 이러한 여러 가지 불평등 문제를 해소하기 위해 황희의 평등주의 및 인권존중 의식을 본받아 사회적 불평등의 해소 및 박애주의 실천을 모색해 볼 필요가 있다.

끝으로, 위정자들의 소통부재와 독단, 비리 등 여러 실망스런 작태로 시끄러운 요즘, 위민과 애민의 민본주의와 소통과 관용의 리더십을 발휘하며 솔선수범한 리더로서의 황희가 더욱 존경스럽고 절실하게 느껴진다.

---

62) 서영시, 김병환 역,《동양적 가치의 재발견》, 동아시아, 2007, 128쪽.
63) 《孟子》,〈告子 下〉: "人皆可以爲堯舜 滿街皆是聖人."

조선 태종대 방촌 황희의 정치적 활동[1]

1. 서론

방촌(厖村) 황희(黃喜, 1363~1452)는 조선시대를 통틀어 가장 잘 알려진 재상이며, 우리나라 역사 전체로 보았을 때도 가장 훌륭한 재상으로 손꼽히는 인물이다. 이렇게 일컬어지는 것은 우리 역사 제일의 성군으로 칭송되어 온 세종 임금(재위 1418~1450)을 잘 보좌했기 때문이라고 할 수 있다. 황희는 재상으로서 그의 능력이 어떠한가보다는 세종이라는 큰 임금의 존재로 인해 실상이 가려진 면이 많았다. 일반적으로 세종과 짝을 이루는 신하로만 받아들여지고 있고, 영의정을 18년이나 지낸 '정승'으로만 알려지고 있다.

재상이 임금을 잘 보좌한다는 것은 당연한 일이겠지만, 사실 생각보다 그리 단순하지 않다. 국왕들과 재상들이 각자 처한 당시의 정치적 사상적 사회적 상황과 분위기는 때에 따라 큰 차이를 가지며, 그들이 해내는 업적은 이러한 상황이나 분위기에 좌우되는 경향이 매우 크기 때문이다.

---

1) 본 논문은 〈조선태종대 방촌 황희의 정치적 활동〉, 《역사와 세계》 47집, 효원사학회, 2015에 게재된 논문이다.
2) 한국학중앙연구원 대학원 수료

역사학계에서는 이전부터 수많은 조선 초기 연구를 통해 다른 어느 왕조보다도 세종 대에 대해서 매우 정밀하게 검토되어 왔지만, 황희에게 만큼은 대중적으로 받아들여지는 인식 외에 눈에 띄는 진전된 연구가 거의 보이지 않고 있다.

그래서 지금에 와서도 황희는 조선시대를 통틀어 영의정에 가장 오래 있었던 세종 대의 정승으로 존재할 뿐, 그가 이전부터 어떤 역할을 해왔 는지 관해서는 생각보다 잘 알려져 있지 않다.

그간 황희에 대한 연구는 조선 초기 정치사라는 큰 주제에 밀려 독립 적으로 행해진 것이 거의 없다. 역사학계에서 그를 본격적으로 다룬 연 구는 1990년대에 발표된 정두희의 연구가 유일하다.[3] 정두희는 태조대부 터 황희의 관력과 활동을 검토하고 그가 행했던 역할이 결코 작지 않다 고 논하였다. 조선이라는 나라가 안정되고 여러 법제를 정비하는 데 황희 가 가장 큰 공훈을 세웠으며, 청렴하고 포용력 있는 관리였다는 야사적 인 시각보다는 국가경영에 막대한 역할을 했다는 시각으로 바라볼 것을 강조하였다.

이 연구는 90년대 중반에 들어와서야 황희에 대하여 본격적으로 바라 보는 시각이 생겼다는 것을 의미하는데, 하지만 이후부터 지금까지 황희 를 단독으로 다룬 연구는 찾아볼 수 없다. 이러한 경향은 황희뿐 아니라 조선 전기에 대한 전체 연구에서도 마찬가지다. 조선 전기 연구는 대체 로 90년대 중반까지 활발하게 수행되었는데, 2000년대 들어서는 조선 후기 연구에 비하여 수효가 갑자기 줄어들었다.[4] 현재는 최근에 세종시

---

3) 정두희, 〈조선초기 황희의 정치적 역할〉,《길현익교수정년논총》, 1996.
4) 2000년대 수행된 조선 전기에 대한 대표적 연구는 다음과 같다.

대에 대한 관심5)과 대명관계 등 여러 특수한 분야들을 제외하고는 조선 시대 연구 경향이 대체로 후기로 집중되고 있다. 이것은 조선 전기라는 특수성으로 자료의 부족 및 학문외적 상황에서 비롯되기 때문에 지극히 당연하다고 생각되지만, 논문 몇 편으로는 실상을 제대로 파악할 수 없기에 아쉬운 점을 금할 수 없다.

조선 초기의 인물에 대해서도 편중된 점이 있는데, 기존에는 개국·정사·좌명 등 삼공신 세력의 핵심 인물들이나 권근, 정몽주와 같은 인물들만 조명되었을 뿐이다. 아무래도 정치 분야나 사상 분야에서 핵심적으로 활약했던 인물들이 주목받기가 쉽다 보니, 상대적으로 드러나지 않은 인물에 대한 관심은 비교적 덜한 편이다. 황희가 태종대에 했던 역할은 정치적으로나 사상적으로나 다른 인물들에 비해 덜하지 않다고 판단되며, 도리어 개국 초부터 세종 말까지 줄곧 핵심 위치에서 중요한 역

강문식, 〈태종~세종 대 허조의 예제 정비와 예 인식〉, 《진단학보》 105집, 2008.
강제훈, 〈조선 세종조의 조회〉, 《한국사연구》 128집, 2005.
김순남, 〈세종 대 체찰사제의 운용〉, 《한국사학보》 14집, 2003.
김영수, 〈세종 대 정치적 의사소통과 그 기제〉, 《역사비평》 89집, 2009.
김윤주, 〈조선초 공신책봉과 개국·정사·좌명공신의 정치적 동향〉, 《한국사학보》 35집, 2009.
남지대, 〈조선태종의 즉위과정과 내세운 명분〉, 《역사와 담론》 69집, 2014.
노영구, 〈세종의 전쟁수행과 리더쉽〉, 《오늘의 동양사상》 19집, 2008.
류주희, 〈태종의 집권과정과 정치세력의 추이〉, 《중앙사론》 20집, 2004.
문중양, 〈세종 대 과학기술의 다시보기〉, 《역사학보》 189집, 2006.
유재리, 〈세종초 兩上統治期의 국정운영〉, 《조선시대사학보》 36집, 2006.
이규철, 〈조선초기 대외정보 수집활동의 실상과 변화〉, 《역사와 현실》 65집, 2007.
임용한, 〈조선초기 의례상정소의 운영과 기능〉, 《실학사상연구》 24집, 2002.
조남욱, 〈세종의 정치이념과 대학연의〉, 《유교사상연구》 23집, 2005.
5) 2000년대에서 지금까지 수행되고 있는 한국학중앙연구원 세종연구소의 업적들이 대표적이다.

할을 수행하였기에 그들에 비해 조선이라는 나라에 기여한 바가 더 크다고 생각된다.

이 글은 황희가 세종조까지 수행했던 역할을 검토하기 위해서 그 전사(前史)이자 배경이 될 수 있을 태종대의 활동을 검토한 것이다. 이 글에서는 황희가 태종대에 행했던 정치 활동을 출사 초기(~태종 5년 12월), 지신사 재직 시기(태종 5년 12월~태종 9년 8월), 판사 재직 시기(태종 9년 8월~), 퇴출 시기(태종 16년 6월~태종 18년 5월)의 네 시기로 나누어 검토하였다. 그가 태종대 조정에서 수행하였던 역할이 핵심 공신들이나 여타 조정 관료들에 비해 결코 적지 않았으며, 오히려 당시부터 정국을 주도하다시피했던 경험이 있었다는 것을 살펴볼 것이다. 또한 비공신(非功臣)으로서 태종에게 등용되고서 어떻게 하륜 등의 핵심 공신들에게 권력 행사에 비판을 받을 정도까지 되었는지를 살펴보고, 그의 정치적 역량과 여러 관직을 거치면서 얻은 경험이 세종 초년에 그가 다시 등용될 수밖에 없는 배경이 되었다는 것을 논하고자 한다.

2. 출사(出仕) 초기(~태종 5년 12월)

황희는 고려 창왕 1년에 과거에 급제하고 하급 관료로서 관직 생활을 시작하였다. 그가 급제한 1389년 당시에 과거를 주관한 좌주(座主)는 이종학(李鍾學, 1361~1392)이었다. 이종학은 당대 유학의 거두인 목은(牧隱) 이색(李穡)의 아들로, 14세에 성균시에 합격하고 2년 뒤에 진사시에 합격하여 관직에 나아갔으며, 1388년 성균시를 주관하였고 1389년에는 지공

[표 1] 태조~정종대 황희의 관력

서기	왕력	나이	직책	비고	기록
1394	태조 3	32	성균관학관 겸 세자우정자		연보
1397	태조 6	35	문하부 우습유	기복에 동의하지 않았다고 파직	태조실록
1398	태조 7	36	문하부 우습유	정사를 사사로이 논했다고 진출	태조실록
			경원교수		태조실록
1399	정종 1	37	문하부 우보궐	직무를 이행치 않았다고 문하부 낭사 전체가 파면	정종실록
			경기도도사	우보궐에 복직했다가 발언문제로 다시 전출	연보

거(知貢擧)가 되어 이전 해에 이어 두 해 연속으로 과거를 관장하였다.6)
당시는 좌주·문생 제도가 강하게 적용되고 있었던 때였다. 황희의 학문
적 스승이 누구인지 기록상으로 분명히 밝혀져 있지는 않지만, 좌주 이
종학을 통해 이색 계열의 학문을 접했다고 볼 수 있다.7)

황희가 조선의 건국을 맞이하여 두문동에 들어가 있었다는 일화는
정사(正史) 사료에는 확실한 근거가 있지 않다.8) 하지만 조선이 건국되고

---

6) 《태조실록》 1권, 〈태조 1년 8월 임신〉

7) 황희와 함께 입격한 동방생 중에 김여지(金汝知, 1370~1425)가 있었다. 김여지는 1392년 계림부판관으로 재직하면서 정도전의 지시를 받고 근처에 유배 온 이종학을 죽이려는 손흥종을 제지시켰다. 《태조실록》에는 그가 이종학의 문생으로서 좌주를 구했다는 것을 확실히 밝히고 있다.(《태조실록》 1권, 〈태조1년 8월 임신〉) 이를 볼 때 좌주문생 관계는 그때까지도 견고하게 유지되고 있었고 황희 또한 여기서 벗어나지 않았다고 판단된다. 《세종실록》에는 그가 정승으로 있으면서 아래 사람으로 안숭선(安崇善)과 친히 지냈다는 기록이 여러 차례 나오는데 안숭선은 또 다른 동방생인 안순(安純)의 아들이다. 황희가 안순과도 여러 차례 업무에 함께 임하는 것이 기록되어 있다.

8) 황희가 두문동에 들어가 있었다는 것은 주로 일화나 야사 기록에서 찾을 수 있는데, 두문동에 관한 기록은 조선 후기에 작성된 것으로 앞으로 많은 검토가 필요하다고 보

서 조정과 동료들의 요청으로 출사한 것은 어느 정도 사실로 여겨진다. 그러나 관직 생활은 순탄치 못하였고, 정종대까지는 본인의 능력을 그다지 인정받지 못했다.

출사 초기인 태조대에는 행정의 운용보다는 원칙을 고수하는 태도로 인해 태조에게 눈 밖에 나서 전직(轉職)과 면직(免職)을 거듭하였다.

1397년 문하부 우습유(右拾遺)로 있을 때에는 선공감으로 있던 정란(鄭蘭)을 기복(起復)시키는 데 동의하지 않았다 하여 파직되었다.9) 얼마 안가 복직되었다가 다음해에는 언관 신분으로 사사로이 정치에 논의하였다고 경원(慶源)의 교수로 전출되었다.

황희가 새로운 나라인 조선에 대해 얼마나 확신을 가지고 있었는지는 당시의 부족한 자료로 인해 자세히 파악하기 힘들다. 동일한 시기에 그가 처했던 행동을 참고로 한다면 운용의 묘보다는 아직 제도의 엄격한 적용을 고수하는 태도를 견지했다고 볼 수 있다. 나라가 막 세워진 때였기에 시급한 업무 처리를 위해서는 상황에 따라 유연하게 대처할 필요도 있었다. 태조는 황희가 기복에 동의하지 않은 것에 "아는 사람에게만 잘 대해 준다"고 하여 직무에 나오지 말라고 하였다. 황희의 입장에서는 약간의 오해가 있을 수 있지만, 국왕의 입장에서는 황희가 동의하지 않아서 자신에게 필요한 신하를 쓰지 못하는 꼴이 되는 것이다.

정종대에는 문하부의 하급관리로 근무하여 《실록》 기록에 몇 차례 등장하는데, 정종 즉위 직후 다시 우습유가 되었다가 언사 문제로 1399년 1월과 2월에 여러 번 파직되었고, 이후 경기도도사로 나갔다가 또 다시

여진다.

9) 《태조실록》 12권, 〈태조 6년 11월 29일〉

폄직되었다.

이렇듯 그의 초기 관직 생활은 주위 상황보다는 원칙을 고수하는 태도로 인해 출사와 면직을 반복하고 있다. 하지만 태종대에 오면 상황은 달라진다. 정종대부터 태종 초년까지 줄곧 지신사를 맡아 정종과 태종에게 절대적인 신임을 받고 있었던 박석명이 여러 차례 황희를 추천했기 때문이다. 이것은 황희의 전체 관직 생활 가운데 가장 큰 전환의 계기라 할 수 있다.

박석명(朴錫命, 1370~1406)의 본관은 순천(順天), 호는 이헌(頤軒)으로, 조부는 평양부원군 천상(天祥), 부친은 밀직부사 가흥(可興)이다. 16세 되던 1385년(우왕 11)에 급제하여 공양왕 때 우부대언과 병조판서를 지냈는데, 조선 건국 후에 귀의군 왕우(王瑀, 공양왕(恭讓王)의 아우)의 사위였던 관계로 7년간 은거하였다가 정종 즉위 후 지신사(知申事)로 등용되었다. 태종이 즉위한 후에도 지신사로서 재직하다가 지의정부사(知議政府事)로 승진하면서 그동안 눈여겨본 황희를 자신의 후임 지신사로 재차 추천하였다. 이후 판육조사(判六曹事)에 올랐는데, 얼마 안 가 병으로 36세의 나이에 죽었다.10)

황희와 박석명의 관계에 대해서는, '추천했다'는 사실 외에 자세하게 설명해 주는 자료는 찾아볼 수 없다. 다만 어느 시기에 상급관료와 하급관료로 만나 관계를 맺었다고 추측할 뿐이다. 박석명이 황희를 추천한 것은 두세 차례에 걸쳐 있는데, 가장 처음에 추천한 것이 정종이 즉위한

---

10) 박석명의 아들 박거소(朴巨疏)는 심온(沈溫)의 사위가 되니, 세종과 동서 사이였다. 그 아들 박중선(朴仲善)은 이시애의 난을 평정하여 적개공신 1등에 녹훈되었고, 남이옥사에 공을 세워 익대공신 3등에 녹훈되었다. 또한, 중종반정 1등공신 박원종(朴元宗)의 부친이니, 박석명은 박원종의 증조부가 된다.

직후이다.11) 박석명이 등용된 것이 정종이 즉위하고부터라는 점을 생각한다면, 황희와 박석명의 첫 만남은 1399년 혹은 1400년경이라고 생각되며, 황희는 당시 문하부 우보궐(이후의 사간원 헌납에 해당)에 재직하고 있었다고 생각된다.

박석명은 정종·태종과 오랫동안 친교가 두터웠다. 어떤 야사 기록에는 젊었을 적에 정종과 한 이불을 덮고 자다가 꿈에 용이 보여 놀라 깨보니 그곳에 옆에서 자던 태종이 있었다고 하였다.12) 그때부터 태종과 깊은 친분을 유지했다고 하는데, 기록으로만 놓고 본다면 태종보다는 먼저 정종과 친분이 있었던 것으로 생각할 수 있다. 야사 기록의 신빙성은 고찰해 볼 필요가 있지만, 적어도 정종·태종 형제와 일찍부터 교분이 두터웠던 것은 분명해 보인다.

박석명은 이전까지 미관말직에서 벗어나지 않던 황희의 능력을 살펴본 뒤 태종에게 추천한 것으로 생각되는데, 특히 오랫동안 기밀을 유지한 자신과 다름없이 온갖 사무를 처리할 수 있는지를 우선적으로 살펴보았을 것이다.

이때 박석명이 지신사로서 오랫동안 기밀을 관장하고 있었는데, 면직되기를 여러 번 청하였다. 태종이 말하기를, "경은 경과 같은 사람을 천거해야만 그제야 대신할 수 있을 것이다." 하였다. 박석명이 황희를 천거하여 갑자기 도평의사경력(都評議事經歷)과 병조의랑(兵曹議郎)으로 천직(遷職)되었다. 그가 아버지 장례를 치를 때, 태종은 승추부(承樞府)가 군

---

11) 《방촌황희선생문집》, 〈방촌선생 연보〉.

12) 《대동기문》

무를 관장하고, 또 국가에 사고가 많다고 하여 무관의 백일기복출사(百日起復出仕) 제도를 권도(權道)로써 따르게 하여 대호군(大護軍)에 제수하고, 승추부경력을 겸하게 하였다. 우사간대부(右司諫大夫)로 승진되었다가 얼마 안 있어 좌부대언(左副代言)에 발탁되고 마침내 박석명을 대신하여 지신사에 임명되었다.[13]

아무리 자신이 가장 신임하고 있던 박석명의 추천이 있다고는 하지만, 태종으로서는 지근거리에서 자신의 심복이 되어 기밀사무를 처리하는 역할을 수행할 지신사로 아무나 섣불리 임명할 수는 없었을 것이다. 태종은 박석명이 추천한 직후부터 황희를 여러 차례 시험해 보았고, 여러 관직에서 경험을 쌓게 한 뒤 1405년(태종 5) 12월 지신사로 임명하였다.

태종 초년 황희의 관력을 살펴보면, 나이에 비해 비교적 관료로서 아직 미관(微官)에 불과했지만, 대부분 요직을 거치고 있음을 알 수 있다. 이것은 박석명의 추천에 의해 태종의 의도가 들어간 관직 임명이라고 보여진다. 하지만 이 시기의 《태종실록》에서 황희에 대한 기록이 소략하고 얼마 없기 때문에 보다 자세한 것은 알기 어렵다. 주지하다시피 태종조 정치사에 있어서 매우 중요한 사건들이 빈발하고 있었기 때문이며, 정치적인 중요성에 비해 아직 하급 관료라는 그의 위치상 일정 역할을 하기는 어려웠기 때문이다.

태종이 즉위하고서 5년까지는 왕자의 난 이후 비정통적으로 즉위한 것의 후폭풍을 겪고 있던 시기였다. 즉위 직후인 1401년(태종 1) 2월, 태

---

13) 《문종실록》 권12, 〈문종 2년 2월 8일 임신〉

[표 2] 태종대 초기(지신사 이전까지) 황희의 관력

서기	왕력	나이	직책	비고	기록
1401	태종 1	39	도평의사사경력	박석명의 추천	연보
1402	태종 2	40	대호군 겸 승추부 경력	부친상이었으나 기복됨	태종실록
1404	태종 4	42	우사간대부	박석명의 재차 추천	태종실록
			좌사간대부		태종실록
1405	태종 5	43	좌부대언	7월	태종실록
			지신사	12월 임명. 박석명의 삼차 추천	태종실록

종은 정종의 신하 수십 명이 즉위의 부당함을 알리는 즉위반대 운동이 일어났다. 이로 인해 26명이나 되는 인물이 외방에 자원 안치되는 처벌을 받았다.[14]

다음달에는 태조가 한양에 유람 갔다가 개경으로 돌아오지 않고 금강산을 거쳐 함흥으로 가 버리는 일이 발생했다.[15] 태조와의 실랑이는 한 달 반 이후 일단락되지만, 태조는 11월에 재차 개경을 떠나 소요산으로 들어가 별궁까지 짓고 생활하게 되었다.

이 와중에 대내외적으로 즉위의 정당성에 크게 작용되는 명나라의 인신과 고명을 받는 일이 중요해졌다. 태조가 일시 개경으로 돌아오고 한 달 있다가 건문제(建文帝)에게 고명은 받았지만, 이듬해 정난의 변이 일어나 건문제에게 받은 고명을 반납하고 영락제(永樂帝)에게 다시 고명을 신청해서 받아야 했다. 또한 고명과 함께 영락제의 등극을 하례하는 일도

---

14) 최승희, 〈태종조의 왕권과 국정운영체제〉, 《조선초기 정치사연구》, 일조각, 2002, 68쪽. /
《태종실록》 권1, 〈태종 1년 2월 신묘〉
15) 《태종실록》 권1, 〈태종 1년 3월 11일〉

조정의 주된 초점 사안이었다. 이때 중국의 분위기가 흉흉하다고 하여 누구도 하등극사(賀登極使)로 가지 않으려는 가운데, 제일공신인 하륜(河崙)이 자청하여 1402년(태종 2) 10월 중순에 길을 떠났다.

이러던 중, 소요산에서 지내던 태조와 연결하여 11월 초순 조사의가 난을 일으켰다는 보고가 들어왔고, 태조도 난의 본거지인 함흥으로 이거하였다. 난은 한 달 만에 진압되었는데, 이 사건은 태종이 즉위한 뒤에 일어난 친태조, 반태종의 반란으로서 태종의 왕권이 불안했었다는 것을 나타내는 것이었다.

이듬해 1403년(태종 3) 봄에는 하륜이 명나라로부터 영락제가 내린 고명과 인신을 가지고 돌아와 즉위 정당성 논란 종식에 힘을 주었고, 1404년(태종 4) 9월에는 한양으로 완전히 천도할 것을 공포하였다. 태종이 이렇게 정사의 주도권을 얻어가려는 즈음, 태종과 사돈 관계이자 정사 1등 공신, 좌명 1등공신인 이거이(李居易)가 지난 태종 1년에 태종과 왕자들을 제거하고 정종을 복위시키려 했다는 사실이 드러나 10월 말에 관계된 관료들이 파직되고, 이거이 부자는 서인(庶人)으로 강등되었다.[16]

태종은 이거이의 일을 오래전부터 알고 있었으나 왕권이 불안한 상태였기 때문에 덮어 두었다가, 조사의의 난이 어느 정도 수습되고, 명나라로부터 책봉도 받은 차에 과거의 일을 들춰 낸 것이었다. 이거이는 태종에게는 측근 중의 측근이라고 할 수 있었는데, 이거이의 모역이 사실인지 아닌지의 여부와는 관계없이, 왕권에 도전하면 측근이라도 내칠 수 있다는 본보기를 당시 공신들에게 보여 주었다.

---

16) 《태종실록》 권8, 〈태종 4년 10월 병술〉

이렇듯, 태종조 초반에는 여러 정치적 사건으로 황희가 기록 자료에 등장하기 어려웠는데, 그가 지신사로 발탁될 시점이 즉위 명분론에서 벗어난 태종이 공신 세력의 견제 작업을 시작한 때여서 여러모로 중요한 의미를 가진다.

3. 지신사(知申事) 재직 시기(태종 5년 12월~ 태종 9년 8월)

황희가 지신사(후의 都承旨)로 활약했던 시기는 세종 재위 말기에 87세로 치사할 때까지 60여 년 가량에 걸친 전체 관직 생활에서 가장 큰 분기점이 된다고 할 수 있다. 지신사 이후 태종 후반 직계제(直啓制)하에서 판서로 활약하였고 세종조에는 영의정으로서 국왕과 그리 떨어지지 않은 위치에서 직무를 수행했다는 것을 생각해 본다면, 이때에 지신사로 임명된 것은 자신의 의도와는 상관없이 국가 운영에 발을 담그기 시작했다는 것을 의미한다.

황희는 태종 5년 12월 5일 지신사에 임명되고, 9년 8월 10일에 면직되었다. 지신사를 수행한 지 4년에 가까운 시간은, 국왕과 지근거리에서 매우 밀착된 관계가 되어 명령을 전달하고 정치적인 사안을 처리하거나 어떤 경우에는 암중으로 정국을 주도하고 있었던 시간이었다.17)

황희가 이 당시 정국 운영에 매우 깊게 관여했다는 사실에 대해 조금 더 자세히 살펴보기 위해,《태종실록》을 참고로 하여 황희가 지신사로

---

17) 이동희는 태종대 승정원을 연구하면서 지신사의 재직 기간이 다른 관직보다 오래였다는 것을 밝혔다. 정승의 평균 재직 기간은 1년 4개월, 판서는 평균 7개월인 데 비해 지신사는 평균 2년 6개월이었고, 각별히 신임했던 박석명과 황희는 각각 6년, 4년 정도 재직했다.(이동희, 〈태종대 승정원의 정치적 역할〉,《역사학보》 132집, 1991.)

[표 3] 황희의 지신사 재직 시에 일어난 대표적인 정치 사건

서기	왕력	날짜	사건	비고
1406	태종 6	8.18	1차 선위 공표	선위에 호의를 보인 민씨 형제 부각.
		9.1	李云界 옥사	親정종 세력 잔존.
1407	태종 7	6.8	다수 백관들의 세자와 황녀 혼인 제안에 호의. 민제와 하륜의 접촉.	조박 등 다수 백관 질책
		7.29	민무구, 민무질의 공신녹권 박탈	세자에 대해 움직임을 보인 것을 논죄
1408	태종 8	8.10	민씨 형제의 불충 · 모역죄 10개조 敎書 반포	
		12.5	목인해의 조대림 誣告.	황희의 정세 판단 칭찬
1409	태종 9	8.11	2차 선위 공표	이숙번 질책
		9.8	윤목 · 정안지 구금.	민씨 형제에 대한 대우가 잘못됐다고 불평.
		10.5	李茂 사형. 민무구 · 민무질 제주로 이배	10년 3월 민무구 · 민무질 사망

*표의 태종 9년 9.8, 10.5사건은 지신사 면직 이후 발생 사건이지만 이전과 연결된 사건

재직하고 있을 때 일어난 대표적인 정치적 사건들을 [표 3]으로 정리해 보았다.

황희가 지신사로 직무하던 시기에 일어났던 사건들은 주로 태종이 공신 세력들의 충성도를 시험해 보다가 일어난 것들이라고 볼 수 있다. 신하들을 시험하고 그 결과에 따라 정치적인 처분을 내려야 했기에 여기에는 기밀 유지가 필수적인 조건이었다. 황희는 태종이 원하는 이러한 의도에 부응하는 인물이었다.

(태종이 황희를, 필자 보충)후하게 대우함이 비할 데가 없어서 기밀사무를 오로지 다하고 있으니, 비록 하루 이틀 동안이라도 임금을 뵙지 않는다면 반드시 불러서 뵙도록 하였다. (태종이) 일찍이 말하기를, "이 일은 나와 경만이 홀로 알고 있으니, 만약 누설된다면 경이 아니면 곧 내가 한 짓이다." 하였다.18)

이 기사는 태종과 황희의 친밀도가 어떠했는지 잘 보여 준다. 당시 황희는 지신사로서 국왕이 원하는 직무를 잘 수행하였고, 서로간의 마음도 잘 맞아 매일같이 서로 정사를 논의하고 있었다. 매일같이 만나고 있었다는 점은, 실록이나 여타 자료에 기록되지 않은 당시의 여러 정치적 사안에 황희가 직·간접적으로 깊숙이 관여하고 있었다는 것을 말해 준다. 이 시기가 이거이 사건에 연속하여 태종이 공신들에게 충성심을 계속 시험해 보는 한편 왕권에 걸림돌이 되는 인물들을 제거하는 것이 본격화되던 때라는 점을 생각한다면 황희의 역할이 적지 않았음을 짐작하게 한다.

여기서 황희가 여흥민씨 일족을 제거하는 데 가장 큰 공헌을 했다고 평가된 기록이 있어서 주목된다. 태종 18년 5월 세자를 양녕에서 충녕으로 교체하기 전에, 양녕대군을 줄곧 지지하던 황희를 내치면서 태종은 다음과 같은 말을 하였다.

(이전 생략) 황희는 오랫동안 지신사가 되어 민무구 등을 주살하는 일을

---

18) 《문종실록》 권12, 〈문종 2년 2월 8일 임신〉: "眷待無比 專摠機務 雖一二日不見 必召賜見 嘗曰 此事予與卿獨知之 若泄非卿則子"

주모하여 민씨 일족과 원한을 맺었는데, 세자에게 아첨하고 교결하여서
스스로 안전할 계책을 삼고자 하였으니, 그 간악함이 심하였다.[19]

　즉 세자의 외가인 여흥 민씨 가문을 물리치는 데 주모하였던 황희가,
세자에게 붙어 자신의 죄를 덜기 위해 애썼다고 논죄된 것이다. 여흥 민
씨 일족은 두말할 것도 없이 태종의 장인인 민제(閔霽, 1339~1408)의 일
족을 가리킨다. 그동안 역사학계를 비롯한 여러 분야 학자들의 중론은
태종이 여흥 민씨 세력을 제거한 것을 그의 정치적인 치적 중의 하나로
손꼽고 있고, 민제·심온과 같은 외척 세력의 제거가 뒤에 있을 세종의
정치에 큰 힘이 되었다고 논하고 있다. 이렇게 큰, 어찌 보면 조선 초기
정치사에서 가장 비중 있게 다루어지는 태종의 외척 척결에, 황희가 주
모자로 인식되고 있었다는 점은 매우 시사하는 점이 크다. 그간의 수많
은 조선 초기 연구들 중에서 이 시기에 관해서 밝혀진 바는 셀 수 없이
많지만, 그중에 황희의 역할에 그다지 주목되지 않은 것은 의외라고 볼
수 있다. 더구나 태종이 했던 위의 말은 실록에 불과 몇 번 나오지 않은
것이 아니다. 태종의 명으로 황희가 정계에서 축출되는 태종 18년 5월
전후로 해서 여러번 반복되었고《문종실록》에 수록된 그의 졸기에도 민
씨 제거에 그가 주모했다고 적혀 있다. 이것은 그가 세종 대 재상으로서
다방면으로 수행했던 역할이 크게 부각되어 상대적으로 이 시기의 활동
에 관해 관심을 덜 받는다는 것에서 기인된다고 생각되는데, 이렇게 생
각한다고 해도 그가 태종대에 수행했던 수많은 역할과 이를 기록한 수많

---

19)《태종실록》권35, 〈태종 18년 5월 12일 신유〉: "喜久爲知申事 主謀誅無咎等 與閔族
　　結怨 欲媚結世子 爲自安計 其奸甚矣"

은 기록들을 볼 때 더더욱 의외로 생각된다.

　황희를 민무구 형제 제거의 주모자로 인정한다는 점은 곧 민씨 형제 제거의 일련 과정에 황희가 관련되어 있었다는 것을 말하는 것이다. 앞선 〈표 3〉에서 볼 수 있는 바와 같이 민씨 형제들은 1406년 8월에 태종이 선위를 공포한 것에 대하여 적극 동조할 때부터 조정에서 탄핵되기 시작하였다. 이것으로 본다면 정확한 자료가 없어서 사실로 확정할 수는 없겠지만, 황희가 태종을 도와 민씨 형제를 제거하기 위한 움직임을 지신사 임명 직후부터 시작했을 것으로 추측할 수 있다. 즉 황희가 지신사가 되기 전까지는 태종 왕권의 정통성 문제의 해결이 가장 급선무였는데, 그 문제가 해결되고서 태종은 이거이 부자를 좌천시켜 공신 세력들에게 본보기를 보여 주었다. 황희가 지신사가 된 시점부터는 공신 세력의 기세를 꺾는 작업이 시작되었는데, 이것에 대해 황희에게 주도적 역할을 맡긴 것이었다. 즉 황희의 역할은 왕권을 강화하려는 태종의 의도에 따라 공신 세력 견제에 주도적 역할을 했던 것으로 보여지고, 그 역할은 태종의 추진력을 어느 정도 조율하는 정도까지 일임된 것으로 여겨진다.

　이 역할은 1408년(태종 8) 12월 목인해의 고변 사건이 일어났을 때 가장 잘 드러났다. 12월 5일 태종은 개국공신 조준(趙浚)의 아들이자 자신의 둘째 사위인 평양군 조대림(趙大臨, 1387~1430)을 반역 혐의로 순금사에 가두라고 명했는데, 이는 기해 관노 출신 목인해(睦仁海)가 반역으로 고변했기 때문이다. 이 사건은 무고로 밝혀졌는데 당시 태종이 공신 세력을 제거하고 있었던 상황에서 포상을 노리기 위해 덩달아 일어난 사건으로 풀이 된다. 이때 태종은 황희에게 이 사건에 대해 말하고서는 궐내의 안정을 지시했는데, 황희가 태종에게 누자 역모자인지 물으니 조대림과 친분이 있었던 조용(趙庸, ?~1424)이라고 하였다. 조용은 정몽주의 문인으로 대사성(大司成)을 지낸 인물이었다. 황희는 곧바로 "조용의 사람됨은 아이와 임금을 죽이는 일은 결코 하지 않을 것"이라고 하였다.[20]

여기서 생각해 볼 일은 태종이 이미 사정을 다 알고 있으면서 목인해 사건의 정리를 위해 황희와 대화하여 확신을 한 번 더 다졌다는 점이며, 황희는 태종에게 "조용은 모주가 될 수 없다"라는 반론을 제시할 정도로 발언권이 있었다는 점이다.

황희는 지신사로 재직하고 있을 때 인사에도 관여하고 있었는데, 다음 기사는 지신사로서 그가 어떠한 위치에 있었는지 잘 설명해 주고 있다.

> 지신사 황희가 지리조(知吏曹)로서 중간에서 용사(用事)한 지가 오래되어, 두 정승이 천거했더라도 쓰지 않은 사람이 많았고, 자기와 친하고 믿는 사람을 임금께 여러 번 칭찬하여 벼슬에 임명하게 하니, 재상이 매우 꺼렸다. 그러나 어찌할 수 없어서 매양 가려 뽑을(銓選) 때가 되면 사양하고 회피하여 물러갔다. 이에 좌우 정승이 모두 겸직(兼領)하는 것을 사면하니, 황희의 공정치 못한 일을 낱낱이 거론하여 익명서(匿名書)를 만들어서 두세 번 게시한 일이 있었다. 황희가 조금 뉘우치고 깨달아, 이에 아뢰어 예전 제도를 회복하게 하였으나, 역시 재상의 의논을 쓰지 않고 붕당을 만들어 서로 친하게 지내니, 사람들이 모두 지목하였다.[21]

---

20) 《태종실록》 15권, 〈태종 8년 12월 5일〉

21) 《태종실록》 15권, 〈태종 8년 2월 4일 계미〉: "復以左政丞成石璘兼判吏曹事, 右政丞李茂兼判兵曹事, 李文和戶曹判書, 鄭矩禮曹判書, 金漢老判恭安府事. 舊制, 左右政丞, 兼判吏兵曹, 掌銓選. 知申事黃喜以知吏曹, 居中用事久, 雖兩相所擧, 多不用, 輒以己所親信者, 延譽於上而注官, 宰相頗忌之. 然無如之何, 每當銓選之時, 讓避而退. 於是,

이 기사는 황희가 이조(吏曹)를 겸해서 인사에 참여하고 있었던 것을 보여 준다. 지신사는 육대언(六代言, 후의 승지(承旨)) 중에서도 이조(吏曹) 의 업무를 맡아보았다. 이때 함께 참여한 이는 좌정승 겸 판이조사 성석 린(成石璘), 우정승 겸 판병조사 이무(李茂)였다. 성석린과 이무는 하륜에 못지않은 태종의 핵심 공신들이었다. 이들이 인사회의가 있을 때마다 황 희의 기세를 견디지 못하고 사양하고 회피하여 물러갔다는 것은 이들이 황희의 뒤에 태종이 있었다는 것을 매우 잘 인식하고 있었다는 것을 말 해 준다. 이 때문에 섣불리 황희에게 다른 발언을 하지 못한 채로 물러 갔고 황희는 자신과 친분 있는 인물들을 천거하고 등용시켰다는 것인데, 이것은 황희의 인사권을 통해 태종이 자신의 의도대로 관리를 임명하고 있었다는 것을 반증하는 것이다.[22]

그런데 위 기사에서 주목되는 것은 '용사'라는 말이다. 용사는 어떤 시 기의 집권대신이 정사를 오로지 할 때 쓰는 용어이다. 역사적으로는 중 종 때의 권신이었던 김안로(金安老)에 대해 이긍익의《연려실기술(燃藜室 記述)》에서는 '안로용사(安老用事)'[23]라는 항목으로 서술하였고, 명나라 가정제(嘉靖帝) 때 내각대학사 엄숭(嚴嵩)에 대해서 곡응태(谷應泰)는《명

左右相皆辭兼領. 有具喜不公之狀, 爲匿名書, 再三揭示, 喜稍悔悟, 至是啓聞, 使復舊 制, 然亦不用宰相之議, 朋黨相比, 人皆目之."

22) 이동희는 이에 대해 공신 세력의 약화를 꾀하는 태종의 의도가 있었다고 논하였다. 황희는 태종이 왕권강화에 주력했던 시점에 지신사로 발탁돼서 재상 세력 억제와 왕 권강화에 지대한 공헌을 하였다고 하였다. 태종 5년 승추부가 해체되어 승정원이 독 립되어 6대언의 6조 분장체계가 확립된 것은 국왕의 정국운영 구도와 밀접하게 연관 된다고 주장하였다.(이동희, 〈태종대 승정원의 정치적 역할〉) 필자의 생각으로 황희가 이 시점에 지신사로 임명된 것은 그 의미가 적지 않다고 생각된다.

23) 이긍익,《연려실기술》,〈중종조고사본말〉,〈안로용사〉.

사기사본말(明史紀事本末)》에서 '엄숭용사' 항목으로 서술하고 있다.24) 김안로나 엄숭은 나라가 다르지만, 당대의 정사를 오로지 한권신중의 권신인데 황희가 용사한다고 기록한 실록의 사평(史評)은 당시 위세가 어느 정도였는지를 생생하게 표현했다고 할 수 있다.25)

이 때문에 위의 자료에서 "사람들이 모두 지목하였다."고 할 정도로 공신들을 중심으로 한 조정의 다른 관료들은 황희에 대해 비판적인 시각을 가지고 있었다.《문종실록》에 있는 황희의 졸기 중에도 지신사 시절을 논하면서 "훈구대신들이 좋아하지 않아 더러 황희의 간사함을 말하는 사람도 있었다."26)라고 기록 될 정도였다. 즉 지신사 재임 시절의 황희는 당시 관직을 역임하고 있거나 역임했던 인물들의 성향을 낱낱이 파악하고 있었고, 지신사로서 왕의 명령을 출납하는 일을 비롯하여 조정의 여러 사안에 대해 국왕과 날마다 대면하여 일일이 상의하여 결행하고 있었던 것이다.

4. 판서 재직 시기(태종 9년 8월~태종 16년)

황희는 지신사에서 승진한 이후 주로 육조의 판서로서 활발하게 활동

---

24) 곡응태,《명사기사본말》,〈엄숭용사〉.

25) 황희가 지신사로서 판이조사와 판병조사의 인사권에 개입할 수 있었던 것은 태종의 신임도 있었겠지만 인사권이 정립되어가는 과도기였기 때문이 아닐까라고 생각해 볼 수 있다. 1405년(태종 5)1월 15일에는 문관 인사는 이조, 무관 인사는 병조로 넘어가고 판서를 정2품으로 격상시켰는데 그때까지는 아직 인사권 정립이 원활하지 않았던 것으로 추측된다. 하지만 그렇다고 황희의 위와 같은 존재감은 가볍게 볼 수 없다.

26)《문종실록》권12,〈문종 2년 2월 8일〉

하였다. 그가 지신사에서 판서로 가기 전에 참지의정부사(參知議政府事)로 승진한 시점은 태종의 전체 재위 18년간의 중간 시점인 태종 9년 8월이다.

주지하듯이 태종대 후반은 육조직계제가 운영되고 있던 때였다. 육조직계제는 1414년(태종 14) 4월에 시행되었다고 알려져 있다. 하지만 이것은 명목상의 공표로서, 의정부(議政府)가 마지막까지 쥐고 있었던 육조(六曹)에 대한 감독권을 없앤 것이었다. 그 실제적인 실행은 이보다 훨씬 이전인 1405년경부터 이미 시작하고 있었다.[27] 1405년(태종 5) 1월 육조를 2품으로 격상하는 관제개혁[28] 이후 4월부터 육조의 직계(直啓)가 늘어나기 시작했으며, 1408년(태종 8) 이후 육조의 활동이 증가하다가 1411년(태종 11) 이후에는 비약적으로 더욱 활발해져 실질적으로 정사를 주도하였다.[29]

황희는 육조의 직계가 늘어나기 시작한 1405년에 지신사로 임명되었고, 육조의 활동이 더욱 증가한 시점에 판서직에 임명되었다. 즉 국왕과 긴밀하게 접촉했던 지신사에서 물러났음에도 판서로서 왕에게 직계해야 한다는 규정상 거의 매일 태종과 만나 정사를 논하고 있었고, 판서로 승

27) 최승희,《조선초기 정치사 연구》, 일조각, 2002, 95쪽.

28) 이 개혁에서 사평부를 폐지하고 재정업무를 호조에 귀속시켰고, 승추부를 폐지하여 군사업무를 병조에 귀속시키는 한편, 상서사의 인사선발권한(전형권)을 문관은 이조, 무관은 병조에 귀속시켰다. 또한, 6조를 정2품 아문으로 격상시켰는데, 이전까지는 좌우정승이 이조 병조의 겸판사를 맡았는데 2품으로 격상하여 의정부찬성사와 같은 직급이 되었다. 이는 6조 행정관료들이 국정에 적극적으로 참여하는 것이 가능해졌다는 것을 의미한다. 승정원에도 6대언을 두어 각기 6조의 일을 맡아 국왕의 뜻을 직접 전달하였다(《태종실록》 태종 5년 1월 15일). 또한, 두 달 뒤에는 100여 개나 되는 관아를 6조에 각각 분속시키는 개편이 뒤따랐다(《태종실록》 태종 5년 3월 1일).

29) 최승희,《조선초기 정치사 연구》, 일조각, 2002, 95쪽.

진했음에도 국왕 태종과 접촉했던 상황은 변함이 없었으며, 태종의 각별한 신임도 여전했던 것이다. 1415년 6월, 인사직무를 잘못해서 이조판서에서 파면된 이후에도 각 도감의 제조(提調)로 임명되어 활동하고 있다는 점은 태종의 총애와 믿음이 계속되고 있다는 것을 말해 준다.

황희가 판서직임을 수행한 시기를 굳이 둘로 나누면 태종 9년에서 16년 중반과, 16년 중반에서 태종이 세종에게 선위할 때까지로 나눌 수 있다. 앞 시기는 태종의 신임이 계속되던 하에 황희가 판서로서 자신의 능력을 활발하게 펼치던 때였고, 뒷 시기는 세자교체와 맞물려 양녕대군을 옹호하던 황희를 내치는 과정에 있던 때였다.

[표 4]에서 나타난 황희의 판서직 임명 상황은 다른 관료에서는 찾아볼 수 없는 것이다. 이조판서는 1개월, 9개월 두 번 재임하여 총 10개월 재직하였고, 호조판서는 3개월 반, 예조판서는 10개월, 11개월로 총 1년 9개월, 병조판서는 2개월, 1개월로 총 3개월, 공조판서도 3개월 직임하였다. 이 시기의 경력에서는 아무래도 오래 직임한 이조·예조·병조 업무에 어느 정도 전문성을 체득하게 되는 계기가 됐을 것이라 생각된다. 후일 세종 대 정승 반열에 올랐을 때에 이조와 예조, 병조에서 활약했던 경험이 큰 자산이 되었다는 것을 생각한다면 의미는 적지 않다. 호조·형조·공조에서는 우연치 않게도 재직 기간이 각각 3개월로 동일하여 짧은 데 비하여 이조·예조·병조는 근 1~2년간 직임하였다. 특히 예조에 재직할 때는 중간에 병이 걸려 4개월의 공백에 있었는데도 다시 임명되어 근 1년간이나 더 직임하였다. 이것은 그가 이후에 자주 관여한 논의가 이조·예조·병조에 속한 분야가 대부분이라는 점을 생각한다면 결코 우연한 것이 아니었다.

[표 4] 태종 9년~18년 황희의 관력

서기	왕력	나이	임명일	직책	재직 기간	비고
1409	태종 9	47	8.10	參知議政府事	약 4개월	
			12.6	刑曹判書	약 2개월	
1410	태종 10	48	2.13	知議政府事	약 6개월	
			7.6	大司憲	약 1년	
1411	태종 11	49	7.20	兵曹判書	약 1년 9개월	
1413	태종 13	51	4.7	禮曹判書	약 10개월	이듬해 2월 13일 병으로 사직
1414	태종 14	52	6.12	禮曹判書	약 11개월	
1415	태종 15	53	5.17	吏曹判書	약 1개월	6월 19일 인사 잘못으로 호판 심온과 함께 파면
			7.17	행랑도감제조		大風 불어 숭례문 행랑 기둥과 흥복사 남쪽 행랑 기둥 수십 개, 내사복 문 세 짝 붕괴
			8.29	노비쇄권색제조		도제조 유정현, 제조 황희
			11.7	議政府 參贊	약 1개월 반	
			12.28	戶曹判書	약 3개월 반	
1416	태종 16	54	3.16	吏曹判書	약 9개월	6월 말부터 태종과 관계에서 이상 기류
			11.12	工曹判書	약 3개월	
1417	태종 17	55	2.22	平安道都巡問使 兼 平壤尹	약 10개월	
			12.3	刑曹判書	약 1개월	
1418	태종 18	56	1.11	判漢城府事	약 5개월	5월 11일 交河로 내쳐짐

[표 5]에서도 볼 수 있듯이 그가 관련된 제도 논의는 과거, 법전, 왕실 족보, 학교, 노비, 군사, 토지제도, 음악 등 다방면에 걸쳐 있다. 이들 논의

의 의미에 대해 상세하게 논하기엔 지면 사정상 불가능하지만, 이 논의들이 직계제도로 인해 국왕 태종과 상시로 만나 논의된 것이라고 생각된다면 그 의미는 적지 않다고 생각된다.

왕실족보 제작으로 왕실의 권위를 확립한다든가, 과거시험 절차를 제정한다든가, 노비를 관리하는 방식을 정한다든가, 관리의 인사방법을 정한다는 등의 업무는 국가운영 근간이 되는 부분의 일부에 속한다. 황희가 지신사에서 승진된 시점이 공신세력 퇴출과 견제가 어느 정도 일단락되었다는 점을 생각해 본다면, 이후에는 태종이 공신세력의 간섭 없이 자신의 의도대로 국정을 운영해 가려는 의도가 있었다고 생각해 볼 수 있다. 거기에 자신과 함께 공신세력과 맞서 온 황희를 국정운영의 동반자로 삼은 것이라 짐작된다.

[표 6]은 이러한 확신을 더해 준다. 본 논문 말미에 덧붙인 [표 6]은 《태종실록》을 통해 태종대 판서의 임면 과정을 작성해 본 것이다. 표에서 볼 때, 황희의 판서직 재직 상황은 다른 어떤 관료보다 두드러진 것이었다. 표에서는 황희 외에 당시 조정의 핵심 인물로 함부림(咸傅霖), 유정현(柳廷顯), 박은(朴訔), 이숙번(李叔蕃) 심온(沈溫), 김여지(金汝知) 등이 보이는데, 함부림은 개국공신으로 태종 10년에 사망하였고, 이숙번은 1409년 2차 선위사건 이후로 태종에게 신임을 잃었으며, 김여지는 황희의 후임 지신사로서 뒤늦게 판서직에 올라 정치력을 발휘하지 못하고 있었다. 판서직을 수행하며 이후까지 정치력을 발휘하던 인물은 박은과 심온, 유정현 정도를 들 수 있다. 박은은 태종을 도와 공신으로 책봉된 인물로 하륜이 퇴장한 후 조정의 실세로 부각되었으며, 심온은 개국공신 심덕부의 아들로 1414년 이후에 판서직에 올라 황희와 함께 노성한 공신세력을 견제

[표 5] 황희가 관여한 제도 논의

서기	왕력	날짜	직임	제정 법령	비고
1411	태종 11	5.8	大司憲	文科의 初場 講經法 제정	
1412	태종 12	4.14	兵曹判書	《經濟六典》更定	
		10.26		《瓊源錄》·《宗親錄》·《類附錄》제작	하륜과 의논한 후, 이숙번·李膺·황희에게 밀명
1413	태종 13	4.24	禮曹判書	軍士의 수양부모 喪制 제정	
		9.3		成均館 改修 增築, 食堂 신축 건의 실행	
1414	태종 14	6.27		노비의 從父法이 옳다고 동의	
		10.17		출근하지 않는 관리를 파면시키는 규정 마련	
		10.25		新修籍田儀 제정.	宗廟親享法 논의
		11.2		禮曹에서 闕門까지 箋文을 받들고 갈때 음악을 연주케 하는 법 제정	
1415	태종 15	1.6	吏曹判書	노비변정도감 판결 중 誤決을 재논의	
		4.13		鄕吏의 笠制를 제정하고, 의관을 논의	
		6.2		告身을 세번 齊坐해서 啓聞하는 법 제정	
1416	태종 16	6.21		冗官을 도태시키는 법 논의	
		7.8		功臣의 자제를 서용하는 법 제정	
		7.30		돈녕부 관원은 15세 이상을 임명하는 법 제정	
1417	태종 17	8.12	平壤尹	元尹의 爵秩을 자문 받음	조정에서 의논이 결정되지 않자 예조정랑 이종규를 평안도로 파견

하는 데 활약하고 있었다. 유정현은 이 중 유일한 비공신으로서 이후 영의정까지 오르지만, 우유부단한 처신으로 비판을 여러 번 당하기도 했다.

이들을 모두 포함하여 공신·비공신 통틀어서 태종대에 6조의 판서를 모두 거친 이는 황희 외에는 존재하지 않는다. 그리고 지신사를 거쳐 6조의 판서를 모두 거친 이도 황희 외에는 없다. 이 점은 황희가 지신사를 거치면서 국왕의 기밀사무를 관장한 경험을 토대로 왕권이 어떻게 발현되는가를 체득한 위에 육조의 판서직을 두루 거치면서 국가 정치의 운영이 어떻게 시행되는가를 경험한 거의 유일한 관료라는 것을 알 수 있게 해준다.

물론 판서직을 두루 거치거나 지신사 후에 판서직을 모두 거쳤다는 점은 필수적인 요소가 아니다. 박은처럼 판서직을 얼마 수행하지 않고도 태종 말~세종 초 정승으로 올라 정국의 실세로 부상한 경우도 있었고, 유정현처럼 주로 지방관으로 나가 있다가 영의정이 된 경우도 있었으며, 심온처럼 이조와 호조의 판서직에 주로 재직하면서 활약하던 경우도 있었다. 하지만 육조의 판서를 모두 거쳤다는 것은 국가의 근간이 되는 모든 행정을 한번쯤이라도 경험했다는 것이며, 이것이 후일 "큰일과 큰 의논을 결정할 때 의심나는 것을 고찰함이 실로 시구(蓍龜)와 같았다."**30)**고 일컬어지는 배경이 되었다고 볼 수 있다.

황희가 태종조 후반에 판서직에 계속 직임했다는 사실 자체가 국왕 태종이 자신이 각별히 신임했던 황희를 실제 직무를 집행하는 판서로 임용함으로써 자신이 생각한 의도대로 국정을 운영하고자 했다는 것을 반

---

30) 《문종실록》 12권, 〈문종 2년 2월 12일 병자〉

증한다.

5. 퇴출 시기(태종 16년 ~ 태종 18년 5월)

태종대의 신료들 중 몇 손가락에 꼽을 수 있는 사람은 당연하게도 하
륜(河崙), 이숙번(李叔蕃), 최영무(趙英茂) 등의 정사공신과 좌명공신 중
몇 인물들을 들 수 있다. 이들은 태종의 일등공신들로서, 이들이 태종대
에 일어났던 여러 정치적 사건에서 중요한 역할을 하면서 정국을 주도해
나간 것은 분명한 사실이다.

하지만 황희의 존재감도 이들에 못지않았다. 황희는 기본적으로 개국
삼공신(개국공신·정사공신·좌명공신) 출신이 아니었다. 유력가문 출신도
아니었고, 뚜렷한 교유 관계나 학맥이 존재하지 않았다. 그렇지만 태종 5
년 겨울 지신사로 제수된 이후로 태종의 재위가 끝날 때까지 태종의 곁
을 떠나지 않은 얼마 되지 않는 신하였다. 앞서 살펴본 바대로 '하루 이
틀이라도 안 보면 안 될 사이'였던 것이다. 지신사 재임 시에도 판서 수행
시에도 태종과 공식적으로 정기적 만남을 가지고 있었고, 비공식적으로
도 밀접하게 접촉하고 있었다. 즉, 황희는 태종대 후반까지 태종의 '근신
(近臣) 중의 근신(近臣)'으로 있었던 것이다.

이렇던 관계가 태종대 후반에 이르자 세자에게 의구심을 가지고 있었
던 태종의 태도로 점차 금이 가게 되었다. 황희는 평소 세자를 옹호하고
있던 입장을 가지고 있었다. 태종대 후반에는 세자의 실덕(失德)이 조정
의 주요한 논쟁 주제로 떠오르고 있어서,31) 세자를 의심하는 태종과 옹
호하려는 황희 사이에 갈등이 있게 될 것은 불 보듯 뻔한 것이었다.

1416년(태종 16) 6월 황희가 이조판서로 재임하던 때 마침 치사(致仕)하려는 하륜이 밀지로 태종에게 마지막이라고 건넨 조언은 태종에게 계속 세자를 옹호하던 황희에 대한 의구심을 촉발시켰다.

황희와 심온과 황희는 매우 간악한 소인이니 정부와 육조에 있으면 안되고 이조에서 전선(銓選)을 맡는 것은 더욱 불가합니다. 황희와 심온은 소인들입니다. 이 앞서 황희와 심온이 서로 합심하여 이중무의 노비사건을 오결(誤決)하였습니다. 황희는 또한 홍유룡 첩의 노비를 다투어 얻었으니, 어찌 사람의 마음을 가지고서 남의 자식과 그 부모의 노비를 다투는 법이 있습니까? 이것은 다만 한 가지 일일 뿐이요, 간악하고 불초한 일이 아직도 많이 있습니다. 신이 그 사실을 알지 못하면서 어찌 망령되게 아뢰겠습니까? 황희는 옛 공로가 있고, 심온은 종실과 관련된 사람이니 폐기하면 불가하지만 추기에 쓴다면 진실로 불가합니다.[32]

태종의 공신 중 제일이라고 할 수 있는 하륜이 황희의 간사함에 대해 태종에게 경고하며, 황희와 심온은 소인으로 이 같은 이들이 인사를 좌우하는 직책을 맡으면 안 된다고 한 것이다. 태종은 이에 대해, "황희는 일찍부터 나의 한 가족이라 생각하고 있고, 심온은 충녕의 장인이다"라며 일축하였다.[33] 이것은 황희의 당시 위치가 하륜조차 어찌할 수 없는

---

31) 태자의 실덕(失德)은 왕권이 약한 태종이 자신의 입장을 굳히기 위해 일부러 들추어 냈다고 파악하는 관점도 있다.(최승희, 앞의 책)

32)《태종실록》31권, 〈태종 16년 6월 22일〉

33)《태종실록》31권, 〈태종 16년 6월 22일〉

정도까지였다는 것을 말해 준다.

하지만 태종은 황희에 대한 의심을 거두지 않았는데 이것은 황희가 직함은 아직 정승의 반열에 오르지 않았지만 권력에 있어서 최정점에 다름이 없었기 때문에, 이때에는 국왕이 가지는 당연한 점검 차원이었던 것으로 생각된다. 태종은 하륜의 밀지가 있은 지 나흘 뒤에 직접 점을 보고 얻은 괘가 있다며, "근신(近臣)이 독을 행하여 청탁을 통해 벼슬을 삼으면 벼락(霹靂)이 있다"는 점괘 문구를 이조판서 황희와 병조판서 이원(李原)에게 보여 주면서, "하관(下官)이라도 이같이 제수한 사람은 없을 것이라"고 떠보았다.[34] 즉 근신이 청탁을 통해 벼슬을 준다면 벼락이 떨어질 것이라고 단속한 것으로, 자신이 사사로운 이익을 위해 인사권을 남용하여 무리 짓지 않는지 떠본 것이다.

다음달인 7월 28일에는 황희의 단자를 빌미로 김경이란 사람이 노비에 관해 거짓으로 호소하는 사건이 발생했다. 이는 황희의 이름이 노비 소송에까지 도용될 정도의 총애하는 신하로서의 위치를 보여 주는 것이라 할 수 있다.

이러던 와중에 결정적인 사건이 발생했다. 두 달 뒤인 9월 25일에 태종은 구종수를 유배 보내고, 이오방을 관노로 삼았는데, 이유인즉슨 이들이 세자에게 매를 구해 주었기 때문이다. 황희는 세자를 힘써 변호하였고, 구종수의 죄를 가볍게 논하였다.[35] 이 일은 태종이 황희에게 매우

---

34) 《태종실록》 31권, 〈태종 16년 6월 26일 병자〉: "丙戌. 世子出內朝啓廳, 參啓事. 上見開元占, 有近臣行毒, 以請謁爲官, 則有霹靂之語. 乃授其書于世子, 以示吏曹判書黃喜 兵曹判書李原, 且使傳旨曰 方今雖司直'副司直, 如此除授者無之.'

35) 《태종실록》 31권, 〈태종 16년 9월 25일〉

실망하는 계기가 되었다.

황희가 양녕대군을 언제부터 지지했는가는 자세히 알 수 없다. 하지만 다음의 사료는 황희와 양녕대군이 일찍부터 밀접한 관계를 맺고 있었음을 보여 준다. 민무구와 민무질을 조정에서 내친 후인 1409년 5월 19일 태종은 세자(양녕)와 효령군 충령군 성녕군을 불렀는데, 당시 지신사 황희도 동석하였다.

> 세자 시(褆), 효령군 보(補), 충녕군 도(祹), 작은아들 중(褈, 성녕군)을 불러 형제간 화목의 도리를 깨우치도록 말하고 끝내 눈물을 흘렸다. 민씨가 일찍이 다른 아들들을 모두 죽일 뜻을 가졌던 것에 마음이 상했었던 것이다. 황희에게 이르길 "너는 옛 신하로서 나의 뜻을 짐작해 알 것이다." 하니 세자 이하가 모두 눈물을 흘렸다. 황희가 물러가니 임금이 세자에게 대전의 문까지 전송하도록 하였다. 황희가 세자에게 이르기를 "오늘 부왕께서 일깨워 주신 뜻을 잊지 않으면 실로 조선 만세의 복이 될 것입니다." 하였다.[36]

위 기록은 부자 사이에 대화하고 있는데 황희가 참여한 상황이다. 그리고 황희가 물러가는데 태종이 세자에게 특별히 황희를 전송하도록 명하였고, 여기에 황희는 세자에게 한마디 조언을 하는 모습이다. 이것은 앞에서도 말했듯이 마치 한 가족과 다름없는 관계로 볼 수 있다. 더구나 세자 전송했을 때 황희가 한마디 건넨 모습은 태종이 황희에게 세자의

---

36) 《태종실록》 17권, 〈태종 9년 5월 19일〉

훈육을 맡긴 것이나 다름없는 것이었다. 보통의 신하라면 이러한 일은 전혀 일어날 수 없는 일이다.

황희가 끝까지 세자(양녕)에 대한 미련을 버리지 못한 것이 이와 같은 인연에서 비롯된 것인지는 더 고찰할 필요가 있으나, 적어도 황희가 태종과 그 아들들 사이에 오래전부터 깊은 인연이 있었다는 것은 확실하다 하겠다. 이것은 태종과 황희의 관계에 대해 단순히 국왕과 신하 관계가 아닌, 더 친밀한 관계로 파악할 수 있는 근거가 된다.

구종수의 일이 일어나고 두 달이 안 되어 태종은 황희를 갑자기 공조판서로 전임시켰다가 이듬해 2월 평안도도순문사 겸 평양윤으로 내보냈다. 이해 여름 황충이 크게 일어 농작물을 해치자 태종은 황희에게 "황충을 잡는 데 뜻이 없다면 대신의 체모가 아니다."라는 말을 전하였다.[37] 이 말은 인지에 있으면서 해충이나 잡으라는 말로, 자리만 차지하는 구신(具臣)과 다름없이 취급한 것이다. 전해의 6월 말 하륜의 밀지에 대한 대응에 비해 상당히 대조적인 반응이다. 그동안 태종의 황희에 대한 신임이 매우 낮아졌음을 보여 주는 것이다. 하지만 각조의 판서를 역임했던 경륜은 어쩔 수 없는지, 조정에서 원윤(元尹)의 벼슬을 논의하다가 의견이 정해지지 않자 예조정랑 이종규를 평안도까지 파견해서 황희의 의견을 묻기도 하였다.

이해 겨울 12월에 형조판서로 임명하여 불러들일 수밖에 없었던 것은 평안도관찰사의 임기가 차서 조정의 내직으로 임명해야 했기 때문이다. 그러나 이듬해 1418년(태종 18) 정월 11일 판한성부사(判漢城府事)로 이

---

37) 《태종실록》, 〈태종 17년 6월 29일〉

직시켰다.

이 일련의 과정에 대해서는 5월에 황희를 내치면서 그의 죄과를 논한 태종의 말에 집약되어 있다. 다소 장황하지만 인용해 보면 다음과 같다.

상이 조말생 등을 인견하여 친히 전교하고서, 황희에게 전지(傳旨)하였다. "인군(人君)이 된 자는 신하와 더불어 변명하는 말을 하지 않는다. 그러나 경(卿)이 기억하지 못한다(새매에 관한 일이라고 가볍게 논한 것 - 필자)고 대답하니, 내가 이원(李原)으로 증인을 삼겠다. 경은 어찌하여 숨기는가? 잘못은 경에게 있다. 마땅히 유사(攸司)에 내려서 국문해야 하나, 나는 인정을 끊어 버릴 수가 없으므로 불러서 묻는 것이다. 당초에 경의 말을 들은 뒤에 대전에 앉아서 정사를 볼 때 경이 서쪽에 있었는데, 내가 경에게 눈길을 주고 말하기를, '지금의 인심은 대저 옛 것을 버리고 새로운 것을 따르는데, 만약 옛 것을 버리고 새 것을 따른다면 노인은 생활하기 어려울 것이다. 자손을 위한 계책을 누가 하지 않겠는가? 하지만 늙은 자를 버리고 돌아보지 않는다면 또한 어찌 옳겠는가?' 하였다. 경은 그때 반쯤 몸을 굽혀 얼굴을 숙이고 밖을 보면서 이 말을 들었다. 내가 그날의 말을 너를 위하여 얘기하는 것이다. 옛날 어떤 대신(하륜 - 필자)이 너를 가리켜 간사하다고 하였다. 네가 이조판서를 거쳐 공조판서가 되었다가, 공조판서를 거쳐 평안도관찰사로 나간 것은 너의 간사함을 미워하였기 때문이었다. 그 임기가 차자 형조판서에 임명하였으나, 육조는 조계(朝啓)의 임무가 있으므로, 내가 너의 얼굴 보기를 싫어하여 판한성부사에 임명한 것을 너는 어찌 알지 못하는가? 너의 죄를 마땅히 법대로 처치하여야 하나, 내가 오히려 차마 시행하지 못하여 논죄하지

않는 것이다. 너는 시골로 물러가 살되, 임의대로 거주하여 종신토록 어

미를 봉양하도록 하라." 황희가 곧 교하(交河)로 돌아갔다.[38]

위 기록은 태종이 황희에게 상심한 이유를 담고 있다. 태종은 재위기

간 동안 다른 공신들을 내칠 때, 인용문의 첫 부분에 "인군이 된 자는

신하와 더불어 변명하지 않는다."는 말대로 이처럼 구구절절하게 이유를

대는 경우가 거의 없었다. 내쳐진 다른 공신들은 물론 태종이나 지신사

시절의 황희가 운을 띄우거나 조장했을지라도 대간이나 다른 신료들에

의해서 내쳐지는 이유가 드러나거나 지목되었다. 하지만 황희를 내치는

과정은 다른 신료들은 거들뿐 직접적인 이유는 국왕 태종에 의해 자세

히 거론되고 있었다.

태종은 자신이 황희를 훈계할 때 황희가 자신의 말을 건성으로 듣는

태도에서 더욱 노했는데, 그럼에도 불구하고 자신이 그에게 행했던 일들

을 이렇듯 구구절절하게 이야기하는 것은 황희에 대해 태종이 어떻게 생

각하고 있었는지를 여실히 보여 준다 하겠다.

태종은 황희에게 위와 같이 교하로 내려가라 하고는 다음날 직첩을

회수하였는데, 이때 태종이 했던 말은 그가 황희에 대해 가지고 있었던

---

38)《태종실록》권35, 〈태종 18년 5월 11일 경신〉: "上引見趙末生等親敎, 仍傳旨於喜曰 爲
人君者, 不與臣辨言, 而卿以不記對之, 予以李原爲證, 卿何以隱諱 曲在卿矣. 宜下攸
司鞫問, 予則不能絶人情, 召而問之耳. 當初聽卿言之後, 坐殿視事, 卿在西, 予目卿而
言曰 今人心, 大抵棄舊從新, 若棄舊從新, 則老人生活爲艱. 子孫之計, 孰不爲之 然老
者棄而不顧, 亦豈可乎 卿其時半俯側面, 向外而聞之. 予之其日之言, 爲汝發也. 昔有
大臣指汝爲奸, 汝由吏曹爲工曹, 由工曹出于平安道, 惡汝之奸也. 及其箇滿, 除拜刑曹.
六曹有朝啓之任, 予惡見汝面, 尋除判漢城, 汝豈不知? 以汝之罪, 宜置於法, 予尙不忍
而不論, 汝可退處田里, 隨意而居, 終身養母. 喜乃歸交河"

복잡한 심경을 다음과 같이 그대로 드러내고 있다.

> 임금이 또 전교(傳敎)하였다. … (앞부분 생략) … 내가 황희에게 대해서
> 는 사람이 다른 사람의 자식을 양육하는 것같이 하였고, 또 부모가 자
> 식을 길러 장성케 하는 것같이 하였다. 대언(代言)에 오래도록 직임시켰
> 다가 전직(轉職)시켜 성재(省宰)에 이르게 한 것은 공신으로 비할 바가
> 아니었다. 그리하여 일찍이 말하기를, '내가 죽는 날에 황희가 따라 죽기
> 를 원할 것이다.'라고 하였다. 길재는 전조(前朝: 고려, 필자)에 주서(注書)
> 의 직임을 받았으나, 충신은 두 임금을 섬기지 않는다고 하여 우리 조정
> (조선, 필자)을 섬기지 않았다. 나는 황희가 이처럼 하리라고는 생각지 않
> 았다. … (뒷부분 생략)"**39)**

이 말은 태종이 황희에 대해 느낀 일종의 배신감이 얼마나 컸는지를
절절하게 보여 준다고 할 수 있다. 길재(吉再)는 젊었을 때 태종과 한 마
을에 살면서 매우 절친한 사이였다. 두 사람은 고려 말에 급제하고서 벼
슬살이 하면서 매우 교분이 깊었는데, 조선 건국 후에 태종이 길재에게
여러 번 출사를 권했으나 끝내 설득하지 못하였다. 여기서 태종이 절친했
던 길재에게 가졌던 배신감, 혹은 실망감이 황희가 양녕대군을 끝까지
지지한 데에서도 똑같이 느껴졌다는 것을 말한다.

태종은 황희에 대해 '다른 사람의 자식을 양육하거나 부모가 자식을

---

39) 《태종실록》 권35, 〈태종 18년 5월 12일 신유〉: "上又傳敎曰…予於喜也, 如人之養育
他人之子, 又如父母撫育長養, 久任代言, 轉至省宰, 以功臣爲比, 而嘗謂 予薨之日, 喜
願從死矣. 吉再於前朝受注書之任, 猶以爲 忠臣不事二君 不事我朝, 予不意喜之於我,
乃如是也."

무육하는 것'과 같았다는 것에서 태종이 황희에 대해 정리(情理)가 매우 깊었다는 것을 알 수 있다. 이 말은 1367년생인 태종보다 네 살 많은 1363년생인 황희지만, 태종이 황희에 대해 자식을 기르는 것처럼 생각했다는 것인데, 그가 박석명의 추천을 받고 황희를 관찰하여 말단 관직 때부터 관직이 오를 때까지의 과정을 눈여겨봐 오고 키워 주었다는 것을 자임(自任)한다는 뜻이다. 즉 황희는 태종에 의해 길러진 신하로서 태종의 지원 아래 관직 생활을 수행하였고, 태종은 황희를 통하여 세자를 맡기고 공신 세력을 견제하여 자신의 뜻대로 조정을 운영하였다고 보아도 무방할 것이다.

황희의 처벌이 조정의 중요 사안으로 떠올라 여러 날 동안 대간의 상소가 계속 올라오자 태종은 "황희가 거짓으로 대답하여 정직하지는 않았으나 승선(承宣)을 맡고는 나라를 속인 적은 없다."고 변호해 주었다.[40] 그래도 대간과 형조의 탄핵이 계속 빗발치자 태종도 더 이상 변호할 수 없었는지 남원으로 내려가도록 했다. 그러면서도 "사람을 보내 압령(押領)하지는 않을 것"이라고 말하여 황희를 죄주면서도 정리를 차마 저버릴 수가 없는 마음을 드러냈다.[41]

이 일련된 기록들을 볼 때, 태종조의 어떤 신하가 태종에게 이렇게 총애를 받았는지를 묻는다면 답변이 어려워질 정도이다. 정도전 제거의 주

---

40) 《태종실록》 35권, 〈태종 18년 5월 21일 경오〉: "刑曹 臺諫請漢老 黃喜之罪 上覽疏曰 姑留之 黃喜之罪 予欲掩之 因漢老之罪而幷論之已極 毋令更請 喜之爲人 事予久矣 其爲承宣, 不欺國 至于近年 爲其子孫欲附世子 對問不直 親近大臣亦言喜之不直 乃 至於此"

41) 《태종실록》 35권, 〈태종 18년 5월 28일 정축〉: "故有是命 仍遣司憲監察吳致善 宣旨 於喜曰 予以爾前日近臣親愛之情 是用放置于近地交河 今臺諫言之不已 故移于南原 然不遣人押去 可率老母自歸 致善 喜之妹子也"

역으로, 태종에게 왕위를 얻게 한 하륜은 태종에게 참모이자 스승격인 인물이다. 하륜은 태종이 정사를 펼칠 때 협력을 구하는 상대로 존재했다. 즉, 태종 자신의 의도대로 정사를 펼치는 데 그의 협력 없이 독단적으로 지시하거나 명을 내리는 위치에 있지는 않았던 것이다. 이숙번은 태종의 행동대장 격으로 심복 중의 심복이라 할 수 있는데, 권력에 대한 욕심이 커서 태종에게 내쫓기는 신세가 되었다.

하지만 황희는 자신이 붕당을 만들지도 않았고, 공신들처럼 권력지향적인 인물도 아니었다. 태종의 철저한 심복으로서 지신사로서 자신의 출납을 맡았으며, 판서가 된 이후에도 자신과 매일같이 만나며 함께 조선의 정사를 함께한 동반자이자 측근 신하 중의 가장 가까운 신하라고 말할 수 있겠다. 태종대 후반에 공신 세력의 주요 인물들이 대부분 제거된 상황하에서 황희의 존재로 인해 국정 공백을 최소화하고 오히려 국정 운영을 탄력 있게 할 수 있었다고 할 수 있다.

6. 결론

황희는 우리나라 역사상 통틀어 가장 널리 알려진 재상으로서, 세종을 훌륭하게 보위한 인물로 각인되어 있다. 하지만 세종 대와는 달리 그가 태종대에 행했던 사실은 널리 알려지지 않았다. 세종 대에 재상직을 탁월하게 해냈던 배경이 되었다는 점을 생각할 때, 그가 태종대에 행했던 활동은 중요하게 다루어질 필요가 있다.

태종대 황희의 정치적 활동을 크게 네 시기로 구분하여 보면 다음과 같다.

첫 번째 시기는 대략 12년 동안인데, 조선에 출사하고서 황희 본인의 능력이 그다지 인정받지 못하다가 태종의 눈에 들어 정치적 역량을 시험 받던 시기였다. 황희는 태조~정종대까지는 하급관직을 수행하며 출사와 면직을 반복하고 있었는데, 태종 초년에 지신사로 있던 박석명의 추천은 그의 관직 생활에 큰 분기점이 되었다. 박석명은 정종~태종조를 거쳐 국가의 기밀사무를 관장하고 있었는데, 그 후계자로서 황희를 태종에게 추천하였다.

두 번째 시기는 4년에 불과하지만 황희의 관력에 상당히 중요한 전환을 이루는 때였다. 태종은 박석명의 추천을 받고 황희를 4년 동안 시험해 본 뒤 지시사로 임명했는데, 황희는 지신사 임명 후 외척세력 제거와 기타 태종이 행한 정사에 매우 중요한 역할을 수행하였다. 지신사로서 태종과 매우 밀착되어 함께 정사를 펼쳐 나갔던 시기로서, 자신의 능력이 적절히 발휘되고 그에 따라 총애가 가중된 시점이었다.

세 번째 시기는 지신사에서 면직되어 육조의 여러 판서직을 수행하던 시기였다. 또한 지신사에서 승진하여 육조의 여러 판서직을 수행하면서 각종 제도나 법령을 제정하는 데 탁월한 업적을 남겼다. 비슷한 시기에 시행된 육조직계제 아래에서 국왕과 매일같이 면대하여 정사를 논하였다.

이 시기에 육조직계제가 시행되었다는 것이 주목된다. 황희는 기존의 인식에 따르면 세종 대 의정부서사제 정국에서 매우 큰 역할을 했다는 정도였는데, 이 시기 육조직계제 상황하에서도 적지 않은 역할을 했다고 생각된다. 황희가 육조직계제와 의정부서사제 양쪽에서 공히 매우 큰 역할을 수행했다는 점은 앞으로도 깊이 연구되어야 할 과제로 생각되는데, 이에 대해서는 후일을 기약한다.

네 번째 시기는 세자 교체와 맞물려 황희가 양녕대군을 지지한 탓으로 조정에서 퇴출되는 시기이다. 양녕대군을 지지하면서 '개나 매와 같은' 취미생활일 뿐이라고 변명하는 것에서 태종은 황희에 대해 크게 실망했지만, 그를 퇴출하면서 구구절절하게 이유를 대는 모습은 태종이 황희를 얼마나 신임하고 있는지를 보여 주었다. 태종의 발언에 따른다면 그는 태종에 의해 철저하게 키워지고 길러진 관료였고, 공신 세력 견제 및 국정 운영에 크게 쓰여 진 심복이었던 것이다.

태종은 1418년 5월 28일 황희를 남원으로 이배(移配)시킨 직후인 6월 3일 충녕대군을 세자로 책봉하고, 두 달이 지난 8월 10일 왕위를 선위하였다. 황희가 조정에 돌아오는 세종 4년까지는 태종과 세종의 양상(兩上) 체제로서 병권을 쥔 태종의 주도하에 정국이 운영되던 시기였다.

태종은 죽음을 앞두고 남원에 있는 황희를 불러들이는데, 그가 태종조에 경험했던 정치 경륜은 세종의 국정 운영에 큰 역할이 기대되었기 때문이다. 당시 정국을 주도하던 관료로 하륜 이후에 박은이 존재했으나 태종과 하루 차이로 사망하였고, 조말생은 세종 초년에 병권을 독점하면서 권신화되고 있었다.

태종은 이의 견제를 위해 정치 경험이 풍부한 황희를 불러들였다. 당시에 지신사와 판서를 모두 역임한 사람은 안등과 김여지 등이 있었지만 황희에 비해 역량이 부족했다.

세종 4년 말 황희가 조정에 돌아오고 강원도에 구제를 위해 나갔다가 재차 조정에 돌아와 정사를 주도한 세종 7~8년부터 조말생 등 태종조부터 존재했던 구신(舊臣)들의 기세가 꺾이고 비로소 세종의 친정(親政)다운 정치가 시작된다는 점에서 황희의 태종과 세종 양대에 걸친 존재감은 대단했다. 이에 대해서는 추후의 논고로 서술할 것이다.

[표 6] 태종 9년~18년 판서임면(判書任免)

서기	태종	월	일	이판	호판	예판	병판	형판	공판
1409	9	8	10						
			25					이문화	
		9	3					유용생	(박자청)
			23			(이귀령)			
		10	10		이응	서유	함부림		
			30	(윤저)					
		12	6					황희	
1410	10	2	13					정진	
		3	7					유정현	
		5	3			(서유)			
			4					함부림	
		6	6			유정현			
			13					함부림-	
		7	6					임정	(박자청)
		12	10			설미수	박은		
1411	11	4	7	이직					
		7	20				황희		
		8	23		박은				
		11	20					이승상	
		12-	19		한상경				
1412	12	7	13					정진	
		8	1					여칭	
			21	유정현					
		12	4		박신			최이	
1413	13	4	7	이천우		황희	이숙번		
		6	5						조연
		8	2	이천우-					
		10	22	한상경			유정현	성발도	최용소
		11	26						
		12	6						윤향

1414	14	1	13				이응		
			28				(이응)		박자청
		2	13			황희-			
			25			설미수			
		5	7						
		6	12			황희			
		7	13						권충
		8	3				김승주		
			24						김남수
		12	3					심온	
1415	15	5	17	황희	심온	정역	박신	윤향	
		6	19	황희-박은	심온-윤향	이원		정혁	
		10	29		윤향-				
		11	7		심온				
		12	28			황희	조용	성발도	
1416	16	3	16	황희	성발도			안등	
		3	25						
		5	25				이원		민여익
		6	24						정구
		9	27		정역	맹사성			
		11	2	박신					황희
1417	17	2	22					권진	성발도
		5	17			변계량			
		5-	24				윤향		
		6	16	심온	맹사성		김한로		김여지
		12	3		정역			황희	
1418	18	1	11				김여지	윤향	정진
		5	11					박신	박습
		6	2	이원		민여익			심온
			5	심온	정역	변계량			맹사성
		7	8	정역	최이				
		8	4						맹사성-
			10				박습	조말생	

조선 세종 대 정치문화와 재상 황희의 역할
– 군신공치론을 중심으로 – [1]

이민정[2]

1. 서론

세종 대는 소위 태평성대가 장기간 지속되어 매우 안정적으로 국가 운영이 이루어진 시기로 평가된다. 그만큼 이 시기의 정치 운영 형태 또는 정치문화에 대한 분석이 요구되지만, 이상할 만큼 정치사에 대한 연구가 많지 않은 편이다. 가장 훌륭한 시기였다고 평가되는 세종 대의 정치문화와 그 운영 양상에 대한 주목이 상대적으로 덜한 이유는, 역설적이게도 고요할 만큼 안정되었던 이시기의 정치 운영 양상 때문이 아닐까 하는 추측을 해볼 수 있다.

세종 대 정치사를 다룬 기존의 연구들이 공통적으로 지적하는 이 시기의 정치문화의 특징은 안정된 왕권을 바탕으로 재상이 국정을 총괄하는 의정부서사제가 실시되었다는 연구이다. 최승희가 연구에서 밝혔듯이, 세종 대 실시된 의정부서사제는 단순하게 육조의 권력이 약화되면서 의정부의 권한이 강화되는 차원으로만 해석할 수 없으며, 반드시 이 시기의 정

---

1) 이 논문은 제2회 방촌학술대회 "세종 대 정치와 방촌황희선생", (사)방촌황희선생사상 연구회, 2016에서 발표한 논문이다.
2) 서울대학교 대학원 국사학과

국 운영의 실상과 함께 그 의미가 해석되어야 한다. 그는 이러한 차원에서 세종 대 국정 운영의 체제 변화와 상관없이 정국 운영의 중심에는 항상 의정부와 대신들이 있었음을 밝혔다.[3] 본 글에서는 이러한 당시의 정치 운영 양상이 조선시대의 '군신공치' 이념이 정치 현실 속에서 현현된 사례임을 보여 줄 것이다. 이를 위해 먼저 '군신공치' 개념의 함의를 살펴보고, 이어서 조선 전기 관료제도의 정비를 통해 정착되어 나간 정치문화가 군신공치의 모습을 잘 보여 주는 역사적 사례임을 설명할 것이다.

황희는 조선 역사상 압도적으로 긴 기간 동안 재상으로 조정에 있으면서 세종 대에 치국을 위한 각종 문물제도가 성립되고 잘 시행되도록 관료사회를 성공적으로 이끌었다. 무려 19년간 영의정의 자리에 있으면서 국왕인 세종을 도와 국정을 총괄한 황희가 조정에서 어떠한 양상으로 재상의 역할을 수행했는가 각종 사례를 통하여 살펴보면, 이 시기 의정부서사제로 대표되는 관제운영 개편을 계기로 확고하게 자리 잡은 '군신공치'의 정치 이념이 실천된 것을 알 수 있다. 황희의 정치 활동의 사례로 군신공치의 정치문화가 어떻게 정치 현장에서 드러났는지 고찰함을 통하여 세종 대 정치문화의 일면을 살펴보겠다.

2. 군신공치론과 조선 전기 정치문화

1) 군신공치론의 함의

지금까지 연구된 군신공치론은 크게 두 개의 갈래로 나뉘진다. 하나는 건국 초 태조와 그의 공신 출신들 사이의 관계로 언급한 연구와 정도

---

3) 최승희, 〈世宗代의 王權과 國政運營體制〉, 《한국사연구》 87, 1994.

전의 국가체제 구성의 차원에서 논해진 것이다. 나머지 하나는 16세기 사림의 정치적 등장과 함께 시작된 국왕과 사림 또는 사족들 사이의 관계를 두고 논의된 것이다. 이 부분 역시 논자들마다 세부적인 사항은 조금씩 달리하지만, 전체적으로 사족과 국왕의 관계를 염두에 두었다고 볼 수 있다.

(1) 조선 건국 초기의 군신공치론

이 시기의 군신공치론을 논의한 연구자들은 모두 조선의 건국이라는 역사적 사건을 사회적·정치적 면에서의 중요한 변화 기점으로 인식하고 있다. 즉, 조선 건국에 대한 대부분의 연구가 그러하듯, 조선이 이전 왕조인 고려와는 근본적으로 다른 체제였다는 사실을 군신공치론을 통해 이야기하려는 것이다. 다만, 태조가 측근들에 의하여 '추대'의 형식으로 국왕이 되었기 때문에 1차 왕자의 난이 일어나기 전까지 5년 여간 그의 공신·재상들과 여러 정치적 사안에 있어 긴밀하게 협의하며, 필요에 따라 '권력을 분점'하는 상황도 있었고, 이와 같은 국왕과 신하 사이의 '권력의 분점'을 군신공치라고 서술한 입장[4]이 조금 특이하다. 이 연구는 조선 체제 자체의 성격보다는 건국 과정에서 일어난 이성계와 그의 공신들 간의 관계에 주목하여 연구한 시각이라고 할 수 있다. 그러나 '공치'의 의미가 '권력의 분점'인지는 재고의 여지가 있고, '추대'로 왕위에 오른 태조의 특수성상 신하들과의 관계가 특수할 수밖에 없었다는 것을 인정할 때, 이 시기에 '군신공치론'을 적용하기는 힘들다.

---

4) 민현구, 〈조선 태조대의 국정운영과 군신공치〉,《사총》 61, 고려대학교 역사연구소, 2005.

본격적인 '군신공치론'의 탐구는 정도전을 비롯한 국초 인물들의 국가 체제 구성에 대한 고려와 함께 이루어졌다.[5] 정도전의 《조선경국전》은 왕권의 제한을 목표로 권력을 왕권-재상권-대간권으로 분할했다는 분석을 바탕으로, 이를 군신공치의 모습이라고 규정하고, 세종 대에 비로소 이 전형적인 모습이 나타났다는 연구는[6] 언관(言官)의 형성과 발달에 초점을 맞추어 조선시대의 이상적인 정치의 모습을 언론의 활발한 활동에서 찾으려는 시각에 기반한다. 일견 타당한 분석이기는 하나, 국왕과 대간의 관계를 가장 중요한 정치 운영의 축으로 가정할 수 있어야 하는 이론이라는 점에서 면밀한 분석을 요한다. 또한 여말선초에 다양한 정치 형태 구상이 경쟁 속에서 이색과 정도전 사상의 변증법적인 위치에 있는 권근의 정치 형태 구상이 군신공치론의 전형을 보여 주었다는 연구의 경우, 국왕권을 견제하는 신하를 역시 '대간'으로 보아 언론권에 무게를 두고 있다는 것이 특징이다. 이 연구 역시 위의 경우와 마찬가지로, 대간을 국왕과 경쟁하는 정치 주체로 상정할 수 있느냐의 여부로 타당성을 판명할 수 있을 것이다.

(2) 16세기 사림의 군신공치론

이 시기 사림의 등장과 함께 정치 형태를 논하는 대부분의 연구들이 군신공치 형태를 전제하고 있다고 생각되지만, 여기서는 직접 군신공치를

---

5) 김영수, 〈동아시아 군신공치제의 이론과 현실〉, 《동양정치사상사》 7, 한국동양정치사상 사학회, 2008.
　최연식, 〈여말선초의 권력구상: 왕권론, 신권론, 군신공치론〉, 《한국정치학회보》 32-2, 한국정치학회.
6) 최승희, 《조선초기 언관·언론연구》 서울대학교출판부, 1989.

분석의 대상으로 삼은 논문들만 언급하겠다. 군신공치가 16세기 사림의 등장과 함께 본격적으로 시작되었다고 본 최초의 연구는 이태진의 연구이다.[7] 그는 왕권과 관료제의 결합으로 이루어졌던 국초의 정치 체제에서 사림의 등장과 함께 국왕과 사족 두 세력의 상호견제로 이루어진 정치 체제로의 이행이 이루어졌고, 이것이 조선시대의 '군신공치'의 시작이자 전형이라고 보았다. 이와 같은 문제의식을 더욱 발전시켜 구체적인 사례 속에서 이 모습을 살펴보고자 한 연구들이 나왔다. 이병휴의 경우, 을사사화와 영남사림파의 대응을 설명하면서 낭관-언관 체제를 바탕으로 한 사림파와 국왕의 관계로 군신공치를 설명할 수 있다고 하였고,[8] 김정신은 조광조와 이언적의 정치사상을 탐구하면서 국왕과 신하가 서로 견제하고 부양하는 형태로 균형을 이루는 정치운영론으로의 군신공치론을 제시하고 있다.[9] 더욱 자세히 언급해 보면, 지주제의 발달에 수반될 수밖에 없는 지방정치의 국가권력 개입의 증가 가능성 때문에 중앙권력과 대립하면서도 토지와 백성의 지배를 통해 자율성을 유지하려 했던 재지사족이, 성리학적 정치이념을 기반으로 하여 새로운 사회통합원리를 公(公=理=名分)으로 제시하였고, 이것이 중앙정치에서는 언관들을 중심으로 공론으로 표출되면서 국왕과 상호견제하는 형태가 되었다는 설명이다.

위의 주장들은 공통적으로 국왕과 대립하는 신료 세력을 설정하고, 양자의 대립구도를 전제로 한 '권력의 분점' 또는 '상호 협조'를 군신공치

---

7) 이태진, 〈朝鮮王朝의 儒敎政治와 王權〉, 《한국사론》 23, 1990.

8) 이병휴, 〈16세기 정국과 영남사림파의 동향〉, 《조선전기 사림파의 현실인식과 대응》, 일조각, 1999.

9) 김정신, 〈조선전기 사림의 公인식과 군신공치론〉, 《학림》 21, 연세대사학연구회, 2000.

의 본질로 이해한다. 상기하였듯이 16세기 이전 조선 전기의 군신공치 양태를 설명하는 연구들은 태조 대의 공신 세력과 국왕의 관계를 군신 공치의 양상으로 지칭한 연구를 제외하고는, 공통적으로 대간권이 성장함에 따라 군신공치의 모습이 갖추어진 것으로 설명하였다. 이는 국왕의 독주를 견제할 수 있는 신료집단으로 언관 세력을 규정하고, 이들과 국왕의 권력이 안정된 수준으로 균형을 이루었을 때를 군신공치의 형태로 보는 것이다. 언관권을 강조하는 이 시각은 전기 이후 중앙정치문화의 발달 과정을 염두에 둔 것으로 판단되며, 그것의 전사 또는 이른 발달 형태를 조선 전기에서 포착하려 하였다는 점에서 16세기 이후 군신공치에 대한 연구들이 지향하는 시각과 크게 다르지 않다.

16세기 이후 군신공치론에 대한 연구들은 국왕과 마주하는 세력으로서 재지사족, '사림'을 지적하는 동시에 이들의 정치적 결속이 공론을 매개로 한다는 것, 따라서 중앙정치의 영역에서는 언관의 존재가 중요할 수밖에 없다는 것을 전제한다. 이는 16세기 사림정치기뿐만이 아니라, 그 이후의 붕당정치기, 나아가 조선 후기 정치 형태를 설명하는 데에 기본 틀을 제공하고 있다는 면에서 의미가 크다고 생각한다. 특히 조선시대 정치문화의 기본적인 성격을 '군신공치'로 호명하고자 한다면, 이것이 가지는 특성은 16세기 이후의 것으로 초점이 맞추어져 있다.

또한 위의 연구들은 공히 군신공치론이 성리학에서 제시하는 정치론의 영향 속에서 이해되어야 한다고 말하고 있다. 그러나 성리학적 정치론의 영역은 매우 포괄적이고 넓어서 자칫 범범한 설명이 되기 쉬우므로, '군신공치' 개념의 검토부터 시작하여 그것이 가리키는 의미가 무엇인지부터 밝히는 작업이 필요하다. 다음에서는 그동안 다뤄지지 않았던 '군신공치' 개념의 기원과 조선시대에 사용되었던 맥락 등을 간단히 살펴봄으로써 분석적인 접근의 시초를 마련하고자 한다.

현존하는 사료에는 '군신공치'라는 단어 그대로가 검출되지는 않는다. 이는 '군신공치'라는 개념이 다분히 학술적으로 구성된 역사용어라는 설명을 가능하게 한다. 다만 '공치(共治)'라는 단어는 몇몇 사례로 증명이 되는데, 이 말과 같은 뜻으로 '공천위(共天位), 치천직(治天職)'이라는 말도 몇 케이스 등장한다. 따라서 이 부분에서는 '공치'의 기원이 되는 말로써의 '공천위, 치천직'의 의미부터 살피도록 하겠다.

'공천위 치천직'은 《맹자》〈만장〉下에 등장하는 말이다.

비단 소국의 군주만이 그러한 것이 아니라 비록 대국의 군주라도 또한 그러한 경우가 있었었다. 진평공(晉平公)은 해당(亥唐)에 대함에 (亥唐이) 들어오라고 하면 들어가고 앉으라고 하면 앉고 먹으라고 하면 먹었고, 비록 거친 밥과 나물국이라도 일찍이 배불리 먹지 않은 적이 없었으니 감히 배불리 먹지 않을 수가 없었기 때문이었다. 그러나 여기에서 그칠 뿐, 그(해당)와 더불어 천위(天位)를 함께하지 않았으며, 그와 더불어 천직(天職)을 다스리지 않았으며, 그와 더불어 천록(天祿)을 먹지 않았으니, 이는 사(士)가 현자(賢者)를 높이는 것이지 왕공(王公)이 현자를 높이는 것이 아니다.[10]

---

10) 《孟子》, 〈萬章〉下: "非惟小國之君 爲然也 雖大國之君 亦有之 晉平公之於亥唐也 入云
則入 坐云則坐 食云則食 雖疏食菜羹 未嘗不飽 蓋不敢不飽也 然終於此而已矣 弗與
共天位也 弗與治天職也 弗與食天祿也 士之尊賢者也 非王公之尊賢也"

위의 내용을 살펴본다면, '공천위 치천직'은 맹자의 해당 구절의 일부를 절취한 말이며, 이것이 '공치(共治)'라는 말로 사용되었음을 알 수 있다. 해당이라는 사람은 진나라에서 현인으로 소문난 사람이었다. 그래서 평공이 그를 만나러 그의 집에 방문하였을 때에도 해당의 말을 따라 들어오라고 해야 들어가고, 앉으라고 해야 앉았으며, 먹는 것도 주는 대로 먹을 수밖에 없었던 것이다. 평공은 비록 군주였지만 현인을 대우하는 것에 있어서는 이와 같이 곡진하였음을 알 수 있다.

그러나 여기서 한 가지 생각해 보아야 할 점은, 더불어 천위를 함께하고 천직을 다스리고 천록을 먹는 것이 왕공(王公)이 현자를 대하는 방식이지, 그렇지 않으면 사(士)가 현자를 대하는 차원에 그치는 것이라고 언급한 것이다. 즉, 맹자가 보기에 평공은 해당을 현자로서 곡진하게 대우하였으나, 그를 조정으로 불러 기용하지 않았으므로 군주로서 현자를 대한 방식은 아니었다고 평가한 것이다. 초빙의 예에 응하여 천위·천직을 함께하게 되면, 현자는 군주(王公)가 제공하는 위계 속으로 포함이 된다. 여기서 유추해 보면, '공천위 공천직'은 결국 군주가 속한 정치의 영역, 위계의 영역에 현자가 편입이 되는 상황을 설명한 것이다. 따라서 '군신공치'는 군주가 상징적으로 위치한 관료제의 영역을 떠나서는 논할 수 없는 개념이다. 그렇다면 이 말이 조선시대에 사용된 맥락은 어떨까?

> 상이 말하였다. "어제 그대들이 청하기를, '정승(政丞)을 죄주라.'고 하였으나, 정승은 더불어 함께 다스리는 자이니, 정승의 말을 듣지 않는다면 군신 사이에 정지(情志)가 비격할 것이다."[11]

이제 전하께서 다스려지기를 바라는 마음은 한결같이 옛날의 제왕(帝

王)을 본받고 있는데, 다스림을 함께하는 신하는 어찌하여 옛날의 대신
(大臣)을 본받지 않는 것입니까?**12)**

조정에 있으면서 돌아가기를 생각하는 신하에게는 지성으로 머물도록
힘쓰고, 초야에 있으면서 나오지 않는 사람에게는 예를 다하여 불러 맞
이하여 임금과 신하가 한마음으로 하늘이 맡긴 직무를 함께 다스려 우
리 조종(祖宗)의 300년 기업(基業)을 떨어뜨리지 말게 하소서.**13)**

자로는 말하기를 "벼슬하지 않는 것은 의리가 없다." 하였고, 맹자는 천
위(天位)를 함께하여 천직(天職)을 다스리지 않는 것을 기롱하였으니 옛
날 성현들의 뜻을 대강 볼 수 있다.**14)**

대신이란 (임금이) 그와 함께 천위(天位)를 같이하여 천직(天職)을 다스
리는 사람이다.**15)**

진실로 대신이라는 존재는 임금의 고굉으로 천위를 함께하고 천공을 대
신하기 때문이다. 공경하지 않을 수 있겠는가.**16)**

옛날에 선왕들은 만약 유현을 만나면 말을 낮추고 폐백을 후하게 하여

---

11) 《성종실록》 25, 〈3年(1472 壬辰 / 명 성화(成化) 8年) 12月 7日(己巳) 2번째 기사〉; 上
日 "昨日爾等請罪政丞, 政丞所與共治者也, 不聽政丞之言, 則君臣之間, 情志否隔矣"

12) 《성종실록》 181, 〈16年(1485 乙巳 / 명 성화(成化) 21年) 7月 8日(丙辰) 3번째 기사〉;
"今也殿下願治之心, 一法古之帝王; 而共治之臣, 何不法古之大臣乎?"

13) 《영조실록》 4, 〈1年(1725 乙巳 / 청 옹정(雍正) 3年) 3月 28日(丙寅) 3번째 기사〉; "在
朝思歸之臣 至誠勉留 在野不赴之人 盡禮招延 君臣一心 共治天職 毋墜我祖宗三百
年基業"

14) 《효종실록》 19, 〈8年(1657 丁酉 / 청 순치(順治) 14年) 8月 15日(乙酉) 3번째 기사〉;
"子路曰 '不仕無義 孟子譏其不與共天位 治天職 古聖賢之意 蓋可見矣"

15) 《숙종실록보궐정오》 33, 〈25年(1699 己卯 / 청 강희(康熙) 38年) 10月 16日(庚辰) 1
번째 기사〉; "然大臣者 與之共天位治天職者也"

16) 《成謹甫先生集》 2, 〈策〉; "誠以大臣者 君之股肱 所以天位 代天工者也 其可不敬乎"

공경하기를 지극히 하고, 예를 다하여 반드시 그들과 천위를 함께하고
천록을 먹어 그들로 하여금 그 도를 행할 수 있도록 해서 천하를 겸선하
였다.17)

　　발화자마다 맥락을 조금씩 달리하고는 있지만, 위의 자료들을 종합해
보면 '군신공치'라는 어휘의 의미와 이것을 둘러싼 맥락에서 다음과 같
은 경향성을 발견할 수 있다.

　　첫째, '군신공치'의 '신'은 크게 두 집단을 의미한다. 재상·대신, 또는 산
림(은일지사, 현인, 선비 등으로 치징)이다. 맹자의 사례와 중국 고대의 현인
초빙의 사례를 생각해 보았을 때, 군주의 초빙 대상이 되는 현자는 대부
분 재상이나 대신으로 분류될 수 있는 상위관료로 편입된다. 이는 중국
삼대의 일화들이나 고사들을 떠올려도 쉽게 생각할 수 있는 부분이다.
따라서 조선시대에도 이러한 중국의 고사나 경전상에 나오는 관념이 받
아들여져서 '군주와 더불어 천위와 천직을 함께하는' 대상은 일차적으로
대신(大臣)이라고 생각하였다. 그리고 이러한 관념은 시대와 관계없이 고
르게 보이는 관념이다. 나머지 한 집단, 즉 산림으로 대표되는 집단으로
이해되는 현상은, 은거한 현자를 힘써 등용해야 한다는 17세기 붕당정치
기에 증가한 관념이다. 이이의 발언에서 볼 수 있듯이 '공치' 개념은 재야
의 현자를 등용하자는 데에 많이 쓰였다. 이이와 같은 맥락에서 '공치'를
이야기한 사람은 송시열, 이단상, 윤선거, 정인홍, 최석정 등이 있다. 이는
기존에 연구된 군신공치론에서 강조하던 측면과 상통하는 점이 있다.

---

17) 《栗谷先生全書》5, 疏箚 三〈辭直提學疏- 癸酉(再疏)〉: "昔者 先王若遇遺賢 則卑辭
　　厚幣 致敬盡禮 必與之共天位食天祿 使之得行其道 兼善天下焉"

둘째, '함께하고 다스리는(공치)' 것은 반드시 출사를 전제한 개념이라는 사실이다. 대신의 경우는 당연하고, 현재 벼슬에 있지 않은 현자를 조정으로 불러들이는 논리가 '공치'에서 보였다는 것은 중요한 의미를 가진다. 특히 《맹자》 해당 구절을 주희의 해석과는 달리 "벼슬하지 않는 것을 기롱하였다"고 풀이한 경우에서 우리는 현자를 힘써 기용해야 한다는 군주의 자세 외에도, 현자 입장에서 출사의 당위를 논할 때 이 말이 쓰일 수 있다는 것을 볼 수 있다.

이상까지 살펴본 군신공치론에 대한 연구 성과와 '군신공치'의 개념을 종합해 볼 때, 사림정치의 맥락에서 해석되던 '군신공치' 개념이 좀 더 풍부하게 해석될 수 있다는 것을 알 수 있다. 군신공치론이 기왕에 두루 쓰인 역사 용어로 자리 잡았다면, 이것의 맥락을 좀 더 정밀하고도 분석적으로 사용할 필요성이 있다. 이러한 의미에서 기존에 '사림정치'에서 논의되던 군신공치론을 약간 다른 차원에서도 논할 수 있음을 알 수 있다. 군신공치론은 대신을 정점으로 하는 관료제의 틀 속에서 논의되어야 한다. 그 이유를 간단히 제시해 보면 다음과 같다.

첫째, 왜 관료제인가? 중국의 제도를 받아들인 동아시아 국가들, 특히 한국은 관료제가 일찍부터 발달한 나라였다는 것은 주지하는 바이다. 최근 이러한 동아시아의 관료제에 재삼 주목한 우드사이드의 《Lost Modernity》는 동아시아 정치사상의 특징을 규명하는 데에 관료제가 핵심적인 연구 대상임을 말한다. 그러나 유구한 역사성과 몇몇의 선행연구에 기대어 관료제의 틀을 이야기하는 것이 아니다. 우선 관료제는 정치 주체나 세력 중심으로 시기별 특징을 제시하던 기존의 연구 성과들을 보다 포괄적으로 발전시킬 수 있다는 점에서 유용하다. 군신공치론으로 다시 돌아가서 이야기를 하면, 사림(또는 사족)을 군주와 대립적인 존재로 제시하던 구도는 중앙권력과 대항할 수 있는 사림의 자율적 기제가 증명되지 못할 경우 힘을 상실하게 될 우려가 있다.

그러나 '군신공치'의 여러 용례에서 살펴보았듯이 재지의 세력들도 결국은 조정에 출사할 예비적 존재로서의 의무가 있었다는 점, 출사가 전제되지 않는 '공치' 이념은 생각하기 어렵다는 점 등을 생각할 때 이들을 중앙권력의 일원적 구조로 통합하는 관료제의 틀을 설정하는 것은 유효하다. 또한 현직 관료뿐만이 아니라 예비관료군의 중앙으로의 지향성을 배가시키는 '과거제'의 존재와, 이것이 조선에서는 상당히 치열하게 인식되었다는 것을 생각할 때 관료제의 틀은 더욱 강고해진다. 이와 관련하여 부르주아 계층에 속하지만 관료가 된 사람들은 국가 기구에 들어가게 되면 '그들만의' 이해관계를 만들어 행동하기 때문에 부르주아 계층과는 상당히 다른 정체성을 형성한다는 도구적 막시즘(instrumentalist)의 입장을 생각하는 것은 의미가 있다.[18] 이를 조선에 적용시켜 본다면, 관료와 사림, 사족, 산림 등으로 얘기되는 양반계층의 정체성은 동일하지 않다는 것, 따라서 '출사'를 전제로 한 '군신공치'의 개념에 있어서는 관료제의 틀이 유용하다는 것을 알게 한다.

둘째, 왜 대신인가? 그동안의 군신공치론에서는 '신'에 해당하는 범주가 상당히 유동적으로 정의되어 이 개념이 가진 본질적인 속성이 잘 드러나지 않았다는 것이 아쉬운 점이었다. 그러한 의미에서 이 '신'에 해당하는 범주를 명확히 정의해야 한다는 필요성이 생긴다. '대신'이 '군주'와

---

18) Clyde W. Barrow, 1993《Critical Theories of the State: Marxist, Neomarxist, Postmarxist》University of Wisconsin Press;1edition, pp.1~157.

함께 '공천위 치천직'하는 우선적인 대상인 이유는 중국에서 고대부터 내려오던 여러 고사와 경전에 등장하는 사례에 기인한다. 이러한 관념을 조선에서 받아들였을 경우, 이는 역사적 실체로서의 의미도 가지기 때문이다. 이것이 원론적인 입장이라면, 좀 더 구체적인 이유로는 관료제가 가진 위계적이고 상층 지향적인 속성상 군주를 제외하고 그 최고 정점에 있는 '대신'이라는 존재가 중요하기 때문이다. 이는 기존 군신공치론에서 사림의 견해를 반영하면서 군주와 대각을 이룬 존재라고 알려진 대간(臺諫)에 대한 회의적 입장도 반영된다. 이들은 결국 관료제라는 틀 속에서 자신의 직분에 충실하였고, 결국 지향하는 바는 대신의 자리가 될 수밖에 없었다. 언관직이 상당히 분포된 청요직(淸要職)도 결국 대신의 자리로 나아가기 위한 엘리트 코스였다는 것은, 대간의 정체성만으로는 군신공치의 틀을 설명하기 힘들다는 것을 의미한다. 또한 실제로 군주를 가까이 모시며 견해를 나눌 수 있었던 관료들은 대신들을 중심으로 하는 다수의 고위관료들과 소수의 하위관료들이었다는 점도 하나의 이유이다.

2) 조선 전기 관료제 성격

군신공치론은 현재 조선시대 정치문화의 성격을 나타내는 개념으로 연구자들 사이에 광범위하게 수용되고 있다. 그러나 많은 연구들에서 표면적으로는 '같이 다스린다'는 공치(共治)의 뜻을 받아들이면서도 국왕과 신료가 권력을 분점하면서 경쟁하게 되는 왕권-신권의 대립구도를 전제한다. 예를 들어, 앞서 살펴본 바와 같이 조선 개국 초의 공신 세력, 정도전의 기획 속에 나타난 언관을 국왕 견제 세력으로 본 연구들은 조선 전기의 군신공치론에서 국왕의 경쟁 세력을 상정한다.

군신공치론이 조선시대 정치문화의 성격을 단적으로 보여 주는 개념으로 자리잡게 된 데에는 이태진의 연구가 큰 영향을 미쳤다고 생각하는데, 그의 연구에서 '군신(君臣)'의 '신'은 성리학을 기반 사상으로 하며 16세기 사회경제적 변화상에 조응하여 향촌에서 대두한 새로운 정치 세력인 '사림(士林)'을 가리킨다.[19] 또한 "사림의 정치적 추구는 16세기 일대에서는 아직 관료제적 왕정 체제와 마찰을 일으키는 것이 적지 않았다"[20]는 서술에서 명징하게 드러나듯, 사림과 국왕을 축으로 하는 군신공치의 정치 이념은 관료제적 질서와는 충돌할 수밖에 없는 것으로 상정한다.

요컨대, 현재까지의 연구들에서 보이는 조선의 군신공치 형태는 국가의 관료제 체계로부터 거리를 유지하면서 조선의 지배층인 사족(士族)이 국왕과 경쟁하며 권력의 균형을 이루는 것으로 파악된다는 데에 핵심이 있다. 그러나 조선의 군신공치론에 대한 논의는 관료제의 틀 속에서 '대신'의 정치 활동과 그 의미를 평가하는 데로 초점이 옮겨져야 함을 위에서 군신공치라는 말이 논의되는 맥락과 그 의미의 분석을 통하여 설명하였다. 이하에서는 조선 전기 관료 제도의 정비를 통해 정착되어 나간 정치문화가 군신공치의 모습을 잘 보여 주는 역사적 사례임을 설명할 것이다.

조선을 제도적 실체로서의 국가로 분석할 수 있다면, 그동안의 연구들은 대체로 조선을 '중앙집권적 관료제 국가'로 정의하였다. 이러한 정의가 함의하는 의미는 조선이 관료제의 운용을 통하여 중앙의 권력을 지방사회에 관철시킴으로써 일원적으로 통제 또는 통치하였다는 것이다. 관료

---

19) 이태진, 앞의 논문, 9~10쪽.

20) 이태진, 위의 논문, 11쪽.

제를 통하여 편제된 관료들과 그들이 속한 관서에서 수행하는 행정 과정에 의하여 국가의 대소사가 모두 처리된다는 원칙적인 상황을 생각한다면, 건국 이후 조선 관료제의 특징은 국가의 성격은 물론, 정치 주체들의 역학관계나 존재 양태를 규명할 수 있는 수단이다. 특히 관료제 내부의 관료들이 국가, 국왕, 또는 관료 자신들끼리 구성하는 권력관계의 양상을 통하여 당대의 정치문화, 정치 형태의 성격을 살펴볼 수 있다.

조선 전기의 관료제 정비에 대해서는 개국 초 태조 대에 기획된 정도전의 정치 체제 모델이 논의의 출발이 됨은 다수의 연구자들이 지적한 바이다.[21] 정도전은《주례》에 나타난 정치 제도 모델과 그것이 지향하는 사상에 기반하여 정치 체제를 구상하였다.[22] 정도전이《주례》를 이해하는 데에는 성리학이 일종의 프리즘 역할을 했을 것으로 보이는데, 그 결과 정도전이 구상한 정치 체제는 '중앙집권적'이었다는 것이 도현철의 분석이다. 정도전의《조선경국전(朝鮮經國典)》과《경제문감(經濟文鑑)》에는 그가 계획한 관료제 체제의 대체적인 방향성이 드러나는데, 재상을 중심으로 국가가 지방단위인 향(鄕)까지 일원적으로 통치하는 일원적인 시스템을 기획하였다.[23]

고려 말의 폐단 중의 하나는 기왕에 존재하던 행정 관서들이 제 기능을 하지 못함으로 인하여 국가의 행정력이 제대로 작동되지 못하는 것이

---

21) 정도전의 정치체제 구상과 그 특징에 대해서는 최승희,〈朝鮮 太祖의 王權과 政治運營〉,《진단학보》64, 1987/ 한영우,〈鄭道傳의 政治·改革思想 -《周禮》와의 관계를 중심으로-〉,《三峯 鄭道傳 先生의 學問과 思想》, 1992/ 도현철,〈정도전의 정치체제 구상과 재상정치론〉,《한국사학보》9, 2000. 참조.

22) 한영우, 위의 논문.

23) 도현철, 위의 논문, 175쪽.

었다. 조선이 건국되면서는 정도전을 비롯한 국가 제도의 기획자들이 행정 체제를 효과적으로 개편하는 작업을 시행하였고, 정도전의 경우 상당한 정도의 집권적인 시스템을 기획하였던 것이다. 관료제의 정비는 그것 중에서도 핵심적인 사항이었고, 정도전이 기획한 '재상을 중심으로 한 일원적인 시스템'의 제도적 결과는 도평의사사(都評議使司)의 설립으로 드러났다. 그러나 도평의사사의 구성원은 모두 29명으로, 사실상 이들 모두의 의견을 수렴하여 국정을 수행하는 것은 비효율적이라고 생각한 국왕의 판단에 따라 도평의사사 내부에서도 조준·남은·정도전 등 소수 재신 중심의 정치가 이루어졌다.[24] 요컨대, 정도전이 기획한 관료제 운용은 중앙집권적인 정치 체제를 향하여 기획되었으며, 그 가운데 재상이 그 체제의 일원성을 담보하는 위치에 있었다.

건국기의 재신들을 중심으로 하는 도평의사사 체제는 1400년 4월(정종 2) 도평의사사가 의정부로 개편되고, 이어서 태종이 즉위함과 동시에 의정부 관제를 개편하기 시작하면서 차례로 승정원(承政院) 삼군부(三軍府) 등을 분리시켜 행정관서의 전문성을 높이는 방향으로 진행되었다.[25] 이어서 1405년(태종 5)에는 대대적인 관제 개혁이 단행되었는데, 이때 육조를 2품아문으로 승격시키면서 당상관 3명을 두고 재정, 인사에 관한 업무와 의정부 서무 일부를 각각 육조에 나누어 주는 것을 시행하였다.

각 관서의 업무를 세밀하게 분리하고 나누어 관장하게 함은 전문적인 업무 수행을 통하여 행정 업무의 효율성을 높임과 동시에 체계적인 체

---

24) 최승희,《조선초기 정치문화의 이해》, 2005, 115쪽.

25) 남지대,《朝鮮初期 中央政治制度 研究》, 서울대학교 국사학과 박사학위논문, 1993, 10~11쪽.

제를 마련하는 데에 있었다. 이 해의 이러한 조처는 한 번에 완성된 것이 아니라, 1408년(태종 8)과 이로부터 6년 뒤인 태종 14년에 지속적으로 반복적으로 지시되었다. "의정부의 서무를 분리하여 6조에 귀속시켰다"는 진술이 두 해에 반복하여 나타나는 것은 의정부에서 육조를 분리시키는 조처가 단번에 완성되지 못했음을 보여 준다.26) 최종적으로 의정부와 육조의 업무 분리가 완료되자, 태조 대에 정립된 도평의사사 중심의 행정 체제가 '국왕-의정부-육조-각사(各司)'의 것으로 바뀌었고,27) 이에 따라 각 관서에 속한 관료들의 위계와 맡은 임무의 체계도 분명해졌을 것이다. 이른바 육조직계제(六曹職階制)라고 불리는 태종 대 행정 체제상의 큰 변화는 종친과 외척 관련 관서를 정비하고 지방관제를 재편하며 중앙관서를 통일성 있게 정비하는 일련의 조처들과 동시에 이루어진 것이었다.

조선 전기 행정관서의 개편과 이에 따른 관료제 정비의 양상은 그동안 연구자들을 합의된 결론으로 이끌었다. 상기한 관제 개편의 결과로 태조 대에는 재상권이 상대적으로 강했던 반면 태종 대에는 국왕권이 강력해지게 되었다는 것이다. 특히 태종 대의 여러 조처는 국왕 자신이 왕권 강화라는 명백한 목적을 관철시킨 것이라는 평가가 지배적이다. 태종은 즉위 이후 왕권을 강화하기 위하여 위협이 되는 세력을 제거하는 데에 힘을 기울였으며, 기능상 상시적으로 비판의 기능을 수행해야 했던 대간의 언론을 용납하지 않았고, 세종에게 양위를 하고 상왕(上王)으로

---

26) 최승희, 위의 책, 116쪽.

27) 남지대, 위의논문, 14~16쪽.

있을 때에도 병권을 장악하고 있었다는 등의28) 역사적 사례는 이러한 해석을 뒷받침해 왔다.

위와 같은 연구자들의 결론은 다음과 같은 전제를 가진다. 첫째, 관료 제 및 정치 제도의 개편이 정치 주체들이 소유하는 권력 구조의 양상에 영향을 미친다는 전제이다. 둘째, 이 시기의 정치 주체의 권력 구조는 크게 국왕 대 재상(또는 대신으로 대표되는 소수의 고위관료)으로 나뉘고, 이 두 주체의 권력 분점 양상은 흔히 얘기되는 제로섬(zero-sum) 관계로 설명할 수 있다는 전제이다. 제로섬의 관계는 총량이 한정된 동일한 자원을 두고 두 명의 플레이어가 서로 많은 자원을 확보하기 위해 경쟁하는 관계를 설명하는 데에 유용한 모델이다. 정치 권력을 궁극적으로 누가 더 많이 확보하는가를 두고 국왕과 재상이 경쟁구도를 형성하는 것은 태조 대의 도평의사사 체제에서 태종 대의 의정부-육조 체제로의 변화를 설명하기에 유용하며, 태종의 왕권 강화 시도가 성공적으로 설명될 수 있는 틀을 제공한다.

실제로 조선 전기의 통치 주체 또는 정치 주체의 문제를 탐구하는 데에 있어서 국왕과 재상 양자의 대립구도를 중심으로 정치적 성격을 서술하는 경향이 지배적이다. 대표적인 것이 이 시기의 통치 주체에 대한 당대인들의 견해가 재상중심론과 군주중심론의 상반된 양상으로 나타났다고 보는 연구이다.29) 이에 따르면 태조 대에는 정도전의 재상중심론이, 태종대에는 태종의 군주중심론이 우세했던 시기이다. 또한 이 시기에 연

---

28) 최승희, 위의 책, 117~119쪽.
29) 차장섭, 〈조선 전기 관학파의 정치사상〉,《한국유학사상대계》4-정치사상편, 2007, 222~225쪽.

달아 제출되는 정치 체제론이나 정치 운영론도 이 틀에 따라 하륜의 군주중심론, 조준의 육조-국왕중심론, 변계량·양성지의 재상중심론 등으로 명명되어 상기한 설명구도를 뒷받침한다.30) 이러한 시각은 비단 조선 전기의 정치 주체에 대한 분석의 틀로만 기능하지 않는다. 오히려 조선시대 정치사 전반에 걸쳐 분석되는 왕권-신권의 제로섬 관계의 일부라고 보아야 타당할 것이다.

국왕과 재상의 대립구도, 또는 더 큰 틀에서 왕권과 신권의 제로섬 구도를 지칭하는 상기 시각은 면밀한 재검토를 요한다. 우선, 조선시대 정치 주체들의 권력 관계가 제로섬 관계에 해당하는가의 문제를 살펴보자. 제로섬 관계는 경쟁관계에 있는 플레이어가 단 두 세력으로 나뉘는 것을 전제로 한다. 만약 당시의 정치 주체를 국왕과 신료 세력 두 집단으로만 보려면, 신료 세력들은 그들끼리 동일한 이해관계를 가지고 집단행동(collective-action)을 한다는 것이 확실해야 한다. 그러나 그렇지 않다는 것을 많은 역사적 사례들을 통하여 검토 가능하다. 따라서 당시 시행된 일련의 관료제 개혁의 방향이나 사상가들에 의해 제출된 정치 체제론의 성격을 왕권-신권의 대립구도 속에서만 해석하는 것은 오해의 여지가 있다.

또한 당시 중앙정치 제도의 개혁 방향 속에서 정치 주체들의 성격이 당대인들에게 어떻게 인식되고 있는지, 각각의 정치 주체에게 요구되었던 의무와 역할은 무엇인지, 결과적으로 이것을 통하여 정치 체제가 무엇을 지향하고 있었는지 풍부하게 해석할 수 있는 여지를 사장시킬 가능성이

---

30) 차장섭, 위의 논문, 223~229쪽.

생긴다. 예를 들면, 한영우는 "조선왕조 권력 구조의 특색은 군신공치의 이념 아래 권력 분산과 권력 견제에 역점을 두어 정치의 공정성과 투명성을 높이고, 백성을 나라의 근본으로 존중하는 민본정치를 구현하는 데 목표를 두었다."고 주장하였는데,[31] 조선 전기의 관료제 정비와 이에 따른 정치 체제에 대한 기존의 설명이 '군신공치' 이념을 충분히 설명할 수 있는가라는 의문을 던져볼 수 있다.

조선 전기의 관료제 정비 과정은 국가행정의 효율성 증대를 위해 관원들의 업무를 분장하고 체계화시키면서 국가의 집권력을 강화하는 방향을 추구하였다. 중앙정치 체제의 정비 와중에 국왕이나 재상 어느 한쪽의 권력을 강화하는 방향으로 개혁이 추진된 것으로 해석할 수도 있지만, 그것은 어디까지나 표면적이고 결과적인 현상의 해석이다. 이를 국왕과 신료의 상호경쟁으로 환원시킬 경우, 당대에 관료제 정착 과정에서 지향했던 이상이나 그 의미가 잘 드러나지 않는다.

본 글은 조선 전기 관료제 개편 현상은 조선의 정치문화 또는 정치 형태의 기본 성격으로 규정된 '군신공치' 이념이 정치 공간 속에서 자리 잡아가는 모습을 반영한다고 본다. 또한 조선 전기 군신공치 이념의 성격을 규명할 수 있는 핵심적인 소재가 이시기 관료제 운용 모습에 나타나는 것을 볼 수 있는데, 그것은 바로 '재상'의 존재이다. 이하에서는 세종대의 의정부서사제의 정착 과정을 통하여 조선 전기 중앙정치 제도의 개편 과정을 살펴보고, 이 속에서 재상의 역할을 논함으로써 조선 전기 군신공치의 양상이 관료제의 안정화와 동반하여 자리 잡게 되는 양상을

---

31) 한영우, 《다시 찾는 우리역사》, 2011, 287쪽.

설명할 것이다. 세종 대의 명재상으로 알려진 황희의 정치 활동은 이 시기 재상의 정치적 역할의 사례로써 활용될 것이다.

3. 세종 대 군신공치의 양상과 황희의 활동

1) 세종 대 의정부서사제(議政府署事制)와 재상(宰相)

태종 대에 실시된 육조직계제라는 중앙정치 제도의 개편과 그 운용방식은 세종 대에도 기본적으로 이어졌다. 의정부의 서무를 나누어 6조에 분속시키고, 중요한 국정 사안은 의정부와 6조 대간 승정원등 주요 관서가 같이 의논하는 방식은 국정운영의 전문성과 안정성을 지향하였다. 육조직계제로부터 세종 대의 의정부서사제로의 변화는 정치 주체들 간의 권력관계를 변화시키기 위한 일련의 조처로 이해되기보다는 태종 대의 '국왕-의정부-육조-각사'의 행정운영 기본 체제가 수정을 통해 보완된 것으로 이해하는 것이 타당할 것이다. 이는 의정부서사제 실시의 구체적인 양상을 살펴보는 것을 통하여 설명 가능하다.

의정부서사제의 구체적인 내용은 1436년(세종 18) 4월 국왕이 내린 교서와 이후의 후속 조처들을 통하여 살펴볼 수 있다. 이것이 기존의 육조직계제와 내용면에서 어떻게 달라지는지에 대해서는 선행 연구들이 잘 보여 주고 있다고 판단된다. 이들 연구를 바탕으로 중요한 변화를 언급하면,32) 첫째 육조에서 처리해야 하는 여러 사안들 중에서 인사·형정(刑政)·군사(軍事)의 중요한 업무는 해당 조에서 국왕에게 직계(直啓)하여 시행한 다음 의정부에 보고하는데, 이것의 합당함 여부를 의정부에서 판

---

32) 본 글에서는 남지대, 위의 논문, 26~28쪽의 내용을 중심으로 서술하였다.

단하도록 하였다. 둘째, 의정부에서 담당하던 인사권을 이조와 병조에 돌려 왕에게 직속되게 하였다. 셋째, 종전에 좌의정과 우의정이 서무를 총괄하던 방식에서 변화를 주어 영의정으로 하여금 의정부의 논의를 주도하도록 하였다. 이러한 변화들은 육조직계제에서 의정부서사제로 변화의 성격을 규명하는 데에 중요한 시사점을 준다.

첫째, 의정부서사제로 중앙정치 제도 운영이 변화했다고 해서 육조직계제가 실시되었을 때보다 의정부의 기능이 강화되었다고 볼 수는 없다. 이는 언급한 제도상의 변화가 육조나 의정부 어느 한쪽의 기능과 권력이 강화되거나 약화되는 현상을 보이는 차원으로 해석해서는 단지 표면적이고 결과적인 현상만 주목하게 된다는 의미이다. 육조직계제 시기를 의정부의 약화기로, 의정부서사제 시기를 의정부의 부흥기로 설정한 연구가[33] 이를 보여 준다. 이에 대하여 최승희는 세종 18년 4월에 내려진 교서의 내용을 사료비판을 거치지 않고 그대로 받아들인 결과 "실제 국정 운영과 맞지 않게 표현되어 태종 14년 이른바 육조직계제 실시 이후의 정치사 해석에 큰 혼선을 가져오게 되었다."는 적확한 지적을 가하였다. 문제가 되는 교서의 내용을 인용하면 다음과 같다.

우리 태조께서 개국하시던 처음에 도평의사사(都評議使司)를 설치하여 일국의 정치를 도맡게 했으며, 뒤에 의정부가 되어서도 그 임무는 당초와 같았는데, 지난 갑오년에 예조에서 아뢰기를, "대신은 작은 일까지 친히 간섭할 필요가 없고, 군사에 관계되는 나라의 중대한 일만을 의정부

_____

33) 한충희,《朝鮮前期의 議政府와 政治》, 2011, 174~183쪽.

에서 회의하여 아뢰게 하고, 그 외의 일은 육조(六曹)로 하여금, 맡은 자가 직접 아뢰어서 시행하게 하소서." 하였으므로, 이로부터 일의 경중과 대소가 없이 모두 육조로 돌아가고, 정부에서는 관계하지 않게 되어, 정부에서 참예하여 아뢰는 것은 오직 사형 죄수들의 논결(論決)뿐이었다.[34]

최승희는 "이로부터 일의 경중과 대소가 없이 모두 육조로 돌아가고, 정부에서는 관계하지 않게 되어, 정부에서 참예하여 아뢰는 것은 오직 사형 죄수들의 논결뿐이었다."고 한 것은 육조직계제의 폐단을 과장하여 해석한 것이지 태종 14년 이후 의정부와 그 대신들이 국정에서 완전히 소외됨을 의미하는 것은 아니라고 하였다.

최승희의 지적은 의정부서사제로의 국정운영 방식 개편이 의정부 세력의 강화로 해석될 수 있는 여지를 줄여 준다. 중앙정치 제도의 개편은 그 안의 정치 주체들의 권력의 강약으로 환원시켜 볼 수 없다. 이런 점을 고려할 때, 이 시기의 개편 양상을 '의정부-육조 체제의 조정'이라고 파악한 남지대의 연구[35]는 세종 대의 의정부서사제의 의미를 태종대의 육조직계제와 연동시켜서 일관성 있게 해석할 수 있다는 점에서 의미를 가진다. 즉, 세종 대의 의정부서사제로의 변화는 기존의 육조직계제 방식을 부정하여 의정부의 세력을 강화시키는 방향이 아닌, 육조직계제를 실시하면서 각 업무를 시행하는 소속 기관을 명확하게 하고 이를 총괄하는 기능을 마련함으로써 행정 체제의 효율성을 높인 방향의 연장선에 있는

---

34) 《세종실록》 72, 〈18年 4월 12일 무신 2번째 기사〉
35) 남지대, 앞의 논문, 21쪽.

것이다. 이는 다음의 내용에서도 볼 수 있다.

> 육조는 각기 그 직사를 모두 먼저 의정부에 보고하고, 의정부에서는 가
> 부를 헤아려 의논한 뒤 계문(啓聞)하여 재가를 받아 다시 육조에 내려
> 시행한다. 다만 이조·병조의 제수, 병조의 용군(用軍), 형조의 사형수(死
> 刑囚) 외의 형결(刑決)은 그대로 본조에서 직계하여 시행하되 곧 의정부
> 에 보고한다. 만약 마땅치 않은 것이 있으면 의정부에서 살펴 논박하여
> 다시 계하여 시행한다.36)

　육조가 일을 의정부에 보고하고 의정부에서는 이를 총괄하여 판단하
는 절차가 기본이지만, 육조의 업무 중 인사나 군사 같은 중요한 일은 국
왕에게 직계한다는 예외를 둔다는 내용이다. 즉, 의정부의 임무는 각 관
서의 일을 총괄하는 것으로 결정되었으며, 육조의 업무 중 각 조가 가지
는 고유하고 핵심적인 업무는 국왕과 의정부 양쪽에 동시 보고함으로써
업무 수행 시에 있을 실수나 오판에 대비할 수 있었다. 또한 상기한 대로
원래 인사는 의정부의 좌우의정이 하던 업무였지만, 이 시기에 이조와
병조에 각각 인사권을 주었는데, 이것은 업무를 합당한 곳으로 분장함으
로써 효율성을 높임과 동시에 재상의 '총괄하여 판단하는' 임무를 강화
하는 차원이라고 해석할 수 있다. 요컨대, 의정부서사제로의 개편은 관료
들이 업무를 보다 효율적이고 전문적으로 할 수 있는 기반을 마련함과
동시에 기존에 마련한 육조직계제의 체제를 안정적으로 유지하기 위한

---

36)《세종실록》72,〈18年 4월 12일 무신 2번째 기사〉

수정·보완의 차원이었다.

둘째, 의정부서사제로 인하여 의정부 재상의 '총괄하고' 국왕과 '상의하는' 업무 성격이 강조됨으로써 영의정 이하 재상들의 역할이 강조되었다. 즉, 이전에는 잡다한 사무를 모두 살피며 국정을 주도했다면 이때에는 잡다하고 전문화된 사무는 해당 관서들에서 분장하고 의정부에서는 이를 보고받아 총괄하고 의논·판단하여 가부를 헤아려 왕에게 보고하는 체제로 변화했다는 것이다. "육조는 각기 그 직사를 모두 먼저 의정부에 보고하고, 의정부에서는 가부를 헤아려 의논한 뒤 계문(啓聞)하여 재가를 받아 다시 육조에 내려 시행한다."는 위의 인용문상의 증거가 바로 이것이다. 의정부는 이때에 여러 관서들의 업무가 적절하게 시행되는지 살피고 이에 대한 적절성 여부를 판단하여 최종적으로 국왕에게 전달하는 업무를 수행하게 되었는데, 계문하고 재가를 받기까지 국왕과 의정대신들의 의논 과정이 간과되어서는 안 될 것이다. 따라서 이러한 체제에서는 의정부의 수장인 영의정의 역할이 부각될 수밖에 없었다. 행정 업무에 관한 사항이 관서들 사이에서 이동하고 이것이 일정한 체계를 갖추어 국왕에게까지 전달되려면, 위계적인 질서가 효율성을 증대시키는 역할을 하였다. 이때에 들어 영의정이 의정부의 업무를 주도하며 이를 국왕과 더불어 의논하는 중심축으로 부상하였다.

"이렇게 되면 거의 옛날 재상에게 오로지 맡기는 뜻에 합당할 것이니, 예조에서는 중외(中外)에 밝게 알리라." 하고, 그리고 의정부에 전교하기를, "옛날 의정부에서 정사에 서명할 때에, 오직 좌우의정(左右議政)만이 도맡아 다스리게 되고 영의정은 참여하지 않으므로, 옛날의 삼공(三公)에

게 오로지 맡긴 뜻에 어긋났었다. 이제부터 영의정 이하가 함께 가부를
논의해서 시행하게 하라."[37]

교서에 나타난 세종의 위의 발언은 영의정을 중심축으로 하는 의정부
재상들에게 국정을 오로지 맡기는 것은 '옛날의 뜻'이라고 강조한다. 이
는 주나라의 총재 제도를 염두에 둔 발언으로[38] 음미해 보아야 할 사안
이다. '주나라의 제도'를 언급하는 것은 제도의 변개를 정당화하기 위하
여 동원하는 정치적 레토릭의 차원으로 볼 수 있다. 그러나 이러한 레토
릭이 가지는 의미가 당시에 널리 합의되어 있었고, 이를 통한 정당화에
누구나 동의하였기 때문에 교서상의 발언으로 나타날 수 있었던 것이다.
그렇다면 '주나라의 총재제'가 가지는 의미는 무엇이며, 이것이 당시 조선
에서 힘을 발휘했을 것이라는 증거는 어디서 볼 수 있는가? '주나라의 총
재제'가 가지는 의미는 '군신공치' 이념의 확인이며, 이는 정도전을 비롯
한 국초의 사상가들의 정치 체제 구상에서 이미 등장한 바 있을 정도로
당대의 관료 지식인들에게는 익숙한 개념이었다.

정도전의《조선경국전》의〈치전(治典)〉총서(總序)에서는 재상이 수행
하는 역할과 그 의미가 잘 드러난다.

치전(治典)에 있는 업무는 총재(冢宰)가 관장하는 것이다. 사도(司徒) 이
하는 모두 총재에게 속하므로 교전(敎典) 이하 역시 총재의 직무이다. 총
재가 제대로 된 사람을 쓰게 되면 육전(六典)이 거행되고 백직(百職)이

---

37)《세종실록》72,〈18年 4월 12일 무신 2번째 기사〉
38) 최승희, 앞의 책, 122쪽.

다스려진다. 그렇기 때문에 '인주(人主)의 직분은 재상 한 명과 의논하는 것이다'라는 말이 있는 것이다. 총재라는 것은 위로는 군부(君父)를 모시고 아래로는 백관(百官)을 통솔하고 만민을 다스리니, 그 직무가 크다.39)

이 글에서 드러나는 총재의 업무는 "군주를 모시고 백관을 통솔하며 만민을 다스리는" 것이며, 그러한 의미에서 치전상에 나타난 모든 업무가 원칙상 총재의 관장하에 있는 것이라고 하였다. 즉, 총재의 업무는 군주-백관-백성으로 이어지는 구도에서 군주와 백관 사이에 놓이면서 백관의 업무를 총괄하고 이들과 군주의 매개 역할을 하는 것이다. 의정부서사제에서 의도한 시스템은 바로 이것을 의미한다. 이어서 정도전은 "백관과 만민은 그 수가 많으므로 총재 혼자서 다스린다는 것은 어려운 일이다. (중략) 어진 사람과 어질지 못한 사람을 구별하여 어진 사람을 등용하고 어질지 못한 사람을 관직에서 물러나게 하면, 여러 가지 공적이 이루어지고 백관이 다스려질 것이다."40)라고 하면서 송나라의 관료 진덕수(眞德秀)가 재상이 해야 할 일로 꼽은 "자기를 바르게 하여 인군(人君)을 바르게 하고(格君), 인재를 잘 알아보고(知人), 일을 잘 처리하는 것(處事)"41)을 인용하여 강조하였다.

---

39) 鄭道傳,《三峰集》7,〈朝鮮經國典〉, 治典-總序: "治典 冢宰所掌也 司徒以下皆冢宰之屬 則敎典以下 亦冢宰之職也 冢宰得其人 六典擧而百職修 故曰人主之職 在論一相 冢宰之謂也 上以承君父 下以統百官治萬民 厥職大矣"

40) 鄭道傳,《三峰集》7,〈朝鮮經國典〉, 治典-總序: "百官萬民之衆 而以一身治之 其亦難矣 提耳而敎之不可也"

41) 鄭道傳,《三峰集》7,〈朝鮮經國典〉, 治典-總序: "宋大儒眞西山之論相業曰 正己格君 知人處事"

재상의 역할은 모든 업무를 '직접' 관장하는 것이 아니라 합당한 인재를 잘 알아보아서 그들이 관료 체계 속에서 업무를 원활하게 수행할 수 있도록 판단하고 총괄하는 데에 있었다. 또한 관료제 속의 신료들과 국왕이 효율적으로 매개될 수 있도록 국왕을 보좌하는 것도 이들의 임무였다.

의정부서사제에서 의도한 중앙정치 체제의 개편이 위와 같이 재상에게 확실한 임무를 주고 이를 중심으로 관료제의 질서를 바로잡고 안정적·효율적인 운영을 꾀하는 것이었다면, 이는 군신공치의 이념과도 부합한다. 앞서 조선의 군신공치는 관료제의 틀 속에서 '대신'의 정치 활동과 그 의미를 평가하는 데로 초점이 옮겨져야 함을 주장하였다. 이어서 태조 대부터 세종 대까지 중앙정치 제도 운영 방식의 변천이 국정 운영과 이를 수행하는 관료를 편제하는 방식과 연관되어 있음을 살펴보았다. 결과적으로 이는 군신공치 이념이 제도 속으로 자리 잡아가는 과정이라 할 수 있다. 조선 전기에 드러난 군신공치 이념이 대신을 정점으로 하는 관료제 속의 구성원들이 국왕과 협력하여 국정을 공동 운영하는 것이라고 한다면, 중요한 것은 관료제의 구성원들과 국왕을 매개하는 대신의 역할이다. 또한 대신 중에서도 가장 상위 그룹에 속하여 국정을 총괄하는 기능을 수행했던 재상이 중심축이 될 수밖에 없을 것이다. 이하에서는 세종 대의 재상 황희의 정치 활동을 통하여 군신공치 이념을 구현한 재상의 역할을 살펴보겠다.

2) 재상 황희의 정치 활동과 군신공치

세종 대는 소위 태평성대가 장기간 지속되어 매우 안정적인 국가 운영이 이루어진 시기로 평가된다. 그만큼 이 시기의 정치 운영 형태 또는 정치 문화에 대한 분석이 요구되지만, 이상할 만큼 정치사에 대한 연구가 많지 않은 편이다. 가장 훌륭한 시기였다고 평가되는 세종 대의 정치 문화와 그 운영 양상에 대한 주목이 상대적으로 덜한 이유는, 역설적이게도 고요할 만큼 안정되었던 이 시기의 정치 운영 양상 때문이 아닐까 하는 추측을 해볼 수 있다.

황희는 조선 역사상 압도적으로 긴 기간 동안 재상으로 조정에 있으면서 세종 대에 치국을 위한 각종 문물제도가 성립되고 잘 시행되도록 관료사회를 성공적으로 이끌었다. 황희는 1422년(세종 4) 60세에 재출사하여 4년 뒤에 우의정이 되어 의정부에 들어갔고 이듬해에 좌의정으로 승진하였고, 1431년(세종 13) 69세의 나이로 백관을 통솔하는 영의정에 올랐다. 그로부터 87세의 나이로 조정에서 물러날 때까지 무려 재상의 자리에는 22년, 영의정의 자리에는 18년간 있으면서 국왕인 세종을 도와 국정을 총괄하였다. 따라서 세종 대의 안정적인 정치 상황에 대한 공은 상당 부분 황희에게 돌아갈 수밖에 없다. 그러나 황희 개인의 능력 이외에도 이 시기 의정부서사제로 대표되는 관제 운영 개편을 계기로 확고하게 자리 잡은 '군신공치'의 정치 이념이 주요한 원동력이 되었을 것이고, 황희가 이 이념을 바탕으로 국왕 세종, 여러 관료들 사이에서 중심축의 역할을 성공적으로 수행했을 것이다. 황희가 재상으로서 재직하면서 활동했던 각종 사례들을 분석하면, '군신공치'의 정치문화가 조선전기 조정에서 실제 어떻게 구현되고 있었는지 그 일면을 볼 수 있을 것이다.

(1) 조정 백관을 통솔하며 실무를 살핌

《경국대전》에 규정된 의정부의 기능은 "백관을 총괄하여 모든 정사를 다스리며, 음양을 다스려 국가를 경영한다(總百官, 平庶政, 理陰陽, 經邦國)"고 되어 있다. 이에 따르면 의정부의 재상이 수행하는 역할은 구체적이고 명시적으로 지시되어 있지 않기 때문에 매우 광범위하고도 모호하다. 그러나 이런 성격 자체가 재상의 역할을 특징적으로 나타낸다고 볼 수 있다. 태조 대의 도평의사사 체제부터 태종 대의 의정부-육조 체제를 거쳐 세종 대 의정부서사제로 앞선 태종 시기의 체제가 수정·보완되면서 자리 잡은 중앙정치 구조 또는 관료 제도는 각 관서와 관료들의 업무가 기능적으로 세분화되면서 전문성을 높여 나간 방향이었다. 이와 더불어 이러한 시스템을 총괄하고 관료-국왕을 매개한 재상의 황희의 역할은 '군신공치'의 모습을 보여 주는 것이라 할 수 있다.

> 백관은 제각기 직책이 다르고 만민은 제각기 직업이 다른 것이다. 재상
> 은 이들을 다스려서 각기 제 본분을 잃지 않도록 하고, 이들을 고르게
> 하여 각기 제 몫을 갖도록 해야 한다. 따라서 재상의 '재(宰)'란 말은 '재
> 제(宰制)'한다는 뜻이다.[42]

위에 보이는 정도전의 언급은 재상이 관료 체제 속에서 해야 할 역할을 잘 보여 준다. 재상의 역할은 이들이 나눠진 직분을 제대로 수행할 수 있도록 기반을 조성하고 판단하여 조정하는 일이었다. 이것이 가능하

---

42) 鄭道傳, 《三峰集》 7, 〈朝鮮經國典〉, 治典-總序: "百官異職 萬民異業 平之使不失其宜 均之使各得其所 故曰宰也 宰制之義也"

기 위해서는 재상 자신이 오랜 관료 생활을 바탕으로 여러 관서를 거치면서 각종 실무에 대해서 능숙하게 알고 있어야 할 것이다.

황희는 태종 대부터 각종 관직을 역임하고 특히 1412년(태종 12)부터는 6조의 판서직을 두루 역임하면서 명실상부 조정에서 논의될 수 있는 국정에 대한 각종 사안에 대하여 숙지할 기회를 얻었다. 예를 들어, 그가 판서의 자리에 있으면서 제정에 관여한 법령과 제도들은 실로 그 범위가 매우 넓었다. 병조판서로 재직 시에는《경제육전(經濟六典)》을 경정(更定)하고《선원록(璿源錄)》《종친록(宗親錄)》 등을 편찬, 예조판서로 재직 시에는 상례제도·노비의 종부법(從父法)·관리의 파면규정·종묘친향법(宗廟親享法)·향리의 복색 등을 제정, 이조판서로 재직 시에는 용관(冗官)을 도태시키는 법·공신자제 서용법·돈녕부 관원 임명하는 기준에 대한 법 등을 제정하는 데에 간여하면서 다방면에 걸친 분야에 전문성을 보였다.[43] 간략하게 서술하였지만 상기한 대로 황희가 태종 대에 쌓은 다방면의 업무 경험은 그가 재상이 되어 백관을 통솔하는 데에 자양분이 되었을 것으로 보인다.

황희는 영의정이 된 후, 특히 외교상의 중요한 문제에 대하여 의견을 개진하고 국왕과의 의논을 통하여 외교의 방향성을 결정하는 데에 큰 역할을 하였다.《연보》를 통해서 살펴본 그의 재상 재직 기간 동안의 대부분의 국정 논의는 상당수가 이 분야에 집중되어 있다. 세종 대는 북쪽의 여진과의 관계가 큰 문제였는데, 소위 '4군 6진의 개척'과 이 지역으로의 '사민정책'은 복잡한 여진과의 문제를 정리하고자 한 시도 중에 하나

---

43) 소종, 〈조선 태종대 방촌 황희의 정치적 활동〉,《역사와 세계》, 2015, 21쪽.

였다. 황희는 이를 위한 일련의 과정에 깊이 간여하였다.

황희는 직접 평안도로 파견되어 북방 지역의 축성을 감독하고 함경도 일대에 도체찰사로 파견되어 이 지역의 군사 사정을 익힐 기회가 많았던 만큼 이 분야의 국방 분야에 상당한 실무적 지식을 갖추고 있었기 때문에, 세종은 북방 지역에 국방 관련 일이 생길 때마다 해당 지역의 전문가이자 재상이었던 황희를 주요 논의 파트너로 삼았다.

세종 대에 있었던 파저강(婆瀦江) 재정벌도 대표적인 사례 중 하나이다. 기존의 연구들에 따르면, 세종 대는 본격적으로 압록강 일대의 여진 세력에 대한 정벌이 단행되었던 시기이다.44) 파저강 일대의 여진 중 가장 대표적인 세력은 이만주(李滿住)를 중심으로 하는 집단으로, 압록강을 넘어 조선의 백성을 침탈하는 일이 잦았다. 1433년(세종 15)에 여진족의 이만주가 여연·강계 지방에 침범하여 백성을 죽이고 포로로 잡아갔다는 보고를 받자, 이들을 징벌해야 한다는 논의가 시작되었다. 당시 세종이 주로 같이 대책을 논의했던 대신들은 황희, 맹사성, 최윤덕 삼정승과 도승지 안숭선이었는데, 세종은 만약 이들이 사정이 있어 논의에 참여하지 못할 경우 도승지를 직접 집으로 보내 의견을 물어 오기까지 하였다.

황희는 자신의 실무 경험을 바탕으로 파저강 야인에 대한 정벌책을 구체적으로 건의하였다. 그는 화포를 효과적으로 사용하는 방법에 대해서 건의하는 동시에 한편으로는 선물을 보내 여진을 회유하는 방식도 논하였다. 파저강 지역의 야인을 다스리는 문제에 대해서는 그 이후에도 지속적으로 건의를 하였으며, 노획한 야인들의 재산과 포로를 처리하는 문

---

44) 이규철, 〈세종 대 파저강 재정벌과 대외정책〉《군사》 95, 2015 ; 김순남, 〈조선초기의 비변대책의 수립과 시행〉《조선시대사학보》 42, 2008.

제, 방어상에 문제가 있었던 강계 지역에 대한 방어책, 여진과 관련된 일련의 사건을 명나라에 보고하는 문제까지 직접 조정에서 다른 대신·국왕과 논의하여 결정하였다.

그 이후에도 대(對)여진 문제가 발생할 때마다 황희는 각 사안에 대하여 보고를 받고 실행의 방향을 결정해야 할 때 자신의 의견을 개진하여 국정을 이끌어 갔다. 1차 파저강 여진 정벌에 이어 세종은 이만주 세력에 대한 2차 정벌의 의지도 보였는데, 여기에는 큰 문제가 있었다. 바로 이 시기에 조선에 침탈하여 피해를 주고 있던 여진 세력은 이만주 세력이 아닌 올량합 여진 세력이었다는 것이다. 더구나 이만주는 명 황제로부터 받은 칙서를 조선에 전달하려는 임무를 띠고 압록강 근처에 와 있으면서 올량합 여진으로부터 공격을 당한 피해자이기도 했다. 그러나 세종은 무슨 이유에서인지 올량합 여진이 아닌 이만주 세력을 공격하고자 하였고, 이 때문에 조정의 대부분의 신료들은 이러한 국왕의 의지에 반대하면서 좌의정 노한(盧開)이 파직되는 일까지 생겼다. 황희 역시 원칙적으로는 정벌에 반대하였던 입장이었지만, 국왕의 강력한 의지와 신료들의 강력한 반대 사이에서 부드러운 조정자의 모습을 보이기도 하였다.

북방 문제를 통해 보인 황희의 모습은 의정부의 대신이 육조의 중요한 사안에 대한 보고를 받고 이에 대하여 다른 대신과 함께 논의 또는 가부를 결정하여 시행의 방향을 결정하는 조정의 의사 결정 시스템, 국왕과 신료들의 의견 차이가 발생하였을 때 이를 중재하고 결정 과정에 이르게 하는 재상의 역할을 잘 보여 준다고 할 수 있다. 군신공치의 이념을 국정 현안을 논하는 자리에서 잘 보여 준 사례이다. 이는 황희가 젊었을 때부터 유관한 분야의 실무 경험을 많이 쌓았던 덕분이며, 관료제 시스템 속에서 충실한 관료 생활을 통하여 재상의 지위까지 오른 인물이 보여줄 수 있는 전형적인 모습이라 할 수 있다.

(2) 군주를 보좌하여 바른 길로 이끎

군신공치 이념을 실현시키는 데에 관료들의 수장인 재상이 그 중심축을 담당하고 있다면, 재상이 국왕과 형성하는 관계는 매우 중요하다. 정도전은 다음과 같은 말로 재상이 국왕과의 관계를 어떤 양상으로 설정해야 하는지 제시하였다.

> 인주에는 어리석은 이도 있고, 현명한 이도 있으며, 강한 이도 있고 약한 이도 있어서 한결같지 않다. 그러므로 총재는 인주의 좋은 것은 살리고 나쁜 것을 고쳐야 하며, 옳은 일은 받들어 봉행하고, 옳지 않은 일은 바꾸도록 해야 한다. 그리하여 인주로 하여금 지나치거나 부족함이 없이 가장 올바른 길로 인도해야 하는 것이다. 그러므로 재상의 '상(相)'이란 말은 '도와준다'는 뜻이다.[45]

위의 글은 재상의 역할이 군주를 바로잡는 것(格君)을 통해 그를 도와주는 것에 있음을 명확하게 보여 준다. 성리학의 정치론에서는 군주를 포함한 모든 정치 주체도 결국 불완전한 인간임을 인정한 차원에서 논의가 진행된다. 따라서 혈통상의 귀속적 신분으로 그 정당성에 어떠한 의심도 받지 않고 왕이 된 사람이라도, 결국은 그 능력과 성품에 편차와 하

---

45) 鄭道傳,《三峰集》7,〈朝鮮經國典〉, 治典-總序: "且人主之材 有昏明強弱之不同 順其 美而匡其惡 獻其可而替其否 以納於大中之域 故曰相也 輔相之義也"

자가 있을 수밖에 없다는 것을 지적한다. 그렇기 때문에 불완전한 군주는 계속되는 자기 수양과 공부를 통하여 성군이 되기 위해 노력해야 하는데, 이것이 군주성학론(君主聖學論)의 골자이다. 이 과정은 결코 군주 혼자 달성할 수 있는 것이 아니기 때문에 신료들의 도움을 받아야 하고, 이것이 제도화된 것이 조선시대 국왕의 경연(經筵)이다. 또한 국왕은 끊임없이 신료들의 간언에 귀를 기울이고 이를 수용하는 모습을 보여야 한다. 관료들을 이끄는 수장이라는 대표성을 가지고 국정 운영 과정에서 빈번하게 국왕을 만나 상대할 수 있는 재상에게 주어진 임무 또한 군주를 '바른 길로 인도하는 것'이었다. 이것이 궁극적으로는 국왕을 '도와주는' 재상의 임무였다.

"만약 임금의 자질이 중간 정도인 경우에는 재상만 훌륭하면 정치가 잘 되지만, 재상이 훌륭하지 못하면 정치가 어지러워진다."[46]고 한 발언은 의미심장하다. 이 발언은 군주가 성군에 가까운 매우 훌륭한 사람이거나 반대로 폭군에 가까운 나쁜 사람일 양단의 가능성은 거의 없다고 가정한다. 즉, '자질이 중간 정도'인 지극히 평범한 사람이 군주일 가능성이 가장 크다고 보고 말을 이어나간다. 이러할 경우, 재상이 얼마나 훌륭한 사람인가에 따라서 정치의 성패가 갈리게 되어 있기 때문에, 사실상 한 국가가 얼마나 잘 운영될 수 있는가는 재상에게 달려 있다고 보아도 무방하다.

위와 같이 군신공치를 이야기하는 성리학의 정치 이념에서는 인위적으로 선택이 가능한 재상의 자질을 중시하고, 재상이 군주를 제대로 보

---

46) 鄭道傳, 《三峰集》7, 〈朝鮮經國典〉, 治典-宰相年表: "若夫中材之主 相得其人則治 不得其人則亂"

좌하는 것의 중요성을 강조한다. 황희 역시 세종 대에 장기간 재상의 지위에 있으면서 세종의 잘못된 점에 대하여 간언하며 보좌하였던 것을 볼 수 있다. 그 대표적인 것이 세종의 불사(佛事)에 대한 간언이다.

신이 그윽이 생각하옵건대, 불교의 허탄하고 망령됨과 선유(先儒)의 변론(辨論)을 하늘이 내신 전하의 성학(聖學)으로써 갖추고 자세히 강구하시어, 백성의 해충(害蟲)이 됨을 밝게 아실 것인즉, 신이 어찌 쓸데없는 말을 보태오리까. (중략) 신이 그윽이 천의(天意)를 헤아리건대, 반드시 "이 경찬회는 국가의 경비를 쓰지 아니하고 특히 한때의 작은 일인데, 무엇이 치도(治道)에 해로움이 있겠느냐."고 할 것이지만, 불교의 흥하고 폐하는 기회가 바로 이 일에 있을 뿐만 아니라, 또 후세에 아비도 없고 임금도 없는 가르침을 열어서 함께 이적(夷狄)과 금수(禽獸)가 될 것입니다. 하는 일은 비록 작사오나 해되는 바는 많으니, 국가 만세를 위하여 거듭 염려하지 않을 수 없습니다.[47]

세종은 재위 후반기에 자주 불사를 열어서, 이를 배척하는 언관들의 상소가 빈번했다. 그 가운데 가장 집중적이었던 것은 1441년 11월과 12월에 흥천사의 사리각에 베푸는 경찬회(慶讚會)를 세종이 주도적으로 시행하려 하자 이에 대해 신료들이 지적을 한 것과, 1448년 7월과 8월에 내불당(內佛堂)의 건축을 두고 국왕과 신료들이 대립을 한 것이었다. 위의 상소는 첫 번째 사안에 대하여 황희가 올린 것으로, 불교의 허망함과

---

47)《세종실록》94, 〈세종 23년 윤11월 23일 병술 2번째 기사〉

그 해악이 경찬회를 계기로 백성들에게까지 미쳐 조선이 오랑캐의 나라가 될 것이 염려된다는 발언을 하였다. 이러한 레토릭은 불교를 배척하는 조선시대의 여타 글에서 자주 볼 수 있는 것으로, 황희가 당대의 지식인들 사이에서 합의된 불교에 대한 판단을 하고 있음을 알 수 있다.

하물며 이제 위로는 의정부로부터 아래로는 학생에 이르기까지 말을 합하여 파하기를 청하였으나 오히려 윤허를 받지 못하고, 반드시 시행하기를 기약하시니, 이것이 무엇이 백성에게 이익이 되고 무엇이 나라에 유익하며, 무엇이 풍속을 후하게 하고 무엇이 전하에게 도움이 되겠습니까. 한갓 부처에게 아첨하는 자로 하여금 빙자하는 말이 되게 할 뿐이오니, 어찌 성덕에 누가 되지 않겠습니까. 이것이 신의 죽음이 가까운 때에 더욱 마음이 아픈 이유입니다. 신은 용렬한 자질을 가지고 외람되게 백관(百官)의 수장이 되어 사문(斯文)을 거느리는 직책을 완수하지 못했으나, 영화로움은 일신(一身)에 나타나고 은혜는 구족(九族)에게까지 미쳤으니, 보답할 길이 없습니다.[48]

위의 황희의 발언에서 흥미로운 것은, 황희 자신이 '백관의 수장인 재상'으로서의 자의식을 명확하게 가지고 유교문화(斯文)를 조선에서 수호하며 이를 거스르고자 하는 군주를 바로잡는 일을 자신의 임무로 인지하고 있다는 점이다. 곧 황희가 재상으로서 관료들의 의견을 수렴하고 국왕의 잘못됨을 바로잡음으로써 보좌하는 일을 하는 차원에서 불사의 폐

48) 《세종실록》 94, 〈세종 23년 윤11월 23일 병술 2번째 기사〉

지를 건의하고 있음을 알 수 있으며, 이 역시 군신공치의 한 일면이다.

이해 11월에 경찬회에 대한 조정의 반응을 보면 이달 초부터 성균관 유생들과 최만리(崔萬理)를 비롯한 집현전의 학자들, 사헌부와 사간원의 관리들, 육조의 판서들, 대간들까지 지속적으로 거의 매일 경찬회를 취소할 것을 요구하는 상소를 올렸다. 황희는 조정의 주요 관서들에서 상소 올리기가 끝나자, 이를 종합하여 대변하듯이 말일인 23일 상소를 올렸다. 이는 재상이 조정의 이슈가 되는 주요 사안에 대하여 어떻게 행동하는지 보여 주는 좋은 사례라고 생각된다. 즉, 군신공치의 이념에 따라 백관을 거느리고 군주를 보좌하는 중심축을 담당하는 재상의 역할은 조정 내부에 대대적으로 간언의 경우가 발생할 때에도 같은 양자를 매개하는 패턴을 보이고 있다는 것이다. 특히 신료들의 견해를 대변하며 군주의 행동을 바로잡는 재상의 역할은 관료의 수장으로서 상징적인 것이기도 하였지만, 동시에 현실적인 힘을 발휘할 수도 있었다. 황희가 불사를 중지할 것을 건의한 것에서 보여 주는 모습은 관료제 속의 재상의 역할을 명징하게 드러낸다는 점에서 군신공치의 이념을 또다시 확인할 수 있게 한다.

4. 결론

본 글에서는 조선의 군신공치는 관료제의 틀 속에서 '대신'의 정치 활동과 그 의미를 평가하는 데로 초점이 옮겨져야 함을 주장하였다. 이어서 태조 대부터 세종 대까지 중앙정치 제도 운영 방식의 변천이 국정 운영과 이를 수행하는 관료를 편제하는 방식과 연관되어 있음을 살펴보았다. 결과적으로 이는 군신공치 이념이 제도 속으로 자리 잡아 가는 과정이라 할 수 있다.

조선 전기에 드러난 군신공치 이념이 대신을 정점으로 하는 관료제 속의 구성원들이 국왕과 협력하여 국정을 공동 운영하는 것이라고 한다면, 중요한 것은 관료제의 구성원들과 국왕을 매개하는 대신의 역할이다. 또한 대신 중에서도 가장 상위 그룹에 속하여 국정을 총괄하는 기능을 수행했던 재상이 중심축이 될 수밖에 없을 것이다.

세종 대의 의정부서사제에서 의도한 중앙정치 체제의 개편은 재상에게 확실한 임무를 주고 이를 중심으로 관료제의 질서를 바로잡고 안정적·효율적인 운영을 꾀하는 것이었으며, 황희가 재상으로서 보여 주었던 국정 운영의 모습은 관료제의 안정화를 통하여 군신공치의 이념을 구현한 것으로 평가할 수 있을 것이다.

방촌 황희의 청백리 논란에 대한 재검토[1]

이영춘[2]

1. 서론

조선 세종 대의 명재상이었던 방촌(厖村) 황희(黃喜, 1363(공민왕 12)~
1452(문종2))는 어진 정승으로서 조선시대 대신의 표상으로 칭송되었다.
중종 때 대사헌을 지낸 정암(靜菴) 조광조(趙光祖)는 "세종께서 일세의
다스림을 이룬 것은 황희와 허조(許稠)를 정승으로 삼은 때문"[3]이라고
단적으로 말한 일도 있었다. 이처럼 방촌은 세종을 도와 조선 초기 제도
문물의 기초를 닦았고, 국방을 견고히 하고 사회를 안정시켜 15세기 민
족문화 융성의 기틀을 마련하였던 인물이다.

방촌은 비상한 자질을 타고나 학문과 식견이 탁월하였고, 관대하고 소
탈하며 온건한 인품을 갖추어 대신의 풍모를 갖추었다. 이 때문에 방촌
에 관해 흥미 있는 설화들이 많이 생겨나 후세에 회자되기도 하였다. 그
는 태종 때 양녕대군의 세자 폐위를 반대하다가 5년간 유배 생활을 하
는 시련을 겪기도 하였으나, 세종 초에 복직되어 정승이 되었고, 18년 동
안이나 영의정의 자리에 있으면서 세종 대 국정을 총괄하였다. 방촌은

---

1) 이 논문은 2016년 (사)방촌황희선생사상연구회의 연구지원을 받아 수행된 논문이다.
2) 李迎春, 韓中歷史文化研究所 所長
3) 《중종실록》 권 35, 〈14년 3월 1일 甲午〉

조선시대 관료들의 사표가 되었을 뿐만 아니라, 오늘날에 이르기까지 관료 사회의 이상이 되었고, 서민들에게 전설이 되다시피 하였다. 그는 오늘날의 역사학자들로부터도 그 업적을 높이 평가받고 있다.4)

방촌의 학식과 인품 및 재상으로서의 훌륭한 업적에 대하여는 이론의 여지가 없다. 그러나 아무리 훌륭한 분이라도 사소한 허물은 있게 마련이다. 후세에 높이 칭송받았던 방촌도 공적인 활동이나 인간적인 면에서 작은 과오가 없지는 않았다. 그러나 사소한 허물 때문에 그의 평생 업적이나 인품을 폄하해서는 안 될 것이다.

방촌은 조선 후기의 《청백리안(淸白吏案)》에 기초하여 편찬된 것으로 보이는 《대동장고(大東掌攷)》 청리고(淸吏攷)5)를 비롯하여 《청선고(淸選考)》 청백(淸白)편,6) 《전고대방(典故大方)》7) 청백리록(淸白吏錄) 등 여러 청백리 전고 자료에 이름이 올라 있다. 그는 조선시대로부터 현대에 이르기까지 청백리의 상징으로 칭송받아 왔다. 이는 주로 야사(野史)나 설화에서 전해진 것이기는 하였지만,8) 오랫동안 그의 이름은 청렴한 공직자의 대명사처럼 여겨져 왔다. 그러나 근래에 《조선왕조실록》이 국역되어 널리 보급되고 인터넷으로 검색이 가능해지면서 논란의 여지가 있는 기사나 사소한 과오들을 근거로 하여 그의 청렴성을 훼손하는 주장들이 나타나

---

4) 이성무, 《방촌 황희 평전》, 민음사, 2014, 449~455면.

5) 조선 후기 순조 연간에 홍경모(洪敬謨)가 우리나라의 역사와 고사를 정리한 책이다.

6) 조선 말기인 1906년경에 이루어진 것으로 추정된다. 편저자는 미상이다.

7) 조선 말기의 학자 강효석(姜斅錫)이 1924년에 우리나라의 전고(典故)를 집대성하여 편찬한 책이다.

8) 김낙효, 〈황희 설화의 전승양상과 역사적 의미〉, 《비교민속학》 19집, 2000. 및 나종현, 〈조선 후기 사대부 계층의 황희에 대한 인식과 '야담'〉

고 있다. 오늘날 출판되고 있는 책자나 인터넷 자료들에는 방촌의 청백리 문제에 이의를 제기하거나 재검토를 촉구하는 글들이 적지 않다. 물론 장수 황씨 문중을 중심으로 이들의 주장을 반박하고 방촌이 청백리임을 적극 옹호하는 연구도 있다.9)

이 주제의 검토를 위해 '청백리(淸白吏)'의 개념 문제를 논의할 필요가 있다.10) '청백리'란 청렴한 관료를 뜻하지만, 조선시대에 일컬어진 '청백리'란 일반적인 청렴한 관료가 아니라, 국가에서 선발되어 《청백리안(淸白吏案)》이란 장부에 오른 사람들을 말한다. 그러나 실제의 《청백리안》에는 공식적으로 선발된 적이 없는 관료들도 많이 수록되어 있고, 반대로 선발되기는 하였으나 이 장부에 이름을 올리지 못한 사람들도 많이 있었다. 조선 후기에 다시 작성된 이 《청백리안》과 이를 바탕으로 편찬된 여러 전고서들의 성격을 살펴보면, 조선시대 '청백리'란 좀 더 복합적인 성격을 갖는 용어이며, 그 개념에 대한 새로운 인식이 필요함을 알 수 있다.

《세종실록》을 비롯한 조선 초기 실록에 방촌의 청렴성을 의심할 만한

---

9) 황주연, 〈황희 정승에 대한 청백리 논란〉, 제2회 방촌 학술대회 자료집, 《세종 대 정치와 방촌 황희선생》, 방촌황희선생사상연구회, 2016.

10) '청백리'의 개념 문제를 포함하여 조선시대 청백리에 관한 대표적인 연구로는 아래와 같은 논문들이 있다.
李瑞行, 〈朝鮮朝 淸白吏 公職倫理에 관한 硏究〉, 《정신문화연구》 37, 한국정신문화연구원, 1989.
李章熙, 〈淸白吏制度의 史的 考察〉, 《韓國史學論叢》 上, 水邨朴永錫敎授華甲紀念論叢刊行委員會, 1992.
오수창, 〈조선시대의 淸白吏 선발과 贓吏 처벌〉, 《한국사시민강좌》 22, 일조각, 1998.
李迎春, 〈朝鮮時代 官僚制 運營의 倫理的 基礎〉, 《韓國中世史論叢-李樹健敎授停年紀念-》, 李樹健敎授停年紀念論叢刊行委員會, 2000.)
권문봉, 〈유학자들의 淸白吏論 고찰 - 茶山과 星湖를 중심으로 -〉, 《열린정신인문학연구》 16-2, 원광대학교 인문학연구소, 2015.)

기사나 논평들이 여러 건 수록되어 있는 것은 사실이다. 따라서 이 문제에 관련된 실록 자료들을 정리하여 세밀하게 검토해 볼 필요가 있다. 신숙주가 지은 방촌의 〈묘표(墓表)〉와 〈묘지(墓誌)〉의 글은 방촌에 관한 가장 중요한 전기 자료이다. 여기에서 묘사된 그의 소박한 성품과 검소한 생활 모습이 후대에 끼친 영향도 살펴보아야 할 것이다. 또한 야사 등도 아울러 참고해야 하고, 특히 조선 후기에 작성된 《대동장고》 등의 청백리 전고 자료들과 그 의미를 유의하여 살펴볼 필요가 있다. 본 연구에서는 이러한 여러 자료들을 검토하여 사실적이고 종합적인 이해를 시도해 보고자 한다.

2. 조선시대 청백리의 개념과 명단

'청백리'는 깨끗하고 청렴한 관리를 지칭하는 일반적인 용어이기는 하지만, 조선시대에는 특별히 국가에서 선발하여 《청백리안》에 올린 관료들을 지칭하였다. 그러나 《청백리안》에는 공식적으로 선발된 적이 없는 인물들도 많이 수록되어 있었다. 이 때문에 '청백리'라는 용어는 다양한 의미를 가지고 있으며 그 개념이나 녹선 제도가 처음부터 분명하게 정립된 것이 아니었다. 흔히 말하듯이 작고한 관리가 녹선된 경우에는 '청백리'라고 하고, 현직 관리가 녹선된 경우에는 '염근리(廉謹吏)'라고 부른다는 것도 조선 후기에 정해진 개념이었다.[11]

청백리나 염근리의 선발 시기나 그 과정과 방법 그리고 선발되는 관원

---

11) 청백리의 개념에 대한 개략적인 연구는 李章熙, 〈淸白吏制度의 史的 考察〉, 《韓國史學論叢》 上, 水邨朴永錫敎授華甲紀念論叢刊行委員會, 1992, 566-567면 참조.

들의 수도 일정하지 않아, 왕대에 따라 차이가 많았다. 조선시대에 청백리를 공식적으로 녹선하기 시작한 초기(중종, 명종, 선조 대)에는 선발 인원이 매우 많았지만, 후기에는 그 수가 비교적 적었다. 그리고 조선 중기의 광해군, 효종, 현종, 경종 대와 후기의 영조, 순조 대에는 한 명도 선발되지 않았다. 그리고 청백리나 염근리가 선발된 직후에 그 타당성이나 공정성에 대한 비판이 있기도 하고, 때로는 선발 자체가 취소되고 다시 선발하는 일도 있었다.[12] 청백리와 염근리의 녹선 제도와 규정은 대체로 숙종 때 와서 정착되었다. 본론에 들어가기 전에 우선 그 전제가 되는 청백리의 개념,《청백리안》과 간련된 자료들 및 청백리 녹선 제도의 정착과정 등을 간략히 살펴보고자 한다.

1) 청백리와 염근리의 개념

'청백리'는 넓은 의미로 말하자면 '청렴하고 곧으며 지조 있는 관리'를 지칭하는 말로서, '염근리', '염리', '청리'라고 부르기도 하였다. 이들 용어는 사실 같은 의미를 가진 것으로 보통 '염리'라고 부르고 있다. 그러나 우리나라에서는 전통적으로 '청백리'를 칭송하고 존중하는 의식이 강하여 보통의 '염리'보다 훨씬 더 영예로운 것으로 인식하였다. 특히 조선시대에는 '청백리'란 호칭이 대단히 중시되었다.

조선시대에 특별히 칭송받고 영예로 여겼던 '청백리'는 일반적 염리의

---

12) 1601년(선조 34) 5월에 있었던 청백리 녹선은 당초 柳成龍, 李元翼, 金晬, 李光庭, 成泳, 汝霖, 許頊, 吳億齡, 許潛, 李有中, 李時彦, 金長生, 李基卨 등 13인이 뽑혔으나, 당시의 대간(臺諫)이 그 부당함을 논박하고, 대신 金命元이 고쳐 뽑기를 요청하여, 결국 柳成龍, 李元翼, 許潛, 李時彦, 4명이 녹선되었다.(《선조수정실록》권 35,〈34년 5월 1일 戊戌〉)

의미가 아니고, 국가에서 선발하여 '청백리안'13)이나 '염근리안'에 이름이 올랐던 특정의 관료들을 지칭한 것이다. 그러나 이조에서 관리하였던 이들 공부(公簿)의 원본은 현재 전해지지 않고 있다. 그러나 이 '청백리안'을 토대로 하여 작성된 것으로 생각되는 여러 종류의 전고 자료들이 조선시대 청백리의 명단을 전하고 있다. 이들 중에서 순조대에 작성된 홍경모(洪敬謨)의《대동장고(大東掌攷)》가 '청백리안'의 원본에 가까울 것으로 생각되는데, 여기에는 116명의 명단이 수록되어 있다. 이는 같은 시대에 저술된 정약용의《목민심서(牧民心書)》에서 조선시대의 청백리 수가 110명이라고 한 것과 대체로 일치한다. 1906년경에 편찬된《청선고(淸選考)》에는 189명이, 1924년에 편찬된《전고대방(典故大方)》에는 218명의 청백리 명단이 수록되어 있지만, 이들 자료는 후대에 그 명단이 부풀려진 것으로 생각된다.

그러나《대동장고》에 수록된 116명의 명단도《조선왕조실록》의 청백리 녹선 기록과 비교해 보면 많은 차이가 있다. 우선 조선 초기인 태조~성종 대에는《대동장고》에 44명의 명단이 수록되어 있지만, 실록에는 이들의 선발 기록이 보이지 않는다. 중종 대에는 실록에 19명의 청백리 록선(錄選) 기록이 있지만,《대동장고》에는 이들 중 7명만이 수록되어 있다. 반면 실록에서 선발 기록이 없는 인물 13명이《대동장고》에 수록되어 있다. 명종 때는 청백리와 염근리로 녹선된 인물이 40명이나 되지만, 이들 중에서《대동장고》에 수록된 사람은 6명에 지나지 않는다. 반대로《실

---

13) '淸白吏案'은 원래 그 자손들을 녹용(錄用)하기 위한 목적으로 작성하였기 때문에《淸白吏子孫錄》으로도 불리었다. "이조참판 李文馨만이《孝行錄》과《淸白吏子孫錄》두 권을 들고 폈다 덮었다 하여 마지않았으나, 끝내 천거한 사람이 없었다."(《명종실록》권 33, 〈21년 12월 21일 丁未〉)

록》에서 선발된 적이 없는 인물 1명이 《대동장고》에 수록되어 있다. 이를 보면 《대동장고》의 중종~명종 대 청백리 기록은 《실록》과 매우 다른 것을 알 수 있다. 그러나 선조 대 이후에는 《실록》의 녹선 기록과 《대동장고》의 명단이 약간의 차이는 있지만 대체로 일치하고 있다. 특히 《숙종실록》에 기록된 20명의 청백리와 염근리는 그대로 《대동장고》에 수록되어 있어 100% 일치한다.

국가에서 공식적으로 청백리를 선발하지 않았던 성종 이전과 본격적으로 녹선하기 시작하였던 중종·인종 대에 두 자료의 명단이 크게 다른 것은 무슨 까닭인가? 이는 임진왜란과 병자호란을 겪으면서 《청백리안(淸白吏案)》을 비롯한 많은 공식 자료가 소진되거나 유실되어 그 원안을 복원하기 어려웠기 때문으로 생각된다.[14] 그래서 효종 대에는 실록에서 청백리 명단을 고출(考出)하여 《청백리안》을 복원하거나 재작성하고자 하였으나 그 분량이 워낙 방대하였기 때문에 실현되지 못하였다. 그만큼 당시에는 《청백리안》이 제대로 관리되지 못하고 있었다.

조선 후기의 《청백리안》을 충실히 반영한 것으로 보이는 《대동장고》의 청리고 편을 보면, 청백리 녹선 제도가 없었던 태조~성종 대와 녹선이 시작된 중종~명종 대의 청백리 명단에는 당대에 청렴으로 이름난 명망가들이 대체로 다 포함되어 있다. 이는 효종 대에 《청백리안》을 복원하는 과정에서 실록을 참고하기가 용이하지 않았기 때문에 청렴으로 명망이 있었던 고관들을 중심으로 명단이 작성되었던 것으로 생각된다. 특히 성종 대 이전의 인물들이 그러하였다. 《대동장고》에는 《실록》에서 녹선

---

14) "李正英, 以禮曹言啓曰, (中略) 近以淸白吏子孫, 食物題給事, 臣今方抄出, 而無文籍
可徵者, 不能抄啓矣."《承政院日記》154책, 〈효종 10년 2월 18일 己卯〉)

기록이 없는 인물들이 많이 포함되어 있기는 하지만, 그들 또한 당대에 청렴으로 칭송받았던 인물들이었다. 임진왜란과 병자호란 이후에 다시 작성된《청백리안》은 제한된 자료와 당시의 공론을 바탕으로 이루어진 것이라고 할 수 있다. 그리고 여기에 수록된 인물들이 조선시대의 청백리로 인정되었던 것이다.

따라서 조선시대에 칭송받았던 청백리는 공식적인 선발 여부와는 별개로 이《청백리안》에 이름이 올랐던 인물들이었다고 할 수 있다. 조선 초기의 명 재상이었던 방촌 황희는《대동장고》뿐만 아니라 후대에 작성된《청선고(淸選考)》[15]와《전고대방(典故大方)》[16]에 모두 수록되어 있다.

'청백리'와 함께 '염근리'라는 호칭의 유래와 그 차이도 살펴볼 필요가 있다. 1514년(중종 9) 11월 중종의 명에 의해 처음으로 청백리를 천거하였을 때는 작고한 관리나 현직 관리를 모두 '청백리'로 불렀다.[17] 명종 때도 초기에는 '청백리'라는 이름으로 녹선(錄選)하였으나,[18] 1551년(明宗 6) 11월에는 '염근(廉謹)'이란 이름으로 고쳐서 안현(安玹), 홍섬(洪暹), 박수량(朴守良) 등 현직 관리 33명을 뽑았다. "청간한 사람은 널리 뽑기가 어려워 '염근'으로 고쳤다"는 것이다.[19] 이때부터 현직 관리를 뽑는 경우에는 '염근리'라고 부르게 되었다. 그래서 1601년(선조 34) 5월에 조정에서 청백리의 초계(抄啓)를 논의할 때는 처음부터 '염근'으로 호칭하였고,[20] 1603

---

15) 조선 말기인 1906년경에 이루어진 것으로 추정된다. 편저자는 미상이다.

16) 조선 말기의 학자 강효석이 1924년에 우리나라의 전고를 집대성하여 편찬한 책이다.

17) 《중종실록》 권 21, 〈9년 12월 5일 癸巳 및 12월 25일 癸丑〉

18) 《명종실록》 권 3, 〈1년 4월 6일 壬辰〉

19) 《명종실록》 권 12, 〈6년 11월 10일 甲午〉

20) 《선조실록》 권 137, 〈선조 34년 5월 16일 癸丑〉

년(선조 36) 5월에 작고한 사람들을 녹선할 때도 '염근리'라고 하였다.[21) 그러나 1636년(인조 14) 6월에는 현직 관리들을 녹선할 때였는데 다시 '청백리'라는 이름을 붙였다.[22) 이렇게 '청백리'와 '염근리'의 호칭에 혼선이 빚어지자, 1694년(숙종 20) 7월에 영의정 남구만(南九萬)의 건의에 의해 "작고한 사람은 '청백리'라 하고, 생존한 사람은 '염근리'라고 한다"고 확정하였다.[23)

이상의 논의 과정을 보면, '청백리'는 '염근리'에 비해 한층 더 격이 높았고 그 선발에 신중하였던 것을 알 수 있다. 그러나 '염근리'로 뽑힌 사람은 사후에 큰 하자가 없는 한 당연히 '청백리'로 인정되었다. 영조 대에 좌의정 서명균(徐命均)이 "염근이란 명목은 뒤에 마땅히 청백리로 삼는다"는 주장이 이를 말하는 것이다.[24) 그래서 '염근리'의 호칭도 매우 신중하게 생각되었고, 보통의 청렴한 관리들은 '염리'라고 부르게 되었다.[25)

조선 중기에 청백리를 선발하고 그들의 후손을 녹용(錄用)하는 제도가 시행된 것은, 16세기에 만연한 관료들의 탐욕을 억제하고 청렴을 장려하여 민생을 보호하기 위한 목적에서 시작된 것이다. 1514년(중종 9) 11월에 대사간 최숙생(崔淑生)이 청백리의 녹선을 주장하면서 "근래 탐풍(貪風)이

---

21) 《선조실록》 권 166, 〈36년 9월 3일 丙辰〉

22) 이때는 현직에 있었던 金尙憲, 李安訥, 金德誠, 金時讓, 成夏宗 등 5인이 녹선되었다.《인조실록》 권 32, 〈14년 6월 8일 辛巳〉

23) 《숙종실록》 권 27, 〈20년 7월 23일 己丑〉

24) 《영조실록》 권 36, 〈9년 12월 20일 丁卯〉

25) "김재로(金在魯)가 말하기를, '살아 있는 자는 염근(廉謹)이라 하고 죽은 자는 청백(淸白)이라 합니다. 염근이라 칭하는 것을 가볍게 의논함은 부당하니, 고치는 것이 마땅합니다.' 하니, 임금이 말하기를, '그렇다면 염리(廉吏)로 고치는 것이 좋겠다.' 하였다."《영조실록》 권 36, 〈9년 12월 20일 丁卯〉

크게 유행하고 있으니, 청백리를 표창하고 상을 주어서 그들을 면려(勉勵)한다면 염치(廉恥)를 아는 기풍이 흥기될 수 있을 것"26)이라는 주장이나, 《선조실록》의 사론(史論)에서 "청백리를 등용하는 것은 바로 탐묵(貪墨)을 막는 길이니, 중흥을 위한 첫 번째 급무가 바로 여기에 있다"27)고 설명한 것은 바로 이를 말하는 것이다. 또 그들의 자손을 녹용하는 것은 현종 때 영의정 허적(許積)이 말한 바와 같이 "청백리의 자손을 녹용하는 것은 그 덕을 존숭하고 공에 보답하는 방법일 뿐 아니라, 또한 한 세상을 넌지시 면려시키는 방법"28)이기도 하였다. 그러나 청백리나 염근리의 녹선은 효율적으로 시행되지 못하여 여러 가지 비판이 제기되었고, 그 후손들의 등용도 제대로 이루어지지 못하였다. 이 때문에 청백리 제도가 관료들의 부패를 막고 사회를 정화하는 데 큰 의미가 없었다는 연구가 있다.29) 그러나 열악한 조선시대 관료들의 보수체계하에서 이 제도가 최소한의 윤리적인 기초를 제공하였다는 긍정적인 이해도 있다.30)

2)《청백리안(淸白吏案)》과 청백리 명단

조선시대에는 어떤 사람들을 청백리로 불렀을까? 일반적으로 말하면 국가에서 시행한 녹선에서 청백리나 염근리로 뽑혀 《청백리안》이나 《염근리록(廉謹吏錄)》(또는 《염리록(廉吏錄)》)에 이름이 올랐던 관료들이다.

---

26) 《중종실록》 권 21, 〈9년 11월 15일 癸酉〉

27) 《선조실록》 권 133, 〈34년 1월 8일 丁未〉

28) 《현종개수실록》 권 24, 〈12년 8월 13일 辛卯〉

29) 오수창, 앞의 논문, 51면 및 李章熙, 앞의 논문 574-575면.

30) 李迎春, 앞의 논문, 322면.

《염근록》은 현직 관리들의 장부이므로 그들이 죽은 후에는 자동적으로 그 명단이 《청백리안》에 합쳐지게 된다. 청백리 선발은 본래 그 후손들을 충신 효자들의 자손과 같이 특별히 관직에 등용하기 위한 목적이 있었다. 그래서 《청백리안》에 그 후손들의 명단을 수록한 《청백리자손록》이라는 장부도 있었다. 그러나 임진왜란과 병자호란을 겪으면서 이들 자료는 모두 소진되었으므로, 효종 때 이들을 복원하게 되었다. 그러나 근거할 만한 자료가 부족하였고 《실록》을 참고하기도 용이하지 않았으므로 그 후손들이 임의로 제출한 단자(單子)와 관리들의 전문에 의존할 수밖에 없었다. 그래서 《실록》의 녹선 기록과 큰 차이가 있는 부실한 장부가 되었지만, 당시의 엄격한 공론을 반영한 것이었으므로 역사적인 의미를 가지고 있었다.

이렇게 다시 작성된 조선 후기의 《청백리안》과 《염근록》은 인사를 담당하는 이조(吏曹)에서 관리하고 있었다. 이 장부들은 조선 말기까지도 이조에 비치되어 있었고, 기밀 자료가 아니었으므로 이조의 관리들은 물론 조정의 웬만한 지위에 있었던 관리들은 열람하고 등사할 수 있었던 것으로 보인다. 그래서 조선 후기에는 여러 종류의 청백리 명단이 개인들에 의해 작성되어 전해지고 있다. 대표적인 것이 순조 때 홍경모가 편찬한 《대동장고》 청리고, 1906년경에 이루어진 편자 미상의 《청선고(淸選考)》 청백편 및 1924년에 강효석(姜斅錫) 등이 편찬한 《전고대방(典故大方)》 청백리록이다. 조선 후기에 작성된 이들 문헌의 청백리 명단은 《실록》의 청백리 선발의 실상과 많이 다르고 정부 기관에서 편찬된 자료가 아니란 점에서 매우 부정적으로 보는 연구가 많다.[31] 그러나 이들 자료는 그 시대 사람들에게는 절대적인 의미를 가지고 있었으며, 조선시대 청백리의 대체적인 윤곽을 보여 주는 것이기도 하다.

이조에서 작성하여 관리한 《청백리안》은 엄격하고 공정하게 운영되지 못하였던 것 같다. 청백리나 염근리의 선발에는 항상 잡음이 있었고, 그 선정 기준이 모호하고 제도화하지 않았기 때문에 논란의 여지가 많았다. 《전고대방》에 수록된 다음과 같은 고사가 그것을 말해 주고 있다.

염리의 선정은 사회 정의(世道)를 장려하고 청렴한 지조를 진작시키기 위한 것이다. 품계를 높여서 포상하고 이름을 기록하여 장려하였으니, 여러 조정에서 숭장(崇奬)한 것이 지극하였다. 그러나 그들을 뽑아 선정하는 규정에는 납득할 수 없는 것이 많았다. 청백리를 녹선하는 것과 염근리를 선발하는 것을 간혹 동시에 함께 거행하는 경우가 있었는데, 조금씩 다른 점이 없지 않았다. 지금의 청백리안에 수록된 사람들 중에는 당초에 표(標)하지 않았는데 별기(別記)한 것도 있으며, 제대로 기록된 사람도 있고 빠진 사람도 있었다. 숙종 갑술년(1694)에 이르러 남계(南溪) 박문순(朴文純, 박세채(朴世采))이 임금에게 아뢰기를 "이조의 《염리록(廉吏錄)》에는 오직 전조(銓曹)에 힘이 있어서 사유를 달아 녹용해 주어야만 비로소 입록되기 때문에, 마땅히 녹선해야 함에도 녹선하지 않은 사람이 매우 많습니다. 청컨대 《실록》을 포쇄(曝曬)할 때 사관(史官)들로 하여금 관련 기사를 찾아내어 장부를 다시 만들도록 해야 합니다." 라고 건의하여 윤허를 받았다. 그 후에 과연 《염리록》을 고쳐서 시행하였는지는 알 수 없으나, 이조의 《청백리안》과 《염리록》에 조금 수정을 가

---

31) 오수창, 〈조선시대의 淸白吏 선발과 贓吏 처벌〉, 《한국사시민강좌》 22, 일조각, 1998) 49~50쪽.

하였다고 한다.32)

《대동장고》청리고에 수록된 청백리의 수는 고려 때 인물을 제외하면 116명이다. 이는 같은 시기에 편찬된《목민심서》의 110명과 대체로 일치하는 것으로,33) 그 신빙성이 높은 것이다.《청선고》청백 편에는 189명, 《전고대방》청백리록에는 218명이 수록되어 있다. 뒤의 두 자료는《대동장고》를 기초로 하였지만, 많은 인원이 추가되어 있다. 그 자세한 내력은 알 수 없지만, 대한제국 말기와 일제 시기의 혼란 속에서 그 명단이 부풀려진 것으로 생각된다. 위 3자료에 수록된 왕대별 청백리의 수를 정리하면 [표 7]과 같다.(수록자들의 명단은 부록 〈조선시대 자료별 청백리 명단〉 참조)

이들 전고 자료들 중에서《대동장고》청리고가 조선 후기의《청백리안》원본과 가장 가까운 것으로 생각된다. 이는 그 편찬자인 홍경모는 순조 대에 이조의 참의, 참판, 판서를 차례로 역임한 인물이었으므로 당시의《청백리안》을 익히 보았을 것이고, 조선조의 여러 전고에도 박식하였기 때문에 크게 오류가 없을 것이다. 또 여기에 수록된 청백리의 수가 다산이 저술한《목민심서》의 수와 큰 차이가 없기 때문이다. 순조 대 이후에는 청백리나 염근리를 녹선한 기록이 없으므로 본서에서 기록한 116명이 조선시대에 공인되었던 청백리의 수라고 할 수 있다.

《대동장고》청리고의 청백리 명단과 실록의 청백리·염근리 녹선 기록을 비교해 보면 [표 8]과 같다.

---

32)《典故大方》권2, 〈淸白吏錄〉

33) 이 청백리의 수효에 대해 다산(茶山)은 "400년 동안 속대입조자(束帶立朝者)가 거의 천명 만명인데, 그중에서 청백리로 뽑힌 자가 겨우 이 수에 그쳤으니, 역시 사대부의 수치가 아니겠는가?" 하고 탄식하였다.(《牧民心書》제2부, 〈律己六條, 淸心〉)

[표 7] 조선시대 자료별로 수록된 청백리 · 염근리의 수

王代	《牧民心書》 (純祖代)	《大東掌攷》 (純祖代)	《淸選考》 (1906년경)	《典故大方》 (1924년)	《朝鮮王朝實錄》
太祖		3	3	5	
太宗		8	8	8	
世宗	45	12	16	15	
世祖		5	7	7	
成宗		16	19	20	
中宗		20	32	36	19
明宗	37	7	46	46	40
宣祖		11	19	27	11
仁祖		9	9	13	5
肅宗		20	19	22	20
英祖	28	5	6	6	5
正祖				2	
純祖				4	
합계	110명	116	189	218	115

[표 8] 《대동장고(大東掌攷)》의 청백리 명단과 《실록》의 청백리 · 염근리 선발 기록

王代	《大東掌攷》	《실록》의 청백리 선발 기록
太祖	安省, 禹賢寶, 柳珣 등 3인	
太宗	慶儀, 李之直, 金若恒, 李伯持, 朴瑞生, 崔有慶, 崔士儀, 李原 등 8인	
世宗	崔萬理, 黃喜, 柳琰, 柳寬, 孟思誠, 柳謙, 李碩根, 閔不貪, 洪桂芳, 朴彭年, 李廷傌, 李知 등 12인	
世祖	盧叔仝, 鄭文炯, 朴薑, 李堰, 郭安邦 등 5인	

成宗	林整, 成俔, 許琛, 朴說, 尹碩輔, 具致寬, 李塤, 李賢輔, 金謙光, 安彭年, 梁灌, 朴處綸, 趙之瑞, 閔暉, 趙士秀, 李愼孝 등 16인	
中宗	崔命昌, 韓亨允, 權璖, 申公濟, 金硍, 金楊震, 曹致虞, 金詮, 吳世翰, 姜叔突, 宋欽, 李善長, 柳軒, 朴祥, 孫仲暾, 尹翼, 趙元紀, 李彦迪, 金延壽, 鄭梅臣 등 20인	鄭昌孫, 李崇元, 金訢, 柳希轍, 宋欽, 朴祥(중종 9, 安琛 薦) 鄭甲孫, 鄭昌孫, 具致寬, 李約東, 金宗直, 李崇元, 柳濱, 鄭誠謹, 姜叔突(동년, 좌의정 鄭光弼 薦) 孫仲暾, 趙元紀, 姜叔突, 金延壽, 朴祥, 宋欽, 金詮(중종 10년 禮曹) 李崇元, 鄭誠謹, 安彭命, 梁芝孫(李繼孟 薦) 金克儉, 李仁亨, 李塤(魚得江 薦) * 중복 외 23명
明宗	尹釜, 鄭宗榮, 李世璋, 安玹, 朴守良, 金洵, 金從舜 등 7인	청백: 朴守良, 趙士秀, 金洵 등 3인(명종 1) 청간: 趙士秀, 周世鵬, 李浚慶, 金秀文, 李世璋, 洪曇, 成世章, 李榮, 金珣, 尹春年, 尹釜, 尹鉉, 金鎧, 李滉, 宋益璟, 卞勳男 등 16명(11월 4일) 염근: 安玹, 洪暹, 朴守良, 李浚慶, 趙士秀, 李蓂, 任虎臣, 周世鵬, 金秀文, 李夢弼, 李世璋, 李榮, 金洵, 全彭齡, 洪曇, 成世章, 尹釜, 尹鉉, 尹春年, 鄭宗榮, 朴永俊, 吳祥, 李重慶, 金鎧, 任輔臣, 李滉, 安從塤, 宋益壽, 金雨, 卞勳男, 辛士衡, 姜允權, 禹世謙 등 33명(6년 11월 6일) 외임: 李榮, 金洵, 吳祥, 申潛, 金雨, 李重慶, 安從塤, 金擴, 兪彦謙, 卞勳男, 金若默, 盧禛, 辛士衡, 金就文 등 14명(7년 11월) 全彭齡, 金就文, 盧禛 등 3명(7년 3월) * 중복 외 40명
宣祖	李浚慶, 許潛, 李墍, 盧禛, 沈守慶, 李友直, 李元翼, 柳成龍, 李恒福, 李直彦, 白仁傑, 李光庭 등 11인	염근리: 柳成龍, 李元翼, 許潛, 李時彦((34년 5월) 작고한 염근리: 李友直, 沈守慶, 李浚慶, 崔興源, 李墍, 白仁傑, 張弼武(34년 9월) * 합 1명
仁祖	金尙憲, 金時讓, 閔汝任, 李安訥, 金德諴, 李命俊, 成夏宗, 崔震立 등 9인	金尙憲, 李安訥, 金德諴, 金時讓, 成夏宗 등 5명(인조 14)

肅宗	李時白, 洪命夏, 李尙眞, 趙絅, 趙錫胤, 姜栢年, 柳慶昌, 朴信圭, 崔寬, 李之馧, 成以性, 李后定, 趙涑, 洪茂, 洪宇亮, 姜說, 李泰英, 李世華, 姜世龜, 尹推 등 20인	청백: 李時白, 洪命夏, 李尙眞, 趙絅, 姜栢年, 趙錫胤, 柳慶昌, 朴信圭, 崔寬, 李之馧, 成以性, 李后定, 趙涑, 洪茂, 洪宇亮, 姜說, 李泰英 등 17인. 염근: 李世華, 姜世龜, 尹推 등 3인(숙종 21년 711) * 총 20인
英祖	李秉泰, 尹趾仁, 鄭亨復, 韓德弼, 許晶 등 5인	淸白: 李秉泰, 尹容, 鄭亨復, 韓德弼, 許晶 등 5인 (영조 選, 정조 20년 確定)
합계	116인 (고려조 5인 제외)	

위의 표를 보면 성종 이전이나 명종 대에는 말할 것도 없고, 중종, 선조, 인조, 숙종 및 영조 대의 청백리 명단도 두 자료에서 그 수가 비슷하지만, 수록된 인물은 상당히 다른 것을 볼 수 있다. 중종 대에는 《실록》에서 선발 기록이 있는 구치관(具致寬), 김종직(金宗直), 김흔(金訢), 안팽명(安彭命), 양지손(梁芝孫), 유빈(柳濱), 유희철(柳希轍), 이숭원(李崇元), 이약동(李約東), 정갑손(鄭甲孫), 정성근(鄭誠謹), 정창손(鄭昌孫) 등 12명이 《대동장고》에는 누락되어 있고, 반대로 《실록》에서 선발 기록이 없는 권빈(權璸), 김무(金碔), 김양진(金楊震), 신공재(申公濟), 오세한(吳世翰), 유헌(柳軒), 윤익(尹翼), 이선장(李善長), 이언적(李彦迪), 정매신(鄭梅臣), 조치우(曹致虞), 최명창(崔命昌), 한형윤(韓亨允) 등 13명이 《대동장고》에 수록되어 있다. 두 자료에 함께 수록된 인물은 안숙돌(姜叔突), 김연수(金延壽), 김전(金詮), 박상(朴祥), 손중돈(孫仲暾), 송흠(宋欽), 조기원(趙元紀) 등 7명에 불과하다. 명종 때는 '청백리' '청백탁리(淸白卓異)' '염근리' 등의 명목으로 여러 차례 청렴한 관료들을 뽑았는데, 여기에 중복으로 선발된 사람도 많았다. 중복 선발된 사람을 1인으로 계산하면 모두 40명이 되는

데, 이들 중에서 《대동장고》에 수록된 사람은 김순(金洵), 박수량(朴守良), 안현(安玹), 윤부(尹釜), 이세장(李世璋), 정종영(鄭宗榮) 등 6명에 지나지 않는다. 반대로 《실록》에서 선발된 적이 없는 김종순(金從舜, 1405(태종 5)~1483(성종 14))이 수록되어 있다. 이를 보면 《대동장고》의 중종~명종 대 청백리 기록은 실록과 매우 다른 것을 알 수 있다. 이는 《청백리안》을 다시 작성하는 과정에서 부실하게 기록된 측면도 있겠지만, 이때의 청백 리나 염근리의 녹선이 워낙 남발된 측면도 있고 부적합한 사람들이 선발 되었다는 비난도 많았으므로 의도적으로 선별한 측면도 있는 것으로 생 각된다.

《선조실록》에서 염근리로 선발된 인물은 모두 모두 11명이 기록되어 있는데, 이들 중 《대동장고》에 청백리로 수록된 인물은 백인걸(白仁傑), 심수경(沈守慶), 유성룡(柳成龍), 이개(李塏), 이우직(李友直), 이원익(李元 翼), 이준경(李浚慶), 허잠(許潛) 등 8명이다. 반대로 《실록》에 선발된 기록 이 없으나 《대동장고》에 기록된 인물은 노진(盧禛), 이광정(李光庭), 이직 언(李直彦), 이항복(李恒福) 등 4인이다. 《인조실록》에서 청백리로 기록된 인물은 김덕성(金德諴), 김상헌(金尙憲), 김시양(金時讓), 이안눌(李安訥), 성하종(成夏宗) 등 5명인데, 이들은 모두 《대동장고》에 수록되었고 그 외 에도 민여임(閔汝任), 이명준(李命俊), 최진립(崔震立) 등 3인이 더 수록되 어 있다. 《숙종실록》에는 이시백(李時白), 홍명하(洪命夏) 등 20명의 청백 리와 염근리의 녹선 기록이 있는데, 이들 20명은 모두 그대로 《대동장 고》에 수록되었고 이들 외에 더 기록된 인물도 없다. 따라서 숙종 대의 청백리 기록은 《실록》과 《대동장고》가 정확히 일치하고 있다. 영조 때 선 발했던 이병태(李秉泰), 윤용(尹容), 정형복(鄭亨復), 한덕필(韓德弼), 허정

(許晶)은 정조 때 청백리로 공인되었고, 순조 때《청백리안》에 오른 것이
《정조실록》과《순조실록》에 기록되어 있다.《대동장고》에는 윤용(尹容)
대신 그의 아버지였던 윤지인(尹趾仁)으로 대체되어 있고 다른 4명은 똑
같이 수록되어 있다. 이상을 정리해 보면 선조 대 이후에는《실록》과《대
동장고》의 청백리 기록이 약간의 차이가 있기는 하지만 대체로 일치하고
있음을 알 수 있다.

국가에서 청백리를 선발하지 않았던 성종 이전은 말할 것도 없고, 본
격적으로 녹선하기 시작하였던 중종과 인종 대에 두 자료의 명단이 크
게 다른 것은 무슨 까닭인가? 이는 임진왜란과 병자호란을 겪으면서《청
백리안》을 비롯한 많은 공식 자료가 소진되거나 유실되어 그 원안을 복
원하기 어려웠기 때문으로 생각된다.34) 그래서 효종 대에는《실록》에서
청백리 명단을 고출하여《청백리안》을 복원하거나 재작성하고자 하였으
나 그 분량이 워낙 방대하였기 때문에 실현되지 못하였다. 그 대신 청백
리 후손으로 알려진 사람들에게서 임의로 단자를 제출받아《청백리안》
을 복원하고자 하였으나,35) 단자를 제출하지 않은 사람도 많았고 확실한
근거 없이 모록(冒錄)하는 폐단도 없지 않았다.36) 그래서 고관들의 보거
단자(保擧單子)에 의하여 후손들을 녹용(錄用)하기도 하고, 예조(禮曹)의
당상관들과 홍문관 관원들이 모여 근거가 될 만한 문서를 고출하여 선

---

34) "李正英, 以禮曹言啓曰, (中略) 近以淸白吏子孫, 食物題給事, 臣今方抄出, 而無文籍
可徵者, 不能抄啓矣."《承政院日記》154책,〈효종 10년 2월 18일 己卯〉)

35) "淸白吏所付單子一百十五張, 自吏曹移送臣曹, 而所錄或音同而字異, 或疊錄而添書,
亦難取信."《承政院日記》154책,〈효종 10년 2월 15일 丙子〉)

36) "(領議政鄭太和所啓) 淸白吏子孫, 或有冒錄者, 故曾有實錄相考後, 抄出錄用之
擧."《承政院日記》145책,〈효종 8년 5월 17일 己未〉)

발해 임용케 하기도 하였다.37) 그만큼 당시에는《청백리안》이 제대로 관리되지 못하고 있었음을 알 수 있다. 당시에는《실록》이 비장의 자료였기 때문에 일반인들이 열람할 수 없는 것은 물론이고 정부 차원에서 고출하는 일도 쉽지 않았다. 그러나 선조 대 이후의 명단은 대체로《실록》의 선발 기록과 일치하고 있다.

《대동장고》등의 전고 자료에서 특히 유의해야 할 것은《실록》에 선발 기록이 전혀 없고 그래서 청백리 녹선 제도가 없었던 것으로 이해되는 태조~성종 대의 명단이다. 여기에는 모두 44명이 수록되어 있는데, 이는 《목민심서》의 45명과 거의 일치한다. 이들이 어떤 연유로《청백리안》에 오르게 된 것인지는 다양한 해석의 여지가 있다. 먼저 조선 후기의《청백리안》은 조선 중기 두 차례의 큰 전란에서 소실된 원본을 효종 때 복원 내지 재작성한 장부란 것을 유념할 필요가 있다. 당시에는 국가의 공식 문서들이 대부분 소실된 데다가《실록》을 참고하기도 어려웠기 때문에 조선 초기의 청백리 명단은 대가들의 문집과 같은 사적인 자료나 후손들의 신청 및 관원들의 전문에 의해 이루어질 수밖에 없었다. 당시《청백리안》의 복원을 담당하였던 관원들은 성종 대 이전에 녹선 제도가 없었다는 사실마저도 인식하지 못했던 것으로 보인다. 그래서 부실한 자료와 전문에 근거해 본래 녹선되지 않았던 태조~성종 대 청백리들의 명단이

---

37) "淸白吏之難辨, 正在於某某子孫之或有混淆抄錄之中, 亦不無落漏之患. 此則似非兩曹堂上與儒臣造次間, 便可考出之事, 吏曹須預知會申明門長及儒臣顯官保證之規, 且必詳錄其宗派, 以爲啓下錄用之地, 似爲宜當. 伏惟上裁, 右議政沈之源以爲. 右議政沈之源以爲, 先賢冤死, 淸白吏子孫, 隨其保擧單子而錄用, 未免有雜亂之弊, 故曾以禮曹堂上與弘文館官員, 齊會考出可據文書, 抄啓錄用事, 啓稟蒙允, 而尙未擧行."《承政院日記》136책,〈효종 6년 7월 24일 丙午〉)

추록(追錄)되었던 것으로 생각된다. 그러나 이들은 대부분 역사적인 평가와 검정을 거친 인물들이었으며, 복원 당시의 공론에 의해 선별 수록된 것으로 생각된다. 그리하여 작성된 명단의 인물들은 대체로 당대에 청렴으로 평판이 높았던 명관들이었다.

《대동장고》에는 《실록》에서 녹선 기록이 없는 인물들이 상당수 포함되어 있기는 하지만, 그들 또한 당대에 청렴으로 칭송받았던 인물들이었다. 임진왜란과 병자호란을 겪으면서 국가의 공적 문헌들이 소진된 이후에 다시 작성된 《청백리안》은 제한된 자료와 공론을 바탕으로 이루어진 것이라고 할 수 있다.

조선 후기의 《청백리안》이나 《대동장고》는 청백리의 실체를 보여 주는 사료로서는 한계가 많지만, 그래도 조선시대 청백리의 윤곽을 대체로 보여 주는 자료라고 할 수 있다. 보다 중요한 것은 여기에 수록된 인물들이 조선 후기에 청백리로 인식되었고 칭송받았다는 점에서 그 역사성이 있다고 하겠다. 《실록》을 볼 수 없었던 당시에는 이들 자료에 수록된 인물들이 곧 '청백리'로 인정되었던 것이다.

3. 방촌의 청백리 자료

방촌은 조선 후기에 편찬된 《대동장고》를 비롯하여 한말에 편찬된 《청선고(淸選考)》 및 《전고대방(典故大方)》 등 여러 청백리 전고 자료에 이름이 올라 있다. 이 때문에 그는 조선시대로부터 현대에 이르기까지 청백리의 표상으로 칭송받아 왔다. 그러나 《세종실록》을 비롯한 조선 초기의 《실록》에서 그의 청렴성을 보여 주는 자료는 많지 않다. 그러나 신숙주가 찬술한 방촌의 묘표(墓表)와 묘지(墓誌)는 그의 평생을 평가한 것이며 후세에 많은 영향을 끼친 것이다. 따라서 이 두 자료는 깊이 음미할 필요가 있을 것이다. 그 밖에 야사(野史) 등의 부수적인 자료들도 살펴볼 필요가 있다.

1)《청백리안(淸白吏案)》과 여러 전고서(典故書)

1980년 황의돈(黃義敦) 박사의 주도로 편찬된 국역《방촌황희선생문집(厖村黃喜先生文集)》부록에 수록된 연보(年譜)에는 세종 10년(1428) 정월 4일조에 "선생이 청백리에 선입(選入)되었다."는 기술이 있고, 그 근거로《청선고》,《대동장고》,《문헌비고(文獻備考)》를 들고 있다.[38] 그러나 이들 자료에는 세종 대의 청백리 명단에 방촌이 포함되어 있을 뿐 어느 해에 선입되었는지는 기록되어 있지 않다.《세종실록》이나 기타《실록》에도 이 해에 방촌이 청백리로 선정되었다는 기록이 없다. 비단 방촌뿐만 아니라 성종 이전에는 어느 누구도 청백리로 선발한 기록이 없고, 간간히 소수의 청렴한 관원들에게 포상을 시행한 기록이 있을 뿐이다. 성종 15년에 염리인 담양부사 남계당(南季堂), 대구부사 임수창(林壽昌), 부평부사 민효남(閔孝男) 3인을 승진시킨 일이 대표적이다.[39] 청백리를 공식적으로 선발하게 된 것은 1514년(중종 9) 12월부터였다. 이때 좌의정 정광필(鄭光弼)의 추천으로 정갑손(鄭甲孫), 정창손(鄭昌孫), 구치관(具致寬), 이약동(李約東), 김종직(金宗直), 이숭원(李崇元), 유빈(柳濱), 정성근(鄭誠謹),

---

38)《厖村黃喜先生文集》권 9, 부록 年譜 1, 〈世宗 10년, 춘정월 4일〉

39)《성종실록》권 166, 〈15년 5월 3일 己丑〉

강숙돌(姜叔突) 등 9명이 선발되었던 것이다40) 따라서 세종 10년(1428)에 방촌이 청백리에 선입되었다는 연보의 기록은 믿기 어렵다.

그러나 방촌이 《대동장고》 등의 청백리 명단에 올라 있는 것은 엄연한 사실이다. 《대동장고》는 앞에서 서술한 바와 같이 조선 후기의 《청백리안》을 토대로 작성된 신빙성 있는 자료이다. 이 청백리 안은 임진왜란 이전의 원본이 불타 없어진 후 효종 때 다시 작성된 것이고, 명단을 《실록》에서 고출(考出)한 것이 아니라 대가들의 문집, 후손들이 임의로 올린 단자, 관료들의 전문에 근거해 작성한 것이었기 때문에 선조 대 이전의 청백리 명단에는 부실한 점이 없지 않다.

그렇지만 당시로서는 최선의 노력을 기울여 작성한 것이고 공론의 검정을 거쳐 이루어진 것이다. 특히 공식적인 청백리 녹선이 이루어지기 전인 태조~성종 대의 인물들은 이미 역사의 평가를 받은 명망 있는 명관들이었다. 무엇보다 중요한 것은 이 조선 후기의 《청백리안》에 오른 인물들이 조선시대의 청백리로 인식되고 칭송되었다는 점이다. 그리고 이 《청백리안》을 가장 잘 반영한 것이 순조 때 홍경모가 편찬한 《대동장고》의 〈청리고(清吏攷)〉이다. 한말에 편찬된 《청선고》와 일제 시기에 편찬된 《전고대방》은 청백리의 명단이 부풀려지기는 하였지만, 기본적으로 《대동장고》를 답습한 것이라고 할 수 있다. 비록 자료마다 다소간의 차이는 있지만 이들 전고서들을 통해 조선시대 청백리의 명단이 사회에 전파되고 그렇게 인식된 점은 간과할 수 없는 의의를 가지는 것이다.

《대동장고》에 수록된 인물들 외에도 《실록》에는 많은 관료들의 녹선

---

40) 《중종실록》 권 21, 〈9년 12월 25일 癸丑〉

기록이 있고, 그 밖에도 조선시대에 청렴으로 칭송된 인물들은 많았다. 사실 국가의 공식적인 청백리 선발에도 많은 문제가 있었고, 효종 대에 다시 작성된《청백리안》에도 문제가 없지 않았다. 그러나 여기에 수록된 인물들이 조선시대의 대표적인 청백리였음은 부인할 수 없다.

국가에서 선발하지 않은 인물들이《청백리안》에 수록되고《대동장고》 등의 전고서에 계승된 것은 의아한 점이라고 하겠다. 그러나 여기에 이름을 올려 조선시대 관료들의 표상이 된 청백리들은 에릭 홉스봄이 말한 "만들어진 전통(The Invention of Tradition)"의 일종이라고도 할 수 있다.41) 후대에 만들어진 전통도 역사적으로 큰 의의를 가지게 된다. 이러한 관점에서 여러 전고서의 청백리 편에 빠짐없이 수록된 방촌은 수백년 동안 칭송받아 온 조선시대 청백리의 대표적 인물이라고 할 수 있을 것이다.

2)《실록》과 야사 및 방촌의 묘표(墓表)·묘지(墓誌)

《태종실록》,《세종실록》,《문종실록》 등 조선 초기《실록》에는 방촌의 인품과 대신으로서의 업적에 관한 칭송과 높은 평가가 많이 기록되어 있다. 그러나 그의 청렴성에 관한 기록은 그다지 보이지 않는다.《문종실록》 의 '방촌(厖村) 졸기(卒記)'에 그가 "집을 다스림에 검소하고, 기쁨과 노여움을 안색에 나타내지 않았다."42)는 정도의 기록이 있을 뿐이다. 또《세종실록》의 편찬 과정에서 '이호문(李好文)의 사초(史草)' 문제가 논란되었을 때 지춘추관사(知春秋館事) 허후(許詡)는 "나의 선인[許稠]께서 매양

41) 에릭 홉스봄 저, 장문석·박지향 역,《만들어진 전통》, X휴머니스트출판그룹, 2004.
42)《문종실록》 권 12,〈2년 2월 8일 壬申〉

황상(黃相)을 칭찬하고 흠모하면서 존경하여 마지아니하였다. 사람됨이 도량이 매우 넓으며 희노(喜怒)를 나타내지 아니하였다. 수상(首相)이 된 지 거의 30년에 진실로 탐오(貪汚)한 이름이 없었다."[43]고 말한 기사가 있다. 여기서 말한 허후의 아버지 허조(許稠, 1369~1439)는 방촌과 같은 시대 인물로 수십년 동료였고 함께 정승을 지낸 명관이었으므로, 그의 이러한 언급은 방촌의 성품을 잘 표현한 것이라고 할 수 있다.

성종 대 이후의 《실록》에는 방촌의 청렴에 대한 후대의 평가가 많이 수록되어 있다. 성종 때 집의(執義) 이칙(李則)이 경연 석상에서 "세종조의 황희는 정승직을 30년간이나 하였지만, 가산을 돌보지 아니하여 그 집이 텅 비었습니다."[44] 하였고, 중종 때 대사헌을 지낸 조광조는 "세종께서 일세의 다스림을 이룬 것은 황희와 허조를 정승으로 삼은 때문"[45]이라고 한 기록이 있다. 또 정조 때 사직(司直) 윤면동(尹冕東)은 상소에서 "상신(相臣) 황희가 통나무집에 남루한 갓과 실띠를 매었던 검소함을 묘당에서부터 시작할 수는 없겠습니까?"[46] 한 기록 등이 그것이다. 그러나 이러한 후대의 실록 기록은 대개 야사나 전문을 답습한 경우가 많으므로 1차적인 사료와는 성격이 다르다. 다만 방촌이 후세로 내려갈수록 더 이상화되고 신비화된 사정을 보여 주는 자료들이라고 할 수 있다.

야사인 《연려실기술(練藜室記述)》에는 방촌이 "평시에 거처가 담박하였다"고 하면서, 여러 가지 소탈한 일화들을 수록하였다. 한번은 그가 정

---

43) 《단종실록》 권2, 〈즉위년 7월 4일 乙未〉
44) 《성종실록》 권86, 〈8년 11월 19일 壬午〉
45) 《중종실록》 권35, 〈14년 3월 1일 甲午〉
46) 《정조실록》 권6, 〈2년 7월 20일 丁未〉

승으로 있을 때 공조판서 김종서가 공조로 하여금 약간의 주과(酒果)를 갖추어 드렸더니, 공이 노하여 이르기를, "국가에서 예빈사(禮賓寺)를 의정부 곁에 설치한 것은 삼공(三公)을 접대하기 위해서이니, 만일 시장하다면 의당 예빈시로 하여금 장만해 오게 할 것이지, 어찌 사사로이 주과를 드린단 말인가?" 하고, 김종서를 준절히 꾸짖었다고 한다.[47] 이는 방촌의 성품이 평소에는 소탈하고 너그러웠지만, 공사(公私)의 구분에는 엄격하였던 모습을 보여 주는 것이다. 그의 청렴한 생활 태도를 잘 보여 주는 대목이다.

방촌의 청렴성을 보여 주는 자료에서 가장 중요한 것은 동시대 인물이었던 신숙주가 쓴 〈익성황공묘표(翼成黃公墓表)〉와 〈익성황공묘지(翼成黃公墓誌)〉 두 편이다. 이들은 신숙주의 《보한재집(保閑齋集)》에 수록되어 널리 배포되고 읽혀졌다.

〈묘지〉에서는 "가정생활에서는 청백(淸白)하고 신중하였으며, 친족 가운데 가난한 여자나 고아 과부가 있으면 반드시 그들을 구제하고서야 그만두었다"[48]고 하여, 방촌이 청렴하게 살았고, 친족들을 아낌없이 도와준 정성을 기록하였다. 또 〈묘지〉에서는 방촌의 청빈한 생활 모습을 아래와 같이 보다 자세하게 서술하였다.

"가정생활에서는 청빈하고 검소하게 살면서 스스로 법도를 지켰고, 모든 일에 모범이 되었다. 생업을 일삼지 않아 몸소 수상(首相)이 되었으면서

---

47) 《연려실기술》 제3권, 〈세종조 고사본말, 세종조의 相臣, 黃喜〉
48) 《保閑齋集》 卷17, 墓表, 〈翼成黃公墓表〉: "居家淸愼, 族有貧竇女孤寡者, 必爲之存濟而後已."

도 그 집안의 쓸쓸함이 마치 가난한 서생(書生)과도 같았다."**49)**

    이 〈묘지〉의 기록은 방촌이 매우 청빈하고 검소하게 살았으며 가정 경제를 위한 영리 활동에 힘쓰지 않아, 24년이나 정승의 자리에 있었지만 그 집의 형편이 화려하거나 사치스럽지 않았다는 것을 말해 주고 있다. 여기서 우리는 방촌의 평소 생활 모습이나 신조를 엿볼 수 있다. 그는 실제로 가난하지는 않았지만 소박한 생활 모습이 서생들의 모습과 같았다고 한 것이다.

    묘표나 묘지의 글이란 주로 망자를 찬양하고 칭송하는 내용으로 채우는 것이 일반적인 양상이기는 하지만, 영의정까지 지낸 신숙주와 같은 당대의 문장가가 없는 사실을 터무니없이 과장하지는 않았을 것이다. 신숙주는 방촌보다 50여 년 후에 태어난 후배였지만, 세종 대 후반에 10여 년이나 같은 조정에 근무하기도 하였으므로 직접 눈으로 보고 귀로 들어서 아는 사람이었다. 따라서 신숙주의 이러한 기록은 상당히 신빙성이 높은 것이라 하겠다. 무엇보다 중요한 것은 신숙주가 예문관 대제학을 지낸 당대 최고의 문장가였고, 그의 문집 《보한재집》이 널리 전파되어 양반 관료 사회에서 많이 읽혀졌으므로, 후대에 미친 영향이 매우 컸다는 점이다. 조선시대에 방촌이 청백리로 널리 인식되게 된 데는 신숙주의 이들 묘문(墓文)이 큰 계기가 되었다. "가정생활에서는 청빈하고 검소하게 살았고, 가정 경제를 위한 산업을 일삼지 않아 몸소 수상이 되었으면서도 그

---

49) 《保閑齋集》卷17, 墓表, 〈大匡輔國崇祿大夫 領議政府事 領經筵藝文春秋館書雲觀事 世子師 仍令致仕 贈諡翼成黃公墓誌〉: "居家淸儉自守, 事皆可法; 不事産業, 身爲首相, 而蕭然如書生."

집안의 쓸쓸함이 마치 가난한 서생과도 같았다."는 기록이 사람들에게
큰 감동과 영향을 주었다고 할 수 있다.

4. 방촌의 청렴성 관련 부정적 자료

방촌이 주로 활동하였던 태종, 세종, 문종 3대의《실록》에는 그에 대한
칭송과 긍정적 평가를 담은 기사들이 주로 실려 있지만, 부정적인 기사
도 없지 않다. 아무리 훌륭한 대신이라 하더라도 인간적인 약점이나 정
치적 과오가 있게 마련이다. 더구나 6조 판서를 역임하고 24년이나 정승
의 자리에 재직하면서 권력의 중심에 있었던 방촌과 같은 인물의 경우
에는 오랜 관료 생활에서 정치적 입장과 이해관계가 달라 비난하는 사
람도 있을 수 있고, 유교적 이상과 사명감에 충만하였던 당시의 젊은 대
간(臺諫)이나 사관(史官)들의 눈에는 사소한 과오도 크게 보일 수 있었
기 때문이다. 이 때문에《실록》의 기록들은 면밀하게 검토할 필요가 있
는 것이다.

1) 이호문(李好文)의 사초(史草) 재검토

방촌에 관하여 가장 부정적인 논평은 잘 알려진 대로 세종 10년 6월
25일(丙午) 방촌의 사직 상소 뒤에 붙여져 있는 사관 이호문의 사평(史
評)이다.50) 이 사평의 초고가 이른바 '이호문 사초'로서, 거의 인신공격에

---

50)《세종실록》의 이 기사에는 사관의 이름이 명기 되지 않았지만,《단종실록》제2권 단
　　종 즉위년 7월 4일(乙未)에 수록된《세종실록》편찬 과정에서 이 사초(史草)를 작성
　　한 인물이 이호문(李好文)임이 적시되어 있고, 정인지(鄭麟趾)를 비롯한 편찬자들이

가까운 내용으로 채워져 있다. 이 사초의 신뢰성에 대해서는 당시 《세종
실록》 편찬자들 사이에 이미 신랄한 비판이 제기되었다. 그러나 사관의
기록을 실록 편찬 과정에서 함부로 삭제하는 것은 후일에 나쁜 선례를
만들 수 있다는 우려 때문에 《세종실록》에 그대로 수록되었다. 이 편찬
자들의 비판 과정에서 그의 사초는 사정(私情)에 의한 비방으로 간주되
어 진실성이 부정되었고,51) 오늘날의 일부 연구에서도 충분히 비판되었
다.52) 그러나 방촌의 청백리에 대한 재검토를 위해서는 다시 한 번 논의
해 볼 필요가 있다.

세종 10년 6월 25일의 이호문 사평에 담긴 비판 내용을 요약하면 1)
황희는 판강릉부사(判江陵府事) 황군서(黃君瑞)의 얼자(孽子)이고, 2) 대
사헌으로 있을 때 후임자인 김익정(金益精)과 더불어 중 설우(雪牛)의 금
을 받아 '황금 대사헌'이란 비난을 받았으며, 3) 반역 음모로 처형된 박포
(朴苞)의 아내를 숨겨 주어 간통하였고, 4) 상속을 받은 노비가 적었음에
도 불구하고 집과 농장에서 부리는 노비가 매우 많으며, 5) 언사가 온화
하고 단아하며, 의논하는 것이 다 사리에 맞아서 조금도 틀리거나 잘못
됨이 없어 임금에게 중하게 보였으나, 심술(心術)은 바르지 아니하여 자
기에게 거스르는 자가 있으면 몰래 중상하였다. 6) 동파역(東坡驛) 역리
(驛吏) 박룡(朴龍)에게서 말을 받고, 그 아내에게서 향응을 받았다는 등

그 수록 여부를 논란한 기사가 있다.

51) 《단종실록》 2권, 〈단종 즉위년 7월 4일 乙未〉
52) 이호문(李好文)의 사초(史草)에 대한 비판적 연구로는 황주연의 〈황희 정승에 대한
청백리 논란 -《조선왕조실록》에 수록된 사실을 중심으로-〉((사)방촌황희선생사상연
구회, 《세종 대 정치와 방촌 황희선생》, 2016. 6. 30)이 대표적이다.

이다.53)

이에 대해 후일 1452년(단종 즉위년) 7월에 《세종실록》을 편찬하면서 정인지를 비롯한 편찬자들은 다음과 같은 이유로 이 사초의 진실성을 부정하였다.

① 이러한 내용은 사람들이 듣지 못한 것이며, 감정에 지나치고, 근거가 없는 것 같다.(정인지(鄭麟趾))

② '황희는 황군서의 얼자'라고 한 것 외의 나머지 일들은 전에 들어보지 못하였다.(정인지)

③ 황희는 수상이 된 지 거의 30년에 진실로 탐오(貪汚)한 이름이 없었다.(허후(許珝))

④ 아들 황보신(黃保身)이 처가 양모(養母)에게서 자라나 노비와 재물을 많이 얻었으나, 이것은 황희와 관계없는 일이다.(허후)

⑤ 황희의 아내 양씨는 세족(世族)이기 때문에, 그가 '노비가 없었다'고 말한 것은 망언이다.(허후)

⑥ 황희와 김익정이 대사헌이 되어서, 중 설우의 금(金)을 받아 '황금 대사헌'이라 불렸다 하였으나, 여기 있는 8~9인이 들은 적이 없다.(허후)

⑦ 이호문은 사람됨이 조급하고 망령되어 단정치 못한데, 그 말을 취하여 믿을 수 없다.(허후)

⑧ 박포의 아내 사건은 규문(閨門) 안의 은밀한 일이니 쉽게 알 수 없지만, 그 밖의 일은 마땅히 사람의 이목에 숨겨둘 수가 없는데 어

---

53) 《세종실록》 40권, 〈세종 10년 6월 25일 丙午〉

찌 사람들이 알지 못하겠는가? (김종서(金宗瑞))

⑨ 예나 지금이나 사필(사필(史筆), 사관(史官)들의 기사)은 다 믿을 수 없다. 만일 한 사람이 사정(私情)에 따라서 쓰면 천만세(千萬世)를 지난들 능히 고칠 수 있겠는가?(전원(全員))

⑩ 일개 한림(翰林)이 쓴 것을 또 '사초(史草)'라고 하여, 이를 감수하는 대신이 훤하게 아는 일을 바르게 쓰지 않는 것이 가하겠는가? 우리도 또한 사신(史臣)이다. 이미 그 근거가 없음을 알면서 고치지 않는다면 어찌 이를 직필(直筆)이라고 하겠는가?(정인지)

⑪ 이는 큰일이므로 마땅히 중론(衆論)을 따라야 한다.(황보인(皇甫仁))

⑫ 이것은 명백한 일이니 삭제하여도 무방하지만, 다만 한 번 그 실마리를 열어 놓으면 말류(末流)의 폐단을 막기 어려우니 경솔히 고칠 수 없다.(최항(崔恒)·정창손(鄭昌孫))

⑬ 사신(史臣)이 쓴 것이 만일 정론(正論)이라면 이와 같이 하는 것이 옳지만, 만일 사정(私情)에서 나왔다면 정인지(鄭麟趾)의 말이 마땅하지 않겠는가?(성삼문(成三問)·이예(李芮))

⑭ 이호문의 사초들을 살펴보건대, 오랫동안 연진(烟塵)에 묻히어 종이 빛이 다 누렇고 오직 이 한 장만이 깨끗하고 희어서 같지 아니한데, 그것은 사사로운 감정에서 나와서 추서(追書)한 것이 분명하니, 삭제한들 무엇이 나쁘겠는가?(성삼문)

⑮ 내가 한때 이호문과 같이 한림으로 있었는데, 사람됨이 광망(狂妄)하여 족히 따질 것이 못된다.(김맹헌(金孟獻))

이상의 논란을 보면, 이 사초는 사사로운 감정에서 나온 것이므로 삭제가 마땅하다고 주장한 사람은 정인지, 허후, 김종서, 성삼문, 이예 등으로 다수였다. 그러나 이 기사는 명백한 오류이지만 사관이 쓴 사초를 자의로 삭제하거나 고치게 되면, 말류의 폐단을 막기 어려우므로 경솔히 고칠 수 없다고 주장한 사람은, 황보인(皇甫仁), 최항(崔恒), 정창손(鄭昌孫) 등이었다. 결국 논의에 참여한 전원이 이 사초를 믿을 수 없는 것으로 보았지만, 사초를 함부로 삭제하면 후세에 나쁜 선례가 될 수 있다는 주장도 있었기 때문에 결국 이 사초는《세종실록》에 그대로 실리게 되었다.

성삼문의 지적과 같이, 이 비난을 기록한 사초 한 장은 누렇게 변색한 다른 사초들과 달리 깨끗하고 희어서, 후에 사사로운 감정으로 추서(追書)하여 끼워 넣은 것이 분명하다고 할 수 있다.54) 이는 이호문의 방촌에 대한 개인적인 감정에서 나왔거나 당시의 뜬소문들을 모은 정도에 불과하다고 하겠다. 따라서 이 사초는 한두 가지 사실을 제외하면 대부분 신빙성이 없는 것이며, 방촌의 일생을 평가하는 데 도움이 되지 않는 자료이다. 더구나 이호문은 인품이나 관직 생활에서 평판이 좋지 않았고, 1446년 9월 이천부사(利川府使)로 재직하면서 이웃의 관기(官妓)와 처녀를 희롱하고 관비(官婢)를 간통하였으며 미두(米豆)를 도용(盜用)한 일이 폭로되어 파면되었으므로55) 더욱 그 말이 신뢰를 받지 못하였다.

2) 경기도 교하(交河)의 둔전(屯田) 절수(折受)와 과전 교환 기록

방촌의 공직 생활에서 가장 큰 논란이 되었던 것은 1431년(세종 13)의

---

54) 조선시대의 사초는 그것을 기록한 사관들이 개인적으로 집에서 보관하고 있다가 해당 국왕이 사망한 후에 춘추관(春秋館)이나 실록청(實錄廳)에 제출하게 되어 있었으므로, 제출 직전에 개서(改書)하거나 추서(追書)하는 일이 있을 수 있다.

55)《세종실록》113권,〈세종 28년 9월 22일 丁亥〉

교하 둔전 절수와, 1441년(세종 23)의 교하 속공(屬公) 과전(科田)의 교환 문제였다. 교하에는 방촌의 전장(田莊)이 있었고, 외조(外祖)와 모친의 분묘가 있었으며, 방촌이 낙향할 때 거주하는 근거지였다. 1431년 4월에 사헌부에서 전 교하현감 박도(朴禱)를 탄핵하였는데, 그 사유는 그가 재임 중 어염세(魚鹽稅)와 선세(船稅)를 남용하고 일수(日守)와 관노(官奴)들을 사역하여 수운(水運)으로 재목을 운반하여 농장을 지었으며, 관가의 둔전을 좌의정 황희와 어머니 김씨에게 주었다는 것이었다. 이에 세종은 박도의 직첩을 환수하고 고문하여 조사하도록 하였다.[56]

그러나 황희 자신은 이 사건과 관련하여 문책받지 않았고, 그해 9월에는 영의정으로 승진하였다. 이에 사간원에서 황희의 파면을 요청하는 상소가 이어졌다. 그 이유는 이전 태석균(太石鈞)이 청탁의 일로 죄를 받을 때 황희가 사헌부에 부탁하여 고신(告身)을 내어 주도록 하였고, 또 교하에 둔전을 개간한 공을 칭탁하여 이미 그 전토(田土)를 얻고도 오히려 부족하여 종으로 하여금 교하 현감에게 정상(呈狀)하게 하여 그 남은 것을 다 얻었으니, 이러한 사람을 백관의 우두머리에 두고, 또 세자사부(世子師傅)를 겸하게 할 수 없다는 논리였다. 이에 대해 세종은 "나라를 다스리는 대신을 작은 과실로 가볍게 끊을 수 없다."고 하여 허락하지 않았다.[57] 그날 세종은 지신사(知申事) 안숭선(安崇善)을 따로 불러 황희가 교하 수령 박도에게 토지를 청한 것뿐이 아니라, 박도의 아들을 행수(行首)로 입속(入屬)시키고 또 태석균의 고신에 서경을 청한 것은 진실로 의롭지 못하였지만, 의정대신(議政大臣)이며 또 태종이 신임하던 신하이므

56) 《세종실록》 52권, 〈세종 13년 4월 21일 乙卯〉
57) 《세종실록》 53권, 〈세종 13년 9월 8일 己巳〉

로 처벌할 수 없다는 뜻으로 타이르기도 하였다. 이에 방촌은 다음날 사직 상소를 올렸고, 사간원에서는 또다시 같은 이유로 탄핵하였으나, 임금이 방촌의 출사를 독촉하였으므로 그도 직무를 보지 않을 수 없었다.58)

이 기사를 보면, 교하의 둔전 개간에 방촌이 어떤 공을 세웠는지는 알 수 없지만, 그는 이로 인해 일정한 전토를 얻었고, 후에 교하 현령 박도에게 종을 시켜 정상하게 하여 그 남은 것을 또 얻은 것을 알 수 있다. 당시에는 관에서 시행하는 둔전 개간 사업에 노비 등의 인력이나 우마 등의 가축을 제공하여 기여한 사람에게는 일정량의 전토를 떼어 준 것으로 생각된다. 방촌의 집안에서 이러한 기여가 있었다면 전토를 얻은 것 자체로는 부정부패가 될 수 없었으나, 의정 자리에 있는 고관이 지방의 현감에게 기여 분을 이유로 둔전의 할양을 요구하였다면 상당한 압력이 될 수 있었을 것이다. 더구나 방촌이 박도의 아들을 행수로 입속시켜 주었다면 이는 어느 정도 대가성이 있었다고도 할 수 있으므로 부적절한 일이었다고 하겠다.

1441년(세종 23)에 방촌의 둘째 아들 황보신이 황중생(黃仲生, 후에 조중생(趙仲生)으로 성을 바꿈)에게서 금을 받았고, 또 의금부 지사(知事)로 재직하면서 몰입(沒入)한 금비녀 등을 몰래 가져다가 첩에게 준 일이 발각되어 처벌을 받게 되었다. 의금부에서는 곤장 100대, 유배 3,000리에 처하고 자자(刺字)하도록 하였으나, 세종은 그가 황희의 아들이라 하여 특별히 관대하게 용서하여, 단지 곤장 100대를 때리게 하고, 자자는 면하게 하였으며, 유배 3,000리는 속량으로 바치게 하였다.59)

---

58) 《세종실록》 53권, 〈세종 13년 9월 12일 癸酉〉
59) 《세종실록》 91권, 〈세종 22년 12월 20일 己丑〉

유죄가 확정된 관료들은 국가에서 지급받은 과전을 법에 따라 속공(屬公)하게 되어 있었으므로 황보신의 과전도 속공해야 하였다. 그런데 황보신이 받은 과전은 그 전에 교하에 있는 황희 모친의 전장(私田)과 바꾸어 놓았기 때문에, 그 전장이 속공되게 되었다. 이에 황희는 국왕에게 알리지 않고 관아에 부탁하여 자신이 다른 곳에 받은 과전으로 대신 속공하게 하였다. 후에 물의가 일어나자 방촌은 상소하여 과전을 바꾸어서 모친으로부터 받은 전장을 지킬 수 있도록 탄원하였고, 세종은 이를 윤허하였다.[60] 이 때문에 사간원에서 그를 탄핵하였으나, 세종은 이를 무마시켜 문제 삼지 않도록 배려하였다.

이렇게 교하의 전장을 두고 일어난 두 차례의 물의는 방촌의 명성에 큰 훼손을 가져왔고, 그의 졸기(卒記)에까지 비판을 받았다. 그러나 이는 대신의 체통에 관련된 허물이지, 부정부패에 속하는 일은 아니었던 것으로 보인다.

3) 동파역(東坡驛) 박용(朴龍) 뇌물 사건

세종 10년 6월에 동파역에서 인수부판관(仁壽府判官)이었던 조연(趙憐)이 역리(驛吏) 박용(朴龍)과 싸움을 벌인 사건이 있었다. 박용은 이 지역의 토호 원악리(元惡吏)로서 많은 토지를 점유하고 좋은 말들을 많이 길러 조정의 권세가에 뇌물 질을 하였으며, 그들의 지원을 믿으며 국법을 두려워하지 아니하고 간사하고 포악한 짓을 제멋대로 하였는데, 어지간한 조관(朝官)들마저 욕보이기 일쑤였다. 이때 인수부 판관이었던 조연과

---

60)《세종실록》93권, 〈세종 23년 8월 20일 甲申〉

동파역에서 싸움을 벌이고 모욕하였다가 임진현(臨津縣)에 갇혔다. 이에 사헌부에서 박용의 아들 박천기(朴天己)를 국문한 결과, 박용이 아내를 영의정 황희의 집에 보내 말 한 필을 뇌물로 바치고 향응을 베풀어 석방을 청탁하는 편지를 받아오게 하였으며, 대제학 오승(吳陞), 도총제 권희달(權希達)에게도 각각 말 한 필씩 뇌물로 주었고 도총제 이순몽(李順蒙)에게는 소 한 필을 주었다고 하였다.

이에 사헌부에서는 방촌을 탄핵하였으나, 세종은 뜬소문에 불과하며 사면령 이전에 있었던 일이라 하여 거론하지 말도록 하였다.[61] 그러자 방촌은 상소하여 말과 향응을 받고 편지를 써 주었다는 것은 사실이 아님을 변명하고, 정식으로 의금부에서 대질할 것을 요청하였다. 또 사헌부 관리들이 심문을 공정하지 않게 하였다고 비판하였다. 따라서 이 사안은 의금부에 넘어가 사헌부 관리들이 도리어 심문을 받게 되었고, 결국 지평 문승조(文承祚)와 김경(金俓) 등이 박용을 잘못 심문하였다고 자백함으로서 옥사가 마감되었다.

이 뇌물 사건은 방촌이 극구 부인하였고, 사헌부 관리들이 무리하게 심문한 것으로 정리되어 방촌은 혐의를 벗게 되었지만, 당시의 여론은 탐탁하게 여기지 않았던 것으로 보인다.[62] 어떻든 이 사건에 방촌이 연루되었던 것은 그로서는 불행한 일이었다.

---

61) 《세종실록》 40권, 〈세종 10년 6월 14일(乙未)〉

62) 이 기사 뒤에는 아래와 같은 사관들의 논평이 붙어 있다. "황희는 수상(首相)으로서 몰래 그의 뇌물을 받고 그의 큰 죄악을 놓아주고자 하여 안연(晏然)히 청탁을 하였으니, 그 지조(志操)가 비루하다(喜以冢宰, 陰受其賂, 欲縱大惡, 恬然請托, 其志鄙矣.)"《세종실록》 40권, 〈세종 10년 6월 14일 乙未〉)

4) 작은 선물(膳物)들

조선시대에는 조정의 관료들을 포함하여 사회 전반에 선물과 답례를 주고받는 관행이 있었다. 이는 예속(禮俗)과 예물(禮物)이란 이름으로 정당화되었고, 서로 간에 부족한 것들을 교환하고 궁핍할 때 서로 돕는 경제적인 의미도 있었으므로, 오늘날의 연구자들 사이에는 이를 전근대사회의 '증답경제(贈答經濟)'란 용어로 의미부여하기도 하였다. 이는 미풍양속이라고 볼 수도 있지만, 자칫하면 뇌물과 혼동될 여지도 없지 않았다. 선물은 인간관계를 증진시키고 사회생활을 원활하게 하는 동력이 되며, 보상이나 보답을 예상하는 것이 인지상정이다. 따라서 이러한 관행은 아무래도 권력 관계가 있거나 대가성이 있는 사이에서 많이 이루어지게 마련이다.

조선시대 지배 계층에서는 세찬(歲饌)이나 폐백(幣帛), 예의(禮儀) 기타 여러 가지 이름으로 선물이 이루어졌고, 이를 예물(禮物)이라 부르기도 하였다. 따라서 권력이 있는 정승 판서의 문전에는 철마다 때마다 예물이 답지하였다. 사서(四書)와 같은 유교 경전에서도 명분 있는 예물은 거절하지 않는 것으로 되어 있기 때문에[63] 지나치지 않은 사소한 선물은 청백으로 이름난 관료들도 마다하지 않았다.

세종 때 예조판서를 지낸 허후(許詡) 등의 언급에 의하면, 방촌의 경우에도 "친구들의 '문유(問遺)'를 통한 적은 간혹 있었다"[64]고 하였다. '문

---

63) 《孟子》 권 4, 〈公孫丑 下〉: "陳臻問曰 '前日於齊, 王餽兼金一百而不受, 於宋餽七十鎰而受, 於薛餽五十鎰而受, 前日之不受是, 則今日之受非也; 今日之受是, 則前日之不受非也. 夫子必居一於此矣.' 孟子曰 '皆是也. 當在宋也, 予將有遠行, 行者必以贐, 辭曰餽贐, 予何爲不受? 當在薛也, 予有戒心, 辭曰聞戒, 故爲兵餽之, 予何爲不受?'"

64) 《단종실록》 2권, 〈즉위년 7월 4일 乙未〉

유'란 친지들 사이에서 안부 인사를 하면서 드리는 선물을 말한다. 그의 졸기에는 "성품이 지나치게 관대하여 재가(齊家)에 단점이 있었으며, 청렴 개결한 지조가 모자라서 정권을 오랫동안 잡고 있으면서 자못 '보궤(簠簋)'를 받았다는 비난이 있었다"[65]는 논평이 있다. 여기서 '보궤'란 선물 꾸러미 등을 말하는 것이다. 이 용어는 경우에 따라 뇌물을 지칭하는 경우에 사용되기도 한다. 사실 선물과 뇌물은 종이 한 장 차이라고 할 수 있다. 방촌은 성격이 지나치게 관대하고 인정이 많아 남의 호의와 선물을 엄격히 거절하는 성격은 아니었던 것으로 보인다. 그래서 실록에는 그가 사소한 선물들을 받아 물의를 일으킨 기록들이 적지 않다. 대표적인 사례는 아래와 같은 것이다.

방촌이 찬성사(贊成事)로 있었던 1425년(세종 7) 3월에는 남원부사 이간(李偘)이 여러 고관들에게 유지 안롱(油紙 鞍籠, 기름종이로 만든 가마덮개)을 선물로 보냈는데, 물의가 야기되자 오직 방촌만이 자수하여 파직되었다. 그러나 이 때문에 그는 오히려 정직한 사람으로 여론의 찬사를 받았다.[66] 그해 5월에는 평소 친하게 사귀었던 화엄종 도승통(都僧統) 운오(云悟)로부터 은(白金)을 받았다는 기록이 있고,[67] 1428년(세종 10)에는 첨사 박유(朴㽕)가 청각(靑角) 두어 말을 방촌의 집에 보내다가 적발된 기록도 있다.[68] 1447년(세종 29) 윤4월에는 제주목사 이흥문(李興門)이 육포, 말 장식(馬粧), 귤(柑子) 등의 뇌물을 영의정 황희, 우의정 하연, 우

65) 《문종실록》권 12, 〈2년 2월 8일 壬申, 黃喜의 卒記〉: "性過於寬, 短於齊家, 乏廉介之操, 久典政柄, 頗有簠簋之誚"
66) 《세종실록》27권, 〈7년 3월 20일 庚寅〉
67) 《세종실록》28권, 〈7년 5월 21일 庚寅〉
68) 《세종실록》39권, 〈10년 1월 28일 辛亥〉

찬성 김종서, 좌참찬 정분(鄭苯), 정갑손 등에게 주었다가 일대 소동이 벌어진 일도 있었다. 결국 이흥문은 파면되었고, 황희 등은 득죄하였다가 국왕의 훈계를 받는 것으로 끝났으나, 당시 제주의 수령들이 조정의 관리들에게 이러한 선물을 보내는 것은 관행처럼 되어 있었다.[69]

방촌이 화엄종 도승통 운오로부터 은(白金)을 받았다는 기록은 자세한 내용을 알 수 없지만, 기타의 일들은 당시의 선물 관행에 지나지 않은 것이라고 할 수 있다. 방촌이 이러한 선물들마저 과감히 거절하지 않은 것은 작은 허물이 되겠지만, 이 역시 지나치게 관대하고 모나지 않았던 그의 성격 탓이었다고 할 수 있다. 그러나 이러한 일들이 방촌의 평생을 평가하는 데 커다란 장애가 되는 것이라고 할 수는 없을 것이다.

5. 결론

방촌 황희는 조선 세종 대의 어진 정승으로 조선시대 대신(大臣)의 풍모를 보여 주는 존경받는 관료였다. 방촌은 세종을 도와 조선 초기 제도 문물의 기초를 닦았고, 국방을 견고히 하고 사회를 안정시켜 15세기 민족문화 융성의 기틀을 마련하였다. 방촌은 조선시대 관료들의 사표가 되었을 뿐만 아니라, 오늘날에 이르기까지 관료 사회의 이상이 되고 있다. 그는 현대의 역사학자들로부터 그 업적을 높이 평가받고 있다.

'청백리'란 청렴한 관료를 뜻하는 말이지만, 조선시대에 일컬어진 '청백리'란 일반적으로 국가에서 선발되어 《청백리안》이란 장부에 오른 사람

---

69) 《세종실록》 116권, 〈29년 윤4월 14일 乙亥〉

들을 말하였다. 그러나 실제의 《청백리안》에는 공식적으로 선발된 적이 없는 관료들도 많이 수록되어 있고, 반대로 선발되기는 하였으나 이 장부에 이름을 올리지 못한 사람들도 많았다. 사실 조선 중기부터 시작된 국가의 청백리 녹선(錄選)은 그 기준이나 공정성에서 문제가 많았고, 선발된 청백리나 염근리들 중에서도 비난을 받거나 취소된 인물들이 적지 않았다. 반대로 공식적으로 선발되지는 않았지만 관료 사회나 민간에서 칭송받고 존경받던 청렴한 인물들도 적지 않았다.

조선 후기 효종 대에 다시 작성된 《청백리안》은 현재 전하지 않지만, 조선 말기에 이를 바탕으로 하여 《대동장고》 등 많은 전고서(典故書)들이 편찬되었다. 여기에 수록된 청백리 명단들을 분석해 보면, 조선시대 '청백리'가 매우 복합적인 성격을 가지고 있으며, 이 용어의 개념에 대한 새로운 인식이 필요하게 되었다. 조선시대 사람들의 관념 속에 있었던 청백리란, 곧 《청백리안》에 올라 있었던 인물들이었다. 국가의 선발 여부는 일반인들이 잘 알 수 없는 일이고, 더구나 조선 초기의 청백리 선발은 조선후기의 일반인은 말할 것도 없고 국왕이나 고관들과 같은 지배층에서도 잘 알지 못하였다. 당시에는 비사(秘史)인 《실록(實錄)》을 지배층들도 열람하기가 어려웠기 때문이다. 결국 조선시대의 청백리는 이조(吏曹)에서 부실하게 관리하고 있었던 《청백리안》에 오른 인물들일 수밖에 없었다. 그들이 바로 《대동장고》 등에 수록된 인물들이고, 방촌도 그들 중의 한 명이었다.

《세종실록》을 비롯한 조선 초기 《실록》에 방촌의 청렴성을 보여 주는 기사나 논평은 그리 많지 않다. 다만 《문종실록》의 방촌 졸기(卒記)에 그가 "집을 다스림에 검소하였다"든가, 세종 대의 동료 정승이었던 허조의

"수상이 된 지 거의 30년에 진실로 탐오(貪汚)한 이름이 없었다."는 언급은 주목되는 것이다. 그가 청백리의 표상으로 칭송된 것은 성종 대 이후의《실록》기사에서 많이 보이지만, 이들은 후대의 전문(傳聞)을 기록한 것이라고 할 수 있다.《연려실기술》과 같은 야사에도 그의 청렴하고 소박한 성품을 보여 주는 일화들이 많이 수록되어 있다.

방촌을 청백리의 표상으로 만든 결정적인 문헌은 신숙주의《보한재집》에 실린〈익성황공묘표(翼成黃公墓表)〉와〈익성황공묘지(翼成黃公墓誌)〉두 편이라고 할 수 있다. 그 내용 중에 "가정생활에서는 청백(淸白)하고 신중하였으며, 친족 가운데 가난한 여자나 고아 과부가 있으면 반드시 그들을 구제하고서야 그만두었다"(墓誌)든가, "청빈하고 검소하게 살면서 스스로 법도를 지켰고, 생업을 일삼지 않아 몸소 수상이 되었으면서도 그 집안의 쓸쓸함이 마치 가난한 서생(書生)과도 같았다."는 기록이 후대의 많은 사람들에게 깊은 감명을 주게 된 것으로 보인다.《보한재집》은 당시에 널리 배포되어 읽혀졌으므로 후세에 미친 영향도 컸다고 하겠다. 여기에 더하여 방촌의 대신다운 풍모와 신중한 처신 및 많은 업적들이 그의 청백리 이미지성에도 도움이 되었을 것으로 생각된다.

《세종실록》등에는 방촌의 청렴성에 손상이 될 만한 기사나 사론(史論)들이 적지 않다. 그중에서 가장 문제가 되는 것이 사관 이호문의 사평(史評)이다. 그의 사평은《세종실록》편찬 당시에도 정인지, 허후, 김종서, 성삼문 등에 의해 "사정(私情)에 의한 인신비방"이란 비판을 받았지만, 오늘날 여러 자료와 비교해 보아도 신빙성이 없는 자료라고 할 수 있으며, 방촌을 이해하고 평가하는 데 도움이 되지 않는다.

방촌이 경기도 교하의 둔전을 지방관에게 청탁하여 절수(折受)하고,

아들 황보신의 죄로 인하여 적몰될 과전을 자신의 것과 교환한 일은 방촌의 명성에 큰 손상이 되었다. 그러나 여기에는 상당한 곡절이 있었고 또 그의 청렴성 문제와는 직접적으로 관계가 없는 사안이었다. 동파역의 박용 뇌물 사건은 방촌이 그 연루를 극구 부정하였고, 문제를 제기한 사헌부 관료들이 처벌 받았으므로 공식적으로 해명된 것이라고 할 수 있다. 그러나 세간에서는 이를 탐탁하게 여기지 않는 여론도 있었음을 유의할 필요가 있다.

방촌은 성격이 지나치게 관대하여 사소한 선물들을 과감히 거절하지 못한 경우가 많았지만, 이는 당시의 공직 사회에서 일반적인 관행이었고, 예속(禮俗)처럼 된 것이기도 하여 크게 비난받을 일이 아니었다. 이러한 사소한 허물들 역시 청백리로서 방촌의 인품과 업적을 평가하는 단안이 되기는 어렵다고 하겠다.

이상을 종합하면, 방촌은 청백리 녹선 제도가 시행되기 전인 조선 초기의 인물이었지만, 조선 후기에 작성된 《청백리안》에 올라 염리(廉吏)의 표상이 되었다. 항상 갈등과 비방이 만연하였던 당시의 관료사회에서 사소한 비방들은 있었지만, 세종 대에 24년간이나 정승의 자리에 있으면서, 그만큼 자신을 잘 관리한 관료도 드물었다고 할 수 있다. 세상에 완벽한 사람은 없는 것이며, 자잘한 비난은 누구나 피하기 어려운 점이란 관점에서 이해할 필요가 있다. 이러한 점에서 그가 후세에 청백리(淸白吏)로 칭송받는 데 별로 하자가 되지는 않는다고 할 수 있다.

• 부록

<조선시대 자료별 청백리 명단>

王代	《大東掌攷》 (純祖代 洪 敬謨 편)	《淸選考》 (1906년경, 편자 미상)	《典故大方》 (1924년 姜斅錫 편찬)	《實錄》의 청백리 선발 기록
고려	朴孝修, 白文寶, 李純孝, 呂自新, 呂允哲 등 5인			
太祖	安省, 禹賢寶, 柳珣 등 3인	禹玄寶, 安省, 柳珣 등 3인	禹玄寶, 安省, 柳珣, 吉再, 徐甄 등 5인	
太宗	慶儀, 李之直, 金若恒, 李伯持, 朴瑞生, 崔有慶, 崔士儀, 李原 등 8인	慶儀, 李之直, 金若恒, 李伯持, 朴瑞生, 崔有慶, 崔士儀, 李原 등 8인	慶儀, 李之直, 金若恒, 李伯持, 崔有慶, 李原, 朴瑞生, 崔士儀 등 8인	
世宗	崔萬理, 黃喜, 柳琰, 柳寬, 孟思誠, 柳謙, 李碩根, 閔不貪, 洪桂芳, 朴彭年, 李廷傅, 李知 등 12인	崔萬理, 黃喜, 柳寬, 柳琰, 孟思誠, 朴彭年, 柳謙, 李碩根, 閔不貪, 洪桂芳, 李廷傅, 李知, 奇虔, 金從舜, 鄭陟, 黃孝元 등 16인	鄭陟, 崔萬理, 黃喜, 柳寬, 孟思誠, 柳謙, 李碩根, 閔不貪, 洪桂芳, 朴彭年, 李廷傅, 李知, 黃孝元, 柳琰, 金廥 등 15인	
世祖	盧叔仝, 鄭文炯, 朴薑, 李堰, 郭安邦 등 5인	盧叔仝, 鄭文炯, 朴薑, 李堰, 郭安邦, 李樺, 奚虔 등 7인	盧叔仝, 鄭文炯, 朴薑, 李堰, 奇虔, 郭安邦, 金從舜 등 7인	
成宗	林整, 成俔, 許琛, 朴說, 尹碩輔, 具致寬, 李塤,	林整, 成俔, 許琛, 朴說, 尹碩輔, 具致寬, 李塤, 李賢輔, 金謙光, 趙彦秀, 安彭年,	鄭誠謹, 林整, 成俔, 許琮, 許琛, 朴說, 尹碩輔, 具致寬, 李塤, 李賢輔, 金謙光, 安彭	

	李賢輔, 金謙光, 安彭年, 梁灌, 朴處綸, 趙之瑞, 閔暉, 趙士秀, 李慎孝 등 16인	梁灌, 朴處綸, 趙之瑞, 閔暉, 李慎孝, 趙士秀, 許琮, 朴淳 등 19인	年, 梁灌, 朴處綸, 趙之瑞, 閔暉, 李慎孝, 李淳, 李約東, 柳塤 등 20인	
中宗	崔命昌, 韓亨允, 權璸, 申公濟, 金硈, 金楊震, 曹致虞, 金詮, 吳世翰, 姜叔突, 宋欽, 李善長, 柳軒, 朴祥, 孫仲暾, 尹翼, 趙元紀, 李彦迪, 金延壽, 鄭梅臣 등 20인	崔命昌, 權璸, 金硈, 曹致虞, 吳世翰, 宋欽, 韓亨允, 申公濟, 金楊震, 金詮, 姜叔突, 李善長, 柳軒, 俞償, 金希轍, 鄭甲孫, 金宗直, 鄭昌孫, 李約東, 李崇元, 柳濱, 金訢, 孫仲暾, 金元紀, 梁芝孫, 朴祥, 金延壽, 金淨, 李鐵均, 尹思翼, 鄭淵, 李彦迪, 鄭梅臣 등 32인	鄭梅臣, 趙士秀, 崔命昌, 權璸, 金硈, 曹致虞, 吳世翰, 宋欽, 金詮, 姜叔突, 李善長, 柳軒, 李樺, 金宗直, 鄭甲孫, 鄭昌孫, 李崇元, 柳濱, 李崇元, 柳希轍, 金訢, 孫仲暾, 表斌, 趙元紀, 梁芝孫, 金延壽, 朴祥, 尹思翼, 李鐵均, 李彦迪, 金淨, 俞償, 韓亨允, 申公濟, 金楊震, 魚泳濬 등 36인	鄭昌孫, 李崇元, 金訢, 柳希轍, 宋欽, 朴祥(중종 9, 安琛 薦) 鄭甲孫, 鄭昌孫, 具致寬, 李約東, 金宗直, 李崇元, 柳濱, 鄭誠謹, 姜叔突(동년, 좌의정 鄭光弼 薦) 孫仲暾, 趙元紀, 姜叔突, 金延壽, 朴祥, 宋欽(중종 10년 예조) 金詮 논박 李崇元, 鄭誠謹, 安彭命, 梁芝孫(이계맹 천) 金克儉, 李仁亨, 李堣(魚得江 薦) * 중복 외 총 21명
仁宗				
	尹釜, 鄭宗榮, 李世璋, 安玹, 朴守良, 金洵, 金從舜 등 7인	尹釜, 鄭宗榮, 安玹, 李世璋, 周世鵬, 洪曇, 金秀文, 李榮, 成世章, 尹春年, 金珣, 金鎧, 尹鉉, 宋翼璟, 李滉, 卞勳男, 朴守良, 金洵, 任虎臣, 任輔臣, 洪暹, 李蓂, 李夢弼, 柳渾, 禹世謙, 朴永俊, 朴民獻, 李增榮, 金夢佐, 李浚慶, 宋賛, 許世麟, 安潛, 金彭齡, 姜允權, 吳祥, 金雨, 李重慶, 安	鄭淵, 尹釜, 李世璋, 鄭宗榮, 安玹, 朴守良, 金洵, 任輔臣, 任輔臣, 洪暹, 李蓂, 李榮, 李夢弼, 洪曇, 成世章, 尹春年, 尹鉉, 柳渾, 禹世謙, 朴永俊, 朴民獻, 李增榮, 金夢佐, 李浚慶, 周世鵬, 金鎧, 李滉, 宋賛, 許世麟, 安潛, 金彭齡, 姜允權, 吳祥, 申潛, 金雨, 李重慶, 安從琠, 金擴, 俞彦謙,	청백: 朴守良, 趙士秀, 金洵 등 3인(명종 1) 청간: 趙士秀, 周世鵬, 李浚慶, 金秀文, 李世璋, 洪曇, 成世章, 李榮, 金珣, 尹春年, 尹釜, 尹鉉, 金鎧, 李滉, 宋益璟, 卞勳男 등 16명(11월 4일) 염근: 安玹, 洪暹, 朴守良, 李浚慶, 趙士秀, 李蓂, 任虎臣, 周世鵬, 金秀文, 李夢弼, 李世璋, 李榮, 金

明宗		從琠, 金擴, 俞彦謙, 金若默, 申潛, 盧禛, 辛士衡, 金就文 등 46인	卞勳男, 金若默, 盧禛, 辛士衡, 金就文, 金秀文, 宋翼璟 등 46인	洵, 全彭齡, 洪曇, 成世章, 尹釜, 尹鉉, 尹春年, 鄭宗榮, 朴永俊, 吳祥, 李重慶, 金鎧, 任輔臣, 李滉, 安從琠, 宋益壽, 金雨, 卞勳男, 辛士衡, 姜允權, 禹世謙등 33명(6년 11월 6일) 외임: 李榮, 金洵, 吳祥, 申潛, 金雨, 李重慶, 安從琠, 金擴, 俞彦謙, 卞勳男, 金若默, 盧禛, 辛士衡, 金就文 등 14명(7년 11월) 全彭齡, 金就文, 盧禛 등 3명(7년 3월 * 중복 외 53명
宣祖	李浚慶, 許潛, 李堅, 盧禛, 沈守慶, 李友直, 李元翼, 柳成龍, 李恒福, 李直彦, 白仁傑, 李光庭 등 11인	許潛, 李堅, 沈守慶, 李友直, 李元翼, 柳成龍, 李恒福, 李直彦, 白仁傑, 李光庭, 金晔, 鄭崑壽, 沈喜壽, 李後白, 李時彦, 崔興源, 張弼武, 安自裕, 李濟臣 등 19인	沈守慶, 許潛, 李堅, 李友直, 李元翼, 柳成龍, 李恒福, 李直彦, 白仁傑, 李時彦, 崔興源, 張弼武, 安自裕, 李濟臣, 鄭崑壽, 金晔, 李光庭, 李後白, 沈喜壽, 成泳, 許項, 李有中, 崔汝霖, 金長生, 李基卨, 吳億齡, 金行 등 27인	염근리: 柳成龍, 李元翼. 金晔, 李光庭, 成泳, 崔汝霖, 許項, 億齡, 許潛, 李有中, 李時彦, 金長生, 李基卨 (34년 5월) 개정 염근리: 柳成龍, 李元翼. 許潛, 李時彦 (동일) 작고한 염근리: 李友直, 沈守慶, 李浚慶, 崔興源, 李堅, 白仁傑, 張弼武(34년 9월) * 개정 이후 11명
仁祖	金尙憲, 金時讓, 閔汝任, 李安訥, 金德諴, 李命俊, 成夏宗, 崔震立 등 9인	金尙憲, 金時讓, 閔汝任, 李安訥, 金德諴, 李命俊, 成夏宗, 崔震立, 李時白 등 9인	金尙憲, 金時讓, 閔汝任, 李安訥, 金德諴, 李命俊, 成夏宗, 崔震立, 李時白, 洪命夏, 辛慶晉, 具坤源, 金蓋國 등 13인	金尙憲, 李安訥, 金德諴, 金時讓, 成夏宗 등 5명(인조 14)

肅宗	李時白, 洪命夏, 李尚眞, 趙絅, 趙錫胤, 姜栢年, 柳慶昌, 朴信圭, 崔寬, 李之蘊, 成以性, 李后定, 趙涑, 洪茂, 洪宇亮, 姜說, 李泰英, 李世華, 姜世龜, 尹推 등 20인	洪命夏, 李尚眞, 趙絅, 趙錫胤, 姜栢年, 柳慶昌, 朴信圭, 崔寬, 李世華, 李之蘊, 成以性, 李后定, 趙涑, 洪茂, 洪宇亮, 姜說, 李泰英, 姜世龜, 尹推 등 19인	李尚眞, 趙絅, 姜栢年, 趙錫胤, 柳慶昌, 朴信圭, 崔寬, 李之蘊, 成以性, 李后定, 趙涑, 洪茂, 洪宇亮, 姜說, 李泰英, 李世華, 姜世龜, 尹推, 姜裕後, 崔慶昌, 尹趾仁, 李濟 등 22인	청백: 李時白, 洪命夏, 李尚眞, 趙絅, 姜栢年, 趙錫胤, 柳慶昌, 朴信圭, 崔寬, 李之蘊, 成以性, 李后定, 趙涑, 洪茂, 洪宇亮, 姜說, 李泰英 등 17인. 염근: 李世華, 姜世龜, 尹推 등 3인(숙종 21년 7월) * 총 20인
景宗			柳尚運, 宋廷奎, 姜錫範, 李明俊, 金斗南, 李夏源 등 6인	
英祖	李秉泰, 尹趾仁, 鄭亨復, 韓德弼, 許晶 등 5인	鄭亨復, 韓德弼, 李秉泰, 尹趾仁, 尹容 등 6인	許晶, 李秉泰, 尹容, 韓德弼, 鄭亨復, 崔有賢, 尹得載, 李台重, 李謙鎭 등 9인	淸白: 李秉泰, 尹容, 鄭亨復, 韓德弼, 許晶 등 5인(영조 選, 정조 20년 確定)
正祖			李義弼, 李端錫	
純祖			南履炯, 徐箕淳, 韓益相, 沈宜臣	
합계	116인 (고려조 5인 제외)	186인	218인	

조세의 중립과 공평을 추구한
황희의 위민(爲民)사상 [1]

– 15년간 공법을 반대한 황희 –

오기수[2]

1. 서론

세종 대왕은 조세인 전세(田稅)를 징수할 때, 공평하고 편리하며 관리들의 농간을 배제하는 조세법으로서 공법을 입법하고자 하였다. 그래서 세종 대왕이 입법한 공법은 공평과세와 징세의 편의, 징세비의 최소화를 위한 조선 최고의 체계화된 조세법이었다. 세종 대왕은 조세제도를 바로 세우고 조세의 과학화 및 선진화를 이룩한 것이야말로 '백성들의 삶의 질'을 높일 수 있는 가장 중요한 정책이라고 생각한 것이다. 이에 세종 대왕은 조세의 과학화와 선진화를 실현하여 백성들이 법으로 정해진 조세만을 부담함으로써 조세의 횡포로부터 벗어나게 하여 조선을 조세의 행복국가로 만들고자 하였다. 이러한 공법은 역사상 누구도 따라할 수 없는 과거시험의 출제, 여론조사 및 25년간 간의 연구, 15년간의 조정에서의 논의 등의 과정을 거쳐 완성되었기에 그 학문적 역사적 가치성은 세계적이라고 본다. 한마디로 공법은 세종 대왕의 조세에 대한 전문지식과

---

1) 이 논문은 《조세연구》 14권 제3집, 한국조세연구포럼, 2014에 게재된 논문이다.

2) 김포대학교 교수

조정을 이끄는 복합적인 리더십의 결정체이다. 공법은 조선 최고의 세법이라고 할 수 있다.3)

　하지만 이러한 공법이 완성되기 위해서는 세종 대왕 혼자서는 할 수는 없었다. 많은 조정의 신료들이 조세에 대해 깊은 관심을 가지고 논의하고 연구하였기 때문이다. 더욱이 양반중심사회인 조선에서 진정한 민본주의의 실현과 백성을 위한 조세법을 만든다는 것은 현실적으로 쉽지 않다. 그러나 세종조에는 진정 백성을 생각한 유능한 인재들이 많았다. 그중에 한 사람이 황희다. 다음은 신숙주가 쓴 황희(1363~1452)의 묘지명이다.

　　강과 산에 뭉친 정기가 대지의 힘찬 세와 어우러져, 오직 공이 우뚝 나시어 크나큰 공덕을 쌓으셨네. / 온화하되 불의에 휩쓸리지 않고 창백하되 과격함이 없었으니, 뛰어난 기품 드날려 이르는 곳마다 공적이 드러나네. / 논의 중에 가부 결단을 내릴 때는 깊은 계곡 달리는 여울과 같고, 가장 오랜 기간 집권하며 세운 공훈과 업적이 불꽃처럼 빛나고 있네. / 처음부터 끝까지 한결같은 정성을 가정에서 국가에 다 바치어, 온 세상 태평으로 다스리고도 얼굴 표정 하나 변하지 않네. / 오직 한충헌과 왕문정4)만이, 공과 더불어 짝할 수 있네.5)

　황희의 이름은 청백리와 명재상의 대명사로 학령기 이상의 한국인이

---

3) 오기수,《세종 대왕의 조세정책》, 어울림, 2012, 5~8쪽.

4) 한충헌은 송나라 재상 한기강, 왕문정은 송나라 재상 왕단을 말한다.

5) 파주문화원,《명재상 방촌 황희의 삶과 사상》, 2008, 210쪽.

라면 모르는 이가 없을 정도이다. 조선조에서 재상까지 역임하면서도 청백리로 거론되는 인물은 약 18명이다. 그 가운데 단연 첫 번째로 꼽을 수 있는 이가 황희이다. 그는 조선에서 가장 오랫동안 재상에 있으면서도 역대 재상 중 가장 칭송받는 재상으로도 유명하다. 그래서 《문종실록》에는 "재상이 된 지 24년 동안에 중앙과 지방에서 우러러 바라보면서 모두 말하기를, '어진 재상'이라 하였다."6)라고 기록하고 있다.

　이러한 황희는 태종이 양녕대군을 폐하고 충녕대군을 세자로 책봉하는 것을 결사적으로 반대한 사람이다. 그래서 태종은 대신들의 뜻에 못 이겨 황희를 남원으로 유배를 보냈다. 세종 대왕이 즉위하고 난 다음에도 의정부를 비롯하여 조정 신료들은 황희를 반역의 불충한 자라 하여 처벌할 것을 수없이 상소하고 주청하였다. 하지만 세종 대왕은 황희의 죄를 덮었다. 그리고 재위 4년 세종 대왕은 그러한 황희를 한양으로 돌아오게 하고, 직첩을 돌려주도록 하였다. 그러자 사간원 지사간(知司諫) 허성 등은 황희에게 형에 처하여 신하가 충성하지 못하고 정직하지 못한 자의 본으로 삼을 것을 주장하였다.

　그러나 세종 대왕은 그러한 황희를 불러 중용하고 재임 기간 동안 18년을 영의정 자리에 있게 하였다. 이것은 황희가 늘 세종 대왕의 뜻을 좇아 조정의 일을 처리하였기 때문만은 아니다. 오히려 그 반대의 경우로 세종 대왕의 개혁정치를 가로막는 일이 많았다. 그래서 허균은 그를 두고 "임금의 뜻을 잘 맞추었으나 스스로 개혁을 도모하지 않았다."라고 평가하였다. 그러면서 그는 '나라가 신뢰받고 지금까지 유지되었던 것'은 모두

6) 《문종실록》, 〈문종 2년 2월 8일〉

세종 대왕의 힘이라고 하였다. 세종 대왕의 포용력을 높이 평가한 말이다.

이러한 현실 속에서 세종 대왕과 황희 두 사람은 평생을 두고 공적으로는 군신관계였고 사적으로는 둘도 없는 친구의 관계였다. 그래서 황희는 세종 대왕 밑에서 성군을 받드는 좋은 협조자로서 세종 대왕의 빛나는 업적에 가담하지 않은 일이 없었다. 세종 대왕이 훈민정음을 창제할 즈음 유생들의 강한 반대에 봉착했을 때도, 세종 대왕이 불교를 신봉하자 집현전 학사들이 불같이 반대할 때도, 천첩소생들에게 천역(賤役)을 면제할 때 양반계급의 반발도, 늘 세종 대왕을 돕고 세종 대왕과 함께하였다.

하지만 황희는 세종 대왕이 가장 혼신을 다해 혁신하고자 한 공법을 처음부터 끝까지 반대한 사람이다. 세종 대왕의 공법을 개혁하고자 하여 첫 번째로 논의한 상대가 세종 10년에 좌의정 황희였다. 이때부터 황희는 세종 대왕의 공법에 대해서 무려 15년 동안 끝까지 굽히지 않고 반대 의견을 내었다. 세종 대왕은 공법을 혁신의 대업으로 생각하였다. 그것은 오직 백성들의 넉넉함과 편의를 위해서였다. 황희는 이러한 세종 대왕의 조세혁신을 거의 15년 동안이나 일인지하만인지상(一人之下萬人之上)인 영의정의 자리에 있으면서 앞장서서 반대하였다. 황희가 세종 대왕이 대업으로 생각하는 공법을 15년 동안 반대한 이유 역시, 조세의 중립성과 위민(爲民)을 위해서다. 세종 대왕과 황희는 백성을 위한 조세를 추구하였지만, 접근 방법에 차이가 있었던 것일 따름이다. 황희는 공법이 빈익빈 부익부현상을 초래할 수 있기 때문에 반대한 것이다. 그 결과 황희는 세종 대왕이 백성을 위해 더 공평하고 편리한 공법을 만들도록 하였다.

본 논문은 황희를 중심으로 15년 동안 조정에서 논의된 공법의 입법 과정을 살펴보고, 그 논의 과정에서 나타난 황희의 백성을 위한 조세사상을 분석하고자 한다. 이는 세종 대왕이 만든 공법의 가치를 재조명하면서 조세법의 입법자로서의 자세와 사상에 대한 교훈을 얻기 위한 것이다. 세종 대에는 황희와 같은 조세사상과 원칙을 가진 조정의 신료들이 많았기 때문에 백성을 위한 태평성대가 이룩될 수 있었다고 본다.

본 연구를 위해 선행 연구를 찾아보았지만 황희와 관련된 논문 자체가 매우 적었으며, 더구나 조세나 공법과 관련된 황희의 참고할 수 있는 문헌은 없었다. 황희에 대한 최고의 재상과 청백리의 평가에도 불구하고 그에 대한 연구 성과는 그 명성에 미치지 못하고 있는 것이다.

2. 공법의 조세 중립성을 강조한 황희

1) 세종 대왕의 공법의지와 황희의 견해

세종 대왕은 즉위하면서부터 조세의 개혁을 통한 진정한 민본정치를 실현하려 하였다. 그 첫 번째 조세정책이 사전(私田)의 국가 답험이다. 세종 대왕은 즉위한 지 10일 만에 사전의 경우에도 나라에서 파견한 경차관이 공전(公田)과 같이 답험하도록 명하였다.

임금이 호조에 명하여 "올해에도 태풍과 홍수의 재앙으로 벼 곡식이 잘 익지 않아 백성들의 생계가 염려되니, 각 도의 경차관에게 영을 내려 모름지기 벼를 베어 거두기 전에 사전도 아울러 답사하게 하되 아무쪼록

정확하기에 힘써서 백성들로 하여금 원망하지 않도록 하라." 하였다.[7]

법에는 공전[8]은 국가에서 답험하고, 사전은 밭주인이 답험하도록 정해져 있었다. 문제는 밭주인이 답험하는 사전의 경우 많은 소작료를 받기 위해서 손실을 인정해 주지 않는 횡포를 부렸기 때문에, 세종 대왕은 사전의 경우에도 국가에서 파견한 경차관이 공정하게 답험하도록 하였다.

하지만 사전의 국가답험만으로 조세의 문제가 해결된 것은 아니었다. 공전과 사전을 답험하는 과정에서 발생한 각종 비리는 가난한 백성을 더욱 힘들게 하였기 때문이다. 그래서 세종 대왕은 관리들이 답험하지 않는 세법의 입법을 제일의 정책과제로 삼았다. 그 세법이 공법이다. 세종 대왕은 조정에서 공법에 대한 논의를 시작하기 전에 문과 과거시험에 "공법을 사용하면서 이른바 좋지 못한 점을 고치려 한다면 그 방법은 어떻게 해야 하겠는가?"[9]의 문제를 출제하여 선진 유생들의 다양한 의견을 수렴하였다. 과거시험 문제에는 고대 중국에서 조세법의 기본으로 삼는 공법, 조법(助法), 철법(徹法)에 대한 역사와 편의성에 대해 설명하면서, 그 당시 세법인 답험손실법을 "손실(損實)을 실지로 조사하여 적중을 얻기를 기하였으나 간혹 사자로 간 사람이 왕의 뜻에 부합되지 않고 백성

---

7) 《세종실록》, 〈즉위년 8월 21일〉

8) 조선시대는 왕토사상에 의하여 나라 안의 모든 땅은 임금의 것이지만, 수조권(收租權)에 따라 공전과 사전으로 나누어진다. 공전은 국가가 수조권을 소유하는 전답을 의미하며, 개인이 수조권을 소유한 사전과 대립되는 것이다. 공전은 국가나 관청이 전답 소유자인 백성으로부터 조세를 직접 징수하는 전답이다. 사전은 국가가 관리 등에게 녹봉 대신에 지급한 전답을 말한다. 조선 초 사전에는 관리에게 지급되는 과전(科田)과 공신들에게 지급된 공신전 등이 있다.

9) 《세종실록》, 〈9년(1427) 3월 16일〉 : "用貢法而去 所謂不善 其道何由"

의 고통을 구휼하지 아니하여 이를 못마땅하게 여겼다."라고 하였다.

여기서 세종 대왕이 지적한 조선 초기 답험손실법의 폐단 형태는 다음《세종실록》의 기사에서 확실히 볼 수 있다. 첫째는 답험에 대한 적임자를 얻지 못함이요, 둘째는 위관이 재량권 남용으로 곡식의 허실을 함부로 헤아리는 것이요, 셋째는 위관들에 대한 접대의 폐단이요, 넷째는 답험에 소용되는 명목 없는 비품10)이 많다는 것이다. 그 결과 답험손실법은 국가와 백성 모두에게 이롭지 못하다는 것이다.

추수기의 전지를 간심(看審)할 때에는 으레 시골에 항시 거주하는 사람을 위관으로 삼게 되니, 거의 모두 자질구레하고 용렬하여 사물의 대체를 알지 못하고 혹은 무지하고 몽매한 소견으로 그 허실을 함부로 헤아리기도 하고, 혹은 사정을 끼고 다소를 가감하기도 합니다. 또 따라다니는 하인들의 접대비가 모두 민간에서 나오게 되는데, 그들이 밭 사이의 길을 달리면서 여염을 소란하게 하매, 그 전지를 경작하는 사람은 술과 음식을 싸가지고 여러 날 동안 기다려 영접하면서 다투어 후하게 먹여 간청하여 후하게 보아 주기를 바라고자 하니, 명목 없는 비품이 일정한 공부(貢賦)의 수량에 가깝게 되어, 관청과 민간에 이롭지 못하고 여러 해 동안의 큰 폐단이 되었습니다.11)

---

10) 無名之費

11) 《세종실록》,〈18년 10월 5일〉: "當秋成審田之時 例以鄕曲恒居之人 定爲委官 率皆猥瑣庸劣 不識大體 或無知贈見 妄度虛實 或挾私任情 增減多少 且騶從供億 皆出民間 馳驅阡陌 騷擾閭閻 其爲田者齎持酒食 累日迎候 爭欲厚饋干請 以冀從優 無名之備 迨幾於常賦之數 不利於公私 而爲積年之巨弊"

세종 대왕은 이러한 이유로 답험손실법을 폐지하고 공법을 통하여 조세제도를 개혁하고자 하였다. 하지만 이미《경제육전》호전에 규정되어 시행되고 있는 답험손실법을 폐지하고 공법으로 개정하는 것은 '조종성헌존중'의 원칙을 어기는 것이므로 쉬운 정책결정은 아니었다. 이에 세종 대왕은 조정에서 공법에 대한 논의를 본격적으로 시작하였다.

다음은 세종 대왕이 조정에서 황희와 공법을 맨 처음 논의한《세종실록》의 기사이다. 황희가 좌의정에 있을 때이며 그 자리에는 호조판서 안순이 동석하였다.

> 임금이 말하기를 … "공법이 비록 아름답다고 하지만은 손해에 따라 손해를 보충하여 주게 되니 조종께서 이미 이루어 놓으신 법을 경솔히 고칠 수는 없는 것이다. 만약 공법을 한번 시행하게 되면 풍년에는 많이 취하는 걱정은 비록 면할 수 있겠지만 흉년에는 반드시 근심과 원망을 면할 수 없을 것이니 어찌하면 좋겠는가?" 하니, 좌의정 황희가 아뢰기를, "신이 일찍이 조계생에게 들으니 '손해에 따라 손해를 보충해 주는 법을 시행하게 되어 전세(田稅)의 경중고하가 한결같이 위관과 서원의 손에 달렸다면 대단히 공평치 못하다'라고 하니, 신은 원컨대 공법을 본떠서 많고 적은 중간을 비교하여 전지 몇 부(負)에 쌀 몇 말의 수량을 미리 정하여 추수기마다 각도의 각 고을로 하여금 농사의 풍흉을 살펴서 3등으로 나누어 아뢰게 하고, 이에 따라 세를 징수하는 것이 옳을 것입니다." 하였다.[12]

---

12)《세종실록》,〈10년 1월 16일〉

세종 대왕은 조심스럽게 과거시험에서 지적한 답험손실법의 폐단을 언급하면서 황희와 안순에게 공법에 대한 의중을 물었다. 이 자리에서 황희는 공법을 본떠서 추수기마다 각도의 각 고을로 하여금 농사의 풍흉을 살펴서 3등으로 나누어 세를 징수하는 방안을 제시하였다. 황희가 제안한 방법은 전분3등·연분3등 제도라 할 수 있다. 그 당시 전분은 고려 때부터 시행된 전분3등법을 그대로 사용하였다. 이는 공법에 답험손실법을 결합시킨 것으로 이후 공법의 입법 과정에 15년 동안 많은 영향을 주었다. 세종 대왕이 입법한 최종 공법이 전분6등·연분9등제인 점을 감안한다면 황희의 이 방안이 토대가 되었다고 본다.

2) 조세의 중립성을 위해 반대한 1결 10말의 공법

세종 대왕은 호조에 명하여 공법안을 만들도록 명하였으며, 세종 12년(1430) 3월 5일 호조에서 "이제부터는 공법에 의거하여 전답 1결마다 조세 10말을 거두게 하되, 다만 평안도와 함길도만은 1결에 7말을 거두게 하여, 예전부터 내려오는 폐단을 덜게 하고, 백성의 생계를 넉넉하게 할 것이며, 그 풍재·상재(霜災)·수재·한재로 인하여 농사를 완전히 그친 사람에게는 조세를 전부 면제하게 하소서" 하니, 세종 대왕이 "정부·육조와, 각 관사와 서울 안의 전함(前銜)13) 각 품관, 각도의 감사·수령 및 품관으로부터 여염(閭閻)의 세민(細民)에 이르기까지 모두 가부를 물어서 아뢰게 하라." 하였다.14)

---

13) 전직

14) 《세종실록》, 〈12년 3월 5일〉 : "請自今依貢法 每一結收租十斗 唯平安 咸吉道 一結 收七斗 以除舊弊 以厚民生 其因風霜水旱等災傷 全失農者 全免租稅 命自政府六曹各

호조는 그 해 8월 10일 공법의 가부에 대한 의논을 갖추어서 아뢰었
는데 그 기간이 무려 5개월이 걸렸다. 호조에서 올린 공법에 대한 여론
조사의 결과에 따르면 공법의 시행에 무릇 가하다는 자는 9만 8,657명
이며, 불가하다는 자는 7만 4,149명이었다.15) 총 17만 2,806명에 대한 여
론을 조사한 것이다. 그 당시《세종실록지리지》에 기록된 조선의 인구가
69만 2,477명인 것을 고려한다면 인구의 4분의 1이 참여한 것이다.16) 이
때 찬성 57.1%로 반대 42.9%보다 많았지만 세종 대왕은 공법을 바로 시
행하지 않았다. 그 이유는 황희를 비롯한 조정 대신들의 반대가 너무 컸
기 때문이다. 반대하는 대신들은 무려 90.2%에 달하였다.17)

이 공법의 여론조사에서는 조정 대신을 비롯한 지방의 신료들까지 공
법에 대한 의견을 다양하게 제시하였는데, 좌의정 황희는 우의정 맹사성
·찬성 허조·참찬 오승·이맹균 등과 함께 공법을 반대하면서 "우리 조선
이 개국한 이래 조세를 거둘 적에 수손급손법(隨損給損法)을 제정하니,
이는 실로 고금을 참작한 만대라도 시행할 만한 좋은 법인지라 경솔히
고칠 수 없는 것입니다."라고 하였다. 직접적으로 공법을 반대한 것이다.
수손급손법은 답험손실법의 또 다른 명칭이다. 그리고 황희 등은 1결에
10말 징수하는 공법을 반대한 이유로 다음과 같이 세 가지를 들고 있다.

司及京中前銜各品 各道監司守令品官 以至閭閻小民 悉訪可否以聞"

15) 《세종실록》,〈12년 8월 10일〉

16) 강만길 외,《한국사》, 한길사, 2000에 의하면《세종실록지리지》의 각도 군현별로 실려
있는 호(戶)·구(口)의 전국 합계는 20만 1, 853호, 69만 2,475구인데 그 구수(口數)
란 곧 남정을 가리키는 숫자이다."고 하였다.

17) 오기수,〈세종 대왕의 조세사상과 공법(貢法) 연구〉,《세무학연구》제28권 제1호,
2011, 380쪽.

① 전지를 계정(計定)할 때에 모든 창고와 공수(公須)·아록(衙祿)·참역(站驛) 등의 전토를 참작해 헤아려서 숫자를 정한 것인데, 이제 만약 조세를 감한다면 반드시 그 두 배를 더 주어야만 원액을 충당할 수 있을 것이니, 그렇게 되면 군자전(軍資田)이 아마도 남지 않을 것입니다.

② 비옥한 전토를 점유하고 있는 자는 거의가 부강한 사람들이며, 척박한 전토를 점거하고 있는 자는 거의가 모두 빈한한 사람들이온데, 만약 호조에서 신청한 공법에 의해 시행한다면, 이는 부자에게 행(幸)일 뿐, 가난한 자에게는 불행한 일이 되고 말 것입니다.

③ 함길·평안도의 전지의 조세는 다른 도의 수량보다 이미 감한 것인데, 이에서 또 감한다면, 만약 군병의 동원이나 큰 흉년이 있을 경우 이를 감당할 도리가 없을 것입니다.[18]

여기서 황희 등이 '1결 10말'의 공법을 반대한 이유에는 합리성과 타당성이 있다. 위 ①은 세수부족에 따른 문제점이다. 이전에는 1결에 30말을 기준하여 답험손실법으로 조세를 징수하였는데 1결에 10말을 정액세로 징수할 경우 세수가 절반으로 줄어들기 때문에 관아 등에 지급할 전답이 두 배로 늘어날 수밖에 없다는 것이다.

②는 조세의 공평을 논한 것이다. '1결 10말'의 공법으로 매년 똑같이 조세를 징수할 경우 수확량에 따른 과세가 이루어지지 않는다는 말이다. 농사는 물과 직결된다. 비가 충분히 오면 비옥한 전답과 척박한 전답의 수확량은 차이가 없다. 반대로 가뭄이 들 경우 저수지나 하천 가까이에 있는 비옥한 전답에서는 수확이 있지만, 하천에서 떨어진 산비탈이나

---

18) 《세종실록》, 〈12년 8월 10일〉

언덕에 있는 척박한 전답은 수확을 할 수 없기 때문에 매년 풍흉을 고려하지 않고 1결당 정액세로 동일 과세하는 것은 불공평하기 때문이다. 특히 산이 많은 우리나라에서 부자 양반들은 비옥한 전답을 소유하고, 가난한 대부분 백성들은 척박한 전답을 소유한 현실에서는 불공평은 확실하다.

③은 함길·평안도의 경우 국경지역으로 군역의 부담이 크고, 대부분 산간지역으로 수확량이 적기 때문에 그동안 다른 도보다 조세를 낮은 세율로 징수하였는데, 1결에 7말의 공법을 시행할 경우 군자액을 충당할 수 없을 정도로 세수가 부족하다는 주장이다.

황희 등의 이러한 주장은 매우 실질적이고 현실적인 문제를 제기한 것이다. 조세법의 개정으로 나라의 경영을 위해서는 세수가 부족해서는 안된다는 재정학적 원칙을 말한 것이다. 특히 공법을 시행하면 부자에게 행(幸), 가난한 자에게 불행한 일이라는 말은 부익부·빈익빈의 경제현상을 초래한다는 뜻이다. 이는 현대 재정학의 조세의 중립성을 말한 것이다. 조세의 중립성이란, 과세 결과가 납세자의 상대적인 경제상황에 변화를 주지 말아야 한다는 재정학적 원칙이다.

황희는 조세의 중립성을 논할 만큼 재정적인 이념이 확고한 것이다. 부익부·빈익빈의 현상이 발생하면 조세의 중립성이 침해되고, 공평과세는 무너져 힘없고 가난한 백성들의 경제적 삶이 힘들게 된다. 황희는 이러한 현상을 배제하여 백성을 보호하고자 하였다. 세종 대왕도 황희가 논한 조세의 중립성과 공평과세에 대해서 충분히 이해하고 있었다고 본다. 그래서 여론조사 결과는 찬성이 더 많았지만, '황희 등의 의논에 따르라'고 명하여 1결에 10말을 징수하는 공법의 시행을 포기하였다. 이 여론조사

후 조정에서의 공법 논의는 세종 18년까지 6년간 휴면하게 되었다.

3. 황희의 위민(爲民) 조세사상

1) 3등도·3등전의 공법 제안

세종 대왕이 답험손실법의 폐단을 막기 위해 시행하고자 한 초기 공법안이 황희 등의 반대로 무산되었다. 그리고 6년의 세월이 흘렀다. 그동안 조정에서 어떠한 논의가 이루어졌는지 문헌으로는 확인할 수 없다. 그런데 공법의 여론조사가 있은 후 6년이 지난 세종 18년 2월 정인지는 불현듯 "그윽이 생각하건대, 매년 가을마다 위관이 손실을 경하게 하고 중하게 함이 능히 알맞지 못하여, 백성들이 또한 번거롭게 여겨 소란하므로, 전하께서 공법을 행할 것을 의논하여, 장차 옛날의 제도를 회복하고자 하니, 조정의 의논이 서로 같지 않음이 있으므로, 일이 중지되고 시행되지 아니했습니다."[19]하면서 염법(斂法)의 방법과 절차에 대해 상소를 올렸다. 여기서 염법은 전답을 답험하는 방법이다. 정인지는 공법을 지지하는 듯한 말을 하면서 세종 대왕이 개선하고자 한 답험손실법의 문제점을 해결하는 차원에서 다음과 같은 염법을 제시한 것이다. 이에 세종 대왕은 의정부에 내려 각 조(曹)와 함께 의논하게 하였다.

> 용자(龍子)[20]의 이른바, '공법이 좋지 못하다.' 한 것은 후세의 실수이고, 선왕의 법은 아닙니다. 예로부터 폐단이 없는 법은 있지 않으니, 폐단을

---

19) 《세종실록》, 〈18년 2월 22일〉
20) 중국 고대의 현인(賢人).

구제하는 방법은 그 사람에게 있는 것입니다. 사람들의 말에, '손실에 따라서 손실을 주는 것이 가장 좋은 법이 된다.' 하오니, 그 말을 듣는다면 진실로 좋은 법이 되지마는, 시행하는 실제는 진실로 알맞게 되지 못하니, 이것은 다같이 알맞지 못한 것이 된다면 오히려 저것이 이것보다 나은 편이 될 것입니다. … 염법이 범용한 무리들에 의해 만들어져서, 경하게 하고 중하게 함을 마음대로 하여 고찰이 두루 미치지 못한 때문입니다.[21]

그런데 다음날 세종 대왕은 기다렸다는 듯이 조정에서 공법의 문제를 거론하였다. 답험손실법의 폐단을 말하면서 공법이 좋은데 조신(朝臣)들이 각각 그 소견을 고집해서 의논이 부산하여 결정하지 못했다는 것이다. 그리고 "공법으로 1결에 20두(斗)는 너무 많으니, 15두로써 정하는 것이 어떻겠는가?"라고 물었다. 이때부터 조정에서 공법의 논의는 다시 본격화되었다.

임금이 말하기를, "우리 국가의 손실은 답험하는 일은 관계가 지극히 중대한데, 근래에 답험이 알맞음을 잃어, 많이 받으면 걸왕(桀王)처럼 되고, 적게 받으면 오랑캐처럼 되니, 내가 심히 염려된다. 조신(朝臣)들은 각각 그 소견을 고집해서, 의논이 부산하여 따를 바를 알지 못하니, 어떻게 이를 처리하겠는가. 옛날의 공법이 좋은데 시행하고자 해도 하지 못했던 것이다." … "내가 세무(世務)에 통달하지 못하니 조종의 법을 경

---

21)《세종실록》,〈18년 2월 22일〉

솔히 고칠 수 없는 까닭으로, 공법을 지금까지 시행하지 못했으나, 지금 그 폐단이 이와 같으니, 1~2년 동안 이를 시험하는 것이 어떻겠는가? 그러나 공의 수량이 많으면 백성들이 견딜 수 없으니, 만약 흉년을 만나면 수량을 감함이 옳을 것이다. 또 1결에 20두는 너무 많으니, 15두로써 정하는 것이 어떻겠는가? 너무 많아도 옳지 못하고 너무 적어도 또한 옳지 못하다."[22]

하지만 세종 대왕이 제시한 1결 20두의 공법안에 대한 논의의 결과는 문헌에 없다. 3개월 후 세종 대왕은 영의정 황희·찬성 안순·참찬 신개·형조 판서 하연·호조 판서 심도원 등을 불러 공법을 의논하였는데, 황희 등은 다음과 같이 말하였다. 1결 20두의 공법은 반대하면서 공법에 답험 손실법을 결합시킨 방법을 대안으로 제안한 것이다.

영의정 황희·찬성 안순·참찬 신개·형조 판서 하연·호조 판서 심도원 등을 불러서 공법을 의논하게 하니, 황희 등이 말하기를, "각 도안에 혹은 좌·우도로 나누어지기도 하고, 혹은 경계를 나눈 우두머리 고을에는 토지의 품질이 비옥하기도 하고 척박하기도 하여 전연 다르니, 마땅히 도행장(導行帳)[23]을 상고해서 지난해의 손실(損實)에 따라 어느 고을은 상등(上等)으로 하고, 어느 고을은 중·하등으로 하여 조세 받는 수를 작정하게 하소서." 하였다.[24]

---

22) 《세종실록》, 〈18년 2월 23일〉

23) 지금의 토지 대장.

24) 《세종실록》, 〈18년 5월 21일〉

이에 대해 세종 대왕은 "이 일은 경솔하게 할 것이 못 되니, 내일 다시 의논하도록 하겠다."고 하였다. 그리고 다음날 황희 등을 불러서 다시 공법의 절목을 의논하게 하였다. 하루 만에 황희는 어제 주장한 방안을 좀 더 구체화하였다. 전국 8도를 비옥도에 따라 상·중·하로 나누고, 풍흉에 따라 매년 3등전법에 따라 세율을 정하여 과세하는 방법이다. 3등도·3등전의 공법을 제안한 것인데 세종 대왕은 이를 받아들였다.

> 의논하기를, "각 도를 나누어서 3등으로 하되, 경상·전라·충청도를 상등
> 으로 하고, 경기·강원·황해도를 중등으로 하며, 평안·함길도를 하등으
> 로 하고, 토지의 품등은 한결같이 도행장(導行帳)대로 3등으로 나누어,
> 지나간 해의 손실수(損實數)와 경비의 수를 참작해서 세액을 정하소서."
> 하니, 그대로 따랐다.**25)**

세종 대왕은 황희 등이 제시한 공법안을 구체화하기 위하여 '공법상정소'를 설치한 것으로 보인다.**26)** 하지만 공법상정소의 행적은 더 이상 기록되지 못하였다.

2) 시범실시의 공법을 철회시킨 황희

세종 18년 10월 5일 의정부에서 호조의 정장(呈狀)에 의거하여 공법안을 올렸다. 황희 등이 주장한 3등도 3등전법의 세율을 정한 것이다. 세

---

25) 《세종실록》, 〈18년 5월 22일〉
26) 《세종실록》, 〈18년 윤6월 15일〉

율은 10두부터 18두까지 전국적으로 9단계이며, 상등도의 과세를 강화한 것이 특징이다. 의정부에서는 "이것으로써 일정한 법식으로 정하여 1~2년 동안 시험해 보소서." 하니 세종 대왕은 이를 허락하였다. 세종 19년부터 이 공법안을 전국적으로 시행하기로 한 것이다.[27]

> 여러 도의 토지의 품등을 먼저 정하여 3등으로 삼았는데, 경상·전라·충청의 3도를 상등으로 삼고, 경기·강원·황해의 3도를 중등으로 삼고, 함길·평안의 2도를 하등으로 삼았으며, 또 본디 정한 전적의 상·중·하 3등에 의거하여 그대로 토지의 품등을 나누어, 각도와 토지 품등의 등급으로 수조하는 수량을 정하여, 상등도의 상등전은 매 1결에 18두로, 중등전은 매 1결에 15두로, 하등전은 매 1결에 13두로 정하고, 중등도의 상등전은 매 1결에 15두로, 중등전은 매 1결에 14두로, 하등전은 매 1결에 13두로 정하고, 하등도의 상등전은 매 1결에 14두로, 중등전은 매 1결에 13두로, 하등전은 매 1결에 10두로 정하고, 제주의 토지는 등급을 나누지 말고 모두 10두로 정하오니, 이와 같이 하면 옛날의 10분의 1을 징수하던 법과 건국 초기의 수세하던 수량에 비교해도 대개 또 크게 경한 편입니다.[28]

이 공법안에 대해서 의정부는 "대개 이 법이 한번 세워지면 사람들이 모두 조세 바치는 수량을 미리 알아서 스스로 바치게 될 것이니, 한 사람의 관리에게 명령을 내리고 한 장 종이의 글을 허비하지 않더라도 세

---

27) 근자에 공법(貢法)을 의논하여 행하기 때문에(세종실록 19년 2월 9일).
28) 《세종실록》, 〈18년 10월 5일〉

법은 만세에 시행될 것입니다. 비록 흉년을 당하면 혹시 조금 가중하다
는 의논이 있기도 하겠지마는, 풍년에 징수한 것이 이미 경하였다면 또
한 이것으로 저것을 보상할 수가 있을 것입니다. 또 지난번에 민간을 소
란시켰던 폐단과 명목이 없는 비용을 영구히 근절할 수가 있다면, 백성
의 이익 되는 바가 많아질 것이니 거의 지금 실정에 적합하여, 관청과 민
간에 편리하고 옛날의 공법의 좋은 점에도 합하게 될 것입니다." 하였다.
이 공법안은 자진 납세가 가능하며 관리들의 재량권이 배제되기 때문에
답험의 폐단이 사라지고 답험에 따른 접대비용 등이 발생하지 않는 좋
은 세법이라고 평하였다.

　하지만 다음해인 세종 19년 4월 의정부에서는 자신들이 제안한 공법
안의 세율에 미진함이 있으니 호조로 하여금 다시 검토할 것을 건의하
였다.29) 세종 대왕은 이를 허락하였다.

　그해 7월 세종 대왕은 "그대들 호조에서는 전대의 폐단이 없었던 법을
상고하고, 이 뒷세상에 오래도록 행할 만한 방법을 참작하여, 아울러 행
할 사목들을 세밀하게 마련해서 아뢰도록 하라." 하였다. 이에 호조에서
는 이전 3등도·3등전법의 세율에 1결당 약 2두씩 증가시켜 정하였다.

　　경상도·전라도·충청도는 상등으로 삼고, 경기도·강원도·황해도 3도는
　　중등으로 삼고, 함길도·평안도 2도는 하등으로 삼으며, 또 본디 정하였
　　던 전적(田籍)의 상·중·하 3등에 의거하여 그대로 토지의 품질을 나눕
　　니다. 각도의 등급과 토지 품질의 등급으로써 수세하는 수량을 정합니

---

29)《세종실록》, 〈19년 4월 14일〉

다. 상등도의 상등 수전은 매 1결마다 조미 20두, 한전은 매 1결마다 황두 20두로 하고, 중등 수전은 매 1결마다 조미 18두, 한전은 매 1결마다 황두 18두로 하고, 하등 수전은 매 1결마다 조미 16두, 한전은 매 1결마다 황두 16두로 하며, … 하등도의 상등 수전은 매 1결마다 조미 16두, 한전은 매 1결마다 황두 16두로 하고, 중등 수전은 매 1결마다 조미 14두, 한전은 매 1결마다 황두 14두로 하고, 하등 수전은 매 1결마다 조미 12두, 한전은 매 1결마다 황두 12두로 하며, 제주의 토지는 등급을 나누지 아니하고 수전이나 한전이나 매 1결마다 10두로 정합니다. 이렇게 하면 옛날 10분의 1을 받는 법과 비슷하며, 조선 개국 초기의 수세하던 수량보다 대개 많이 경(輕)하게 됩니다.[30]

이 공법안의 특징은 수전과 한전을 구분하여 과세한 것이다. 수전은 쌀로, 한전은 콩으로 조세를 징수하는 것인데, 쌀이 콩보다 두 배 정도 비싸기 때문이다. 수전과 한전을 구분하여 과세하는 것은 조선초부터 시행되었는데, 공평과세 측면에서 매우 주요한 과세기준이다. 특히나 가난한 백성 대부분이 한전을 소유하고 있기 때문이다. 이 공법안을 반포하여 전국적으로 시행하도록 한 것이다.[31]

하지만 공법 시행에 따른 조정의 반발도 만만치 않았다. 더욱이 가뭄과 재해로 농사가 흉년이 들어 공법의 시행은 어려웠다. 이에 세종 대왕

---

30) 《세종실록》, 〈19년 7월 9일〉
31) 《세종실록》, 〈19년 7월 28일〉: 호조에 전지하기를, "함길도 각 고을은 근년 이래로 다른 도에 없는 방어(防禦)와 성 쌓는 것 같은 일이 자못 많으니, 금년에 수세(收稅)는 이번에 반포해서 시행한 공법(貢法)의 수량에서 특히 2분의 1을 감하도록 하라."

이 안순과 좌부승지 권채를 불러 공법의 시행 여부를 조정에서 의논할 것을 하교하였다.

> 지금의 공법을 당초에는 대신들과 더불어 의논을 정하여 한두 고을에 시험해 보고자 하였더니, 대신들이 청하기를, "한 도에서 시행하여 본 뒤에야 그 편의 여부를 알 수 있다." 하고, 뒤에 또 청하기를, "팔도에서 시행하자."고 하므로, 나 역시 금년 6월 이전은 우로(雨露)가 적당해서 혹시나 풍년이 되어 이 법을 시행할 수 있다고 하여, 이미 경중과 외방으로 하여금 시행하게 했지만, 7월 이후에는 비와 가뭄이 고르지 못하여 여러 도의 농사가 불실하고 혹은 풍재와 충재(蟲災)도 있어서 백성이 살 수 없게 되었으니, 이 법을 갑자기 시행하기에는 어려울 것 같다. 그러나 당초에 대신들과 더불어 물어서 정한 일이라, 혼자 마음대로 할 수 없으니, 공법제조에게 의논하여 아뢰라.

이에 황희와 이조판서 하연 등은 금년의 경우 답험손실법으로 징수할 것을 간청하였다.[32]

다음날 세종 대왕은 황희 등의 의논에 따르라고 하면서 공법을 버리고 예전의 답험손실법을 시행할 것을 명하였다. 이번에도 황희의 손을 들어 준 것이다. 황희의 위민(爲民) 정신이 세종 대왕의 정치이념과 같기 때문이다.

---

32) 《세종실록》, 〈19년 8월 27일〉

"공법은 옛일을 상고하고 지금을 참작해서 대신들과 더불어 의논하여 정한 것이고, 본래에는 백성들에게 편리하게 하고자 한 것이었다. 내가 부덕하여 20여 년을 왕위에 있으면서 일찍이 한 해도 풍년이 없었고, 해마다 흉년이 들었으나 뒷세상의 풍년도 기필할 수 없으니, 이 법은 단연히 시행할 수 없겠다. 그러나 이 법을 이미 정해서 전국에 반포했은즉, 후세의 자손이 필시 행할 때가 있을 것이니, 이제 황희 등의 의논을 따르라." 하고, 즉시 정부에 전지를 내리기를, "각도의 조세는 공법을 버리고 예전대로 손실법에 의하여 민생에게 좋도록 하게 하라."[33]

3) 공법의 재상(災祥) 감면과 황희의 위민(爲民)사상

1년 후 세종 대왕은 조정에서 다시 공법을 의정부와 육조에 의논한다. 세종 대왕은 "답험할 즈음에 그 적당한 사람을 얻지 못하여서, 혹은 우매하게도 제대로 살피지 못하기도 하고, 혹은 사정에 이끌려 손(損)을 실(實)로 하기도 하고 실을 손으로 하기도 하여, 호족 또는 부유한 자의 전지는 잘 결실되었다는 것이 많지 않고, 가난하고 천한 자의 전지는 감손되었다는 것이 있지를 않다."고 답험손실법의 폐단을 강조하면서 다시 조정에서 공법을 논의할 것을 명하였다. 세종 대왕은 공법만이 답험손실법의 폐단을 없앨 수 있는 유일한 방편이며, 공법만이 백성들을 위한 세법이라는 확신을 가지고 있었다. 하지만 세종 대왕은 왕권의 힘에 의하여 공법을 시행하려 하지 않았다. 이 때문에 경상·전라 양도의 인민들 가운데 공법의 시행을 희망하는 자가 3분의 2가 되면 시행하겠다고 하여, 현

---

33) 《세종실록》, 〈19년 8월 28일〉

대에서도 힘든 과중다수결에 의하여 세법을 입법하겠다는 진실된 민본 정치의 본을 보여 주었다.

> 공법은 지금 행하지 않더라도 후세 자손들이 반드시 다시 의논하여 행하려는 자가 있을 것이기는 하나, 이제 법제를 이미 제정하여 인민들도 익히 알고 있는 터인지라, 경솔히 버릴 수도 없거니와, 만약 고식적으로 여러 해 미루어 가게 되면, 그 일의 어렵고 쉬운 사정도 다시 거리가 멀게 될 것이다. 나는 경상·전라 양도의 인민들 가운데 공법의 시행을 희망하는 자가 3분의 2가 되면 우선 이를 양도에 시행하려니와, 3분의 2에 미달한다면 기어이 강행할 필요는 없다고 본다. 만약 이 법을 시행하여 어떤 폐단이 생기게 되면 즉시 이를 개정하곤 하면, 거의 그 폐단도 없게 될 것이다.[34]

그러나 영의정 황희·우찬성·이맹균 등은 세종 대왕의 의견에 맞서 만일 공법을 시험하시려면 먼저 강원·황해 양도에 시행할 것을 주장하였다. 경상·전라 양도의 토지는 비옥하여 찬성한 자가 많으나 강원·황해도는 척박하여 인민들의 반대자가 많기 때문이다.

> 경상·전라 양도의 인민들은 토지가 비옥하고도 풍요하여 공법을 편리하게 여기는 자가 않으나, 강원·황해의 인민들은 작년에 공법을 시행한다는 영을 듣고 이를 불편하게 여기는 자가 많았던 까닭에, 드디어 정침하

---

34) 《세종실록》, 〈20년 7월 10일〉

고 시행하지 않았던 것입니다. 만일 이를 시험하시려면 먼저 강원·황해 양도에 시행하여서, 인민들이 즐겨 따르게 하면 하삼도(下三道)에서 시 행하여도 무엇이 어려울 게 있겠습니까?[35]

다음날 황희의 주장이 받아들여지지 않았다. 세종 20년부터 경상·전 라 양도에 공법이 시험 실시되었다.[36] 하지만 그해 전라도와 경상도에 큰 장마로 수확이 어려워지자 두 도의 관찰사와 백성들은 재상(災祥)에 따 른 조세의 감면을 요구하였다. 이에 세종 대왕은 "공법의 시행은 답험하 는 폐단을 없애고자 함이다. 이제 공법을 시험하고자 하면서, 또 가서 살 펴서 조세를 면제한다면 무엇 때문에 공법을 시행하는가?" 하면서 정부 와 의논하였다.

이때 영의정 황희 등은 재상에 따라 조세를 면세해야 한다고 주장하 였다. 위민의 조세사상이다.

공법의 좋지 아니함이 이러합니다. 윗 항목의 썩어 손상된 땅은 불가불 면세해야 할 것이오니, 만약 면세하지 아니하면 민생이 반드시 곤란할 것입니다. 우리나라는 산천(山川)이 매우 많아서 중국의 넓고 평탄한 것 과는 같지 아니합니다. 한 집에서 경작한 것이 온통 손상된 자가 반드시 많을 것이오나, 가령 10묘를 경작하는 자가 9묘가 썩어 손상되었으면 1 묘는 비록 거두었어도 1년 생활에 반드시 부족할 것이니, 9묘의 조세를 어찌 하겠습니까? 신 등은 생각 하옵기를, 여럿이 다 아는 물에 잠긴 땅

35) 《세종실록》, 〈20년 7월 10일〉
36) 《세종실록》, 〈20년 7월 11일〉

이라면 면세하는 것이 마땅히 유익할 것입니다.[37]

공법을 시행하면서 재상에 따라 조세를 면세하는 문제는 간단한 것이 아니었다. 이 재상 감면은 세종 대왕과 황희 등이 가장 첨예하게 대립된 문제이다. 그 이유는 공법은 재상에 따른 면세를 인정하지 않는 것이 원칙인데, 재상에 따른 조세 감면을 실시하지 않으면 그동안 답험손실법에 익숙해진 백성들의 불평은 커질 수밖에 없기 때문이다. 따라서 이 문제는 공법이 완성된 후에도 많은 논쟁이 일어났다.

세종 대왕은 이 문제를 호조에 명하여 정부에서 의논하게 하니, "10결이 잇따라 재해를 입은 것이라야 면세하는 것을 허락하도록 하소서."라고 건의하였다. 개별적으로 재상은 인정할 수 없지만 10결 이상의 넓은 지역이 재상을 입을 경우 면세하자는 대책이다. 이 안은 최종 공법에 반영되었다. 하지만 황희·허조는 이 안에 반대하면서 재해 면적을 3~4결로 낮출 것을 주장하였다. 그 이유는 10결이 잇따라 재해를 입은 경우 면세하는 것은 '부익부 빈익빈'의 현상이 발생할 수 있기 때문이다. 가난한 백성들이 10결 이상 전답을 소유한 경우가 없기 때문이다. 이 부분은 세종 대왕과 첨예하게 대립된 부분으로 황희 등의 주장은 받아들여지지 않았다.

"10결 이상 경작하는 자는 모두 부호의 백성들이오며, 3~4결을 가진 자도 역시 적은 편이옵니다. 이제 10결 이상 잇따라서 재해를 입은 자라야

---

37) 《세종실록》, 〈20년 10월 15일〉

면세되는 것을 허락하고, 9결 이하는 조세 감하는 것을 허락하지 아니한다면, 가난한 사람은 더욱 가난해지고 부자는 더욱 부유해져서 고르지 못하다는 탄식이 있지 않을까 그윽이 두렵사옵니다.[38] 이미 재해 입은 것을 알면서도 그 세(稅)를 거두자고는 굳이 말할 수 없사옵니다. 신들의 생각으로는 3~4결 이상 재해를 입은 자는 모두 그 세를 감면하는 것이 가(可)할까 하옵니다."[39]

황희의 주장은 세종 때에는 수용되지 않았지만 문종 때에는 5결 이상으로 확대되었으며, 세조 때에는 전답의 50% 이상이 재해를 입으면 재해율에 따라 감면하도록 하여 《경국대전》에 규정되었다.[40] 황희가 공법에서 재해에 따른 감면을 주장한 것은 위민사상이다. 황희는 "백성들을 넉넉하게 하는 정치는 백성으로부터 너그럽게 징수하는 것이지, 곡식을 풀어서 백성들을 진휼하는 데에는 있지 아니하였사옵니다."[41] 하면서, 구휼도 중요하겠지만 더 중요한 것은 조세 정책 등을 바르게 펴서 백성들이 굶주림의 고통에 빠지지 않도록 미리 예방하는 정책이 더 중요하다 하였다.[42]

---

38) "今連十結以上被災者 乃許免稅 九結以下 未蒙減租 則竊恐貧益貧富益富 不唯有不均之(款)歟"

39) 《세종실록》, 〈20년 11월 20일〉

40) 경국대전, 호전, 수세조 참고 (전부 재해를 입은 전지 및 전부가 묵혀진 전지는 면세하고, 반이 넘게 재해를 입은 전지는 그 재해가 6분에 이른 것은 6분을 면세하고 4분을 수세하며, 9분에 이르기까지 모두 이 예에 의한다.)

41) 《세종실록》, 〈20년 11월 20일〉

42) 이영자, 〈방촌 황희의 경세사상과 그 의의〉, 《동서철학연구》 제65권, 한국동서철학회, 2012, 265쪽.

황희가 재해 감면의 폭을 확대할 것을 요구한 것은 백성을 위한 위민사상이다. 그렇다고 공법에서 감면을 인정하려 하지 않은 세종 대왕이 위민하지 않는 것은 아니다. 세종 대왕은 재해 감면을 인정하게 되면 답험손실법의 폐단이 되살아나고, 관리들의 재량권이 확대되어 백성들은 필요 없는 조세비용의 부담으로 고통당하는 것은 용납할 수 없다는 것이다. 황희가 주장하는 개인별 조세공평을 완전히 추구하여 백성을 편하게 넉넉하게 하느냐, 세종 대왕이 추구하는 조세 징수하는 관리들의 부정부패를 근절시켜 백성들의 삶을 편하게 하느냐의 문제이다. 지금에서 이 두 주장의 조세법적 가치를 평가하는 것은 어렵다고 본다. 그 당시의 사회적 상황이 고려되어야 하기 때문이다. 다만, 공법이 답험손실법에 비해 합리적인 세법이며, 조선 후기에 중앙집권적 관료지배체제의 모순과 봉건재정의 가렴(加斂)적 성격으로 말미암아 재상전과 진전에 대한 조세 감면이 규정대로 시행되지 않고 백지징세를 비롯한 많은 폐해를 자아냈던 점43)을 감안하면, 재상에 따른 면세점을 단순히 낮춘 것은 조선의 실정에서 바람직하지 않았다고 본다. 오히려 관리들의 재량권 배제를 강화하는 측면이 조세공평을 실현할 수 있었다고 본다.

4. 공법의 공평성을 향상시킨 황희

1) 3등도·3등고을·3등전법의 반대

사간원은 두 차례나 상소를 올려 공법의 부당함과 폐지를 주장하는 등 조정에서 많은 논쟁을 걸쳐 전라·경상도에 시범 실시하기로 결정하였

---

43) 金玉根, 《朝鮮王朝財政史研究1》, 一潮閣, 1984, 236~237쪽.

다. 의정부에서 호조의 첩정에 의거하여 경상·전라 양도에 공법을 본격적으로 시행할 것을 건의하였으며 세종 대왕은 이를 허락한 것이다.

"지난 정사년에 비로소 공법을 세웠으나 마침 흉년으로 인하여 아직 정지하였었는데, 금년에 화곡이 조금 풍년이 들고, 또 이 공법이 시험한 지가 이미 2년이 되었으나 별로 큰 폐단이 없사오니, 청하건대 이제부터는 경상·전라 양도로 하여금 모두 공법을 행하게 하소서." 하니, 그대로 따랐다.[44]

그러나 한 달 후 의정부에서 전라·경상도에도 3등도·3등전법의 공법을 시범 실시한 결과가 온당하지 못하다고 보고하면서, 공법을 행하려면 전분9등으로 나누어야 한다고 주장하였다. 불과 1개월 전에 시범 실시한 공법에 폐단이 없다고 보고한 내용과는 완전히 상반된 주장이다.

이제 이미 공법을 경상·전라 두 도에 시험하여 보니, 그 지품이 한 도 안이 같지 않을 뿐만 아니라 고을마다에 이르러서도 현격하게 다르니, 일체로 조세를 거두는 것은 온당하지 못한 것 같습니다. 또 지금 각품 관원의 진언한 말은 모두, 만일 공법을 행하려면 꼭 9등으로 나누어야 하니, 청하옵건대 다시 양전하여 예전 제도의 9등의 법에 의하여야 만대에 전하여도 폐단이 없을 만합니다.[45]

---

44) 《세종실록》, 〈22년 5월 8일〉
45) 《세종실록》, 〈22년 6월 13일〉

그리고 의정부에서 공법의 편의 여부를 각각 아뢰었는데, 그 자리에서 신개와 하연은 공법의 문제점을 해결하는 방안을 제안하였고, 황희는 공법을 반대하면서 답험손실법의 시행을 주장하였다. 공법을 싫어하는 자가 많고 비록 고을마다 전지를 9등급으로 분간하더라도 원망을 없게 할 수 없다는 것이다.

"공법을 시험한 지도 지금 3년인데, 그 도(道)의 백성으로서 좋아함과 싫어함이 같지 않은 중에도 싫어하는 자가 많은 편이나, … 지금 비록 고을마다 전지를 9등급으로 분간하고자 하나, … 한 고을 안에도 또한 같은 등급으로 하기 어려움이 있으니, 장차 무엇으로써 원망을 없게 할 것이며, 또 전지가 묵고 곡식이 여물지 못한 것을 잘 조사하지 못했다는 원망은 무엇으로써 그치게 하겠습니까? 지금 비록 상등도라 하더라도 모두 상등 조세를 거두는 것이 아니며, 각각 3등급으로 조세를 거두고 있는데 땅의 품질이 같지 않다는 말로써 핑계하는 것은, 감히 배척하는 말을 못하는 것뿐이고 바로 공법을 시행하지 않으려는 것입니다. … 신은 그윽이 생각하건대, 이 법을 마침내는 시행하기가 어려울 것이니, 바라옵건대, 위관이 손실을 정확하게 조사하는 제도를 엄하게 하고, 인하여 조종 때부터 마련한 수손급손의 성헌대로 하는 것이 어떠합니까?"[46]

이후 여러 차례 논의 끝에 의정부에서 호조의 정문(呈文)에 의거하여 3등도·3등고을·3등전의 공법으로 개정하여 시행하였다. 도별 전분9등

---

46) 《세종실록》, 〈22년 7월 13일〉

급의 세율이다. 특징은 충청도가 상등에서 중등으로, 강원도가 중등에서 하등으로 조정되었으며, 각 고을의 상전과 중전의 세율을 같게 하면서 하전의 세율과 차등을 둔 것이다. 각 도별 세율은 6단계로 이루어진 것이다.

> 지난 정사년에 공법을 상정할 때에 미진한 조건을 삼가 다음에 기록합니다. 경상도·전라도의 상등(上等) 고을의 상전(上田)·중전 1결은 20두이고, 하전은 17두이며, 중등고을의 상전·중전 1결은 19두, 하전 1결은 16두이며, 하등 고을의 상전·중전 1결은 18두, 하전 1결은 15두입니다. 충청·경기·황해도의 상등 고을의 상전·중전 1결을 18두, 하전 1결은 15두이고, 중등 고을의 상전·중전 1결은 17두, 하전 1결은 14두이며, 하등 고을의 상전·중전 1결은 16두, 하전 1결은 13두입니다. 강원도·함길도·평안도의 상등 고을의 상전·중전 1결은 17두, 하전 1결은 14두이고, 중등 고을의 상전·중전 1결은 16두, 하전 1결은 13두이며, 하등 고을의 상전·중전 1결은 15두이고, 하전 1결은 12두입니다.47)

3등도·3고을·3등전의 공법은 세종 23년에 충청도까지 시행되었다.48) 이후에도 조정에서는 공법에 대한 논의는 계속되었다. 세종 25년 세종대왕이 백성이 원망하는 것과 백성을 기쁘게 할 일을 각각 다 진술하라고 하니, 황희는 때를 만난 듯 공법을 혁파하고 답험손실법의 시행을 주장하였다. 공법이 완성되기 1년 전인데 15년째 같은 주장을 되풀이하고

---

47) 《세종실록》, 〈22년 8월 30일〉
48) 《세종실록》, 〈23년 7월 7일〉

있는 것이다.

> 손(損)된 것에 따라서 손(損)된 것만큼 감면해 주는 것은 조종의 성헌이
> 오니, 공법을 혁파하고 손실법(損實法)을 실행하는 것만 같지 못하옵니
> 다.49)

이에 세종 대왕은 답험손실법은 좋은 법이나 실행에 폐단이 있다고
하면서, 하삼도에 시행하고 있는 공법의 시험에서 하등전의 백성이 근심
이 크므로 매 1결에 각기 2두를 감(減)하라고 명하였다.

> 호조에 전지하기를, "손실답험하는 것은 진실로 좋은 법이나, 실행하는
> 데 적당하게 하기가 매우 어려워서 백성의 폐단되는 것이 여러 가지이므
> 로, 이미 충청·전라·경상도에 우선 공법을 시험하여, 편부(便否)를 시험
> 하려고 하는데, 그 하등전의 납세자는 그 전지의 토품(土品)이 척박하므
> 로 혹 근심하고 탄식하는 자가 있다 하니, 장차 하전의 등급을 나누어
> 서 다시 조세의 액수를 정하겠으나, 우선 금년에 3도의 하전은 매 1결에
> 각기 2두를 감하여, 백성의 바라는 데에 따르게 하라." 하였다.50)

그리고 며칠 후 세종 대왕은 승정원에 공법에 대한 심경을 토로하면서
허심탄회하게 말하라고 하였다. 황희는 혁파하기를 청하고 신개는 실행하
기를 청하므로 결단할 수 없다는 말이다. 황희의 공법 반대가 얼마나 강

---

49)《세종실록》,〈25년 7월 10일〉
50)《세종실록》,〈25년 7월 11일〉

하였는지를 알 수 있다.

"공법을 설정한 것은 백성에게 편하게 하려 함이었는데, 황희는 혁파하기
를 청하고, 신개는 실행하기를 청한다. 황희는 말하기를, '신에게 말하는
자는 다 공법이 불편하다고 말합니다.' 하고, 신개는 말하기를, '신과 말
하는 자는 모두 공법이 편하다고 말합니다.' 하니, 내가 생각하건대, 공법
을 혁파하고자 하는 것은 황희의 뜻인 고로, 희에게 말하는 자는 모두
불가하다고 한 것이요, 공법을 실행하고자 하는 것은 신개의 뜻인 고로,
신개에게 말하는 자는 모두 가히 행할 것이라 하는 것이다. 황희와 신개
의 두 의논이 같지 아니하므로 좇을 바를 알지 못하여, 나도 역시 결단
할 것을 알지 못하겠다. … 너희들은 다 근신이다. 이미 그 의논의 본말
을 알았을 것이니, 그 소견을 구애하지 말고 허심으로 힘써 생각하고 모
두 말하라."[51]

2) 세종 대왕이 제안한 전분5등제·연분9등제의 공법 반대

세종 대왕은 공법의 문제에 대해서 더 이상 논의만 할 수 없었다. 조정
에서 공법에 대한 논쟁의 끝이 보이지 않았기 때문이다. 더욱이 세종 24
년부터는 신하들의 반대에도 불구하고 세종 대왕은 건강을 이유로 세자
에게 일부 정사를 처결하도록 한 상태에서 국가정책 중 가장 중요한 공
법의 입법을 마무리 짓지 않으면 안 되었다. 그래서 세종 25년 10월 황
희·신개·하연·황보인·권제·정인지를 불러 공법의 편의 여부를 의논하

---

51) 《세종실록》, 〈25년 7월 15일〉

면서 세종 대왕이 직접 독자적인 공법안을 제안하였다.

> 각도의 전지를 1~2년 동안에 고쳐 측량하기가 쉽지 않으니, 아직은 구전
> 안(舊田案)을 가지고 그 전품(田品)을 살펴서 먼저 5등으로 나누되, 결
> (結)·복(卜)·속(束)·파(把)를 경(頃)·묘(畝)·보(步)의 법으로 고쳐 만들
> 어 9등으로 조(租)를 거두게 하는 것이 어떠한가?[52]

이전에 논의된 공법안과는 완전히 다른 경무법에 따른 전분5등·연분9등
의 공법이다. 이처럼 세종 대왕이 구체적인 공법안을 제시한 것은 처음이
다. 세종 대왕은 경무법에 따른 전분5등·연분9등의 공법을 시행하기 위
하여 지금까지와는 달리 논의 없이 호조에 공법을 실시할 방도를 하교하
고 중외에 이를 알릴 것을 명하였다.[53] 그리고 세종 대왕은 자신이 제시
한 공법의 시행에 필요한 검토와 구체적인 규정을 만들기 위하여 전제상
정소를 설치하였다.[54] 세종 26년 1월에는 충청·전라·경상도 도순찰사 정
인지에게 연분9등법의 의의를 설명하고 백성들의 불만을 없애 줄 것을
유시하였다.[55] 특히 국가에서 더 많은 조세를 징수하려는 의사가 없음을
알게 하라고 하였다. 세종 대왕이 공법을 시행하기 위하여 박차를 가한
것이다. 마침내 세종 26년 6월 전제상정소에서는 세종 대왕이 제시한 경
무법에 따른 전분5등·연분9등의 공법에 대한 세부적인 절목(節目)을 제

---

52) 《세종실록》, 〈25년 10월 27일〉
53) 《세종실록》, 〈25년 11월 2일〉
54) 전제상정소를 설치하고, 진양대군 이유로 도제조를 삼고, 의정부 좌찬성 하연·호조
　　판서 박종우·지중추원사 정인지를 제조로 삼았다.(《세종실록》, 〈25년 11월 13일〉)
55) 《세종실록》, 〈26년 1월 10일〉

시하였다.

세종 대왕은 전제상정소의 절목을 논의하도록 하였는데, 영의정 황희는 경무법은 한갓 보고 듣는 자로 놀라게 하며, 9등연분(九等年分)은 절목이 복잡하다고 비판하면서 다시 상정할 것을 주장하였다. 이에 세종 대왕은 그 자리에서 경무법을 결부법, 전분5등을 전분6등으로 수정하는 공법안을 제안하여 결정하였다. 황희의 경무법에 대한 비판을 수용한 것이다.

> "경무법은 한갓 보고 듣는 자로 놀라게 할 뿐이오며, 9등연분은 절목이 또한 복잡하오니, 마땅히 결부법에 의해서 한결같이 이미 행한 공법을 따를 것이오며, 만일 미진한 데가 있으면 다시 상정하게 하소서." 하였다. … 임금이 말하기를, "경무보법을 고쳐서 예전대로 결(結)·부(負)·속(束)·파(把)로 하고, 5등전의 1, 2등을 추이하여 6등으로 하며, 그 6등의 전지는 모두 주척으로 측량하고 토지의 넓고 좁은 것을 따라 동과(同科)로 조세를 거두는 것이 어떻겠는가?"**56)**

결부법에 따른 전분6등·연분9등의 공법이 탄생한 것이다. 이후 전제상정소에서는 전분6등·연분9등의 공법을 시행하기 위한 구체적인 절목과 절차를 보고하였다. 하지만 조정의 공법에 대한 논란은 그칠 줄 모르고 첨예하게 대립되었다. 결국 세종 대왕은 "내 공법의 시행을 정지하고자 한다."고 선언하면서 조정 대신들을 압박하였다. 세종 대왕은 더 이상

---

56) 《세종실록》, 〈26년 6월 6일〉

물러날 수 없어 배수진을 친 것이다.

> 근일에는 공법을 시행하고자 하니, 모든 신민(臣民)들이 또 모두 불가하
> 다고 하므로, 내가 상세하고 명확하게 효유(曉諭)하였으나 아직도 오히
> 려 깨닫지 못하니, 내 공법의 시행을 정지하고자 한다.**57)**

이러한 논란 속에서 전제상정소는 세종 26년 11월 13일 결부법에 따
른 전분6등·연분9등의 공법의 절목을 완성하여 시행하게 되었다. 세종
대왕은 처음에 1결에 10말을 징수하는 중국식 공법을 가지고 황희와 조
정에서 논의를 시작하였다. 그리고 15년 동안 조정에서 공법을 논의할
때 어느 때에는 대안을 제시하기도 하였지만 황희는 끝까지 반대하였다.
그 결과 세종 대왕은 한 계층의 한 사람도 피해 보지 않는 공평한 조세
법을 만들기 위해 전국적인 여론조사를 실시하면서, 무려 25년 이상의
세월 동안 의견을 수렴하고 보완하여, 결부법에 따른 전분6등·연분9등
제라는 조선만의 공법을 입법하였다. 황희도 하연등과 함께 전분6등·연
분9등의 공법이 완성되면 조세법이 바르게 된다고 하였다. 조세법이 바
르게 된다는 것은 백성의 입장에서 조세가 공정하다는 말이다.

> 만일 지금 전분6등과 연분9등의 제도가 완성되면 조세법이 바르게 될
> 것입니다.**58)**

---

57)《세종실록》,〈26년 윤7월 23일〉
58)《세종실록》,〈28년 4월 30일〉

전분6등·연분9등의 공법은 과거 중국의 한나라와 당나라에서 사용한 것을 그대로 답습하는 것이 아니라, 우리나라의 실정에 맞는 백성을 위한 조세제도를 창안한 것이다. 최종 공법은 전답을 비옥도에 따라 6개의 등급으로 나누어 1결의 면적을 계산하여 1차적인 공평을 실현하고, 다시 그해 농사의 풍흉에 따라 9개의 등급으로 나누어, 1결당 20말에서 4말까지 차등 있게 세액을 산정하고 징수하게 하여 2차적인 공평을 실현하도록 하였다. 백성이 소유한 각 토지의 조세 등급을 무려 54단계로 세분화하여 공평과세를 실현한 것이다.[59] 이는 세종 대왕의 훌륭한 리더십과 백성의 안민(安民) 사상이 실현시킨 결과라고 할 수 있지만, 황희와 같은 뛰어난 재상이 위민을 위하여 최고의 조세정치의 결정체이다.

5. 결론

세종 대왕은 조세인 전세(田稅)를 징수할 때 공평하고 편리하며, 관리들의 농간을 배제하는 조세법(租稅法)으로서 공법을 입법하고자 하였다. 세종 대왕은 조세제도를 바로 세우고, 조세의 과학화 및 선진화를 이룩한 것이야말로 '백성들의 삶의 질'을 높일 수 있는 가장 중요한 정책이라고 생각한 것이다. 하지만 황희는 세종 대왕이 가장 혼신을 다해 혁신하고자 한 공법을 처음부터 끝까지 반대한 사람이다. 세종 대왕이 공법으로 개혁하고자 하여 첫 번째로 논의한 상대가 세종 10년에 좌의정 황희였다. 이때부터 황희는 세종 대왕의 공법에 대해서 무려 15년 이상 끝까

---

59) 오기수,《세종 대왕의 혁신리더십》, 어울림, 2013, 339~340쪽.

지 굽히지 않고 반대 의견을 내었다.

본 논문은 황희를 중심으로 15년 동안 조정에서 논의된 공법의 입법 과정을 살펴보고, 그 논의 과정에서 나타난 황희의 백성을 위한 조세사상을 분석하고자 하였다. 이는 세종 대왕이 만든 공법의 가치를 재조명하면서, 조세법의 입법자로서의 자세와 사상에 대한 교훈을 얻기 위한 것이다. 연구 결과 세종 대왕이 추진하는 공법을 황희가 반대하는 이유엔 다음과 같이 백성을 위한 조세원칙과 사상이 있었다는 것이다. 단순히 세종 대왕의 조세정책을 발목 잡기 위한 것이 아니라 조세의 중립성을 통한 위민사상과 공평과세를 위해서이다.

첫째, 황희는 맨 처음의 공법안이 조세의 중립성 측면에서 부익부 빈익빈을 초래할 수 있기 때문에 반대하였다. 세종 대왕의 명에 의하여 공법안을 연구한 호조에서는 1결에 10말의 공법을 제시하였다. 세종 대왕은 이 공법안에 대해서 양반·관리는 물론 모든 백성이 참여하는 여론조사를 실시하게 하였다. 이 여론조사에서는 조정 대신을 비롯한 지방의 신료들까지 공법에 대한 의견을 다양하게 제시하였는데, 좌의정 황희 등은 공법을 반대하면서 여러 이유 중 하나로 "비옥한 전토를 점유하고 있는 자는 거의가 부강한 사람들이며, 척박한 전토를 점거하고 있는 자는 거의가 모두 빈한한 사람들이온데, 만약 호조에서 신청한 공법에 의해 시행한다면 이는 부자에게 행(幸)일 뿐, 가난한 자에게는 불행한 일이 되고 말 것이다."라고 하였다. 여기서 부자에게 행(幸), 가난한 자에게 불행한 일이라는 말은 부익부·빈익빈의 경제 현상을 초래한다는 뜻이다. 이는 조세의 중립성을 말한 것이다. 조세의 중립성이란 과세 결과가 납세자의 상대적인 경제 상황에 변화를 주지 말아야 한다는 재정학적 원칙이다. 황희는 조세의 중립성을 논할 만큼 조세에 대한 지식이 풍부한 것이다. 부익부·빈익빈의 현상이 발생하면 조세의 중립성이 침해되고, 공평과세는 무너져 힘없고 가난한 백성들의 경제적으로 고통을 당하게 된다. 황희는 이러한 현상을 초래할 수 있는 공법을 반대하여 백성을 보호하고자 하였다.

둘째, 황희가 재상(災傷)의 면세점을 낮출 것을 주장한 것은 위민(爲民)사상이다. 세종 대왕은 공법만이 답험손실법의 폐단을 없앨 수 있는 유일한 방편이며, 공법만이 백성들을 위한 세법이라는 확신을 가지고 있었다. 그래서 세종 대왕은 공법을 시행하면서 재상에 따른 조세 감면을 인정하지 않으려 하였다. 공법을 시행하면서 재상에 따라 조세를 면세하는 문제는 간단한 것이 아니다. 그 이유는 공법은 재상에 따른 면세를 인정하지 않는 것이 원칙인데, 재상에 따른 조세 감면을 실시하지 않으면 그동안 답험손실법에 익숙해진 백성들의 불평은 커질 수밖에 없기 때문이다. 세종 대왕은 이 문제를 호조에 명하여 정부에서 의논하게 하니, "10결이 잇따라 재해를 입은 것이라야 면세하는 것을 허락하도록 하소서."라고 건의하였다. 개별적으로 재상은 인정할 수 없지만 10결 이상의 넓은 지역이 재상을 입을 경우 면세를 해주자는 대책이다. 이 안은 최종 공법에 반영되었다. 하지만 황희와 허조는 이 안에 반대하면서 재해 면적을 3~4결로 낮출 것을 주장하였다. 그 이유는 10결이 잇따라 재해를 입은 경우 면세하는 것은 '부익부·빈익빈'의 현상이 발생할 수 있기 때문이다. 가난한 백성들이 10결 이상 전답을 소유한 경우가 없기 때문이다. 하지만 황희의 주장은 받아들여지지 않았다.

셋째, 황희의 반대는 공법의 공평성을 높이는 데 기여하였다. 최종 공법은 세종 26년(1444)에 완성되었는데 세종 대왕이 황희와 논의를 시작한 지 15년 만이다. 최종 공법은 결부법에 따른 전분6등·연분9등법이다. 세종 대왕은 처음에 1결에 10말을 징수하는 중국식 공법을 가지고 황희와 조정에서 논의를 시작하였다. 그 결과 세종 대왕은 한 계층의 한 사람도 피해 보지 않는 공평한 조세법을 만들기 위해 전국적인 여론조사를 실시하면서, 무려 25년 이상의 세월 동안 의견을 수렴하고 보완하여, 결부법에 따른 전분6등·연분9등제라는 조선만의 공법을 입법하였다. 이 최종 공법은 과거 중국의 한나라와 당나라에서 사용한 것을 그대로 답습하는 것이 아니라, 우리나라의 실정에 맞는 백성을 위한 조세제도로 창조된 것이다. 최종 공법은 전답을 비옥도에 따라 6개의 등급으로 나누어 1결의 면적을 계산하여 1차적인 공평을 실현하고, 다시 그 해 농사의 풍흉에 따라 9개의 등급으로 나누어, 1결당 20말에서 4말까지 차등 있게 세액을 산정하고 징수하게 하여 2차적인 공평을 실현하도록 하였다. 백성이 소유한 각 토지의 조세 등급을 무려 54단계로 세분화하여 공평 과세를 실현한 것이다. 그래서 15년 이상이나 반대한 황희도 전분6등·연분9등의 공법이 완성되면 조세법이 바르게 될 것이라고 하였다.

결론적으로 황희의 공법 반대는 대안 없는 당리당략적 반대가 아니라 조세원칙을 주장하면서 공평과세를 실현하여 가난한 백성들의 경제적인 삶을 보호하기 위한 것이다. 조선이 지배 계급인 양반 중심의 행정과 정치가 이루어지고, 경제적인 부가 소수의 양반에게 집중된 시대인 사회적 환경 아래서 가난한 백성을 위한 진실된 조세정치를 시행하기가 쉽지 않았을 것이다. 하지만 세종 대에는 세종 대왕을 비롯하여 황희 등 조정 신료들이 자신들의 정치적 기반을 위해서가 아닌 정치에서 배제된 백성을 위한 조세정치를 실현하려 하였다. 과거의 조세 역사에서 우리가 얻어야 할 교훈이다.

현대에서도 조세법의 입법과 개정은 국민의 경제생활에 많은 영양을 미친다. 하지만 정권이 교체될 때마다 성급한 조세법 개정으로 국민들을 분열케 하고 혼란을 부채질하고 있다. 경제의 흐름이 빠른 이 시대에 공법의 입법처럼 장시간의 논의를 걸쳐 세법을 입법하고 개정하는 것은 합리적이지 않다. 하지만 현재 1년 단위로 정기적으로 이루어지는 세법 개정, 아니 1년에도 몇 번씩 이루어지는 세법 개정은 더욱 심사숙고해야 할 것이다.

세종 대 공법 제정에서 황희의 역할[1]

이민우[2]

1. 머리말

세종 대는 조선 건국 이래 국가의 문물제도 가운데 미비하거나 잘못되었다고 여겨지는 것들을 전면적으로 개정하여 국가의 기틀을 정비한 시기였다고 평가된다. 국왕 세종 스스로 제도 개혁과 정책에 대한 논의를 주도하는 경우가 많았기 때문에 이 시기의 역사적 성격을 이해하기 위해서는 당연히 국왕 세종의 학문과 사상에 대한 파악이 가장 우선시되어야 한다. 그러나 이와 동시에 국왕과 함께 국정을 이끌어 간 주요 관료들이 세종 대 제도 개혁에서 각자 어떠한 입장에서 어떠한 역할을 수행하였는지 역시 충분히 연구될 필요가 있다.

방촌(厖村) 황희(黃喜)는 세종 대에 20여 년에 걸쳐 재상직을 역임한 인물이다. 실제로 그는 1426년(세종 8) 5월에 우의정에 오른 이래[3] 1449년(세종 31) 10월에 영의정부사로 치사(致仕)할 때까지[4] 세종 치세의 거의 전 기간에 걸쳐 의정부 대신으로 활약하였다. 이와 같이 세종 대에 오

---

1) 이 논문은 제2회 방촌학술대회 "세종 대 정치와 방촌황희선생", (사)방촌황희선생사상연구회, 2016에서 발표한 논문이다.

2) 서울대학교 규장각 학예연구사

3) 《세종실록》 권32, 〈세종 8년 5월 13일 丙午〉

4) 《세종실록》 권126, 〈세종 31년 10월 5일 壬子〉

랜 기간 동안 국가 최고위 관료의 지위를 유지한 황희에 대한 연구는 단순히 한 인물의 생애에 대한 관심을 넘어서 세종 대의 역사적 성격을 정확히 이해하는 데 빼놓을 수 없는 작업이다.

세종 대의 역사에서 황희가 차지하는 중요성에도 불구하고 그에 대한 이해는 국왕을 곁에서 훌륭하게 보좌하였다는 일반적인 평가를 넘어서지 못하였다. 세종 대 국정 운영에서 그가 구체적으로 어떠한 역할을 수행하였는지에 대해서는 대중적으로나 학문적으로 큰 관심의 대상이 되지 못하였다.5) 그러나 《문종실록》에 실린 황희의 졸기에 나타난 다음과 같은 평가는 세종 대 황희의 역할이 단순히 국왕의 의사를 충실히 따르는 데 그치지 않았음을 분명하게 보여 준다.

[황희는] 일을 논하는 데에 정대(正大)하였으며, 대체(大體)를 보존하는 데에 힘쓰고, 번잡하게 고치는 것을 좋아하지 않았다. 세종이 중년 이후에 새로운 제도를 많이 수립하였는데, 황희는 "조종(祖宗)의 옛 제도를 가볍게 바꿀 수 없다"고 하면서 홀로 논박하였다. 비록 [세종이] 그의 뜻을 모두 따르지는 않았으나, [그의 말에 따라] 그만두는 경우도 많았다.6)

위에 인용한 글에 따르면, 황희가 사망한 이후 당대인들은 그에 대해 대체를 보존하는 데 힘썼으며, 조종의 옛 제도를 가볍게 바꿀 수 없다는 입장에 따라 세종이 도입하고자 하는 새로운 제도에 반대하는 경우가

5) 정두희, 〈황희〉, 《조선시대 인물의 재발견》, 일조각, 1997.

6) 《문종실록》권12, 〈문종 2년 2월 8일 壬申〉, "論事正大 務存大體 不喜煩更 世宗中年以後 多立新制 喜以爲 祖宗舊制 不可輕變 獨駁議 雖不能盡從 多所止遏"

많았다고 기억하였음을 알 수 있다.

이 논문은 황희에 대한 당대인들의 평가를 실마리로 삼아 세종 대 국정 운영과 제도 개혁에서 황희가 수행한 역할을 규명하는 것을 목표로 한다. 세종 대 황희의 역할에 대한 관심은 당대에 이루어진 제도 개혁의 구체적인 과정들을 이해하고, 제도 개혁에 대한 당대의 다양한 입장들을 유형화하는 작업의 일부이기도 하다. 이를 위해서는 국정의 주요한 사안들에 대한 황희의 인식을 국왕 세종 및 주요 관료들과 비교하는 작업이 필요한데, 이 논문에서는 공법 제정이라는 소재를 통하여 이러한 과제를 시도한다.

공법 도입에는 매우 오랜 기간에 걸친 토론과 실험이 뒤따랐기 때문에 관련한 논의들이 풍부하게 남아 있다. 또한 황희는 처음부터 공법에 대해 일관된 반대 입장을 견지하였음에도 불구하고 공법이 도입되는 전체 과정에서 행정적으로 핵심적인 위치를 담당하는 이중적인 모습을 보인다. 공법 제정에 대한 논의를 세종 대 제도 개혁의 전반적인 방향이라는 맥락에서 살펴보고, 뒤이어 공법에 대한 황희의 입장을 통해 그가 세종 대 제도 개혁에서 어떠한 역할을 담당하였는지를 검토한다.

2. 고제 회복의 지향과 공법 제정

1) 공법 도입의 문제의식과 공법에 대한 비판

조선은 건국 이후 고려 말 개혁 과정에서 수립된 토지제도를 그대로 계승하였으나, 세종 연간에 이르러 전세수취제도에 커다란 변화가 일어났다. 세종은 공법이라는 새로운 제도를 도입하여 고려 말에 제정된 손실답험법을 대체하고자 하였다. 손실답험법이 매해 개별 토지의 손실 정도를 직접 조사하고 그 결과에 따라 전세 수취량을 조절하는 방식인 반면, 공법은 원칙적으로 전국의 모든 토지에 대해 일정한 수취량을 산정하는 방식이었다.

세종 대 공법의 제정에 대해서는 조선시대 전세제도와 고려 말 조선 초 토지제도 개혁에 대한 관심에서 이미 이른 시기부터 많은 연구가 이루어졌다.[7] 공법에 대한 기존 연구들은 공법의 제도적 내용 및 특징들과 공법 도입의 전체 과정을 상세하게 규명하는 한편, 공법의 도입을 통해 조선 초기 전세 수취제도의 미비점들이 어떻게 극복되어 가는지를 해명하고자 하였다. 그러나 공법 제정을 세수를 안정적으로 확보하기 위해 전세수취제도의 미비점을 개선하려는 시도로 국한하여 이해하는 관점에서는 공법을 도입하려는 시도가 처음부터 격렬한 반대와 비판에 부딪혔으며, 공법을 둘러싼 논란이 20년이 넘게 지속되었다는 사실을 설명하기 어렵다.[8]

공법을 둘러싼 찬반의 다양한 입장들을 이해하기 위해서는 공법의 도

---

7) 박시형, 〈李朝田稅制度의 成立過程〉, 《진단학보》 14, 1941. / 김태영, 〈朝鮮前期 貢法의 성립과 그 전개〉, 《朝鮮前期 土地制度史硏究》, 지식산업사, 1983. / 이재룡, 〈朝鮮初期 田稅制度 硏究〉, 《朝鮮初期社會構造硏究》, 일조각 1984; 최윤오, 〈世宗朝 貢法의 原理와 그 性格〉, 《한국사연구》, 1999. / 강제훈, 《朝鮮初期 田稅制度 硏究 : 踏驗法에서 貢法 稅制로의 전환》, 고려대학교 민족문화연구원, 2002.

8) 공법 도입을 단순히 전세수취제도의 미비점을 개선하는 차원에서 이해하게 되면 자칫 공법에 대해 찬성하는 입장을 개혁적이고 올바른 것으로 전제하고, 공법에 반대하는 입장은 기득권을 옹호하는 수구적인 것으로 해석할 소지가 있다. 이숙경, 〈朝鮮 世宗朝 貢法制定에 대한 贊反論의 검토〉, 1987. / 서종태 외, 《高麗末 朝鮮初 土地制度史의 諸問題》, 서강대학교인문과학연구원/에서는 공법에 대한 이러한 도식적 이해를 전형적으로 보여 준다.

입이 당대에 어떠한 맥락에서 이루어졌는가를 검토할 필요가 있다. 전세제도를 개혁하기 위한 방안으로 공법 도입을 최초로 제기한 사람은 국왕 세종이었다. 1427년(세종 9) 3월 세종은 문과 중시에서 새로운 전세제도로서 공법에 대한 질문을 제기하였다. 세종이 제시한 과제는 공법 도입이라는 시도가 어떠한 맥락에서 이루어졌으며, 공법을 도입하는 데 따르는 어려움이 무엇이었는가를 분명하게 보여 준다.

고대로부터 제왕이 다스림을 행할 때, 반드시 일대(一代)의 제도를 수립하였음을 여러 방책에서 볼 수 있다. 토지를 바로잡는 법은 비로소 어느 때에 밝아졌는가? 하후씨(夏后氏)는 공법(貢法)으로 하고 은인(殷人)은 조법(助法)으로 하고 주인(周人)은 철법(徹法)으로 하였음을 다만 전기(傳記)에서 볼 수 있으니, 삼대(三代)의 법을 오늘날에 행할 수 있겠는가? 진(秦)은 정전(井田)을 폐하였고 한(漢)은 이를 따랐으나 문경(文景)의 정치는 삼대에 가까웠고, 신(新)의 왕망(王莽)은 고제(古制)를 복구하였으나 백성들이 근심하고 원망하였으니, 그 까닭은 무엇인가? 당(唐)의 조용조(租庸調)는 어느 시대로부터 법을 취한 것인가? 백성이 이에 힘입어 넉넉해지고 선유(先儒)가 고대에 가깝다고 하였으니, 그 또한 후세에 시행할 수 있는가? 명(明)에서도 고제를 따르기 시작하여 하후의 공법을 취하였는데, 그것이 어찌 편리하고 쉬워서 행한 것이겠는가? (중략) 이러한 폐단을 바로잡고자 하면 마땅히 공법과 조법에서 구하여야 하는데, 조법은 반드시 정전을 한 이후에야 행할 수 있으니, 역대 중국에서도 오히려 할 수 없었다. 하물며 우리나라는 산천이 준험하고 언덕과 습지가 서로 번갈아 이어지니 할 수 없다는 사실이 명백하다. 공법은《하서

(夏書)》에 실려 있고, 비록 주(周)도 또한 조법이 있었다고 하나 향수(鄕遂)에서 공법을 사용하였다. 다만 여러 해의 평균을 비교하여 일정한 기준으로 삼으니, 이를 일컬어 좋지 않다고 하였다. 공법을 사용하면서 이른바 좋지 않다고 한 것을 없애고자 한다면 그 방법은 무엇인가?[9]

위의 인용한 글에서 세종은 공법을 도입하고자 하는 의도가 무엇보다 고대 제왕의 정치를 본받아 일대의 제도를 수립하는 데에 있다는 점을 분명하게 밝힌다. 그는 삼대에 각각 공법·조법·철법을 채택하였다는 사실을 일대의 제도를 수립하기 위한 모범으로 제시하고, 조선에서 전세 수취의 폐단을 바로잡기 위해서는 공법을 채택해야 한다고 주장한다. 그리고 공법을 도입하기 위해 극복해야 하는 문제들이 무엇이며, 이를 어떻게 해결할 것인가를 질문한다.

세종에게 공법의 도입은 고제를 회복하여 삼대의 정치를 지향하고자 하는 목표의 일부를 이루었다.[10] 이 시기 조선의 지식인들에게 '고대' 혹

---

9) 《세종실록》 권35, 〈세종 9년 3월 16일 甲辰〉: "自古帝王之爲治 必立一代之制度 稽諸方策 可見矣 制田之法 昉於何時 夏后氏以貢 殷人以助 周人以徹 僅見於傳記 三代之法 可行於今日歟 秦廢井田 漢因之 文景之治 幾於三代 新莽復古 百姓愁怨 其故何也 唐 之租庸調 取法於何代歟 百姓賴以富庶 先儒以爲近古 其亦可施於後世歟 皇明勤遵 古制 而取夏后之貢 豈其行之便易歟 (중략) 欲救斯弊 當於貢助求之 助法 必井田而 後行 歷代中國 尙且不能 況我國山川峻險 原隰回互 其不可也明矣 貢法載於夏書 雖 周亦助 而鄕遂用貢 但以其較數歲之中以爲常 謂之不善 用貢法而去所謂不善 其道何 由"

10) 지두환, 〈조선초기 정전론 논의〉, 《동양학》 28, 1998에서는 공법의 도입을 정전제를 시행하려는 취지에서 이루어진 시도로 이해하였다. 공법을 정전제 시행과 곧바로 연결시킬 수 있는가에 대해서는 더 많은 논의가 필요하지만, 공법의 도입을 전세수취상 의 문제로 한정하지 않고 정전제라는 유교적 이상을 추구하는 시도로 인식하는 관점 은 공법을 둘러싼 쟁점들을 이해하는 데 시사하는 바가 매우 크다.

은 '삼대'는 하·은·주의 역사적인 시간대를 가리키는 동시에, 정부가 모든 것을 다 잘 처리하여 모든 필요가 다 충족되고 모든 사람들이 조화와 번영 속에 살았던 이상적인 세계를 의미하였다.11) 따라서 고제를 추구하는 경향은 단순히 중국의 과거를 모방하고자 하는 태도가 아니라 고대의 이상을 당대의 현실에서 복구하고자 하는 강렬한 경세론으로서의 면모를 지녔음을 이해할 필요가 있다.12)

세종 대에 이루어진 문물제도의 개정에 대해서는 예악을 중심으로 많은 연구가 이루어졌는데, 이러한 연구들은 공통적으로 제도의 정비와 개정에서 고제에 대한 연구와 이를 근거로 현행 조선의 제도를 재검토하는 작업이 매우 중요한 역할을 했음을 지적하였다.13) 고제의 회복을 추구하는 경향은 이른 시기 연구에서 이미 지적한 바와 같이 예악에 한정되지 않고 정치·경제·군사·사회 등 국가 전반에 걸쳐 일관적으로 견지되었

---

11) Peter K. Bol(김영민 옮김), 《역사 속의 성리학》, 예문서원, 2010, 96쪽.

12) '三代'로 돌아가고자 하는 지향이 지니는 경세론적 면모에 대해서는 余英時(이원석 옮김), 《주희의 역사세계》, 글항아리, 2015, 제1장 참조.

13) 세종 대 문물제도의 정비에 대해서는 실제 대상이 된 부문과 제도만큼이나 일일이 열거하기 힘들 정도로 수많은 연구가 이루어졌다. 여기에서는 고제와의 관련성에 초점을 맞춘 대표적인 연구만을 간략하게 언급하면 다음과 같다. 물론 이러한 연구들이 이 시기 제도 개혁과 고제와의 관련성을 동일한 비중으로 다루는 것은 아니며, 이에 대해 동일한 평가를 내리는 것도 아님에 유의해야 한다. 이범직, 《韓國中世禮思想研究》, 일조각, 1991. / 한형주, 〈朝鮮 世宗代의 古制硏究에 對한 考察〉, 《역사학보》 136, 1992. / 문중양, 〈세종 대 과학기술의 '자주성', 다시 보기〉, 《역사학보》 189, 2006. / 강문식, 〈태종~세종 대 許稠의 禮制 정비와 禮 인식〉, 《진단학보》 105, 2008. / 최종석, 〈조선초기 "시왕지제(時王之制)" 논의 구조의 특징과 중화 보편의 추구〉, 《조선시대사학보》 52, 2010. / 김해영, 〈조선 초기 예제(禮制) 연구와 《국조오례의(國朝五禮儀)》의 편찬〉, 《조선시대사학보》 55, 2010. / 송혜진, 〈세종 대 동아시아 예악론의 인식 양상과 의례음악 정비〉, 《한국학연구》 51, 2014. / 이현욱, 〈조선초기 보편적 즉위의례의 추구 – 嗣位〉, 서울대학교 석사학위논문, 2014.

다.14) 그리고 세종이 문과 중시의 책문에서 공법 도입 의도를 나타낸 세종 9년이라는 시점은 고제에 대한 연구가 구체적인 제도 개혁을 통해 본격적으로 드러나기 시작하는 시기와 정확하게 겹친다.15) 공법의 도입을 고제 회복이라는 더 큰 맥락 안에서 인식하는 세종의 인식은 당대 제도 개혁의 방향에 비추어 보면 결코 낯설지 않았다.

그런데 조선의 구체적인 현실에서 고대의 이상적인 제도들을 복구하는 과제는 여러 가지 난제를 수반한다. 고제 회복의 어려움은 고제의 구체적인 내용들이 당대에까지 상세하게 전해지지 않는다는 차원에 그치는 것이 아니다. 첫째로 고대 이후 시간이 지남에 따라 사회적 현실이 변화하였기 때문에 단순히 고제를 단순히 모방해서는 고제에 담긴 이상을 온전히 실현하기 어렵다. 둘째로 조선의 현실 역시 중국과 다르기 때문에 마찬가지로 고제를 문자 그대로 따를 수는 없었다.16)

위에 인용한 글에서 세종이 제기하는 질문들은 그가 이미 고제를 회복하는 데 따르는 어려움에 대하여 상당히 성숙한 문제의식을 지녔음을 보여 준다. 세종은 정전을 폐한 진(秦)을 계승한 한(漢)에서 오히려 삼대에 가까웠다고 평가되는 문경(文景)의 정치가 출현하고, 고제를 복구한 신(新)의 왕망(王莽)은 오히려 원망을 받은 이유를 질문한다. 그리고 뒤이어서 삼대의 공법·조법·철법 가운데 조선에서 공법을 도입할 수밖에 없

---

14) 최승희, 〈集賢殿研究(上) : 置廢始末과 機能分析〉,《역사학보》32, 1966.

15) 최승희, 1966 앞 논문 ; 한형주, 1992 앞 논문에서는 고제 연구에 근거한 제도 개혁이 세종 9~10년부터 17~18년 사이에 가장 활발하게 이루어졌다고 보았다.

16) 조선에서 고제를 복구한다는 과제가 제기하는 문제와 이에 대한 당대인들의 인식에 대해서는 문중양, 2006 앞 논문 / 최종석, 2010 앞 논문 / 문중양, 〈15세기의 '風土不同論'과 조선의 고유성〉,《한국사연구》, 2013, 162 참조.

는 이유로 정전(井田)에 기초하는 조법은 중국에서조차 당대에 실현할 수 없으니 산천의 지형이 정전에 더욱 부적합한 조선에서 이를 실현하는 것은 불가능하다는 점을 제시한다.

마지막으로 세종은 공법에 대해 좋지 않다고 한 평가가 있음을 거론하면서 이를 해결하기 위해서는 어떻게 해야 하는가를 질문한다. 세종이 언급한 공법이 좋지 않다는 평가는《맹자》〈등문공 上〉에서 공법에 대해 언급하면서 용자(龍子)의 말을 인용하여 공법보다 좋지 않은 것이 없다고 한 구절을 근거로 한다. 용자가 공법을 비판한 이유는 여러 해의 평균을 비교하여 일정한 기준으로 삼아 풍흉의 차이를 고려하지 않기 때문이다.17) 세종이 조선의 지리적 현실을 고려할 때 고대의 전세수취제도 가운데 공법을 채택할 수밖에 없다고 여겼다는 점에서《맹자》정도의 위상을 가지는 경전에 공법에 대해 부정적인 평가가 수록되었다는 점은 매우 심각한 문제였다. 그러나 다른 한편으로 세종이 이 문제를 상당히 고심했다는 사실 역시 공법 도입이 고제 회복이라는 맥락과 긴밀히 연관되었음을 분명히 보여 준다.

세종이 공법 도입 의사를 표현한 지 3년이 지난 1430년(세종 12) 3월 호조가 공법의 구체적인 시행안을 발표하였다. 호조는 손실답험법의 문제점을 간략하게 제시한 이후 공법에 의거하여 모든 토지에 대해 1결에 조 10두를 거두되, 평안·함길도는 7두를 거두며, 재상을 입어 완전히 실농한 경우에는 조세를 면제한다는 시행안을 내놓았다. 세종은 이 시행안

---

17)《孟子》〈滕文公 上〉, "治地 莫善於助 莫不善於貢 貢者 校數歲之中 以爲常 樂歲粒米 狼戾 多取之而不爲虐 則寡取之 凶年糞其田而不足 則必取盈焉 爲民父母 使民盻盻 然將終歲勤動 不得以養其父母 又稱貸而益之 使老稚 轉乎丘壑 惡在其爲民父母也"

에 대한 의견을 중앙과 지방의 모든 관리와 민간의 소민들에게 묻도록 조치하였다.18) 같은 해 8월 중외의 모든 의견을 수합하여 공법 시행안에 대한 상세한 논의가 이루어지는데, 찬반 의견을 막론하고 호조의 안을 그대로 시행할 수 없다는 의견이 우세하여 결국 공법의 시행을 중단하기로 결정하게 된다. 세종은 공법에 대해 가장 명확한 반대 의견을 제시한 황희의 의견을 따르라는 지시로 공법 시행을 중단시켰다.19)

세종 12년의 공법 시행안은 다양한 반론에 직면하여 도입이 좌절되었다. 이는 고제 회복의 일환으로 공법을 도입하려는 데 따른 문제들이 세종이 예상했던 수준보다 훨씬 복잡하고 어려웠음을 보여 준다. 공법에 대한 문제 제기는 여러 가지 차원에서 이루어졌는데, 이는 크게 네 가지로 구분할 수 있다. 첫째, 조선이 현재 채택하는 손실답험법이 태조와 태종이 제정한 조종의 성헌(成憲)이므로 이를 쉽게 고쳐서는 안 된다. 둘째, 공법은 경전에서 이미 좋지 않은 법이라는 평가가 내려진 것이므로 고제로 수용할 수 없다. 셋째, 중국과 조선은 지형이 서로 다르기 때문에 공법을 시행하는 것이 불가능하다. 넷째, 현재의 시행안으로는 국가 재정의 필요에 적정하게 대처하기 어렵다.

앞서 살펴본 바와 같이 세종은 애초에 현행 손실답험법이 조종 성헌이라고 인식하지 않았던 듯하다. 그러나 공법 시행안이 제출되자 조선이 현재 사용하는 손실답험법이 태조와 태종이 제정한 조종의 성헌이므로 가볍게 고칠 수 없다는 비판이 제기되었다. 조종 성헌을 쉽게 고쳐서는

---

18) 《세종실록》 권47, 〈세종 12년 3월 5일 乙巳〉
19) 《세종실록》 권49, 〈세종 12년 8월 10일 戊寅〉. 이하 세종 12년 공법 시행안에 대한 논의는 모두 해당 기사 참조.

안 된다는 인식은 고제를 복구한다는 목표만큼이나 세종을 포함한 당대인들 모두에게 중요한 가치였다. 더구나 조선 건국 이후 태조와 태종 대 제도들 역시 대부분 중국 및 한국 역대 왕조와 명의 제도에 대한 치밀한 검토에 근거하여 마련되었기 때문에 단순히 고려의 제도를 인순하거나 고식적으로 채택하였다고 치부할 수 없었다.[20]

공법이 고제로 합당한 것이 아니라는 비판은 손실답험법이 조종 성헌이라는 주장과는 결이 다르기는 하지만 그만큼이나 공법에 대한 중요한 반대 근거로 제시되었다. 앞서 살펴본 바와 같이 공법에 대한 부정적 인식은 매해 일정한 양을 수취하는 공법은 풍흉에 따른 차이를 배려하지 못하기 때문에 좋지 못한 제도라는《맹자》〈등문공 上〉의 평가에 근거하는데, 세종 역시 처음부터 이 구절에 대해 분명히 인식하고 있었다. 그럼에도 불구하고 세종은 12년 공법안을 제출하면서 이 문제에 대해 분명한 해결책을 제시하지 못하였고, 많은 수의 관료들은 해당 구절을 거론하면서 공법 도입에 반대하였다. 손실답험법이 조종의 성헌이라는 주장이 호소력을 가질 수 있었던 데에도 공법이 흠결이 있어 고제로서 합당하지 않다는《맹자》의 비판이 영향을 끼치고 있었다.

세 번째로 중국과 조선은 지형이 서로 다르기 때문에 조선에서 공법을 시행하는 것이 불가능하다는 주장은 조야를 막론하고 넓은 공감을 얻고 있었다. 중국과 조선의 지형 차이에 대해서는 대개 중국의 지형이 넓고 고른 반면, 조선은 지역에 따라 지형 차이가 크고 빈번하여 토지의 비옥도 편차가 매우 크다고 인식되었다. 공법에 대한 반대 의견으로 가장

---

20) 조선 건국 이래 조종 성헌 및 명(明)이 현재 채택하는 '시왕지제(時王之制)'와 고제 사이의 관계에서 대해서는 최종석, 2010 앞 논문 참조.

많이 제시된 주장은 중국과 달리 조선은 지역에 따라 비옥도 차이가 매우 크기 때문에 일괄하여 공법을 시행할 수 없다는 것이었다. 또한 비옥한 토지일수록 풍흉에 따라 수확의 편차가 적고, 척박한 토지는 그 반대라는 점에서 지역적 차이에 근거한 비판은 풍흉을 고려하지 않는다는 점에 대한 비판과 연결되었다.

마지막으로 공법 시행안이 국가의 재정적 필요에 부합하기 힘들다는 의견도 중요하게 다루어졌다. 공법 시행 1년 전에 1결당 수취량을 10두 혹은 15두로 할 것인지를 이미 검토한 결과 1결당 10두의 수취액이 제시된 것이었지만,21) 1결당 10두의 수취액이 너무 많다는 의견과 너무 부족하다는 문제 제기가 동시에 나타났다. 또한 당시 국가 재정 운영이 각사에 위전(位田)을 분급하는 형태였기 때문에 공법으로 전환하였을 때 여러 가지 재정상의 문제가 발생할 수 있음에도 보완책이 마련되지 않았다는 비판도 있었다. 이러한 지적들은 모두 공법 시행에서 중요하게 취급해야 하는 세부적인 요소들이었음에도 미처 구체적인 방안이 마련되지 못하였던 것이다.

2) 고제 연구의 성숙과 공법의 제도적 완성

1430년(세종 12)에 공법 시행안이 좌절된 이후 이에 대한 논의는 상당히 오랜 기간 동안 나타나지 않았다. 그러다가 6년이 지난 1436년(세종 18)에 이르러 공법을 도입하려는 시도가 다시 등장하였다. 여러 연구들이 지적한 바와 같이 세종 12년부터 세종 17년까지의 기간은 세종 대 가

---

21) 《세종실록》 권46, 〈세종 11년 5월 16일 戊午〉.

운데에서도 고제 연구에 기반한 제도 개혁이 가장 활발하게 이루어진 시기이다.[22] 1435년(세종 17) 11월에 이르러 의례상정소가 혁파되었다는 사실은 이때에 이르러 제도 개혁을 위한 세종 대의 국가적 노력이 일단락되었음을 의미한다.[23] 이 시기 제도 개혁의 성과에 대한 당대인들의 자신감은 1432년(세종 14) 궁궐에 매단 종에 새긴 "전적을 깊이 상고하여 예를 일으키고 악을 갖추니 문물이 담연하다"는 평가에 잘 드러난다.[24]

의례상정소를 혁파한 지 불과 3개월이 지난 1436년(세종 18) 2월에 정인지가 공법에 대한 논의의 단초를 열자, 세종은 바로 다음날 공법을 논의 석상에 다시 올린다.[25] 그리고 같은 해 5월에는 영의정 황희, 찬성 안순, 참찬 신개(申槪), 형조판서 하연(河演), 호조판서 심도원(沈道源) 등 핵심 관료에게 공법에 대한 절목을 만들 것을 지시하였으며,[26] 윤6월에는 공법상정소를 설치하는 등 구체적인 시행을 위한 절차를 진행시켰다.[27] 국가 전반의 제도 개혁이 마무리되어 의례상정소를 혁파한 이후 1년이 채 지나지 않은 시점에 세종은 정부의 핵심 관료들과 함께 다시 공법 시행을 위한 기획에 돌입한 것이다.

공법상정소를 설치한 지 불과 4일 만에 하연이 새로운 가안을 제출하

22) 한형주, 1992 앞 논문 ; 문중양, 2006 앞 논문 참조.

23) 《세종실록》 권70, 〈세종 17년 11월 19일 丙戌〉. 의례상정소의 치폐에 대해서는 임용한, 〈조선 초기 儀禮詳定所의 운영과 기능〉, 《역사와 실학》 24, 2002 참조.

24) 《세종실록》 권56, 〈세종 14년 4월 29일 丁巳〉.

25) 《세종실록》 권71, 〈세종 18년 2월 22일 戊午〉.

26) 《세종실록》 권72, 〈세종 18년 5월 21일 丙戌〉 ; 같은 책, 〈세종 18년 5월 22일 丁亥〉.

27) 《세종실록》 권73, 〈세종 18년 윤6월 15일 己卯〉.

였고,28) 이에 대한 논의를 거쳐 10월에 이르러 호조는 새로운 공법의 시행안을 발표하였다.29) 이후 별다른 논의가 없다가 그 다음해인 1437년 (세종 19) 7월에 다시 한 번 시행안이 발표되는데, 그 내용은 약간의 수정을 제외하면 전년의 것과 동일하였다.30) 세종 18년에 하연이 제출한 가안과 18~19년에 걸쳐 발표된 시행안은 공법 도입에 대한 이전 시기 문제의식을 계승하는 한편, 그동안의 고제 연구와 제도 개혁에 대한 경험을 바탕으로 세종 12년 시행안 당시에 부딪혔던 반론들에 적극적으로 대응하는 것이었다.

세종 18년 공법 시행안에서는 앞선 12년의 시행안과 달리 조선의 손실답험법이 고려가 아무 근거가 없이 채택한 제도들과 달리 조종의 성헌으로서 "만세의 이헌(彝憲)"이라고 높이 평가하였다. 그런데 바로 이어서 손실답험법이 아름다운 법이었음에도 이를 시행하는 관리들이 그 실제의 뜻을 본받지 못하여 오랜 폐단이 되었다고 하였다.31) 손실답험법을 조종 성헌으로 내세우는 동시에 그 폐단은 법을 시행하는 사람에 의한 것이라는 인식이 부각되는 맥락은 손실답험법이 조종 성헌이므로 쉽게 고쳐서는 안 된다는 비판에 대한 우회적인 대응으로 이해할 필요가 있다.

두 번째로 공법이 경전에서 좋지 않은 법이라는 평가를 받았기에 고제에 합당하지 않다는 비판을 극복하는 차원에서 《맹자》에 수록된 용자의 비판을 상쇄할 문헌적 근거가 제시되었다. 세종은 공법이 성인의 제도

---

28) 《세종실록》 권73, 〈세종 18년 윤6월 19일 甲申〉.

29) 《세종실록》 권75, 〈세종 18년 10월 5일 丁卯〉.

30) 《세종실록》 권78, 〈세종 19년 7월 9일 丁酉〉.

31) 《세종실록》 권75, 〈세종 18년 10월 5일 丁卯〉: "隨損給損 萬世之彝憲 但奉行者不得其人 久而生弊"

라는 점을 강조하는 한편, 공법보다 좋지 않은 법이 없다는 용자의 언급에 대해 선유가 "우(禹)의 공법은 다른 등급으로 착출하는 것이 있어 항상 일정한 양에만 머물지 않았고, 주(周)의 공법은 해마다 상하를 살펴서 염법(斂法)을 내었으니, 그 폐단이 용자가 말한 데에 이르지 않았다. 용자의 말은 후세의 제후가 공법을 [잘못] 사용한 폐단을 이를 뿐이다."고 하였음을 지적한다.[32] 세종이 지적한 문구는 앞서 하연이 가안을 제시하면서 함께 첨부한 것을 축약한 것인데, 이는《맹자대전》에 실린 임지기(林之奇)의 언급을 그대로 인용한 것이다.[33] 하연은 4년 뒤인 1440년(세종 22)에는 임지기의 언급에 더해 채침(蔡沈)과 주자가 공법에 대해 언급한 바를 보충하는데, 이는《서경대전》에 수록된 문구를 그대로 인용한 것이었다.[34]

1415년에 명에서 편찬된《사서오경대전》은 1419년(세종 1)에 조선으로 수입되었는데, 이것이 본격적으로 읽히게 된 계기는 1425년(세종 7)부터 1420년(세종 12)에 걸쳐 경상·전라·강원 감영에서 이를 인쇄하여 올린 이후부터라고 한다.[35] 그럼에도 세종 12년 공법 시행안에서 이에 대한

---

32)《세종실록》권75,〈세종 18년 10월 5일 丁卯〉: "此法 元是聖人之制 夏后氏行之而治 龍子雖曰 莫不善於貢 然先儒以爲 禹之貢法 錯出他等者 不在常數 周之貢法 視年上下 以出斂法 其弊不至如龍 子之言 此乃後世諸侯用貢法之弊耳"

33)《세종실록》권73,〈세종 18년 윤6월 19일 甲申〉: "先儒曰 禹貢之法 九州之賦 有錯出於他等者 不以爲世之常數 必因遊豫 視其豐凶而補助之 周制鄕遂用貢法 亦有司稼之官 巡野觀稼 視年之上下 以出斂法 則其弊未至如龍子之言 乃當時諸侯用貢法之弊耳"

34)《세종실록》권90,〈세종 22년 7월 13일 癸丑〉: "蔡氏云 非以是等田而責其出 是等賦也 朱子云 常出者爲正 間出者爲錯 賦有九等 此乃計九州歲入多寡 相較以爲之等 非科定取民也 賦既有常數 而又有錯出他等之時者 歲有豐凶 不能如是其常 故有錯法以通之 雖夏法亦未嘗不通也"

35) 김문식,〈조선시대 중국 서적의 수입과 간행 -《四書五經大典》을 중심으로〉,《규장

언급이 없었던 것을 보면, 이때까지는 세종을 포함하여 누구도 미처 해당 구절을 확인하지 못했던 것 같다. 공법의 추진자들에게는 공법을 비판하는《맹자》의 문구를 상쇄할 문헌상의 근거를 찾아내는 것이 매우 중요했는데, 명으로부터 수입한《사서오경대전》에 수록된 주자, 임지기, 채침의 발언은 그 역할을 하기에 충분하였다. 이러한 문구가 발견됨으로써 공법이 고제에 합당하지 않다는 비판은 근거를 잃었다.[36)]

세종 18~19년의 시행안은 중국과 달리 내부의 지역적 차이가 큰 조선에서 이를 시행할 수 없다는 비판에 대해서도 적극적인 해결책을 제시했다. 호조가 내놓은 시행안은 토지의 비옥도에 따라 전국을 도별로 상중하 3등으로 구분하고, 기존에 사용하던 상중하의 토지별 전품을 적용하여 모두 9개의 등급을 나누어 수취량을 산정하는 방안을 제안하였다. 즉, 경상·전라·충청도를 상등도로 하고, 경기·강원·황해도를 중등도로 하며, 평안·함길도를 하등도로 하되, 원래의 상등하 3등 전품을 함께 고려하여 상등도 상전부터 하등도 하전까지 조세 수취량을 차등 적용한다는 것이다. 제주는 등급 외로 별도의 수취량이 산정되었으며, 전진전(全陳田)과 1호의 소경전(所耕田)이 완전히 손실을 입은 경우에는 전조(田租)를 면제하게 하였다. 세종 19년 시행안을 기준으로 당시에 산정된 등급별 조세액을 표로 나타내면 다음과 같다.

각》29, 2006.

36) 이 구절들을 가장 먼저 제시하고 적극적으로 활용하는 하연이《사서오경대전》의 인쇄 작업이 막 시작될 무렵, 그 실무를 담당한 경상도에서 감사로 재직 중이었다는 사실이 흥미롭다. 하연이 공법을 고제로서 옹호하는 문구를 강조한 것이 그가 다른 사람들보다 경전을 통한 고제 연구에 능숙했기 때문인지, 아니면 고제의 이상적 형태를 추구하는 경향이 더욱 강했기 때문인지는 알 수 없지만, 그는 공법이 제안된 초기부터 고전에 나타난 형태 그대로의 공법을 시행하기를 원했던 것으로 보인다.

[표 10] 세종 19년 공법 시행안의 결당 조세 수취량

	상등도(경상·전라·충청)			중등도(경기·강원·황해)			하등도(평안·함길)			제주
	상전	중전	하전	상전	중전	하전	상전	중전	하전	
20	●									
18		●		●						
16			●		●		●			
14						●		●		
12									●	
10										●

전국의 토지를 9개의 등급으로 구분하고 조세 수취량을 달리하는 새로운 공법 시행안은 토지 비옥도의 지역적 차이를 반영하지 않았다는 비판을 수용한 결과인 동시에 고제로서 공법에 대한 연구가 심화되었음을 보여 주는 지표이다. 《맹자》와 비교하면, 《서경》〈하서(夏書)〉에는 우(禹)의 공법이 전국을 9개로 구분하였다는 내용이 추가로 실려 있다. 세종 18~19년 시행안의 내용은 고대의 공법에서 전국을 9개 지역으로 구분한 것을 수용하되, 구분법을 달리하여 전국을 도별로 3등으로 구분하고 그 아래에 각각 3등의 전품을 배치하는 형식을 채택하였다. 그리고 제주를 별개의 등급으로 나누는 한편, 농사에 실패한 경우의 면세 조항을 분명하게 규정하였다. 호조에서 "멀리 고제를 상고하고, 가까이 시의를 살펴서" 시행안을 마련하였다는 것은 이를 가리킨다. 호조는 스스로 새로운 시행안이 "용자가 말한 폐단이 있는 법과 같지 않으며," "오늘날의 시세에 거의 알맞을 뿐만 아니라" "고대 공법의 훌륭한 점에도 부합한다."고 자부하였다.[37]

공법에 대해 제기된 네 번째 비판은 수취량이 국가 재정과 민의 부담 사이에 적정한 균형을 이루지 못했다는 것이었다. 18년 시행안에서 각 등급에 책정한 수취량은 적정한 수취량에 대한 고민을 반영한 결과였지만, 그것이 여전히 미진하다는 비판이 제기되었다.[38] 19년 시행안에서 등급별 수취량이 조정된 것은 이러한 지적을 수용한 것인데, 이때는 수전(水田)과 조전(旱田)에 대한 수취가 처음으로 구분되었다. 호조는 이렇게 책정한 수취량이 고대의 십일세법과 국초에 거두던 수와 비교하여 매우 가볍다고 평가하였다. 각사에 분급하는 위전(位田)의 문제는 이때에도 별도로 거론되지 않았다.

세종 18~19년에 새로 마련한 시행안은 6년 전에 처음 시행안을 내놓았을 때 제기되었던 비판들을 나름대로 해결하였다. 그렇지만 당시 유례 없는 가뭄으로 인해 조선 전체가 심각한 피해를 입었기 때문에 곧바로 시행되지는 못하였다.[39] 새로운 공법 시행안은 끊임없는 비판과 반대에도 불구하고 1438년(세종 20)부터 경상·전라도에서 시험적으로 실시되었으며, 이후 충청도에까지 확대되었다.

공법이 서서히 정착되어 가던 1443년(세종 25)에 이르러 세종은 다시

---

37)《세종실록》권75,〈세종 18년 10월 5일 丁卯〉: "遠稽古制 近察時宜" / 같은 기사, "非若龍子所言之弊法也" / 같은 기사, "庶幾宜於今 而便於公私 合於古者貢法之善"

38)《세종실록》권77,〈세종 19년 4월 14일 癸酉〉

39) 세종 18년 가뭄의 피해에 대해서는 이정철,〈조선왕조실록 가뭄 현상의 기록과 실제〉,《국학연구》25, 2014 참조. 18년 시행안이 별다른 논의 과정 없이 중지되었다가 19년에 동일한 내용으로 다시 등장하는 이유 역시 가뭄 때문이었을 것으로 보인다. 19년 시행안이 발표된 직후에도 황해도를 필두로 하여 함길도·평안도 등 북방지역에서 흉년을 이유로 공법 시행을 중지해 달라는 요구가 이어졌고, 이를 수용하여 경상·전라도에만 공법을 시행하기로 하자 이번에는 경상도에서 반대의 목소리가 나왔다. 결국 세종은 흉년으로 인해 공법 시행을 일단 중지할 수밖에 없었다.

한 번 공법에 획기적인 변화를 시도하였다. 이 해 10월 세종은 ① 기존의 결부법(結負法)을 경무법(頃畝法)으로 전환하는 한편, ② 전국의 모든 토지를 통일적인 5등급으로 구분하되, ③ 매해 풍흉에 따라 수취량을 9등급으로 구분하자고 제안하였다.40) 세종의 세 가지 제안은 모두 기존의 시행안과 비교하면 상당히 파격적인 면이 있었지만, 고제를 회복하고자 하는 지향에서는 나름의 일관성을 갖추고 있었다.

첫째, 결부법을 경무법으로 고치자는 제안은 고제를 수용한다는 차원과 부정확한 기존의 토지 등급을 교정한다는 차원에 동시에 관계되는 것이다. 고려 후기 이래 조선이 채택하는 3등의 결부법은41) 생산량을 기준으로 토지를 측량하는 방법임에도 불구하고 등급별 비율이 부정확했다. 세종은 이것이 애초에 고대 성인의 제도가 아닐 뿐더러 아무런 근거가 없는 척도를 사용하기 때문이라고 보았다. 따라서 고제를 따르고자 하면서 고제에 의거하지 않는 척도를 사용할 수는 없으니 주척(周尺)에 따라 경무법으로 전환해야 한다는 것이다.

두 번째, 토지의 등급을 전국 8도를 모두 합하여 5개로 구분하자는 제안은 지역에 따라 토지 등급을 구분하던 방식과 구별된다. 이전 시기 시행안에서 도별·군현별로 각각 3등을 구분하는 방식 역시 고대의 공법이 전국을 9개 지역으로 구분하는 것과 다르기는 했지만, 지역을 기준으로 등급을 나눈다는 특징은 유지되었다. 그런데 새로운 제안은 지역별 구분을 포기하고 조선 전체를 하나의 영역으로 설정하여 전국 8도에 동

---

40) 《세종실록》 권102, 〈세종 25년 10월 27일 戊申〉. 이하의 내용은 모두 이 기사 참조.

41) 결부제의 내용과 역사적 변화에 대해서는 김용섭, 〈결부제의 전개과정〉, 《한국중세농업사연구》, 지식산업사, 2000 참조.

일한 5개의 등급을 적용하자는 내용이었다. 이러한 방식은 조선의 지형이 이랑을 하나 사이에 두고서도 비옥도가 다르다는 비판을 수용한 결과로 이해할 수도 있으나, 조선에서 지역 사이의 차이가 매우 크다는 사실이 공법 시행의 큰 난제였다는 사실을 감안하면 상당히 파격적이다. 그러나 앞서 살펴본 바와 같이 세종의 의도는 처음부터 지역 간 농업 수준의 격차를 감소시키고 주민의 동질성을 증가시키는 방법을 통해 전국에 통일적인 체계를 적용하는 데 있었다.[42]

세 번째로 매해 풍흉에 따라 9등의 연분(年分)을 나누자는 제안 역시 고제를 추구한다는 측면에서 일관되면서도 앞선 시행안에서 전혀 반영되지 않던 것이었다. 고대의 공법에서 풍흉에 따른 차이를 두었다는 사실은 이미 공법 도입 초기부터 인식되었음에도 불구하고 이전까지는 시행안에 수용되지 않았다.[43] 세종은 이때에 이르러 고대 공법을 계승하는 차원에서 풍흉에 따른 연분을 도입한다. 그런데 사실 고대의 공법에서는 풍흉에 따라 수취량을 가감하였다는 정도이지 9등에 이르는 세부적이고 명확한 구분은 확인되지 않는다. 연분을 고려해야 한다는 주장은 매우 오래되었지만, 대개는 2~3등급을 제안하는 정도였다.

세종은 자신이 내놓은 새로운 제안을 실현하기 위해 공법상정소를 전제상정소(田制詳定所)로 개편하고,[44] 이를 중심으로 구체적인 시행안을

---

42) 새로운 전품 구분이 확정된 이후에도 결국 실제 적용은 지역에 따라 상당히 오랜 시간을 두고 서서히 진행되어야 했다. 전국 8도에 모두 공법이 실시되고 공법에 의거한 양전이 시행되는 것은 1444년(세종 26)에 공법이 확정된 이후 45년이 지난 이후였다(김태영, 1984 앞의 책 참조).

43) 하연은 일찍이 18년 공법 시행안을 만드는 과정에서 3등 연분을 제안했으며, 이후 22년에 시행안을 수정할 때에 9등 연분을 제안했으나 두 번 모두 받아들여지지 않았다.

마련하기 시작하였다. 다음해인 1444년(세종 26)년 6월에 새로운 제안에 근거한 공법 시행안에 대해 상세한 논의가 전개되었다.[45] 이때 가장 큰 논란이 된 사안은 결부법을 경무법을 대체하자는 제안이었다. 경무법은 영의정 황희가 "다만 보고 듣기에 놀랍다."고 말할 정도로 낯선 것이었다. 그리하여 이것이 성인의 제도라는 주장에도 불구하고 "어찌 반드시 하나하나를 중국의 법을 따를 필요가 있는가?"라는 기초적인 의문이 제기될 지경이었다. 결국 세종은 경무법을 포기하고 다시 결부법으로 복귀하기로 결정하였다.

그렇지만 다시 결부법으로 돌아가는 결정이 고대 성인의 제도를 포기하고 단순히 편의를 따라 기존의 익숙한 제도를 묵수하는 것은 아니었다. 경무법이 성인의 제도인 반면에, 결부법이 아무런 근거가 없다는 점은 명백했다. 그럼에도 결부법은 동일한 소출이 나도록 면적의 크기를 달리하는 것이기 때문에 민에게 편리하다는 장점이 있었다. 기존의 결부법은 아무런 근거가 없고 부정확한 척도를 사용하는 것이었기에 그대로 사용할 수는 없었다. 그렇지만 이제 경무법에 따라 도입한 주척에 근거하여 기존의 전품을 개정하였기 때문에 기준이 되는 소출과 이를 생산하는 면적만 확정하면, 경무로 측량한 토지를 결부에 따라 환산하는 것도 전혀 어렵지 않았다.[46]

---

44) 《세종실록》 권102, 〈세종 25년 11월 13일 甲子〉

45) 《세종실록》 권104, 〈세종 26년 6월 6일 甲申〉. 이하의 논의는 해당 기사 참조.

46) 경무로 측량한 토지를 결부로 환산하는 계산법은 새로운 공법 시행안과 함께 공개되었는데(《세종실록》 권104, 세종 26년 11월 13일 戊子), 이에 앞서 기존의 결부를 경무로 고쳐 계산하는 방법이 마련되었다(《세종실록》 권103, 〈세종 26년 1월 20일 庚午〉)

결부법으로 복귀는 고대 성인의 척도에 따라 토지를 바르게 측량할수 있게 되었기 때문에 경무에 기준을 두고 결부를 정밀하게 산출한다면 민의 편의를 고려하여 결부법을 써도 무방하리라는 결론에 따라 이루어졌다. 성인이 민의 편리함을 알면서도 결부법이 아니라 경무법을 택하여 후세에 모범을 보인 데에는 반드시 뜻이 있을 것이라는 반론이 있었음에도 결부법으로 돌아간 것을 보면, 고제 회복에서 성인의 뜻을 잘드러낼 수 있다면 반드시 동일한 제도를 그대로 모방할 필요가 없다고여긴 것이다.47) 결부법으로의 복귀는 고제에 나타난 성인의 뜻을 따를수 있다면 고제에서 벗어나는 것도 가능하다는 인식에 근거한다.

경무법을 둘러싼 논의가 치열했던 데에 비해 전국에 통일적으로 적용되는 전분 6등과 처음으로 도입된 연분 9등에 대해서는 별다른 논의가제기되지 않았다. 5등 전품으로 미비한 점이 있다고 하여 이를 다시 6등으로 세분한 것과 9등 연분이 고제에 비해서도 너무 세밀하고 번잡하다는 지적이 제기되는 정도에 불과하였다. 결국 결부법에 따라 전분 6등과연분 9등을 나누는 새로운 공법의 시행안이 확정되어 1444년(세종 26)11월에 발표되었다.48) 시행안은 충청도의 청안·비인과 경상도의 성안·고령, 전라도의 고산·광양 등 일부 지역에서 시험한다고 하였으나, 이때 마련한 내용이 이후 그대로 준용되었다는 점에서 공법의 최종적인 귀결로이해할 수 있다. 그리고 이어서 한 해 뒤인 1445년(세종 27)에 이른바 '국

---

47) 결부법을 사용하면 전품이 변동될 때마다 기존에 작정(作丁)한 것이 파자(破字)되는
   폐단이 있다는 사실 역시 이미 인식되고 있었다. 결부법으로 돌아가는 결정은 민의
   편의와 파자의 폐단을 맞바꾼 셈인데, 파자로 인한 폐단보다는 민이 편리한 것이 성
   인의 뜻에 더 가깝다고 본 것이다.

48)《세종실록》권106, 〈세종 26년 11월 13일 戊子〉

용전제(國用田制)'에 따른 개편작업이 보충됨으로써 공법 도입에 따른 전세제도 개혁이 일단락되었다.**49)**

3. 공법에 대한 황희의 입장

새로운 전세수취제도인 공법은 세종 9년에 처음 도입이 거론된 이래 세종 26년에 최종 시행안이 확정되기까지 20년에 가까운 기나긴 논의를 거쳤다. 공법을 둘러싼 치열한 논의 과정은 조선 초기 국왕과 조정 관료들이 고제를 회복하여 고대의 이상을 실현한다는 과제에 얼마나 헌신하였는가를 보여 주는 동시에 고제를 회복한다는 동일한 목표 안에서도 다양한 입장의 분화가 일어날 수 있음을 보여 준다.

황희는 공법에 대한 논의의 전 과정에 걸쳐 일관되게 반대 입장을 견지하였다. 세종 12년에 공법 시행안을 처음으로 마련하고 도입에 대한 찬반 의견을 물었을 때에도 세종이 공법 시행을 포기하면서 황희 등의 의견을 따르라고 했다는 기록은 이날의 논의에서 반대 의견을 대표한 사람이 황희였다는 사실을 보여 준다.**50)** 1443년(세종 25)에 이르러서는 세종이 "공법을 마련한 것은 백성을 편안하게 하려는 것이었는데, 황희는 그것을 혁파할 것을 청하고 신개는 시행할 것을 청한다. (중략) 공법을 혁파하고자 하는 것이 황희의 뜻인 까닭에 황희에게 말하는 자들은 모두 그것이 불가하다고 말한다."고 직접 언급할 정도였다.**51)** 공법의 최종 시행안

---

49) 《세종실록》 권109, 〈세종 27년 7월 9일 辛巳〉 국용전제의 시행은 각사에 위전을 분급하는 방식에서 비롯되는 국가 재정 운용의 문제를 해결하기 위한 것이었다.

50) 《세종실록》 권49, 〈세종 12년 8월 10일 戊寅〉

이 확정되는 과정에서 경무법을 도입하려는 세종의 제안을 직접적으로 반대하여 다시 결부법으로 복귀하도록 한 것 역시 황희였다.[52]

앞서 살펴본 바와 같이 세종은 공법 도입을 직접 제안하였을 뿐만 아니라 공법 도입에 대해 강력한 의지를 지니고 있었다.[53] 그러나 세종은 황희가 공법에 대해 줄곧 반대 입장을 고수하였음에도 불구하고 공법에 대한 논의에서 황희의 의견을 끝까지 존중하였을 뿐만 아니라 그에게 직접 공법의 절목들을 마련하는 책임을 맡기기까지 하였다. 황희 역시 공법에 대해 일관된 반대 의사를 표명하면서도 세종의 지시에 따라 공법 제정에 적극적으로 참여하였다. 실제로 세종 18~19년 공법 시행안은 세종이 황희, 안순, 신개, 하연, 심도원 등에게 명하여 마련하도록 한 것이었다.[54] 세종 25년에 이르러 전제상정소가 설치되었을 때에는 황희가 직접 참여하지 않았으나, 세종 20년 이후 노령을 이후로 여러 차례 사직을 청하였을 뿐만 아니라 이때 그의 나이가 이미 81세의 고령에 이르렀다는 사실을 고려하면 세종이 그를 의도적으로 배제했다고 보기는 어렵다.[55]

공법 도입이라는 사안에서 서로 다른 입장을 가졌음에도 세종이 황희의 의견을 존중하고 그에게 구체적인 실무를 맡길 수 있었던 사실을 어떻게 이해해야 할까? 반대로 황희가 공법에 대해 일관된 반대 입장을 견

---

51) 《세종실록》 권101, 〈세종 25년 7월 15일 戊辰〉

52) 《세종실록》 권104, 〈세종 26년 6월 6일 甲申〉

53) 세종은 재위 말기에 이르러 스스로 자신이 여러 사람의 의논을 따르지 않고 단지 대의(大義)에 따라 강행하고자 했던 것들이 많았다고 하면서 그 가운데 공법을 중요한 사례로 언급하기도 하였다.(《세종실록》 권105, 〈세종 26년 윤7월 23일 庚子〉)

54) 《세종실록》 권72, 〈세종 18년 5월 21일 丙戌〉

55) 이미 2년 전인 세종 23년에 세종은 황희가 연로하다고 하여 초하루와 16일에만 조회에 참석하도록 지시하기도 하였다.(《세종실록》 권93, 〈세종 23년 8월 16일 庚辰〉)

지하면서도 세종을 보좌하여 공법의 구체적인 실무를 수행할 수 있었던 맥락을 어떻게 이해해야 할까? 공법 제정 과정에서 나타나는 세종과 황희의 이러한 이중적인 면모를 올바르게 이해하기 위해서는 황희가 성리학에 대한 이해라는 차원에서 당대의 일반적인 수준에 비추어 매우 선진적이었다는 사실로부터 출발할 필요가 있다.

재상직을 오래 역임한 관료라는 일반적인 인상으로 인해 조선 초기 사회에서 황희의 학문적 위상은 상대적으로 조명을 받지 못하였다. 자료의 부족으로 황희의 학문적 입장을 상세하게 이해하기에는 어려움이 있으나, 그에 관해 남겨진 기록들을 통해 그가 학문적·실천적 차원 모두에서 성리학에 상당한 소양을 갖추었음을 충분히 짐작할 수 있다. 황희는 1389년(고려 창왕 1)에 과거에 급제하였는데, 당시 과거를 주관한 좌주(座主)는 이종학이었다.[56] 이종학은 고려 말 성리학의 수용과 이해를 주도한 목은 이색의 아들로, 그가 주관한 과거에 합격한 황희의 학문적 지향 역시 이에서 크게 벗어나지 않았을 것으로 짐작할 수 있다.[57]

《문종실록》에 실린 황희의 졸기에는 그가 어머니가 사망하였을 때 불사(佛事)를 일으키지 않고 일체《가례》를 따랐으며, 황희가 3년상을 치르고자 하였으나 국왕이 그를 기복시키고자 하여 여러 차례 사양하였다는 기록이 보인다. 또한 그가 일찍이 유서를 작성하여 자손들에게 보여 주면서 자신이 죽은 뒤에 장례의 예는 일체《가례》를 따르도록 했다는 일화가 전한다.[58] 이 시기《주자가례》가 사대부 계층에서도 제대로 시행되

---

56) 소종, 〈조선 태종대 방촌 황희의 정치적 활동〉,《역사와 세계》47, 2015, 95면.

57) 이색의 성리학 이해에 대해서는 도현철,《목은 이색의 정치사상 연구》, 2011, 혜안 참조.

지 않았으며, 설사 시행되었다 하더라도 그 내용과 의미를 완전히 이해하지 못하는 경우가 많았음을 고려하면[59] 황희가 일찍부터 《가례》의 시행을 적극적으로 따랐을 뿐만 아니라 유서를 통해 자손들에게 이를 당부했다는 사실은 그가 주자의 학문적 경향을 따르는 데에 상당한 수준에 이르렀음을 보여 준다. 그를 기복시키고자 하는 국왕의 의지에도 불구하고 3년상을 온전히 치르고자 했다거나, 1397년(태조 6) 정란(鄭蘭)을 기복시키는 데 동의하지 않아 습유직에서 파직되었던[60] 일화 역시 마찬가지 맥락에서 이해할 수 있다.[61]

학문적·실천적으로 성리학적 예제를 따르고자 하는 황희의 지향은 단순히 개인적인 차원에 그치지 않았다. 그는 태종 재위 후반 이래 줄곧 조정에서 몇 손가락 안에 꼽히는 예제와 법제의 전문가로 활약하였다. 황희는 1413년(태종 13)부터 1415년(태종 15)까지 약 2년에 걸쳐 예조판서를 역임하였는데, 태종대 6조의 판서를 두루 거친 그의 경력에서도 예조판서로 재임한 기간이 가장 긴 편에 속한다.[62] 세종 대에 이르러서는 다시 관직에 복귀한 지 1년 만인 1423년(세종 5)에 다시 예조판서로 임명되기도 하였다.[63] 특히 그는 세종 9년 이후에는 이직, 허조, 변계량, 신상, 조계생, 정초, 김효손 등과 함께 세종 17년에 의례상정소가 혁파될 때까

---

58)《문종실록》권12, 〈문종 2년 2월 8일 壬申〉

59) 고영진, 〈15·16세기 주자가례의 시행과 그 의의〉, 《한국사론》 21, 1989, 109면.

60)《태조실록》권12, 〈태조 6년 11월 29일 丁丑〉

61) 고려 말 조선 초 기복제에 대해서는 황향주, 〈고려 기복제와 14세기말 기복논쟁〉, 《한국사론》, 2011, 57 참조.

62) 소종, 앞 논문, 108~110면.

63)《세종실록》권20, 〈세종 5년 5월 27일 丙午〉

지 의례상정소의 제조직을 맡았다. 당시 의례상정소가 단순히 예조의 자문기구를 넘어 법전 편찬과 의례 상정의 업무를 통합적으로 수행하던 기구였다는 점을 고려하면, 황희는 이직·허조 등과 더불어 예제와 법제에 관한 소수의 전문가 그룹의 일원으로 인정받았던 것이다.[64]

황희는 태종 즉위 이후 외척 세력을 제거하고 공신 세력을 견제하고자 하는 태종의 정치적 의도에 따라 국왕의 절대적인 신임을 받으면서 정치적으로 크게 성장하였다.[65] 그러나 태종대 후반의 정치적 위기에도 불구하고 그가 세종 즉위 이후 다시 관직에 복귀하여 세종 재위 말년에 이르기까지 국가 최고위 관료로서 지위를 유지할 수 있었던 까닭은 그가 단순히 정치적으로 국왕을 충실히 따르는 역할에 그쳤던 것이 아니라, 성리학의 학문적 지향에 대한 이해에 근거하여 수준 높게 예제와 법제를 검토할 수 있는 역량을 갖추었기 때문이라고 보아야 한다. 중종대 조광조가 재상의 지위에 있으면서 교화를 편 사람은 황희와 허조 뿐이라거나, 세종이 일세의 다스림을 이룰 수 있었던 것은 황희와 허조가 재상으로 있었기 때문이라고 지적했던 사실은 결코 간과되어서는 안 된다.[66] 황희는 당대의 기준에 비추어보면 고제를 회복하여 일대의 제도를 수립하고 삼대의 정치를 이루고자 하는 이상을 누구보다 적극적으로 추구한 인물이었다고 평가할 수 있다.

고제를 추구한다는 점에서 황희는 세종의 정치적 이상에 부합하는 인

---

64) 임용한, 2002 앞 논문, 99~103면.

65) 소종, 앞 논문.

66)《중종실록》권32, 〈중종 13년 3월 25일 甲子〉 /《중종실록》권35, 〈중종 14년 3월 1일 甲午〉

물 가운데 하나였다. 그렇지만 앞서 살펴본 바와 같이 조선에서 고제를 실현한다는 과제에는 여러 가지 어려움이 뒤따랐고, 함께 고제 회복을 희구하는 사람들 사이에서도 하나의 사안을 두고 구체적인 방안에서는 서로 의견이 엇갈릴 수 있었다. 나아가 고제 실현이라는 동일한 목표 아래에서 학문적·실천적 차원에서 다양한 입장의 분화가 일어날 수 있었다.

황희는 세종 12년 최초의 공법 시행안이 마련되기 2년 전인 1428년(세종 10)에 세종이 공법 도입의 취지를 밝혔을 때에는 풍흉에 따라 3등으로 수취량을 나눈다는 전제 아래 공법의 취지에 찬성한다는 입장을 표명한 바 있었다.[67] 그러나 앞서 살펴본 바와 같이 세종 12년 공법 시행안이 본격적으로 발표된 이후로는 일관된 반대 입장을 유지하였다. 공법 도입에서 황희가 제기한 반론들은 그가 전세수취에서 고제를 회복한다는 큰 맥락에 동의하면서도 그 과정에 따르는 구체적인 문제들에 대해서는 세종을 비롯하여 공법을 추진한 다른 관료들과 다르게 인식하였음을 보여 준다.

황희는 공법 도입의 초창기부터 근본적인 문제가 드러나기 전까지는 기존에 시행하고 있던 손실답험법을 유지하면서 경차관에 대한 대책을 마련하는 등의 방안을 통해 기존 제도의 개선을 먼저 도모하고자 하였다.[68] 또한 세종의 강력한 의지로 공법이 도입되는 방향으로 논의가 전개된 이후에는 지역에 따라 전품을 구분하는 구체적인 방안을 제시하거나,[69] 마련된 공법 시행안의 세부적인 문제점들을 심의하는 역할을 담당

---

67)《세종실록》권39,〈세종 10년 1월 16일 己亥〉
68)《세종실록》권49,〈세종 12년 8월 10일 戊寅〉
69)《세종실록》권72,〈세종 18년 5월 21일 丙戌〉/《세종실록》권72,〈세종 18년 5월 22

하였다.70) 그리고 형편에 따라서 공법의 시행을 늦추거나, 일정 지역에서 시험한 이후 단계적으로 확대하는 방안을 제시하였다.71) 황희는 공법 시행 자체에 반대하였다기보다는 구체적이고 세부적인 실무의 차원에서 문제가 없다는 점이 분명해지기 이전에 이념적이고 원론적인 차원에서 선언적으로 제도가 도입되는 것을 극도로 경계하였다. 황희는 자신의 입장을 아래와 같은 발언을 통해 분명하게 제시하였다.

> 오상(五常)은 예(禮)의 큰 것인데, 신(信)도 그 중의 하나입니다. (중략) 지금 전교를 받들고 되돌려 생각하니, 《육전(六典)》에 기재된 것이 아주 엄밀한데 경솔하게 고쳐서 신의를 잃는 것은 불가합니다. 또《속전(續典)》은 태종조 수교(受敎)와 특지(特旨) 모은 것으로 그 연혁과 줄이고 보탠 것을 낱낱이 기재하여 일대(一代)의 훌륭한 법전으로 마련하였는데, 인출하여 반포한 지 얼마 못되어서 문득 형편에 따라 다시 고친다면, 온전한 글이 되지 않고 장차 쓸 수 없는 물건으로 될까 두렵습니다.
>
> 신이 선유(先儒) 호일계(胡一桂) 저술한 《고금통요(古今通要)》를 보니, 역대 제왕을 논하면서 삼대(三代) 이하에 와서는 한 사람도 온전한 어진 이가 없다가, 송(宋) 인종(仁宗)에 와서는 어진 임금임을 내가 조금도 의심하지 않는다고 하였습니다. 인종의 사적을 살펴보니, 차라리 천천히 늦추는 형세로써 처리할지언정 감히 엄하고 각박한 정사가 없었으며, 차

일 丁亥〉

70)《세종실록》권73, 〈세종 18년 윤6월 19일 甲申〉

71)《세종실록》권78, 〈세종 19년 8월 27일 甲申〉/《세종실록》권82, 〈세종 20년 7월 10일 壬辰〉

라리 변경하라는 청을 거절할지언정 감히 조종 때부터 쌓아 온 법을 허물지 않았습니다. 이런 까닭으로 법이 서지 못하고 영(令)이 시행되지 않으니, 당시 대신으로서 옛 법을 깨끗이 없애자는 청이 있었으나, 인종은 다스림의 전통을 생각하여 일체 그대로 두어서 힘껏 지키고 나라를 창건한 그 규모를 변경하지 않아서, 비록 안정한 데에 지나쳤다 하나 경우(景祐) 연간은 훌륭한 다스림에 해가 되지 않았으니, 선유가 나무랄 만한 틈이 없었음도 당연합니다. (중략)

전지(田地) 또는 백성에 대한 일 같은 것과 제도의 문물 같은 것은, 《육전》에 기재된 법이 해와 별처럼 밝게 있고 조종 때에는 백성이 반석같이 편하였는데, 어찌 시끄럽게 고쳐서 일이 많아지게 할 것입니까? 신은 원컨대, 무릇 시행하는 바는 한결같이 《육전》을 따라서 백성에게 신의를 보이고, 안정한 다스림을 시행하여 백성의 뜻을 진정하면 다스림의 도리에 매우 다행이겠습니다.[72]

위에 인용한 글은 1440년(세종 22) 7월에 황희가 공법 시행의 어려움에 대해 언급하면서 다시 조종의 제도인 손실답험법으로 돌아갈 것을 주장하는 가운데 제시한 논변이다. 그는 여기에서 조종의 성헌을 존중하

---

72) 《세종실록》 권90, 〈세종 22년 7월 13일 癸丑〉: "五常 禮之大者 (중략) 今承傳敎 反覆思之 六典所載 嚴密無餘 不可輕改以失信 且續典者 裒集太宗朝受敎及特旨 其沿革損益 逐一取裁 以成一代之盛典 印頒未幾 輒隨更改 恐未爲全書 將爲無用之物 臣竊見 先儒胡一桂述古今通要 論歷代帝王 自三代以下一無全賢 至於大宋仁宗則曰 吾無間然矣 迹其仁宗行事 寧處於舒緩之勢 而不敢有嚴刻之政 寧拂變更之請 不敢傷積累之業 以故法制不立 法令不行 當時大臣 有蕩滌之請 而仁宗以治體爲念 一切置之 力爲持守不變 興國之規模 雖過於安靜 不害其爲景祐之治 宜乎先儒無罅隙而非議之也 若其曰田曰民 若制度文爲六典之法 昭如日星 祖宗之民 安如盤石 何用汲汲紛更爲多事哉 臣願凡所施爲 一從六典 示信於民 以行安靜之化 以定民志 治道幸甚"

여 안정을 추구하는 것이 국가가 백성에게 신의(信義)를 유지하는 데 매우 중요하다는 점을 역설한다. 황희는 북송 인종대의 정치를 거론하면서 천천히 늦추고 조종의 제도를 허물지 않았다는 사실을 부각시킨다. 특히 여기에서 그가 언급한 옛 제도를 일거에 씻어 낼 것을 청했다는 대신은 왕안석을 가리킨다.73) 황희는 왕안석의 신법에 대한 비판에 근거하여 새로운 제도를 국가 주도로 도입하는 것에 대해 경계하고 있는 것이다.74) 이러한 발언은 황희가 조종 성헌을 존중하고 새로운 제도를 신중하게 경계했던 태도가 단순히 개인적 성향에서 비롯된 것이 아니라 일관된 학문적·정치적 입장을 근거로 했다는 사실을 보여 준다.

황희는 공법을 도입하고자 하는 취지에 깊이 공감하는 동시에 기존의 제도를 조종 성헌으로서 존중하면서 세부적인 문제점들이 완전히 극복되기 전까지는 국가 주도의 급격한 제도 개혁을 최대한 경계하고자 했다. 이러한 황희의 입장은 다른 사안들에 대해서도 거의 대부분 일관된 경향으로 유지되었던 것 같다. 이러한 사실은 앞서 살펴본 바와 같이 그가 사망한 이후 당대인들이 그가 "대체를 보존하는 데 힘썼으며, 조종의 옛 제도를 가볍게 바꿀 수 없다는 입장에 따라 세종이 도입하고자 하는 새로운 제도에 반대하는 경우가 많았다."고 평가했다는 점에서 잘 드러난다.

앞으로 더 많은 연구가 필요하겠지만, 세종은 조선에서 고제를 실현한다는 과제에 대하여 상당히 이념적인 지향을 강하게 드러낸다. 또한 고제의 세부적인 내용들까지 매우 치밀하게 고증하고자 하면서도 다른 한

---

73) 북송 인종대 왕안석의 행적에 대해서는 제임스 류(이범학 옮김),《왕안석과 개혁정책》, 지식산업사, 1991 참조.
74) 왕안석과 신법에 대한 성리학자들의 인식에 대해서는 Peter K. Bol, 앞의 책 참조.

편으로는 조선의 고유한 현실을 고려하여 고제의 이상과 취지를 보존하는 한에서 제도의 내용을 변개하는 데 크게 구애받지 않는 모습을 보인다.[75] 하연을 비롯하여 신개, 정인지, 정초와 같이 공법을 도입하고자 하는 세종의 의사를 뒷받침하면서 고제의 고증과 구체적인 실현 방안을 함께 제시했던 관료들 역시 세종과 비슷한 입장을 가졌다고 이해할 수 있다. 반면 신개, 황희와 함께 세종 묘정에 배향된 허조의 경우는 고제를 회복하는 데 대해 강력한 의지를 표명한다는 점에서는 동일하지만 세종과 비교하면 원래 제도의 내용 자체를 더욱 강조한다는 점에서 차이를 보인다.[76]

황희는 고제를 추구하면서도 구체적인 제도의 도입이나 변경에 대해서는 상당히 신중한 태도를 보였으며, 원론적인 차원에 대한 이해에도 불구하고 구체적인 수준에서는 상대적으로 실용적인 면모를 보이기도 하였다. 제도 개혁에 대한 황희의 이러한 입장은 세종을 비롯하여 당대에 국정 운영을 함께 한 관료들과 일정하게 구별되었다. 황희와 허조는 세종과 그를 뒷받침하는 관료들이 제시하는 고제 회복의 방향에 대하여 각각 실무적인 차원에서 조종 성헌을 존중하는 비판과 원론적인 차원에서 고제를 충실하게 재현하고자 하는 비판을 대변하였다고 평가할 수

---

75) 조선에서 고제를 실현하는 과제에서 중국과 구별되는 조선의 고유성에 대한 세종의 인식에 대해서는 문중양, 2006 앞 논문 / 정다함, 〈麗末鮮初의 동아시아 질서와 朝鮮에서의 漢語, 漢吏文, 訓民正音〉,《한국사학보》36, 2009 / 최종석, 2010 앞 논문 / 문중양, 〈15세기의 '風土不同論'과 조선의 고유성〉,《한국사연구》, 2013, 162 참조.

76) 허조는 태종 대에 예제 정비가 고제를 존중하는 형태로 변화하는 데에 결정적인 역할을 한 인물이기도 하다.(강문식, 2008 앞 논문 참조) 허조는 이러한 성향이 지나쳐 수령육기제와 같은 사안에서는 고제에 너무나 얽매인다고 하여 '주공(周公)'이라는 놀림을 당하기까지 하였다(《세종실록》권24, 〈세종 6년 4월 25일 庚午〉).

있다.77)

4. 맺음말

이 논문에서는 세종 대 공법 도입을 둘러싼 쟁점들을 검토하는 가운데 공법 제정 과정에서 황희가 수행한 역할을 토대로 하여 세종 대 제도 개혁 전반에서 황희가 어떠한 위치를 차지하였는지를 살펴보고자 하였다. 이러한 작업은 황희라는 개인이 세종 재위 거의 전 기간에 걸쳐 재상직을 수행하였다는 이례적인 사실을 설명하고자 하는 시도인 동시에 조선 초기 국가의 문물제도를 크게 정비하였다고 평가되는 세종 대에 활약한 관료군들을 유형에 따라 구분함으로써 당대 제도 개혁의 쟁점들을 보다 정확하게 이해하기 위한 것이기도 하다.

공법에 대해서는 주로 전세수취제도의 미비점을 개선한다는 차원에서 주로 연구되었으나, 이 글에서는 공법의 도입이 고제를 회복한다는 당대의 정치적 이상과 긴밀하게 연결되었으며, 공법을 둘러싼 쟁점들 역시 조선에서 고제를 실현한다는 과제에 따르는 문제들에서 비롯되었음에 더욱 주목하였다. 그리고 황희가 공법에 일관된 반대 입장을 표명하면서도 공법 제정에 깊숙이 개입하였던 사실 역시 고제 추구라는 당대의 이상에 대한 황희의 입장과 관련해서 이해할 필요가 있다고 보았다. 공법에 대한 황희의 입장과 공법 제정 과정에서 그가 수행한 역할은 세종 대 치

---

77) 공법 제정 과정에서 황희와 허조는 상당히 이른 시기부터 공법에 대한 반대 의견을 대표하였다. 기록에서 잘 드러나지는 않지만 두 사람은 세종이 추진하는 공법에 반대한다는 점에서는 공통되면서도 아마도 각각 공법에 반대한 근거는 서로 다른 차원에서 구했을 가능성이 크다고 생각한다.

세 전반에 걸쳐 그가 어떠한 위상을 갖고 있었는지를 이해하는 실마리를 제공한다.

황희는 성리학에 대한 높은 수준의 이해를 바탕으로 태종 재위 후반 이후에는 예제와 법제를 다루는 소수의 전문가 그룹의 일원으로 활약하였다. 그러한 가운데 그는 공법 제정을 비롯한 제도 개혁 과정에서 이념적인 차원에서 급격한 변화를 시도하는 것을 경계하면서 기존의 제도를 조종의 성헌으로 존중하고 안정을 지향하는 태도를 견지하였다. 또한 고제 회복이라는 취지에 공감하면서도 제도가 아무리 이상적이라고 할지라도 실무의 차원에서 문제를 일으킬 수 있는 소지가 없는지 세부적으로 검토하는 데 큰 재능을 보이기도 하였다. 세종이 국정 운영과 제도 개혁에서 황희에게 크게 의존한 것은 황희의 이러한 입장과 태도가 이상적인 것을 추구하는 경향을 강하게 지닌 자신을 경계하는 안전판과 같은 역할을 했기 때문이 아닐까?

문종대에 황희를 세종 묘정에 배향하면서 내린 교서에서는 그를 일러 "큰일과 큰 의논에 임하여 의심이 가는 것을 고찰하는 것이 진실로 시구(蓍龜)와 같았다."고 평가하였다.[78]

---

78) 《문종실록》 권12, 〈문종 2년 2월 12일 丙子〉: "臨決大事大議 稽疑實同於蓍龜"

맹사성의 〈江湖四時歌〉와
황희 〈四時歌〉의 서정(抒情) 양상[1]

조성래[2]

1. 서론

이 글에서 맹사성(孟思誠, 1360~1438)의 〈강호사시가(江湖四時歌)〉와
황희(黃喜, 1363~1452)의 〈사시가(四時歌)〉를 같이 연구하는 것은 이 두
작품에 있어 동일성과 차이점을 같이 가지고 있다는 점에서다. 우선 사
시가(四時歌)라고 하는 외적 형태상 드러나는 통시적 형식을 가지고 있
어, 이로 인해 사시(四時)의 진행 순서에 의해 표현되는 동질적인 구조를
가지고 있다. 삶의 문학적 형상화가 사시에 의한 표현이다. 사시에 의해
표현된 것은 삶의 구체화 방법이다. 각 사시의 계절이 삶의 부분이라 한
다면 사시란 삶 전체를 나타낸 것이다. 또한 두 작품의 작가가 조선조의
재상으로 청렴결백과 인덕의 표본이라는 동일성이다. 이는 작품을 있게
한 원천이 동일하다는 의미다. 다음 내용 구성에 있어 〈강호사시가〉는
교시적이요, 〈사시가〉는 정감적이라는 성격을 갖는다. 이에 의해 문학 진
술의 형태가 각각 강한 주관적 의지의 권유적 표현과 시적 감동에 의한

---

1) 이 논문은 조성래, 《〈江湖四時歌〉와 〈四時歌〉의 抒情 樣相》, 《어문논총》 제17집, 청주
   대학교, 2001에 게재 된 논문이다.
2) 충북대학교 외래교수

독자를 유도하는 방식을 갖게 된다.

이를 염두에 두고 두 작품의 서정성을 탐구해 보려 한다. 서정은 인간 세계에서 펼쳐지는 인간성의 원천이다. 인간과 관련되어 파악되고 인간에서 나올 수 있는 가장 인간다운 정조이다.[3] 이것은 세계와 나와의 만남을 통해서 나 자신만의 세계를 구축해 내는 자신만의 독자적인 행동양식이다. 문학작품의 독자성만큼 그 이상으로 개성과 교양에 따라 가장 독창적인 세계가 열려지는 것이다. 문학적 이유 즉 시가 자연과 인간, 대상과 인생이 상호교감에 의하여 이루어지는 것과 같이 자아와 대상과의 교감 속에서 문학세계로 들어가는 능력과 같은 것이다. 따라서 〈강호사시가〉와 〈사시가〉가 가지고 있는 서정성을 살펴본다면 이 두 작품이 가지고 있는 차이점과 동일성에서 연유하여 그 문학적 구조와 진술방식이 잘 드러날 수 있을 것이다.

위 두 사시가에 대한 연구는 다음과 같이 이루어졌다. 김흥규의 〈강호자연(江湖自然)과 정치현실〉에서 이현보의 〈어부가〉와 맹사성의 〈강호사시가〉에 대해 '강호가도(江湖歌道)'라 범칭하고 이들의 작품적 성격과 바탕이 되는 사고방식 및 역사적 배경들을 논의했다. 이 글에서 〈강호사시가〉는 강호시가 전반의 공통적 특질을 갖추고 있다고 본다. 그래서 맹사성에 있어서 강호의 삶과 정치현실 속에서의 삶은 조화와 안정의 감각에서 연유된 것이고, 그 세계관은 강호자연을 대하는 심미적 감각과 긍정적인 현실인식이 조화로운 관계에 의해서 형성된 것이라 파악한다.[4]

다음 〈맹사성론(孟思誠論)〉이라는 글에서 이종주는 맹사성의 문집류

---

3) 김열규, 〈한국시가 서정의 몇 국면〉, 《고전시가론》, 새문사, 1984, 367쪽.

4) 김흥규, 〈江湖自然과 政治現實〉, 김학성·권두환 편, 《고전시가론》, 새문사, 1984.

나 문학작품의 영성한 점에서 오는 연구의 난점을 제시한다. 맹사성은 왕조적 변천에서도 관직 생활이 순탄했다고 보는 벼슬생활의 과정, 그리고 맹사성의 성품이 '인유(仁柔)와 선유부단(善柔不斷)'이라는 평가의 배경에 대하여 논했다. 이어 그의 예술적 재능과 음률에 대한 이해가 깊었음도 제시한다. 그리하여 한시인 〈연자루(燕子樓)〉와 〈강호사시가〉를 살필 때, '가련한 과거'와 '역군은(亦君恩)의 현실'이 갖는 대립과 갈등을 고불(古佛)의 의식으로 보았다. 〈강호사시가〉에서 객관과 주관의 관련적 시문법을 〈강호사시가〉의 문학성으로 본다. 이 논문에서 이룬 문학적 재능과 문학의 양상의 파악은 그의 문학세계를 이해하는 데 도움을 주는 글이라 볼 수 있다.5)

이형대는 〈어부가의 시가사적 전개와 세계인식〉의 학위 논문에서 〈강호사시가〉에 대한 연구들을 소개하며 연구사의 요체를 제시한다. 이어 〈강호사시가〉에 대한 좀 더 섬세한 연구의 필요성을 천명한다. 이 논문에서 〈강호사시가〉는 악장문학 내지는 악장과 시조의 관계상을 음악적 기반에서 공유할 수 있는 영역이라 설명하고 있다. 따라서 〈강호사시가〉에 대한 연구는 궁중음악, 악장 등과 관련한 연구를 간과하지 말아야 한다고 본다. 따라서 〈강호사시가〉는 시문학 형식이면서 기능상 악장이었다고 본다. 〈강호사시가〉는 관료들의 지향세계인 유교적 이상국가의 비전을 문학작품을 통해 제시한 것과 같이 맹사성도 이 작품을 통해 유교적 지향세계를 제시했다는 것이다. 이 논문은 연구방법의 다양화 내지는 적합한 방법론의 필요성을 제시한 것과 이 작품의 악장적 기능에서 악장

---

5) 이종주, 〈孟思誠論〉, 《續古時調 작가론》, 백산출판사, 1990.

과 관련한 연구의 필요성을 제시했다는 점에 의의를 갖는다.6)

다음 정원표는 〈군은(君恩)의 표현과 서정성의 문제〉에서 〈강호사시가〉의 구조와 서정성을 연구했다. 이 연구는 각 작품들에서 제시된 사계절의 양상을 각각의 장별로 검토하여 그 특질을 밝히고 있다. 이어서 〈강호사시가〉는 종장이 정치적 현실과 임금의 은혜를 강조함으로 해서 문학적인 개인 서정이 심도 있게 형상화시키지 못한 것을 지적한다.7)

송팔성은 〈사시가의 자연관과 시간의식〉에서 시간관에 의해 문학에 나타난 사상을 해명하려 했다. 맹사성의 〈강호사시가〉는 내용이 사시에 의해 천도가 구현되고 그 천도는 군주의 통치 수단이라 본다. 그 구성을 강호와 정치현실의 공간적 연속성이 시간적 연속성과 결합하여 총체적 구도를 지닌다고 본다. 즉 군주의 덕치와 시공간이라는 총체성에 의해 원리의 확보와 함께 영원성을 가진다는 것이다.8)

방촌 황희의 〈사시가〉에 대한 연구는 소외감을 면치 못한다고 할 수 있다. 이에 대한 연구는 윤영옥의 《시조의 이해》와 김상진의 《조선중기 연시조의 연구》란 두 저서에서 부분적인 몇몇의 논의가 있다. 《시조의 이해》에서는 〈사시가〉에 대한 소개와 더불어 작가에 대한 연보를 정리하였고9), 《조선중기 연시조의 연구》에서는 황희의 〈사시가〉가 가지고 있는 사시적 전개의 구조를 설명하고 있다.10) 또한 김신중의 〈사시가형의 성립

6) 이형대, 〈어부형상의 시가적 전개와 세계인식〉, 고려대학교 박사학위논문, 1997.

7) 정원표, 〈君恩의 표현과 서정성의 문제〉, 《한국고전시가 작품론2》, 집문당, 2000.

8) 송팔성, 〈사시가의 자연관과 시간의식〉, 서울대학교 석사학위논문, 1991.

9) 윤영옥, 《시조의 이해》, 영남대학교출판부, 1986.

10) 김상진, 《조선중기 연시조의 연구》, 민속원, 1997.

과 전개양상〉과 〈사시가의 형성배경연구〉 등의 논문에서 사시가형과 관련한 연구가 이루어졌다.11)

조성래의 〈사시가계 시조의 표현문체〉에서는 〈강호사시가〉와 〈사시가〉에 대하여 문체를 중심으로 한 형식의 표현과 전달내용의 표현을 살핀 글이다. 두 작품을 표현 면에서 각각 정리하여 작품의 차이점과 문학적 성과의 면모를 문체의 형상에 의해 파악했다. 또한 '〈강호사시가〉와 〈사시가〉의 구조문체'에서는 문체의 구조적인 면에서, 일탈에서 오는 기능을 중심으로 의미구조의 보완과 정점의 보완에서 이루어지는 문체의 역동성을 밝히어 두 작품의 문학적 수행의 방법을 정리한 글이다.

위 연구들을 살피면, 〈강호사시가〉는 연구방법과 양질적 측면에서 어느 정도의 성과가 있다. 반면에 황희의 〈사시가〉에 대하여는 본격적인 연구가 아직은 미흡함을 면치 못했다.

〈강호사시가〉의 연구는, 첫째는 강호가도(江湖歌道)와 관련한 문학적 접근, 둘째는 작가의 정치적 위치와 성정을 중심으로 한 연구, 셋째는 작품의 악장적 특성과 구조적 측면을 통한 접근, 넷째는 〈사시가〉와 더불어 문체적 연구로 정리해 볼 수 있다.

이로 볼 때 〈강호사시가〉에 대한 연구도 필요하지만, 더더욱 〈사시가〉에 대해서도 다양한 연구와 적합한 연구방법이 이루어져야 함을 천명할 수 있다. 따라서 황희의 〈사시가〉는 본격적 연구의 소외됨을 볼 때, 심도 있는 많은 성과를 이룩하는 것이 시급하다고 본다. 본 논문에서는 두 대상

---

11) 김신중, 〈사시가형의 성립과 전개 양상〉,《어문논총》 10·11합, 전남대국문학연구회, 1989.
　　김신중, 〈사시가의 형성배경연구〉,《논문집》 9, 서강전문대학, 1990.

의 작품에 대해 서정 양상을 분석과 검토를 하고자 한다. 이를 통해 작품에 드러난 것을 대비하여 그 독특한 점을 지적해 내어 이 작품들이 가진 문학성을 규명하는 데 주안점을 두었다. 작품이 가지고 있는 서정성을 분석해 내어 문학적 구조와 문학 진술의 원리를 찾아보려 한다. 물론 이 글이 서정문학에서 서정성을 찾아내어 문학적 영향력을 규명한다는 방법이라 하더라도 지당한 방법은 될 수 없을 것이다. 더구나 서정은 인간 정조와 깊은 관계의 것이기 때문에 정도를 찾는다는 것이 불가능할지도 모른다. 그러나 이 글을 통해서라도 사시가 계통, 특히 황희의 〈사시가〉에 대한 문학적인 접근의 다양성에 하나의 시도로 볼 것이다.

2. 〈강호사시가〉의 서정(抒情)과 표현

다음의 작품은 맹사성의 〈강호사시가〉 중 제1연이다. 이 〈강호사시가〉는 연시조의 대표이면서 국문학 〈사시가〉의 표본이다. 이 작품은 내외적으로 또는 표면적으로 살필 때 연시조 또는 사시가 문학성의 액자를 들여다보는 것과 같다.

강호에 봄이드니 미친 흥이 절노 난다
濁醪 溪邊에 錦鱗魚 按酒 ㅣ로다
이몸이 閑暇히옴도 亦君恩이샷다

이 작품은 강호를 배경으로 한다. 강호생활에서 임금의 은혜를 기리는 시조다. 초장의 '미친 흥'에서 알 수 있듯이 강호에서의 즐거운 삶이 임금

의 은혜라는 것으로 귀결되어 그 서정을 나열시키고 있다. 이 작품에서
의 중심은 '미친 흥'에 초점을 맞추고 있다. 따라서 거기에 시적 화자의
삶이 응축되어 있다. 그 흥은 막걸리가 있는 시냇가에서 좋은 물고기를
안주 삼아 즐기는 것이다. 이 생활을 종장에서는 '한가'로 표현하고 있다.
즉 초장에서 제시한 '흥'과 중장의 '탁료 계변에 금린어 안주'와 종장의
'한가'는 모두 서로 간에 호응되는 말이다. 초장에서 이 흥을 '미친 흥'이
라 표현하고 있다. 서정적 자아와 세계의 관계를 극도로 비약한 표현이
다. 이 표현은 종장의 군은에 관계하여 자아의 정조를 극대화시킨 표현
이다. 봄에 느끼는 흥취가 미치도록 나는 것은 종장에서 귀결된 내용인
바로 '군은'으로 이어지게 된다. 극도로 비약시킨 언어를 통하여 자아의
시적 정조를 극대화되는 결말을 짓고 있다. 봄의 흥취를 종장에서는 '한
가'라는 말로 대치시켰다.

그러나 이 '한가'는 단순히 쉼이 있는 한가가 아니고 미친 흥을 동반한
'한가'이다. 시적 자아의 모든 것은 군은으로 귀결시키고 있지만, 자아가
가지고 있는 '군은'의 모든 것은 '미친 흥'에 이미지화시키고 있다. 자아가
미치도록 흥이 나는 것은 종장의 귀결인 '군은'에 연관시키는 것이 이미
지의 초점이다. 시적 자아는 '미친 흥'에 정조를 두고 있고 이 '미친 흥'은
시적 자아의 흥취인 '탁료 계변에 금린어 안주'에 의해 구현되는 '한가'로
상징화된다. 이때 '탁료 계변에 금린어 안주'와 '한가'는 '미친 흥'에 대한
해석소들이다.12)

---

12) Umberto,Eco, 서우석 역,《기호학이론》, 문지사, 1985, 80~81쪽에서 해석소는 대상
　　영역에 대하여 여러 다른 형식을 취한다고 본다. 즉 의미론적 체계 내에서 등가적인
　　것, 또 하나의 대상물, 부가의미를 갖는 감정적인 연상의 것, 다른 언어로의 번역이거
　　나 동의어에 의한 대체를 뜻한다고 본다.

이 시조에서 초장보다는 중장과 종장에서 주지적인 서정성이 시적의 미를 견고하게 해준다. 임금의 사랑에 의하여 이룩되는 자아의 정조는 '미친 흥', '탁료 계변에 금린어 안주', '한가'로 나타난다. 이것들은 임금의 은혜 즉 사랑을 함축하고, 사랑을 사징하는 것들이다. 초장의 '미친 흥'을 이은 중장의 '탁료 계변에 금린어 안주'와 '한가'가 군은에 의한 것임을 종장에서 자아는 피력한다. 초장과 중장에서 극도로 긴장된 자아의 정조는 종장에서 정제되어 형상화된다. 자아의 매우 주관적 정조인 '미친 흥', '탁료 계변에 금린어 안주'는 종장에서 '한가'로 되어 정제된 형태를 취했다고 하는 것이다. 이것은 자아가 갈구하는 정조를 매우 독창적으로 형상화시킨 것으로 주관적 정조가 객관적 정조로 비약되는 순간인 것이다. 그것은 초장의 서두가 '강호에'와 호응하여 시적 자아 자신의 정조가 객관적 정조의 분위기로 바뀌어지게 된다. 주관적인 것이 인간적인 보편성을 갖게 됨을 보여 주는 일면이다.[13]

그런데 그 군은을 '역군은'이라 하여 '역'자를 첨가하여 강조의 효과를 형성시킨다. 즉 중장의 '탁료 계변에 금린어 안주'와 종장의 '한가'라는 싯구가 현학적이기는 하나, 여기서는 이 주지성에 의해 '역'자가 첨가되게 함으로써 문맥적의미인 서정성의 강조를 형성시키는 것이다.

다음은 〈강호사시가〉 제2연을 본다. 맹사성의 사시가는 무엇보다도 사시의 외현과, 그 삶이 문학적으로 가시화된 작품이라는 데에 그 특성이 있다.

---

13) 김열규, 전계서, 369쪽.

江湖에 여름이 드니 草堂에 일이 업다

有信흔 江波는 보느느니 ㅂ름이로다

이몸이 서늘ᄒᆞ옴도 亦君恩이샷다

　이 시조에서의 시적 자아의 정서는 강호에서의 여름이 밭갈이와 더위로 분주히 보내는 계절이지만, 시원하게 한가히 지낼 수 있는 것은 역시 임금의 은혜에 말미암는 것으로 귀결 짓는 것이 자아의 서정 양상이다. 여름은 덥고 분주한 계절이다. 그런데 이 작품에서의 시적 자아는 전혀 그러하지 않다. 자아는 바로 그 점을 염두에 두고 있음으로 하여 이 시조는 가능하게 되었다. 외적으로는 여름이 가져다주는 세계 즉, 더위와 겨루어야 하는 것과 이 시기에 겪어야만 하는 온갖 일들이 드러나지는 않았지만, 이를 전제로 하여 세계(여기서는 타자)와는 다른 정조를 노래할 수 있었다. 다른 사람들은, 여름의 고된 일이 없이 강바람을 맞아서, 자신이 겪는 이 시원함을 가질 수가 없다는 정조다. 초장에서는 원인법에 의해서 전개했다.

　그러나 이 원인법은 온전히 그 역할을 담당하지 못한다. 여름이 와서 일이 없다는 의미가 아니라, 역으로 여름이 와서 일거리가 분주하고 고되어야 하는 삶이어야 하지만, 그렇지가 않다는 논지다. 이러한 원인법에 의한 반어적인 논지는 종장의 '서늘ᄒᆞ옴도'와 병행하여 '역군은이샷다'로 향하게 된다. 이 원인법은 결과보다는 여름이 들었다 하는 원인강화를 시켜 독자로 하여 여름의 정황을 연상시켜 준다.[14] 이때 독자는 자아가

---

14) 조성래, 〈사시가계 시조의 표현문체〉, 《인문과학논집》 제23집, 청주인문과학연구소, 2001, 178쪽.

느끼는 일 없음과 시원함이 아니라, 고되고 분주한 여름을 연상하게 된다. 그러나 자아의 여름은 독자와는 다른 여름을 노래한다. 시적 자아는 남다른 여름의 정조를 피력한다. 원인법과 거기에서 오는 반어적인 의미에 의해 형성되는 남과는 구별되는 삶을 가졌다는 어조다.

중장에서 보자. '유신ᄒᆞᆫ 강파는 보닉ᄂᆞ니'에서 자아는 객체를 인격화시킨다. 대상인 '강파'는 자연의 현상이다. 인격과는 전혀 관계없는 대상세계를 '유신'하다고 표현하여 인격을 부여해 주었다. 또한 강파는 'ᄇᆞ름'을 보낸다고 표현을 했다. 대상세계에 존재해 있는 바람에 의해서 '강파'가 일어나고 자아는 대상인 자연의 '강파'를 보고 시원함을 느낀다는 의미다. 이것 역시 '강파'를 인격화시킨 것이다. 중장에서는 대상세계의 객체를 인격화시키는 수법, 즉 의인법을 활용하여 자아가 세계에 몰입하는 과정을 표현했다. 자아가 세계에 동화되기보다는 대상을 인격화하여 인격인 자아와 합일할 수 있게 된 것이다. 인위적으로 합일시킬 수 없는 대상이었지만 객체가 주체와 같은 인격을 소유하게 될 때에 상호 거리가 좁혀져 그 합일은 가능하게 되었던 것이다.

중장에서의 '유신(有信)'은 자아가 가지고 있는 임금에 대한 충성심을 예견할 수 있게 해준다. 그 예견의 구체화가 종장의 군은으로 표현된 것이다. 자연의 개체가 유신할 수는 없다. 그러나 자아는 삶의 상황이 군은에 의해 행복한 삶을 영위해 나가고 있는 것을 믿고 있다. 이에서 자아를 담고 있는 세계가 아름답게 보일 수밖에 없다. 임금이 자아에게 주는 은총을 믿는 것이 대상세계로 몰입되어 자아와 개체와의 관계가 자아의 정조와 동일화된 상태를 보여 주는 것이라 볼 수 있다. 일상적 관념으로 강파를 일으키는 바람을 믿는다고 하는 것은 어울리지 않는다. 그러나 종장의 '서늘히옴'이 임금의 은혜라 믿고 있다는 것과 연관 지을 때 깊은 의미의 상징성을 가지게 되는 것이다. 자신은 세계를 믿고 자아의 시원함이 그 세계로부터 오는 것을 믿는 것과 마찬가지로 오늘의 '서늘히옴'이 임금의 은혜라고 믿고 있는 것이다.

이 작품에서는 원인법에 의한 반어적 논지와 대상을 의인화함으로써 종장의 군은을 노래하는 차원을 넘어서서 합리화하고 대상세계에 자신의 정조를 이미지화시켜 거기에서 임금의 은혜로 깊이 나아감을 예견해 주는 암시로서 서정의 완결성을 가지게 하고 있다.

다음은 제3연을 본다. 〈강호사시가〉는 자아가 개체에 깊이 몰입해 감으로써 넓은 의미를 자아내게 된다. 따라서 시인의 정조는 개체에 내재되어 스미고 있는 세계성을 파악할 때 탐구할 수 있고 작품의 서정성으로 나아갈 수 있다.

江湖에 ᄀ을이 드니 고기마다 술져 잇다
小艇에 그물 시러 흘니 ᄉ듸여 더져두고
이몸이 消日히옴도 亦君恩이샷다

가을이 되어 고기가 살쪄 있다는 표현은 고시가의 어휘들에서 관습화된 표현이다. 그러나 이 시조에서 역할은 진부한 표현 이전에 작품의 서정 형성을 이루게 하는 근간이 된다. 고기가 살이 쪄 있다는 의미는 자아로 하여금 살찐 고기를 잡아야 한다는 것을 예표, 즉 암시한다. 예표에 대한 주체의 행위는 중장에서 구체화되어 행동으로 보여 준다. 중장을 보자 중장에서 자아는 작은 배에 그물을 싣고 가서 그물을 던져 놓는다.

여기까지 자아는 초장에서 예표된 대로 강호의 생활을 영위한다. 그곳에는 대상세계와의 깊은 교감은 개재해 있지 못하다. 주체와 객체 사이의 정조적인 몰입이 되어 있지 못하다는 것을 우리는 간파할 수가 있다.

그러나 종장과의 연결을 해보면 그곳에는 심오한 정조의 근원이 되고 있음을 알게 된다. 살찐 고기를 잡든 안 잡든 시적인 주체는 관여하지 않는다. 그것은 중장 끝 율절의 '던져 두고'라는 연결형을 살필 때, 그리고 종장과의 관계를 살피면 알 수 있다. 중장의 말미를 연결형으로 표기해 놓은 것은 다른 부가적인 의미가 계속될 수 있다는 것을 암시한다. 즉 시적 자아의 정조는 아직도 무엇인가에 관심을 두는 것을 계속하고 있는 것이다. 시적인 주체가 객체에 속한 세계의 무엇인가에 몰입하고 있는 것이다.

이번에는 종장과의 관계 속에서 주체가 가지고 있는 정조를 살펴보자. 종장의 제2 율절인 '소일히옴'의 시어에서 살펴보면, 이것은 초장과 중장에서 제시한 행위 그 자체가 될 수 있고, 중장을 마무리한 연결형이 가져다주는 의미도 될 수 있다. 그런데 종장의 문맥적 의미를 헤아릴 때 초장과 중장의 예표된 의미보다는 그 이상의 의미를 포함할 것으로 보인다. 그것은 '소일'이 가지고 있는 의미에서도 볼 수 있거니와, 임금의 은혜라는 것을 나타낼 수 있는 주체의 정조를 전제로 해서도 간파할 수 있는 일이다. 우리는 시적 형태가 종지형이 아닌 연결형으로 마친 시행에서, 시적인 주체가 임금의 은혜라고 느낄 수 있는 것을, 대상세계 속에서 객체와의 심오한 교감을 상상하였음을 상정해 볼 수 있기 때문이다. 이러한 구조 즉 초장과 중장, 그리고 종장과의 관계가 예표적인, 또는 예시적인 관계는 각 장에 의해서 이룩되는 삼단논법을 통해서도 구조적인 보완을 받는다. 초장은 중장에 대한 예표적 관계며, 중장은 종장에 대해 예표적 관계이고, 초장과 중장은 종장에 대하여 예시적인 관계를 형성하고 있는 것이다. 또한 이 작품의 서정적 정조의 구조는 극화법에 의해서도 보완을 받는다. 초장과 중장에서는 외형적으로 자아와 대상 사이의 몰입이 되는 서정성이 아니라, 시적 자아의 극화된 행위에 의해서 독자는 자발적으로 시적 의미를 부여받게 된다.15)

이 작품의 모든 정조는 군은(君恩)을 전제로 한다. 그런데 그 군은을 표상하기 위하여 시적 의미의 표상은 '소일'에 중심을 두고 있다. 초장과 중장의 예시적인 내용이 그렇고, 종장에서 주체가 갖는 세계도 '소일'에 몰입되어 있다. 즉 초장과 중장은 종장에 나타낼 대상인 '소일'의 예시적인 역할을 감당한다. '소일'에 시적 정조의 근원을 두고 있고 그 정조는 결국에 군은을 표상하는 구조로 되어 있다.

다음은 제4연을 보자. 〈강호사시가〉는 전 작품 4수가 자연친화적이다. 그만큼 자아와 대상세계가 밀접하게 연관되어 자아의 정조가 세계와의 합일되어 문학적 표현을 이루었다는 것을 보여 주는 것이다. 그중 제4연은 아무런 긴장이나 전의가 없이 자연과의 조화를 잘 이룬 작품이다.

江湖에 겨울이 드니 눈 기픠 즈히 남다
삿갓 비긔 쓰고 누역으로 옷슬 삼아
이몸이 칩지 아니히옴도 亦君恩이샷다

이 시조의 전체적인 정조는 겨울에 눈이 쌓이고 적당하게 눈을 피하

---

15) 윤성근, 〈훈민시조연구〉, 《김영기선생고희기념논총》, 1971, 324쪽.

더라도 추위는 남을 것인데, 춥지 않게 느낄 수 있는 것도 임금의 은혜라는 것을 노래한다. 그래서 이 시조의 작품성은, 추워도 임금의 은혜로 인해 춥지 않다는 충성의 여운을 전해 주는 서정이다. 따라서 이 시의 서정적인 정조는 강력한 충성심에 바탕을 두고 있다는 것을 알 수 있다.

초장의 원인법에 의하면 겨울이 당도한 계절이기에 그 결과로 눈이 많이 쌓였다는 내용이다. 이것은 중장과의 관계에 의하면 눈이 많이 쌓였다는 의미보다는, 추운 계절이 당도하여 그만큼 눈이 오고 험한 계절이니 견디기 어려움을 나타낸 것으로 보인다. 그래야만 종장에서 피력하는 자아의 정조에 합치되기(임금의 은혜가 돋보이는) 때문이다. 초장에서는 상황의 과장이요, 반면에 중장은 초장의 과장된 상황을 감당할 수 없는 왜소한 세계를 표명하는 것이다. 바로 이것은 주체의 정조를 그대로 대변한 표현이다. 시적 주체와 객체의 세계가 합일된 상황이다. 이것은 자아가 작으면 작아질수록 주체가 표명하려는 정조, 즉 충성심에 의한 임금의 은혜가 크게 부각되어진다는 이치이다. 이를 실현시키기 위해 주체는 객체의 왜소한 면에 의탁하여 자신의 서정적 정조를 비하시킨 표현이다. 이러한 자아의 정조를 나타내기 위하여 이 작품은 겨울이라는 것에 초점을 맞추고 있다. 겨울의 정황이 삼장에 내재하면서 자아의 내면적 세계를 엮어 내는 구심점이 되고 있다. 역시 초장과 중장의 단어와 의미들은 겨울이라는 정황을 예표 내지는 예시하는 것들이다. 이것을 더 효과적으로 전달하는 수법으로 작가는, 이 작품에서도 극화법을 사용하고 있음도 볼 수 있다. 독자들은 이 시조에서 작가 자신에 의한 언어에서도 이미 지화한 정조를 느낄 수 있지만, 이보다 더 극화된 행위 자체에서 보다 더 자발적인 충동에 의해 의미를 부여받게 된다. 그리고 이 겨울의 이미지

들은 종장에 와서 전환된다. '칩지 아니히옴'에 의해서 자아가 표명하고
자 했던 소망을 이상적으로 이룩할 수 가 있었다. 바로 극악한 겨울적 상
황에서 '누역'으로 옷을 삼았어도, '칩지 아니히옴'의 전환적 표현을 함으
로써 군은을 한층 더 부각시킬 수가 있었던 것이다.

전환 있는 종장의 연속에 의해서 시적 자아가 갈구하고자 했던 정조
의 독창적 표현으로 나아갈 수가 있었던 것이다. 이에서 이 시조의 종장
이 서정성을 완결하는 정점적 역할을 담당하고 있는 것이며, 단순한 전
환이 아니라 모든 긴장과 갈등이 해소되는 반전으로 나아갈 수가 있었
다.16)

3. 〈사시가〉의 서정(抒情)과 표현

다음은 황희의 〈사시가〉의 서정성을 살펴보기로 하자. 서정이 삶의 구
체화 방법 중의 하나라 할 때, 이 작품은 섬세함이 드러나는 작품이다.
이 시조에 드러난 어휘와 내용의 구성은 고향의 풋풋한 향취가 나는 아
늑한 작품이다. 그런 가운데서도 심오한 사상적 정조를 배경으로 한 것
임을 찾아볼 수 있었다. 맹사성의 〈강호사시가〉가 진취적이라 할 때 이
작품은 다정함이 느껴지는 작품이다. 제1연을 보자.

江湖에 봄이 드니 이몸이 일이하다
나는 그믈깃고 아히는 밧츨가니

---

16) 김열규, 전게서, 363쪽.

뒤뫼혜 옴기는 藥을 언제 키려 ᄒ는니

이 작품의 문학성은 약동하는 봄의 정황을 상황별로 나열하여 분주함을 드러내 전원시다운 정조를 그린 데 있다. 그 봄의 정황을 자아뿐만 아니라 '아ᄒ'에 속한 세계를 나열함으로써 그 표명하고자 하는 것에 성공적이다. 그리하여 '일'이라고 하는 객체에 초점을 맞추어, 초장, 중장, 종장의 삼장을 이루는 구심적 역할을 하도록 하고 있다. '일'을 근간으로 하여 중장과 종장에서는 그에 상응하는 것들을 나열시킨 해석소를 취하는 형식이다. 따라서 '일'이라고 하는 것에 주체뿐만 아니라 주체에 상응하는 '아ᄒ'까지 몰입되어 있다.

초장에서 살펴보기로 하자. 초장의 '봄이 드니'의 원인법이 개재되어 있다. 여기 제1연에서의 가장 중요한 의미는 봄이 돌아와서 그 결과로 전원의 일이 시작되었다는 의미이다. 그런데 이 '봄이 드니'의 역할은 여기서 그치지 않는다. 연시조이기 때문에 이를 통하여 독자들은 다음의 연들이 각각 여름, 가을, 겨울에 해당한다는 것을 생각하게 한다.

그러나 2연, 3연 계속적으로 작품을 독서하면서 독자는 사시의 작품이 순차적으로 나열되고 있음을 곧 알 수 있게 된다. 1연에서 '봄이 드니'라는 어휘가 개재되어 있지 않았다면 제1연은 사시 중 어느 계절인지가 묘연해진다. '봄이 드니'를 빼고 감사에 들어간다면 여름인지 가을인지 또는 봄인지가 불분명해진다. 이렇게 되면 사시가의 순차적 구조는 무너지게 되는 결과를 초래하게 된다.

종장에서의 시적 주체는 바쁜 상황 속에서도 약을 캐는 세계에 심취해 있는데, 정조의 저 뒤안길에 있는 그윽한 서정성이 바로 그것이다. '뒤

뫼헤'라고 표명한 것에서 살펴본다면, 뒷산에 심어 놓은 약초를 의미하기
도 할 것이다. 그런데 또 한 가지 상정해 볼 수 있는데, 그것은 자아의 마
음속에 있는 충성심 내지는 우국에 있다는 것을 상정할 수 있다. 이는
고불(古佛) 맹사성과 같은 시기의 재상을 지냈고, 고불 못지않은 충성심
과 우국충정이 있는 인물로 보아서 알 수 있다. 또 그것은 다음에 살펴
볼 제2연이나 제4연에서도 짐작되는 일이다. 임금을 위해서 또는 나라를
위해서 귀한 양약(良藥)의 방책이 심중에 있으면서 펴보지 못하는 우국
충정의 서정일 수 있다. 그것을 우리는 전원적 의미에서의 약(藥)과 정치
적 의미의 방책 두 가지 서정으로 짐작할 수 있다.

자아에 있어서의 일은 강호에서 이루어지는 전원적인 삶에서 해야 할
일과 재상으로서의 정치적인 포부를 실현하는 일이 있었음에 틀림없다.
그러나 정치적 포부의 실현은 한직에 있는 자아의 처지나 정치 형편상
적중될 수 없는 포부로 그칠 수밖에 없는 정조였다. 이것은 정치적인 상
황과 '뒤뫼'에 심은 '약'에서 상징화할 수 있는 이미지이다. 바로 이것은
주체에게 있어 감당해야 할 일이 종장에서 전환되어 표명한 것이다. 초장
과 중장에 있어서는 일상의 삶의 일이요, 종장에서는 자아가 갈구하고
자 했던 정조를 일에 상징화하여 표명한 것이다.

다음은 제2연을 살펴보자. 〈사시가〉는 섬세한 표현이 보인다고 했다.
그러한 표현 가운데 매우 상징적인 내용들을 포함하고 있다. 이 시조는
섬세함 가운데 주정적인 이미지가 들어 있다.

삿갓에 도롱의 닙고 細雨中의 호믜메고
山田을 홋믹다가 綠陰에 누어시니

牧童이 牛羊을 모라다가 줌든날을 깨와다

   이 시조는 강호에서의 전원적인 생활이 기조를 이룬다. 전원생활의 한
적함과 평화로운 분위기가 이 시에 있어 서정의 근간을 이룬다. 그런데
여기에 쓰인 어휘들과 그들이 의미하는 내용을 자세히 살펴보면 상징적
인 의미들로 이루어짐을 볼 수 있다. 우선 도치법에 의해서 구성된 초장
을 보자. 가는 비가 오기 때문에 삿갓을 쓰고 도롱이를 입고서 호미를
들고 밭으로 간다는 내용이다. 이것을 중장의 내용과 연결을 시켜 보자.
그리할 경우 초장과 중장의 사이는 간격이 있음을 발견할 수 있게 된다.
초장에서는 비가 오기 때문에 삿갓과 도롱이를 입었고, 중장에서는 밭
을 매다가 녹음에 누웠다고 하는 시적 구성에서 비논리적으로 구성되었
다는 점이다. 비오는 중에 녹음에 누웠다는 의미는 이치에 맞지 않는다.
물론 여름의 변덕스러운 날씨 때문에 비가 오다 다시 개인 날씨를 상정
해 볼 수도 있겠지만 어딘가 어색하다. 이를 이해하는 방법으로 우리는
상징적인 면에서 이해할 수 있는 정황이다. 바로 전형적인 전원생활을 표
현한 서정이다. 한걸음 나가서 주체가 한적한 전원생활에 묻히어 세상시
름을 잊었다고 볼 수 있는 정조를 표현해 주는 서정이다. 이것은 '녹음에
누어시니'라는 시어를 통해서 더욱 명확히 이해할 수 있다.

   이제 종장과의 연결을 통해 서정성을 파악해 보자. 전원생활의 한가함
속에서 누웠다가 우양(牛羊)을 모는 소리에 주체는 잠을 깼다는 것을 일
차적인 의미로 해석할 수 있다. 이것을 초장과 중장에서 상징화한 것에
서 의미를 상정한 것 같이 상징적인 의미를 생산해 보도록 해보자.

   위에서 중장의 '녹음에 누어시니'를 전원생활의 한적함 속에서 세상시

름을 잊은 것이라고 상정하였다. 세상시름은 제1연에서도 파악한 것과 같이 우국충정이라 볼 수 있다. 이렇게 시름을 잊고 잠을 자는 주체를 깨우는 것은 바로 목동이다. 여기서 목동은 하층민을 가리킬 수 있지만, 우양을 백성이라 할 때 백성을 모는 이, 즉 백성을 다스리는 지도자 내지는 목민관이라고 볼 수 있다. 우국충정으로 내면 깊숙이까지 배어 있던 자아의 정서가 한적한 생활로 잠시 잊고 있었을 때에, 백성과 나라를 돌아다 볼 수 있었던 주체의 본연의 정서를 되찾았다는 의미를 상징한다.

다음은 제3연을 살펴보자. 제2연이 상징에 의한 주정적인 성격이 있다고 한다면, 이 시조는 전형적인 전원시이다. 여성적인 섬세함을 바탕으로 한 풍류적인 시조이다.

大棗볼 불근골에 밤은어이 쯔드르며
베뷘 그르헤 게는 어이 느리는고
술익즈 체장ᄉ 도라가니 아니먹고 어이리

이 시조는 사시 중 가을에 관한 삶을 노래했다. 초장을 보면 가을을 표현한 시적 정조가 아름답다. 어휘 자체도 언어미를 포함한 시어이거니와 여성적 섬세함이 드러나 있다. 제1연처럼 가시적으로 가을이란 사시의 표현을 하지는 않았지만, 시적 언어를 통해서 가을의 정취로 젖어들게 하는 서정시다. 이것이 이 작품의 전체 연중에서 주정적이거나 심오한 상징 없이 가장 독특한 서정적 표현이 될 수 있었다. 초장과 중장은 가을의 풍요를 뜻한다. 초장은 대추와 밤을 가을의 대표적인 과일로 표현했고, 벼를 벤 것과 벼 벤 후의 자연이 가져다주는 또 하나의 풍성함(벼 벤

그루터기에 나리는 게)을 은유 내지는 제유를 통해 표현했다.

종장은 초장과 중장의 풍요로움을 바탕으로 한 술과 더불어서 풍류를 노래하고 있다. 여기서도 언어의 조탁과 섬세함이 드러난다. 술을 빚었으면 먹으면 된다. 그런데 시적 주체는 그 행위의 이면에 체장사를 끌어들이고 있다. 이것은 주체의 행동에 능동성의 부재라고 볼 수도 있지만 여기서는 다른 측면으로 해석할 수 있다. 즉 주관의 객관화이다. 이것은 주체의 의도대로 세계가 움직이는 것이 아니라 세계의 원리 속에서 객체의 이치와 자아의 정조가 일치하는 수법을 쓴 것이다. 바로 서정의 근원인 자아와 객체의 조화와 일치이다. 세계 속으로 자아가 몰입한 상태를 보여주는 것이다. 더구나 이 시조는 〈사시가〉로서 사시(四時)의 순환구조 속에서 이루어진 서정시이기 때문에 자연에의 조화가 자연스럽게 이루어질 수 있었다.

이번에는 제4연을 살펴보자. 이 시조도 상징에 의한 주정적 표현을 쓰고 있다. 제시된 세계의 이미지와 시적 주체의 정조가 일치하고 있다. 이것은 사계의 겨울을 배경으로 하여 서정을 노래한 것인데, 이 겨울의 이미지는 시적 자아의 정조와 합일되어 바로 주체를 대변한 것과도 같은 표현의 수법을 가진 작품이다.

뫼혀는 새가긋고 들히는 가리업다
외로운 빅에 삿갓쓴 져늘근이
낙디예 마시 깁도다 눈깁픈줄 아는가

초장에서 보면 '뫼'와 '들'이 공간으로 등장한다. 이 공간은 바로 수직적 수평적 공간을 말하는 것으로 시적 자아가 공존해 있는 세계 모두를 가리킨다. 시적 주체는 이 대상세계를 모두가 부재한 상태, 세계가 곧 자아라는 서정적 입장에서 볼 때 지적 주체는 혼자뿐이라는 것을 여기서 암시해 준다. 바로 이러한 서정적 정조를 그대로 이어받고 있는 것이 중장이다. 중장에서는 세계 속의 개체를 다시 한 번 '외로운 빅'라고 표현하여 주체의 정조를 강조한다. 이는 비인격체를 인격화함으로써 정감적 호소를 곁들이고 있다. 여기서 외로운 것은 객체로서의 '빅'가 아니라 객체와 연결되어 있는 '늘근이'이다. 왜냐하면 이 '늘근이'는 객체인 배와 합일된 하나이며, 또한 '빅'라고 하는 세계 속에 실제로 타고 있기 때문이다. 여기서의 '늘근이'는 제3자로서의 객체인 인간이 아니다. 주체인 자아를 간접적인 표현으로 3인칭의 수법을 쓰고 있다. 그래야만 주체의 정조를 가시적으로 표현할 수 있을 것이다. 주체가 주체를 대변하는 수법이다. 이보다 더 주체를 잘 표명할 수 있는 방법은 없다. 이러한 초장과 중장에 서 이룬 정조를 바탕으로 종장에서의 주체는 완전히 세계와 합일할 수 있었다. '낙듸예 마시' 깊을 수 있었고, '눈깁픈쥴'을 모를 수 있었다. 눈은 겨울을 의미한다. 겨울은 주체에게 있어서 아무것도 대변해 주지 못하는 세상이다.

이제껏 4연의 서정성을 분석한 결과는 두 가지로 집약된다. 하나는 전원적 삶의 극치를 이루어 세상을 잊는 주체와, 다른 하나는 세상은 주체의 포부를 알아 주는 이가 없으니 온전한 우국충정을 펼치지 못하는 주체는 세상에 뜻이 없다는 얘기이다. 그런데 종장의 끝 율절은 의문문으로 맺었다. 이는 쓰로 경계한다는 의미를 품고 있어 주체의 각성을 진단한다는 의미도 내포하고 있다. 여기서 종장의 '낙듸예 마시 깁도다'의 시구를 살펴보자. 강호생활의 대명사는 전원과 어부로서의 생활이다. 4연에서는 강호생활 중 어부생활을 택했고, 눈 내리는 외로운 배위의 낚시하는 객체를 설정하여 제시한다. 그런데 그 외로운 객체는 시적 주체 자신을 대신한 3인칭의 인물로 설정했다고 위에서 살폈다. 사시의 겨울에 행하여질 강호생활은 여러 방법이 있겠지만 여기서는 낚시를 택했다. 그것은 자아를 대변하는 방법이었고, 겨울철 강호생황의 표현 중 적절한 것이었다. 즉 사시의 표현 중 겨울의 강호생활을 표현하는 방법으로 낚시를 선정하였지만, 그것은 강호에서의 전원생활 그 자체를 표명한 것이다.

여기에 나타난 주체의 서정은 초장과 중장에서 제시된 세계를 통해서 보았던 것과 같이 외로울 수밖에 없다. 이로 인해 자아는 강호에 묻혀 세상을 잊는 주체가 된다. 따라서 자아에게 있어 외롭게 해줄 수밖에 없는 겨울의 상징인 '눈깁픈쥴 아는가'는 성립되는 것이다.

4. 결론

맹사성의 〈강호사시가〉와 황희의 〈사시가〉에 대하여 서정성을 중심으로 하여 작품성을 살펴보았다. 그리하여 각 작품에 나타난 성격과 독특한 점을 지적해 내는 데 논의의 주안점을 두었다. 이를 위해 두 작품의 내용을 담고 있는 형식을 분석해 보았고, 시적 의미 특히 자아의 서정성을 표현하는 진술양식을 찾아보았다. 물론 사시가적 측면에서 보면, 이 작품들은 계절적 특징을 노래하고 그 속에서 인간생활을 그려내는 문학이다.17) 두 작품에 나타난 서정의 성격은 대체로 다음과 같다.

먼저 〈강호사시가〉의 서정성을 정리해 본다.

① 〈강호사시가〉는 자연친화적 수법을 통해 자아와 대상세계가 밀접하게 연관될 수 있는 계기로 삼아, 자아의 정조가 세계와 합일되는 문학적인 표현을 이루고 있다.

② 초장과 중장에서 극도로 긴장된 자아의 정조는 종장에서 정제되어 형상화된다. 특히 중장과 종장에서 주지적인 서정성이 시적 의미를 견고하게 해준다. 이것은 자아가 갈구하는 정조를 매우 독창적으로 형상화시킨 것으로서, 주관적 정조가 객관적 정조로 뒤바뀌는 수법을 쓰고 있다.

③ 초장과 중장 그리고 종장과의 관계가 예표적인 또는 예시적인 관계로 되어 있어서 이로 인해 주체의 행위는 구체화되어 행동으로 보여 준다. 이러한 구조 즉 초장과 중장 그리고 종장과의 관계가 예표적인 또는 예시적인 관계가 갖는 삼단논법을 통해서 구조적인 보완을 받는다.

④ 〈강호사시가〉는 각 작품에서 원인법이 사용되었다. 2연의 경우 이에 의해 반어적 논지를 이루고 대상을 의인화함으로써 종장에서는 군은을 노래하는 차원을 넘어서 합리화하고 이미지화시켜, 암시적으로는 임금의 은혜로 깊이 나아가게 하는 서정의 완결성을 이루고 있다.

⑤ 전환적인 표현을 함으로써 군은을 한층 더 부각시킬 수 있었다. 전환 있는 종장의 연속에 의해서 시적 자아가 갈구하고자 했던 정조

---

17) 정원표, 〈군은의 표현과 서정성의 문제〉,《한국고전시가 작품론2》, 집문당, 2000, 507쪽.

를 독창적으로 표현할 수 있었다. 이에서 더 나아가 종장이 서정성을 완결하는 정점적 역할을 하고 있고, 단순한 전환이 아니라 모든 긴장과 갈등이 해소되는 반전으로 발전된다.

⑥ 효과적으로 전달하는 수법으로 극화법을 사용하고 있다. 이를 통해 독자들은 작품의 언어 구조에서도 이미지를 느낄 수 있지만, 더 극화된 행위 자체에서 자발적인 충동에 의해 의미를 부여받게 되는 효능을 가지게 되었다.

⑦ 객체를 인격화시키는 수법 즉 의인법을 통해 자아가 세계에 몰입하는 과정을 표현하였다. 자아가 세계에 동화되기보다는 대상을 인격화하여 자아와 합일할 수 있게 하였다. 이로써 인위적으로 합일 시킬 수 없는 대상이었지만, 객체가 주체와 같은 인격을 소유하게 함으로써 그 합일을 가능하게 하였다.

다음 〈사시가〉의 서정성을 몇 가지로 나누어 정리해 본다.

① 〈사시가〉는 심오한 사상적 정조를 배경으로 한 섬세함이 드러나는 작품이다. 겉으로는 상징성이 드러나지 않지만, 가장 대표적 서정성 진술방법이 상징이라는 특징으로 나타난다. 서정화의 방법에 있어서 〈강호사시가〉에서처럼 해석소를 취하는 형식을 가졌으나 두드러지지는 않는다.

② 이 시조는 전편에 흐르는 섬세함 가운데 주정적인 이미지가 들어 있다. 이와 함께 비인격체를 인격화함으로써 정감적 호소를 곁들이고 있다.

③ 섬세함을 바탕으로 한 풍류성이 가미된 시조이다.

④ 시적 주체는 그 행위의 저변에 제3자를 개입시키고 있다. 이것은 주체의 행동에 능동성의 부재라기보다는 여기서는 해석적인 측면을 달리할 수 있다. 그것은 주관을 객관화하는 수법이다. 이것은 주체의 의도대로 세계가 움직이는 것이 아니라, 세계의 원리 속에서 객체의 의지와 자아의 정조가 일치하는 수법으로 쓴 것이다.

⑤ 주체의 정조를 가시적으로 표현할 수 있는 방법으로 주체인 자아를 간접적으로 표현하는 3인칭의 수법을 쓰고 있다. 이는 주체가 주체를 대변하는 수법으로서, 주체를 잘 표명할 수 있는 방법으로 삼기 위해서였다.

이들을 종합적으로 가를 수 있는 두드러진 특성은, 〈강호사시가〉가 진취적인 성격을 가졌다면, 〈사시가〉는 섬세함이 드러난다는 것이다. 그리고 다음의 성격들이 각각의 서정성을 표현해 주는 것들이다.

〈강호사시가〉는 독특한 '江湖에 ~드니 이몸이 히옴도 亦君恩이샷다'를 문학 표현형식의 틀로 하여 초장과 중장에서 시적 자아의 서정성에 합치한 대상세계를 예시한 뒤 제2율절에서 종합하여 군은으로 표상하는 것을 내용의 구조적인 틀로 하고 있다. 이러한 형식과 내용에 있어 구조적인 틀을 갖추게 됨으로써 논리적이며 웅장한 성격을 갖게 한다.

〈사시가〉는 전체적으로 흐르는 분위기는 능동형이 아닌 피동형이다. 간접적인 화법을 통해서 주체의 행위가 객관화를 취하기 위한 방법으로 삼기도 한다.

이로 볼 때 두 작품의 주제의식을 H. 댐리히가 나눈 영역으로 가를 때 〈강호사시가〉는 Classicism 유형으로 볼 수 있고, 〈사시가〉는 Realism 유형에 속한다고 할 수 있다.[18]

---

18) 유혜숙, 〈현대시의 서정과 인식〉《한국문학이론과 비평》제4집, 한국문학이론과 비평학회, 1999, 34쪽 〈강호사시가〉는 시적자아가 세계를 향해나가는 확대지향적이고 상승적인 경향으로 화해적이며 친화적인 특성을 지닌다. 반면에 〈사시가〉는 자아가 자기내면 깊숙이 잠입하면서 폐쇄적 괴리가 나타난다.

황희 설화의 전승 양상과 역사적 의미[1]

김낙효[2]

1. 머리말

우리는 조선시대에 가장 청렴했던 관리였으며, 학식이 높은 재상하면 쉽게 황희 정승을 떠올린다. 황희는 그와 같이 명재상의 대명사로서 널리 알려져 있으며, 태조부터 세종 대까지 모두 인정을 받았다. 그중에서도 그가 실제로 자신의 능력을 꽃피운 시기는 노년인 세종 대였다. 그는 세종 때 18년간이나 영의정을 지내며 세종과 짝을 이루었지만, 사실상 그는 충녕대군, 즉 세종의 세자책봉을 반대하다가 서인이 되어 유배까지 간 사람이다.

황희는 고려 말 난세에 태어났으나, 조선 초 4대왕을 거치면서 중앙정치의 중심에 서서 조선의 번영과 안정을 위해 중대한 과업을 이뤄 낸 인물이다. 그러나 그는 조선왕조에 대해서 개인적 충성이나 자신의 영달을 위해 추구하기보다는 철저하게 민본주의(民本主義)와 위민정치(爲民政治)에 충실하였다. 그는 소탈하면서도 서민적인 일면을 갖춘 인물로서, 무엇이든지 국정에 관한 공사가 아니라면 '허허' 하고 웃어넘겼다고 한다.

---

1) 이 논문은 〈황희 설화의 전승양상과 역사적 의미〉,《비교민속학》 19집, 비교민속학회, 2000년에 게재된 논문이다.
2) 경기대학교 겸임교수

그는 50년 이상 주요 관직을 두루 역임하면서도 청빈한 삶을 산 것으로 더욱더 유명하다. 일생 동안 부와 권세를 누리지 않았으며 청렴결백한 청백리(淸白吏)의 대표적인 표상이 황희라고 볼 수 있다. 특히 그의 도덕성과 청빈한 삶 자체가 귀감이 되어 많은 설화가 전해져 오는 인물이다. 그중에서도 인간미 넘치는 설화가 많이 전승된다. 설화는 이야기하는 집단의 계층이나 역사적 흐름에 따라서 다르게 이야기되고, 이야기하는 목적에 따라 표현하는 것도 달라진다.

본고에서는 이러한 사실을 염두에 두고 역사적 인물인 황희에 대한 설화를 살펴보고자 한다. 황희에 대한 연구는 의외로 찾을 수가 없었다. 본인의 견문이 짧은 탓이라고 생각한다. 여기서는 황희가 살아온 시대적 배경을 살펴보고 황희 설화가 문헌 자료에 전해져 오는 전승 양상을 검토하고 그 양상에 반영된 역사적 의미를 살펴보고자 한다.

2. 황희의 시대적 배경

황희는 고려시대 공민왕 12년(1363)에 개성에서 판강릉부사 황군서의 아들로 태어났다. 본관이 장수(長水)로서 자는 구부(懼夫), 호는 방촌(厖村), 시호는 익성공(翼成公)이며, 어렸을 때의 이름은 오래 살라는 뜻에서 수로(壽老)라 했다.[3]

출생 당시는 난세였다. 중국은 원나라가 기울고 명이 일어서는 시절이었고, 고려도 오랜 귀족정치의 폐해로 극도로 혼란한 상태에 있었다. 더

---

3) 황영선,《황희의 생애와 사상》, 국학자료원, 1998, 11~21쪽 참조.

욱이 중앙이 흔들리면서 변방에서는 왜구와 홍건적이 날뛰고 있었다. 이런 와중에 공민왕의 개혁이 실패하면서 이성계와 신진사대부들이 세력을 키워 나가고 있었으며, 1388년에는 명 정벌군으로 나갔던 이성계 장군이 위화도에서 회군하면서 우왕과 최영 장군을 제압하고 전권을 장악하였다.

이러한 시절에 21세의 나이로 사마시에 합격하고 27세에는 문과에 합격했고, 28세(1390년) 되던 해 성균관 학관에 오르면서 벼슬길로 나선다. 그러나 30세 되던 해에 고려왕조가 멸망하자, 두 임금을 섬길 수 없다며 72명의 고려 옛 신하들과 함께 두문동으로 들어가 외부와는 일체 교류를 끊고 지조를 지키려 하였다. 그러나 두문동 고려의 옛 신하들이 충절도 옳지만 일할 사람들이 모두 세상을 등지고 백성을 외면하는 것도 학문하는 사람의 도리가 아니라는 결론을 내려, 그중 젊은 황희가 조선 조정에 홀로 출사하게 되었다.4)

조선 조정에 출사한 후 곧바로 전 직책인 성균관학관으로 복직하였으나, 초기에는 관직생활에 잘 적응하지 못한 채 면직과 복직을 반복하고 외직으로 겉돌기만 하였다. 그가 39세 때 태종이 즉위한 이후부터 관리로서 경력을 쌓아갔다. 그즈음 지신사(지신사, 도승지)로 있던 박석명이 자신의 후임으로 황희를 적극 추천하여 황희의 나이 43세에 왕을 최측근에서 보좌하게 되면서 공직생활의 전환점을 맞이하게 되었다. 이 시절 태종은 그를 전폭 신임하여 모든 정사를 일일이 깊이 의논하였으며, 그 대표적인 사례로 외척의 발호를 걱정한 태종이 처남인 민무구·민무질

4) 이현종 역,《방촌황희선생문집》, 방촌황희선생문집발간위원회, 1980, 281쪽.

형제를 제거하려 하자 왕의 뜻을 받들어 그가 앞장서서 처리하였다.

이조판서 시절에 폐세자 문제에 대하여 결정적으로 왕과 의견을 달리하여 외직으로 내몰렸다가 충녕대군이 세자로 책봉되자 결국 폐서인이 되어 교하(지금의 파주)지방으로 유배를 가게 되었다. 태종은 세자에게 왕의를 물려주고 상왕으로 물러났으나, 그의 유배지 교하가 너무 가까워 징벌효과가 약하므로 선영 근처인 남원으로 옮겨져 4년간이나 계속되었다.

그의 나이 60세 되던 해인 세종 4년(1442년) 2월에야 유배에서 풀려났다. 그것은 그해 5월 상왕인 태종의 오해가 풀린 것이 계기가 되었지만, 무엇보다 세종의 혜안 덕분이었다. 또 태종은 왕권을 위협하지 않으면서 세종을 잘 보필하여 나라의 기반을 다질 수 있는 사람을 물색하였는데, 이러한 심중에 가장 적합한 인물이 바로 황희였다.

그 후 황희는 세종 5년에 흉년으로 민심이 어지러운 강원도 관찰사를 맡아서 지방행정을 안정시키고, 세종 8년에는 이조판서, 우의정을 역임하고 65세 되던 해인 세종 9년에 좌의정으로 임명되었다. 69세 되던 해에 다시 영의정이 되어 관직의 정상에서 87세로 물러날 때까지 18년 동안을 명재상으로 세종을 보필하고 당대를 태평성대로 이끌어 내는 견인차가 되었다. 그가 60여 년 공직에 있었으나 좌절이 없었던 것은 아니다. 좌천 2번, 파직 3번, 서인(庶人) 1번, 귀양살이 4년을 겪었던 파란의 생이기도 했다.

그는 규칙적이고 엄격한 섭생으로 장수를 누린 것으로도 유명한데, 영의정에서 물러난 지 3년 뒤 문종2년(1452)에 당시로는 놀랄 만한 고령인 90세의 나이로 세상을 떠났다.

3. 황희 설화의 전승 양상

황희는 문종에 이르기까지 그 기나긴 시절 중앙정치의 중심에 서서 조선의 번영과 안정을 위해 큰 업적을 남긴 인물이다. 그는 조선의 번영과 태평성대를 열고 약 200년에 걸친 평화의 시대를 탄탄하고 안정되게 하였다. 그러한 가운데 그는 왕조에 대한 개인적인 충성이나 자신에 대한 영달보다는 철저한 위민정치에 충실했고, 특히 그의 도덕성은 높았다. 그는 18년(1431~1449) 동안이나 영의정으로 재직하였으면서도 부와 권세를 누리지 않았으며, 오히려 공직에 있는 동안에도 청렴결백한 청백리로서 깨끗한 정부를 만들어 놓았다.

반면에 소탈하면서도 서민적인 면모도 잃지 않았다. 무엇이든지 국정에 관한 공사가 아니라면 '허허' 하고 웃어넘겨 '허허정승'이라고도 불린 그였다. 그처럼 소탈하면서도 분별력을 지니고 있는 그에 대한 설화는 많이 있다. 그 가운데서 문헌 설화를 중심으로 타인배려형과 청빈형, 합리적이나 엄격형으로 나누어 살펴보겠다.

1) 타인배려형

황희의 타인에 대한 배려나 인간적인 일면을 알 수 있는 사례로는, 가정에서 노비나 노비의 자식을 차별하지 않고 허물없이 대하는 경우를 통해서 살펴볼 수 있다.

〈자료 1〉 종의 아이가 문서에 오줌을 싼 일
가) 젊은 선비의 도움을 받아 나라의 문서를 작성하는 중이었다.

나) 종의 아이들이 떠들면서 뛰놀며, 황희의 수염을 잡아당기고 볼을 때리기도 하였다.

다) 한 아이가 금방 써놓은 문서 위에 오줌을 쌌다.

라) 황희는 나무라지 않고 손으로 씻어 버리고 그대로 사용하였다.5)

그 자리에 있던 선비는 황희에 대한 존경심이 더욱 깊어졌고 그 앞에 서는 항상 머리를 숙이고 예를 다했다고 한다. 황희가 고위관리인데 이렇게 예상치 못한 파격적인 행동을 했다는 이야기를 듣는 민중은, 귀천을 따지지 않고 진실로 대해 주는 애정에 저절로 감동되어 이야기는 생명력을 갖고 전파된다.

〈자료 2〉 먹물 쏟은 종도 하늘이 내려 준 백성

가) 편지를 쓰고 있는데 손자들과 종의 아이들이 놀다가 먹물을 쏟아 엉망이 되었다.

나) 황희는 자신의 손자들이나 종의 아이들을 나무라지 않았다.

다) 옆에 있던 사람이 종의 아이들 행동을 못마땅하게 말했다.

라) 황희는 "그들도 하늘이 내려 준 백성이니까 차별해서는 안 된다." 고 했다는 것이다.6)

황희의 말을 들은 옆에 있던 사람은 종의 자식에게까지 친어버이처럼

---

5) 이긍익, 《국역 연려실기술》 제3권, 민족문화추진위원회, 1967, 293쪽 / 《국역대동야승》, 제3권, 민족문화추진위원회, 1971~1975. / 장수황씨 대종회, 《방촌일화집 황희정승》, 1944, 84~87쪽.

6) 장수황씨 대종회, 《방촌일화집 황희정승》, 1944, 151~152쪽. / 《국역대동야승》, 제6권 창파극담, 민족문화추진위원회, 86쪽.

자상한 그의 모습에 감복했다는 후일담이 전해진다. "공이 도량이 넓어서 아이들이나 노비들의 여러 무례한 행동에 화를 내지 않고 눈감아 주었다."[7]는 것은 많이 알려진 사실이다.

⟨자료 3⟩ 배를 따던 아이들에게 배 갖다 주기

가) 옆집 아이들이 배를 따려고 흔들거나 장대로 털어 배가 많이 떨어졌다.

나) 방 안에 있던 황희는 어진 소리로 "나도 맛보게 한두 개만 두고 가거라."고 했다.

다) 아이들이 모두 달아났다.

라) 아이종을 불러서 그 떨어진 배를 이웃 아이들에게 나누어 주도록 하였다.[8]

황희는 배를 주워서 도망치는 아이들에게 골고루 주라고 하고 아이를 나무라는 말 한마디도 하지 않았다. 이렇듯 약자를 배려하는 황희의 모습에서 인과 덕을 중시하는 유학자로서의 면모를 발견할 수 있다. 황희는 천인들의 처지를 가엾게 여겨서 천역을 가볍게 해주려고 노력하였고, 면천할 수 있는 길을 마련해 주고자 노력하기도 했다. 귀천을 구분하지 않고 인간에 대한 깊은 애정으로 타인을 대하고자 하는 그의 삶의 태도

---

7) 서대석 편저, ⟨東野彙輯⟩ 9권, 《조선조문헌설화집요1》, 집문당, 1991, 525쪽.

8) 성현, 《용재총화》, 민족문화추진위원회, 75쪽. / 서대석 편저, ⟨계서야담248⟩, 《조선조문헌설화집요1》, 집문당, 1991, 323쪽 / ⟨東野彙輯⟩ 9권, 《조선조문헌설화집요1》, 집문당, 1991, 525쪽.

는, 그 시대의 일상 개념과는 분명히 다른 차원의 것임에 틀림없다.

〈자료 4〉 계집종과 안주

가) 이석형(李石亨)이 정언(正言)이 되어 황희를 보러 왔는데, 계집종이
　　음식상을 가져왔다.

나) 공이 조금 기다리라고 하자, 잠시 기다린 후 계집종이 성을 내므
　　로 들여오게 했다.

다) 음식상이 들어오자 두어 명의 아이들이 들어와 다 먹고, 공에게
　　장난치는데 모두 노비의 자식들이었다.9)

반상을 가리지도 않고 잘못을 직접적으로 꾸짖지도 않는 그의 삶의
태도는, 평등하며 인권을 존중하는 민주적인 모습이다. 이러한 그의 열린
자세로 인하여 당시에는 노비 출신 중에도 여러 사람이 그 능력을 인정
받아 관직에 발탁되기도 하였는데, 조선이 엄격한 신분사회였음을 감안
하면 그야말로 파격적인 인사였다.

〈자료 5〉 종아이가 커서 장원급제

가) 황희의 집에서 부리는 종아이가 재주가 탁월했다.

나) 황희는 이 아이를 면천시키고 경제적 도움까지 주면서 열심히 공
　　부하여 큰 인물이 되라고 격려하였다.

다) 그 뒤 10여 년 후 과거에서 장원급제한 젊은이가 절을 올려 자세

---

9) 서대석 편저, 〈계서야담248〉, 《조선조문헌설화집요1》, 집문당, 1991, 323쪽.

히 보니 10여 년 전 종의 신분에서 풀어 준 그 아이였음을 알았
다.

라) 지난일을 말하려는 젊은이의 입을 막았다. 주변에 신분이 노출되
어 장래에 지장이 있을까 염려하였기 때문이다.10)

그의 대범함은 시대적 편견을 뛰어넘는 것이었다. 당시는 국가 정책으
로 신분제와 반상의 구분을 엄격하게 하고 양반의 자식이라도 서자 출신
에 대해서는 벼슬을 하지 못하게 하는 법령이 엄연했던 때였다. 그런 분
위기 속에서도 그는 반상의 상하 구분을 크게 중요시하지 않았다.

〈자료 1〉에서 〈자료 5〉까지는 당시 반상의 구분이 엄격하던 시대에,
황희가 귀천의 구분 없이 인간에 대한 진실한 애정으로 인권을 존중해
준 설화이다.

또한 공사에서는 엄격하고 강직했으나 개인적으로는 온후자상한 인물
로 알려졌는데, 그 점을 알 수 있는 설화들을 살펴보겠다.

〈자료 6〉 네 말도 맞다.

가) 하루는 어린 종들이 다투다가 그중 하나가 황희에게 상대가 잘못
된 행동이라고 호소하였다.

나) 다 들은 황희는 "그래그래 네가 옳다." 하고 다독여 주었다.

다) 다른 종도 하소연하자 다 듣고 나서, "그렇다면 네 말도 맞구나."
하고 들을 타일러 보냈다.

---

10) 장수황씨 대전연지회,《황희정승 방촌일화집》, 1944, 157~159쪽.

라) 이 소동을 본 조카가 시비를 가리지 않는 숙부 태도에 이의를 제기하였다. 황희는 "네 말도 옳구나." 하고는 글만 계속 읽고, 누가 옳다 그르다라는 말은 끝내 없었다.11)

이것은 집에서 부리는 어린 종이라고 할지라도 마음을 상하게 하지 않으려는 세심한 배려에서 비롯된 것이며, 젊은 시절 깨달은 삶의 자세를 일생 동안 잃지 않고 지켜 온 한 인간의 모습으로 살펴볼 수 있다.

〈자료 7〉 송아지와 제사

가) 한번은 이웃사람이 찾아와 "오늘 저녁이 아버지 제사인데 암소가 송아지를 낳았으니, 제사를 지내는 것이 좋겠습니까? 안 지내는 것이 좋겠습니까?" 하고 물었다.

나) 황희는 "지내는 것이 좋겠다."고 하였다.

다) 다른 이웃 사람이 찾아와 "아버지 제삿날에 암소가 새끼를 낳았는데, 제사를 안 지내는 것이 옳습니까? 지내는 것이 옳습니까?" 하고 물었다.

라) 황희는 "안 지내는 것이 옳다."고 대답했다.

마) 아들이 옆에서 듣고 있다가 같은 질문인데 답이 다른 점에 의문을 제기하자, "네 말도 옳다."고 하였다. 아들이 그 이유를 물었다.

바) 앞 사람은 제사를 지내고 싶은 마음이 있어서, "지내는 것이 옳습니까?"라는 말을 먼저 하여 지내는 것이 옳다고 하였고, 뒤 사람

---

11) 황영선, 《황희의 생애와 사상》, 국학자료원, 1998, 35쪽/《국역대동야승》 제14권, 민족문화추진위원회, 1971~1975.

은 제사를 지내고 싶은 마음이 없어서 "안 지내는 것이 옳습니까?"라는 말을 먼저 하여 안 지내는 것이 옳다고 하였다는 것이다.[12]

각자 마음가짐과 성의대로 하는 것이 좋다는 의미이다. 여기서 "황희 정승 정치하듯 한다."라는 말이 생겼다고 한다.

다음 자료의 본래 제목은 '남의 잘잘못을 말하지 않는다'는 '불언인지장단(不言人之長短)'으로 황희가 평생 교훈으로 삼고 언행을 항상 신중하게 했다는 유명한 설화로서, 황희가 고려 말 파주 적성의 훈도(訓導)로 있을 때 송경(松京, 개성)으로 가는 길에 있었던 일이다.

〈자료 8〉 남의 잘잘못을 말하지 않기(검정 소와 누렁 소)

가) 황희가 벼슬하기 전 여행길에서 쉬다가 농부가 소 두 마리로 겨루어 밭가는 것을 보고 물었다.

나) "두 소 가운데 어느 소를 낫게 치우?"

다) 농부는 대답하지 않고, 일손을 거두고 가까이 와서 귀에 입을 대고 낮은 목소리로 소곤거렸다.

라) "이 소가 낫습지요." "어째서 그것을 귀에 대고 얘기하는 것이요?"

마) 농부가 말했다. "비록 짐승일지라도 그 마음은 사람과 같습니다. 이것이 나으면 저것이 못할 것이라, 소가 들으면 어째 불평하는 마음이 없겠습니까?"

---

12) 앞의 일화집, 138~139쪽 .

바) 황희는 크게 깨닫고 다시는 남의 잘잘못을 말하지 않았다고 한
다.13)

앞의 요약분 이외에 농주가 속삭이는 이유를 말할 때, 짐승도 사람의
말을 짐작한다며 추가로 선생이 연소하여 물정을 모른다는 소리를 듣고
황희는 흠칫하였다고 한다. 이 농부의 얘기를 들은 황희는 깊이 깨달은
바가 있어서 일생 동안 다른 사람의 마음을 상하는 일이 없도록 말 한
마디 행동 하나에도 조심했다고 한다. 흘려들을 수도 있는 농부의 말 한
마디를 일생 동안 자기 생활의 근본으로 삼은 것이다. 황희 정승의 겸손
하고 후덕한 인품과 도량도 결과적으로는 이 한마디가 많은 영향을 주었
을 것이다.

〈자료 6〉에서 〈자료 8〉까지는 다른 사람의 마음을 상하지 않게 하려
는 세심한 배려와 각자의 마음가짐을 중요시한다는 의미이다.

2) 청빈형

황희는 50년 이상 주요 관직을 두루 역임하면서도 청빈한 삶을 산 것
으로 더욱 유명하다. 그의 물욕 없음을 알 수 있는 몇 가지 설화를 살펴
보겠는데, 먼저 의(衣)생활에 관한 설화부터 살펴보겠다.

〈자료 9〉 단 한 벌뿐인 조복

가) 황희는 조복이 단 한 벌뿐인데 겨울 어느 날 밤 홑꺼풀을 벗겨 빨

---

13) 이수광, 남만성 역,《지봉유설下》, 을유문화사, 246~247쪽 / 서대석 편저, 〈東野彙
輯〉9권,《조선조문헌설화집요1》, 집문당, 1991, 525쪽.

았다.

나) 갑자기 입궐하라는 세종의 명이 있었다.

다) 만부득이 솜이 너덜너덜 붙은 속꺼풀에 관대를 걸치고 어전에 나아갔다.

라) 세종은 수달피 옷인 줄 알고 꾸짖었는데, 좌상 맹사성이 사실을 고했다.

마) 왕은 놀라 필육을 하사하였으나 받지 않았다고 한다.[14]

의생활에 관해서는 단지 황희뿐만이 아니라, 그의 부인인 청주 양씨에 관한 설화도 있다. 세종 때 중전은 정승대감들의 부인들을 대궐 안으로 초청하였다. 그런데 황희의 부인 양씨의 옷차림이 너무나 초라하여 중전도 놀라 다른 부인들에게 본받도록 했다는 일화가 있다. 부인의 생활을 알 수 있는 다른 설화를 살펴보겠다.

〈자료 10〉 나들이와 보배인 아들 셋

가) 어느 여름 삼정승 육판서 부인들의 나들이 때, 황희 부인은 치마는 시어머니와 바꾸어 입고 짚신을 신고 갔다.

나) 점심은 평소에 먹던 보리밥에 고추와 된장을 가져가 다른 부인들을 놀라게 하였다.

다) 다른 부인들이 집에 무슨 보배가 있느냐고 황희 부인에게 물었다.

라) 부인은 다른 보배는 없고 아들 셋이 있을 뿐이라고 하여 주위를

---

14) 장수황씨 대전 연지회,《황희정승 방촌일화집》, 1944, 236~237쪽.

웃겼다고 한다.¹⁵⁾

황희 부인은 평소에 속옷이 없어 나들이 할 때에는 고부간에 서로 바꾸어 입었다고 했다. 이렇게 검소한 부모 아래 자란 세 아이들은 성장해서 세상에 없어서는 안 될 보배처럼 빛나는 인물로 성장하였던 것이다.

다음은 주거에 관한 설화를 살펴보도록 하겠다.

〈자료 11〉 멍석 방바닥

가) 영의정 시절 세종이 미복 차림으로 갑자기 황희의 집을 찾았다.

나) 황희는 저녁을 먹다가 왕의 방문에 허겁지겁 상을 한쪽으로 물리고 왕을 맞았다.

다) 세종은 정승의 집이라고는 도저히 믿을 수 없는 초라함에 놀랐다.

라) 방바닥은 장판도 없이 멍석이 펼쳐져 있고, 밥상에는 보리밥에 된장과 풋고추만 놓여 있었다.

마) 세종은 "경은 등이 가려우면 시원하게 긁기는 좋겠소. 자리에 누워 비비기만 하면 될 테니까." 하는 농을 하고 돌아갔다.¹⁶⁾

이때 실상은 영의정의 가세가 빈한하여 막내딸을 시집보낼 혼수감을 장만하지 못하고 있다는 소문을 들은 세종이 믿어지지 않아 확인 차 출행한 것이었다고 한다. 다음날 세종은 혼숫감을 공주의 수준에 맞추어 황희의 집으로 손수 보내 주었다고 한다. 이것이 이후에도 곤궁하여 결

---

15) 위의 일화집 227~229쪽.

16) 위의 일화집 94~96쪽.

혼준비가 어려운 관리들에게 왕이 혼수를 내리는 계기가 되었다고 한다.

집과 관련하여 황희의 청빈한 삶의 자세를 알 수 있는 다음과 같은 설화도 있다.

〈자료 12〉 아들의 집들이

가) 그의 장남 황치신이 호조판서 때, 집을 새로 짓고 집들이를 하게
　　되었다.

나) 황희도 들렸으나 물려준 것도 없는데 무엇으로 집을 지었으며, 청
　　렴한 관리에게는 호화 사치라고 꾸짖으며 돌아갔다.

다) 치신은 아버지에게 백배 용서를 구한 후 그 집을 팔았다.

라) 그 후 평생을 검소한 생활을 하였다.[17]

3) 합리적이나 엄격형

황희는 공사(公私) 양면에 있어서 평생 청렴하면서 청빈한 생활을 하였다. 공적인 생활에 있어서도 나라의 예산을 아끼고, 자제와 부하가 사치하거나 공사에 분별이 없을 때에는 엄격히 훈계하였다. 그래서 황희는 66세에 청백리록(淸白吏錄)에 선입된 조선왕조 청백리 1호이다. 그는 자손에게 전하는 유서에서도 자신이 죽은 뒤의 상제(喪祭)에 관한 예절을 《가례(家禮)》에 따르되 우리나라에서 따르기 어려운 것은 억지로 따를 필요는 없다고 하였고, 힘과 분수에 맞추어 가세 유무에 따라 시행할 것이지 허례허식은 피하라고 하였다.[18] 황희의 이러한 태도는 가족들과 관

---

17) 장수황씨 대전 연지회, 《황희정승 방촌일화집》, 1944, 94~96쪽.

리들 및 백성들에게 귀감이 되었다.

합리적인 면과 엄격한 면 중에서 엄격형을 먼저 살펴보도록 하겠다. 사적으로는 항상 타인을 배려하는 자세로 일관한 황희도 공적인 일에는 엄격하기가 서릿발 같았는데, 그러한 설화 두 편을 살펴보겠다.

〈자료 13〉 김종서 기강잡기

가) 김종서가 북방6진을 개척하여 병조판서로 영전한 뒤 세종의 대우가 융숭하였다.

나) 황희는 공식 석상에서 김종서가 술에 취해 비스듬히 앉아 있는 것을 목격하였다.

다) 수행하던 관원에게 "너의 판서 자세가 단정하지 못하니 그 의자의 다리를 괴어 주어라."라고 하였다.

라) 김종서가 깜짝 놀라 뜰로 내려가 흙바닥에 엎드려 사죄하였다.

마) 김종서는 이 일에 대하여 "내가 여진족을 정벌할 때 적장이 쏜 화살이 책상 앞에 꽂혀도 눈 하나 깜짝하지 않았는데 황 정승에게 혼이 났을 때는 등에서 식은땀이 흐르더라."라고 했다.

바) 황희와 친한 맹사성이 김종서에 대한 처사가 가혹하다는 지적에 대하여, 위대한 인물은 혹독한 훈련과 경험에서 된다고 염려 말라고 하였다고 한다.[19]

---

18) 《문종실록》 권12, 2년 2월 임신 / 이현종 역, 《방촌황희선생문집》, 방촌황희선생문집 발간위원회, 1980, 73쪽.

19) 앞의 일화집 214~215쪽 / 이긍익, 《국역연려실기술》 제3권, 민족문화추진위원회, 1967, 294쪽.

김종서에 앞서 북방을 살피고 돌아온 사람은 칠순에 가까운 황희로서, 6진 개척의 적임자를 세종이 하문할 때 김종서를 추천한 사람이 바로 황희 자신이었던 것이다. 황희는 김종서가 나라를 위해 큰일을 할 그릇임을 알고 그를 중용하도록 건의하였으나, 김종서의 성격이 다소 거칠고 자신감이 지나친 것을 경계하기 위해 한바탕 혼을 내준 것이라고 할 수 있다.

〈자료 14〉 공적인 모임은 공적 예산으로 준비

가) 병조판서인 김종서가 정승판서들의 회의석상에 음식 등을 준비하였다.

나) 자리를 함께 한 황희가 이 사실을 뒤늦게 알았다.

다) 공적인 모임은 정당하게 국가의 예산으로 할 것이지 사적으로 준비한 처사는 국법에도 없는 일이라고 크게 나무랐다.

라) 차후에는 누구라도 이와 같은 일이 있어서는 안 된다고 훈계하였다.[20]

이러한 설화와 같은 맥락의 역사적 사건을 간략하게 짚어 보고자 한다. 개인의 신상 걱정이나 사욕은 버리고 엄격한 공직자로서 당당하게 맞선 황희의 모습을 보여 준 큰 사건 두 가지가 있다. 먼저 민무구·민무질 형제 제거 사건이다. 태종의 왕후 민씨는 남편이 왕의에 오르는 데 일등공로자였다. 민씨의 남동생인 무구·무질 형제는 자신들이 공신이기도

---

20) 서대석 편저, 〈東野彙輯〉 9권, 《조선조문헌설화집요1》, 집문당, 1991, 525쪽.

하고, 누이의 후광까지 업고 조정에서 갈등을 야기하였다. 형조판서인 황희는 태종 8년에 이들을 벌하여야 한다는 상소를 올려, 외척을 걱정하던 왕의 심중과 조정의 인심이 민씨 형제를 견제하였기에 이들은 삭탈관직 후 유배지에서 사사되었다.

이 문제는 민씨 형제의 누이가 왕비로서 살아 있고, 세자도 어려서 외갓집에서 자란 탓으로 외숙부들을 따르는 상황이라 생사를 초월하지 않고는 감히 앞장 설 수 없는 사건이었다. 지신사로 수년 동안 왕을 최측근에서 보좌했던 황희로서는 태종과의 교감을 통하여 이 일을 추진했을 수도 있다. 그러나 그가 무조건 왕의 뜻에 따라 일을 진행시켰다기보다는 이들을 제거하지 않으면 결국에는 화근이 될 것이라는 우려 때문에 소신껏 진행한 것이라 하겠다.

또 하나는 세자의 폐출과 관련된 사건이다. 세자인 양녕대군 제(禔)가 과실을 범해 태종의 눈에 벗어났다. 황희는 세자가 아직 나이가 어리니 훈육하면 될 수 있다고 하자 태종은 이를 못마땅하게 여겼다. 그 뒤 태종은 결국 세자를 셋째 아들인 충녕으로 바꾸었고, 황희는 좌천되었다가 유배의 길을 가고 말았다. 이 문제는 왕의 의견에 끝까지 반대하다가 그의 정치생명도 끝날 뻔한 위기였다. 세자 양녕이 파행적 행동으로 태종의 미움을 사서 결국 폐세자가 되고 말았지만, 이 과정에서 황희는 폐세자를 하는 것으로부터 큰 화를 불러올 수 있음을 말하였던 것이다. 개국 초에 태조가 세자를 잘못 세워서 골육상쟁의 비극을 초래한 일이 있는 것처럼, 세자 변경은 공연한 화를 자초할 수 있다고 지적한 것이다.

황희가 민씨 형제 제거에 앞장을 섰던 것은 그들의 득세가 문제를 야기하기 때문인 것이고, 왕의 의사에 영합하기 위한 것은 아니었다. 세자 폐출에 반대한 것은 아무리 왕의 뜻을 거스르더라도 문제를 파생시킬 여지가 있는 것은 신중히 해야 된다는 사리분별에서 판단된 것임을 위의 두 사건에서 대비해보면 알 수 있다. 다음에서 보이듯이 황희의 엄격함은 가족들에게도 예외는 아니었다.

〈자료 15〉 말의 목을 베고 결심하기

가) 황희의 3남 황수신은 사랑하는 기생이 있어 책망을 받았으나 고치지 않았다.

나) 황희가 자식으로 대하지 않고 손님의 예로 대하자 수신이 사죄를 하였다.

다) 어느 날 수신이 술에 취했을 때, 말이 평소 버릇대로 기생의 집으로 갔다.

라) 술이 깨어 수신은 말의 목을 쳤다.

마) 부모의 교훈에 힘입어 벼슬이 재상에 이르렀다.[21]

황수신은 뒤에 영의정에 올라 역사상 부자 2대의 영의정 배출이라는 영광을 가져왔다.

지금까지 황희의 엄격함을 살펴보았는데, 그가 인간에 대하여 합리적이며 남다른 이해를 가진 것을 다음 설화에서 찾아볼 수 있다.

〈자료 16〉 관기폐기론

가) 조정에서 관리의 행실을 바르게 하기 위해 관청 소속의 기생들을

---

21) 서대석 편저, 〈어우야담〉 6, 《조선조문헌설화집요1》, 집문당, 1991, 30쪽.

모두 없애자는 의견이 있었다.

나) 주요 대신들 간에 의견의 합치를 보고 황희에게 마지막 결재를 올렸다. 모두 황희가 허락할 것이라고 알았다.

다) 황희는 이러한 관기폐기론을 거부하고 나섰다.

라) 반대 이유는 젊은 관리들이 집을 떠나 외지에 홀로 있으면서 기본적인 욕구를 해소할 수 있는 제도상의 대상이 관기인데, 이를 없애면 자연히 여염집 여자들을 엿볼 것이고 또 부정한 방법으로 자신의 욕구를 충족시키려 할 수 있어, 오히려 윤리를 상하고 선비의 도를 훼손시킨다는 것이다.[22]

당시에는 지방관이 전출하면 아주 특별한 경우를 제외하고는 가족을 동반하지 못하게 하였다. 가족을 동반했을 때 민폐가 발생할 수 있고 공적인 부담도 있기 때문이었다.[23] 이렇게 황희는 명분에만 집착하지 않고 인간의 본능까지도 통찰하는 열린 사고의 소유자였다.

〈자료 17〉 자백의 강요

가) 황희 부인이 시렁 위에 큰 배 3개를 얹어 두고 친정에 갔다.

나) 황희가 퇴궐하여 방에서 보니 쥐 한 마리가 배를 굴려가고자 시도하였으나 여의치 못하자, 다른 쥐를 데리고 와서 결국 배 3개를 모두 물고 갔다.

다) 부인이 귀가하여 계집종 소행으로 추측하고 계집종 아이를 추달

---

22) 서대석 편저, 〈東野彙輯〉 9권, 《조선조문헌설화집요1》, 집문당, 1991, 525쪽.

23) 김형광, 《조선인물실록》, 시아출판사, 1998, 64쪽.

하니 무고한 아이가 자백하는 것을 보았다.

라) 황희는 이 사연을 왕에게 말하여 장기수들을 사면케 하고, 정해진 법정형의 기준을 낮추게 하였다.[24]

황희는 계집아이 종이 자백을 강요당하는 것을 보고는, 왕에게 그 사연을 아뢰고 장기수들을 석방시키고 감형시키는 등 옥사에 있어서 관대하였음을 알 수 있다.

4. 황희 설화에 반영된 역사적 의미

황희는 타인배려형의 설화에서 보았듯이 그의 사적인 생활에 있어서 양반이건 상인이건 차별을 두지 않고 모두 하늘이 내린 백성이라고 평등하게 대하였다. 이는 신분에 따른 차별이 많았던 당시의 사회 실정으로 보아서는 매우 어려운 처신을 실행한 것이다. 그는 왕조에 대한 개인적인 충성이나 영달보다는 철저한 민본주의와 위민정치를 실천한 것이다.

황희 정승에 관한 설화는 이렇게 인간미 넘치는 설화가 특히 많이 전승된다. 물론 그의 삶도 4대 임금을 거치는 동안 드라마틱한 사건도 많았고, '허허정승'이라는 별명까지 붙으면서 종과 격의 없는 이야기가 유독 많은 것은 20여 년간 정승 노릇한 사람도 이러했으니, 앞으로도 이러한 정승이 계속 나왔으면 하는 민중의 간절한 소망의 표현이라 해석할 수 있다.

그는 실제로도 천인들의 처지를 가엾이 여겨서 천역을 가볍게 해주는

---

24) 이현종 역,《방촌황희선생문집》, 방촌황희선생문집발간위원회, 1980, 537쪽.

방안과 면천할 수 있는 길을 마련해 주고자 노력하였다. 1417년에는 노비 제도를 혁파하여 노비대한법(奴婢大限法)을 제정하고 공노비이든 사노비이든 모두 공노비로 하였다. 이렇게 천인들의 천역을 가볍게 해주고자 방안을 마련한 것은 귀천을 구분하지 않고 인간에 대한 깊은 애정으로 타인을 대하는 그의 삶의 태도를 보여 준 것이다. 그 시대의 일상 개념과는 분명히 다른 차원의 민본을 중시하는 이러한 모습은 민중들이 기대하는 것이다. 그러므로 그에 대한 설화는 민중들 가슴속에 영원히 살아 전승하게 된다.25)

또한 1430년에는 《오례의(五禮儀)》를 펴내고, 1438년에는 행도천법(行道薦法)을 시행하여 과거 이외의 방법을 통해서도 널리 인재를 골라 쓰고자 했다. 이러한 그의 열린 자세로 인하여 당시의 노비 출신 중에서도 여러 사람이 그 능력을 인정받아 관직에 진출하기도 하였는데, 이는 조선이 엄격한 신분사회였음을 감안하면 그야말로 파격적인 인사였다.

그의 대범함은 시대적 편견을 뛰어넘은 것이다. 당시는 국가정책으로 신분제와 반상의 구분을 엄격하게 하여 양반의 자식이라도 서자 출신에 대해서는 벼슬을 하지 못하게 하는 법령이 엄연하던 때였다. 그런 분위기 속에서도 그가 제도를 고쳐 천민에게도 기회를 주고자 한 것은 민중의 염원을 반영함과 동시에 우리 역사상 평등사상 실천의 선구자적 역

---

25) 최래옥, 김낙효, 강현모, 〈황희정승〉, 《종로구 구비설화》, 종로문화원, 1999, 415~418쪽. 이화동 마로니에 경로당에서 김초선(86, 여) 할머니가 이야기한 것을 1999. 11. 6에 채록한 것이다. 내용을 요약하면, 황희가 한양을 가는데 곡소리가 나서 들으니 진실하지 않은 울음소리였다. 들어가 보니 나이든 부인이 어린 신랑이 신랑 구실을 못하니까 재혼하려고 바늘을 꽂아 신랑을 죽였다. 황희 정승이 나가는데, 세 발자국마다 피가 가득가득 괴었다. 그래서 내가 못할 노릇을 했다 하면서 재혼법을 틔어놓았다는 이야기이다.

할을 한 것이다.

앞의 청빈형 설화에서 보았듯이 황희는 18년(1431~1449) 동안이나 영의정으로 재직했으면서도 부와 권력을 누리기보다는 청렴결백한 청백리로서 청빈한 모습이 널리 알려져 있다. 그런데 황희가 청백리였다는 것은 분명하지만, 설화의 내용처럼 빈한하게 살았다는 것에는 의문이 생긴다.

조선은 과전법의 실시를 통해 관리들의 경제적 기반을 조성해 주었고, 직책에 따른 녹봉도 지급되었으므로, 고위 관리였던 그가 경제적으로 곤궁하였다는 것은 이해하기 힘든 측면이 있다. 더구나 황희는 태종 대 이후로 주요 관직을 역임해 왔고, 영의정으로 18년 동안 장수하는 등 정승의 반열에서만 20년 넘게 봉직하였다. 조선조 초기에는 농업이 위주였으므로 토지에 대한 권한이 경제적 능력을 좌우하였고, 이 권한 자체도 관직의 위치에 따라 부여받은 것이었기 때문에 관직에 있는 자가 경제적으로 우월하던 시대였다. 즉 부의 척도가 관직의 여부와 직접 관련되던 사회였다. 관직이 높으냐 낮으냐에 따라 경제적 능력이 달랐던 것이다.

그런데 고위 관리였던 황희가 청빈을 넘어 곤궁했다는 것은 무엇을 반영하는 의미일까? 그가 청렴하게 산 것은 사실이겠지만, 여러 설화에서 나타나듯이 많은 종을 거느리고 있었고, 직위에 따른 과전도 지급받았기에 그렇게 가난으로 고통스럽지는 않았을 것이라고 할 수 있다.

그러므로 우리에게 전승되고 있는 그에 대한 설화들은 황희가 본래 물욕이 없었던 인물이고, 고위 관직에 오래 머물렀음에도 청빈한 자세로 일관했기 때문에 후대의 귀감으로 삼을 만한 가치 있는 본보기가 된다. 그래서 지속적으로 이러한 정승이 나왔으면 좋겠다는 간절한 민중의 희망을 표현한 것으로 볼 수 있다. 실제로 그는 정치가로서 경작지를 소유하지 못한 유민들에게 둔전을 개간하여 정착시키려는 정책적 노력을 기울였으며, 식량을 절약하기 위해서 개도 키우지 않았다는 일화를 보면 경제적으로 넉넉한 생활을 하지는 못했을 것이다.

합리적이나 엄격형 설화에서 보았듯이 그는 온화하나 강직한 편이다. 세종은 황희가 식견과 도량이 깊어서 큰일을 잘 판단하고 수습하였다고 하여, 그를 점치는 시구(蓍龜)와 물건의 중량을 재는 권형(權衡)에 비교하였다.26) 그와 같이 그는 확실한 원칙과 현실 사이에서 균형 감각을 가진 관리였다. 공사(公私) 양면에 있어서 공적인 생활에 있어서도 나라의 예산을 아끼고, 자제와 부하가 사치하거나 공사에 분별이 없을 때에는 엄히 훈계하였다. 그래서 그는 66세에 조선왕조 청백리 1호로 선입되었다. 그는 유서에서도 자손들에게 상례를 분수에 맞게 시행하라고 하였다.

황희가 태종의 뜻에 따라 민씨 형제 제거에 앞장을 선 것은, 그들의 득세가 문제를 야기하기 때문에 한 것이지 맹목적으로 왕에게 영합하기 위한 것은 아니었다. 또 세자 폐출에 반대한 것은 아무리 왕의 뜻이라도 문제를 파생시킬 여지가 있는 것은 신중해야 된다는 그의 판단에 따른 것이다. 그의 엄격함은 기방 출입하는 아들 교육에서도 잘 나타났다.

그러나 그의 합리성은 관기폐기론에서처럼 명분만을 고집하지 않고 인간의 본능까지도 통찰하는 열린 사고의 소유자였다. 백성에게 어떤 조치가 필요하면 즉각적으로 반영하는 예를 계집종이 자백을 강요당하는 것을 보고 장기수들을 사면시킨 예에서 찾을 수 있다.

태종이 폐세자 논의 때 황희에게 경고까지 주었는데도 자신의 뜻을

---

26) 이긍익,《국역연려실기술》제3권, 민족문화추진위원회, 1967, 298쪽.

굽히지 않는 그의 태도에 대노했었다. 이 일로 황희는 이조판서에서 공조판서로 좌천되었지만, 다시 폐위문제를 거론하였다. 이때에는 태종이 충녕대군을 점찍고 있다는 것을 안 신하들이 모두 폐세자를 찬성하는 입장이었지만, 황희는 여전히 주장을 굽히지 않았다. 그래서 그는 교하와 남원으로 귀양을 갔다가 60세인 세종 4년에 유배에서 풀려 서울로 돌아올 수 있었다. 그런데 뜻밖에도 황희의 재등용을 건의한 사람은 태종이었다.27) 뒤늦게 황희의 강직한 태도가 재상감의 강점으로 인정되었다고 볼 수 있다.

황희가 그의 역량을 최고로 꽃 피운 것은 세종 대였다. 세종 대는 개국에 공이 있는 인물은 거의 죽었기 때문에 일방 독주의 가능성이 있는 권신이 없었고, 태종이 워낙 왕권을 강화시켜 놓아서 정국이 안정되어 있었다. 세종은 이런 분위기 속에서 집현전을 통하여 신진관료들을 양성하고 관직에 등용시켜서 국가 경영의 근본을 튼튼히 할 수 있었다. 그리고 새로운 인재들을 통제하고 이끌어 갈 인물이 필요했는데, 그 적임자가 황희였다. 황희는 이미 태종대에 판서를 역임하여 그 경륜은 자타가 공인하였고, 그의 반듯하고 당당한 태도 또한 많은 백성들의 존경을 받고 있었기 때문이다.

이는 뛰어난 지도자의 존재가 국가 발전과 인물 양성에 얼마만큼 지대한 영향을 끼치는가를 잘 보여 주는 본보기라 할 수 있다. 그러나 황희 같은 정승이 위로는 왕명을 잘 받들고, 아래로는 적재적소의 인물 기용으로 정사를 바로 이끌었기 때문에, 세종 대가 국가 발흥기이자 문화 융

---

27)《문종실록》권12, 〈2년 2월 임신조, 황희 졸년기사〉

성기로 꽃피울 수 있었던 것이다. 황희는 안정된 국정 상황 아래 치국의 근본을 알고 자신을 알아 주는 국왕과 동시대에 살았기 때문에 자신의 역량을 충분히 발휘할 수 있었던 행복한 정승이었다고 하겠다.

5. 맺음말

황희는 시대적으로 고려 말에 개성에서 태어났고, 본관은 장수(長水)이며, 호는 방촌이다. 출생 당시는 난세였다. 중국은 명이 일어서고 고려는 중앙이 극도로 혼란스러운 상태에서 변방에서는 왜구와 홍건적이 날뛰고 있었다. 그가 30세가 되던 해에 고려왕조는 멸망했다. 그도 다른 고려 유신들과 함께 두문동으로 들어갔지만, 백성들을 외면할 수 없다는 유신들에 의해 젊은 황희가 조선조정에 출사하게 되었다. 조선조정에 출사한 후, 43세에 태종을 최측근에서 보좌하면서 전폭적으로 신임하는 태종의 뜻을 받들어 그의 처남인 민무구·민무질 형제를 앞장서서 처리하였다. 이조판서 시절에는 폐세자 문제에 대하여 왕과 의견이 달랐기 때문에 교하로 유배를 갔고 남원으로 옮겨 계속되었다. 60세 되던 해인 세종 4년(1422)에 유배에서 풀려났다. 황희는 세종 5년에 강원도 관찰사를 맡은 후 87세로 물러날 때까지 18년 동안을 명재상으로서 세종을 보필하고 당대를 태평성대로 이끌었으며 90세에 세상을 떠났다.

황희는 공직에 있는 동안에 청렴결백한 청백리였지만, 소탈하면서도 서민적인 기품을 잃지 않았다. 그에 대한 설화는 많이 있는데, 그것을 타인배려형과 청빈형, 합리적이나 엄격형으로 나누어 살펴보았다.

타인배려형의 설화의 주 내용은 양반이건 상인이건 차별을 두지 않고 모두 하늘이 내린 백성이라고 평등하게 대하는 것이다. 이는 신분차별사회 실정에서 어려운 위민정치의 실현을 표현한 것이다. 이와 같이 종과 격의 없는 이야기가 유독 많은 것은 정승 노릇을 한 사람도 이러하니 앞으로도 이러한 정승이 계속 나왔으면 하는 민중의 간절한 소망을 표현한 것이었다.

청빈형 설화의 주 내용은 황희가 18년이나 영의정으로 재직하였으면서도 부와 권세를 누리기보다는 청백리로서 빈한하게 살았다는 것이다. 조선조에는 관직에 있는 자가 경제적으로 우월하던 시대였고, 정승의 반열에서만 무려 20여 년을 넘게 봉직한 황희가 평생을 가난하게 살았다는 것은 무엇을 반영한 것일까? 그것은 황희처럼 고위직에 장기간 머물렀음에도 청빈한 자세로 물욕 없이 일관하여 후대에 귀감으로 삼고자 한 본보기이다. 앞으로도 이러한 정승이 지속적으로 나왔으면 좋겠다는 민중의 희망을 표현한 것이다.

합리적이나 엄격형 성화의 주 내용은 공사 양면에 있어서 분별이 없을 때에는 엄격히 훈계하였지만, 합리적인 면에 서는 명분에 집착하지 않고 인간의 본능까지도 통찰하는 열린 사고의 소유자였다는 것이다. 백성들에게 불합리한 점이 있으면 즉각 왕에게 아뢰어 어떤 조치를 취한 합리성을 계집종의 자백의 강요에서 찾을 수 있었다.

황희 설화에 반영된 역사적 의미를 요약하겠다. 황희는 온화하나 강직한 편으로 확실한 원칙과 현실 사이에서 균형 감각을 가진 관리였다. 그는 공사 양면에서 원칙을 가지고 위로는 왕명을 잘 받들고, 적소에 인물을 잘 기용하고, 아래로는 위민정치를 실천하여 정사를 바로 이끌었기 때문에, 세종 대가 안정되고 문화 융성기로 꽃피울 수 있었다.

그는 명재상으로서의 역할도 돋보였지만, 삶의 태도 자체가 귀감이 되어 민중의 가슴속에 살아서 오늘날까지도 전승되는 인물이다. 황희가 그의 역량을 최고로 꽃 피운 것은 세종 대였는데, 그것은 안정된 국정 상황 아래 치국의 근본을 알고 자신을 알아 주는 국왕과 함께 정치를 하였기 때문에 자신의 역량을 충분히 발휘할 수 있었다고 하겠다.

| 방촌학술총서 제2집 |

경기도 파주시 문산읍 반구정(伴鷗亭)

◆부록 1: 방촌 황희 연보(年譜)

1363년(공민왕 12)

2월 10일 송경(松京) 가조리에서 황군서의 아들로 탄생하다.

1376년(우왕 2년, 14세)

음서로 복안궁(福安宮) 녹사(錄事)에 제수되다.

1379년(우왕 5년, 17세)

판사복시사 최안(崔安)의 딸과 혼인하다.

1383년(우왕 9년, 22세)

사마시에 합격하다.

1385년(우왕 11년, 24세)

진사시에 합격하다.

1386년(우왕 12년, 25세)

최씨 부인이 세상을 떠나다.

1388년(우왕 14년, 27세)

공조 전서 양진의 딸 청주 양씨와 재혼하다.

1389년(공양왕 원년, 28세)

문과 제14인으로 급제하다.

1390년(공양왕 2년, 29세)

성균관 학관에 보임되다.

1392년(태조 1년, 31세)

태조가 경명행수지사(經明行修之士)로서 세자우정자에 임명하다.

1395년(태조 4년, 34세)

직예문 춘추관에서 사헌 감찰, 우습유로 옮겨 가다.

1397년(태조 6년, 36세)

장자 황치신이 태어나다.

11월 29일, 선공감 정란(鄭蘭)의 기복첩에 서경(署經)하지 않다가 습유직을 파면 당하다.

1398년(태조 7년, 37세)

3월 7일 정자 우습유(正字 右拾遺)로서 강은(姜隱)과 민안인(閔安仁)을 탄핵해, 이로 인해 7월 5일 경원 교수관으로 좌천되다.

1399년(정종 1년, 38세)

1월 10일, 습유로 불려 올라왔으나 언사(言事)로 우보궐(右補闕)로 옮기다.

1401년(태종 1년, 39세)

차자 황보신이 출생하다.

1402년(태종 2년, 40세)

아버지 판강릉대도호부사 황군서 졸하다. 기복(起復)되어 대호군(大護軍)에 임명되다.

1404년(태종 4년, 42세)

우사간대부, 좌부대언을 역임하다.

1405년(태종 5년, 43세)

승정원 도승지가 되다.

12월 6일, 박석명의 추천으로 지신사가 되다.

1406년(태종 6년, 44세)
5월 27일, 내불당 짓는 것을 반대하다.

1407년(태종 7년, 45세)
1월 19일, 삼남 황수신 출생하다.
9월 25일, 밀지를 받아 이숙번·이응·조영무·유량 등과 함께 민무구·민무질을 제거하다.
11월 11일, 하륜에게 전지(傳旨)해 민씨들 직첩을 거두고 목숨만 부지케 하다.

1408년(태종 8년, 46세)
1월 29일, 생원시관(生員試官)이 되다.
12월 5일, 조대림 사건에 걸린 조용을 구제하다.
12월 11일, 대사헌 맹사성, 우정언 박안신을 구원하다.

1409년(태종 9년, 47세)
8월 10일, 참지의정부사가 되다.
12월 6일, 형조판서가 되다.

1410년(태종 10년, 48세)
2월 13일, 지의정(知義政) 겸 대사헌이 되다.
4월 18일, 이천우, 조영무 등과 더불어 오랑캐 침입에 대한 대책을 논의하다.
10월 26일, 종상법(種桑法)을 장려할 것을 청하다.

1411년(태종 11년, 49세)
7월 20일, 병조판서가 되다. 예조판서 역임.
8월 19일, 사은사(謝恩使)로 명나라에 가다.

1412년(태종 12년, 50세)

4월 14일,《경제육전》을 개정해 올리다.

9월 24일, 태종이 황치신의 이름을 동(董)으로 지어 주다.

1413년(태종 13년, 51세)

3월 22일,《고려실록》을 개수할 것을 청하다.

4월 7일, 예조판서가 되다.

1414년(태종 14년, 52세)

2월 13일, 병으로 예조판서직을 사직하다.

3월 6일, 황희의 병을 고쳐 준 내의 양홍달. 조청에게 임금이 저화 각 100장씩
을 주다.

5월 18일, 의정부 찬성사가 되다.

6월 12일, 다시 예조판서가 되다.

8월 7일, 왜를 막을 방책을 의논하다.

1415년(태종 15년, 53세)

5월 17일, 이조판서가 되다.

6월 19일, 이조판서 황희와 호조판서 심온이 벼슬을 파면하다.

11월 7일, 의정부 참찬이 되다.

12월 28일, 호조판서가 되다.

1416년(태종 16년, 54세)

3월 16일, 다시 이조판서가 되다.

11월 2일, 세자의 실덕(失德)을 변호하다가 공조판서로 좌천되다.

1417년(태종 17년, 55세)

2월 22일, 평안도 도순문사 겸 평양윤으로 나가다.

6월 29일, 명사 황엄에게 평양 빈관에서 잔치를 베풀다.

12월 3일, 형조판서로 재임용되다.

1418년(태종 18년, 56세)

1월 11일, 판한성부사가 되다.

5월 10일, 송도 행재소에 붙들려 가서 국문을 받다.

5월 11일, 폐서인 되어 교하로 귀양 가다.

5월 27일, 남원부로 귀양 가다.

1422년(세종 4년, 60세)

2월 19일, 남원에서 서울로 돌아와 직첩을 돌려받다.

3월 18일, 과전을 돌려받다.

10월, 13일, 경시서 제조가 되다.

10월 28일, 의정부 참찬이 되다.

1423년(세종 5년, 61세)

3월 8일, 명나라 사신 유경과 양선을 맞이하는 원접사가 되다.

5월 27일, 다시 예조판서가 되다.

7월 16일, 강원도 도관찰사가 되어 굶주림을 해결해 줘 백성들이 소공대를 쌓았다.

1424년(세종 6년, 62세)

6월 12일, 한양으로 들어와 찬성이 되다.

1425년(세종 7년, 63세)

5월 21일, 의정부 찬성사가 되다.

1426년(세종 8년, 64세)

2월 10일, 다시 이조판서가 되다.

5월 13일, 우의정으로 승진하다.

1427년(세종 9년, 65세)

1월 25일, 좌의정으로 승진하다.

5월 11일, 양녕대군을 불러 보지 말라고 청하다.

6월 17일, 사위 서달이 신창 아전을 죽인 옥사에 연루되다.

6월 21일, 좌의정직에서 파면되다.

7월 4일, 다시 좌의정에 임명되다.

7월 15일, 어머니가 졸하다.

10월 7일, 세자가 명나라에 가는 것을 보좌하기 위해 좌의정으로 기복출사 하다.

10월 28일, 세자가 명나라에 가지 않게 되다.

1428년(세종 10년, 66세)

10월 23일, 평안도 도체찰사가 되어 성보(城堡)를 순심(巡審)하다.

11월 29일, 《육전등록(六典謄錄)》을 찬진하다.

1429년(세종 11년, 67세)

9월 11일, 《선원록》을 편찬하도록 왕명을 받다.

9월 24일, 동맹가첩목아가 입조하는 것에 대한 대책을 논의하다.

1430년(세종 12년, 68세)

4월 10일, 조준(趙俊)의 《방언육전(方言六典)》을 택해 쓰도록 건의하다.

4월 25일, 《태종실록》을 감수하다.

8월 10일, 공법에 대한 여론 조사를 실시하다. 가(可) 7만 4149인. 불가(不可) 9만 8657인.

11월 3일, 제주 감목관 태석균이 말을 많이 죽였는데, 황희가 봐주라고 했다고 사헌부에서 파직하라는 상소가 올라왔다. 그러나 세종은 대신을 경솔히 대할 수 없다고 불문에 부쳤다.

11월 24일, 사헌부의 탄핵이 계속되어 좌의정에서 물러나 파주 반구정에서 휴양하다.

1431년(세종 13년, 69세)
9월 3일, 다시 복직되어 영의정으로 승진하다.

1432년(세종 14년, 70세)
3월 6일, 경원성(慶源城)을 옮겨서 설치하는 문제를 의논하다.

4월 12일, 경원, 용성 등에 성 쌓는 일을 건의하다.

4월 25일, 궤장을 받다.

9월 7일, 영의정부사로 승진하다.

9월 17일, 동맹가첩목아 등을 이거하는 문제를 논의하다.

12월 22일, 야인 방어책을 논의하다.

1433년(세종 15년, 71세)
1월 11일, 서북 야인방어책을 논의하다.

1월 15일, 화포 사용법을 건의하다.

7월 12일, 풍수학 도제조를 겸임하다.

9월 16일, 장영실에게 벼슬을 제수하는 일을 의정하다.

함경도도체찰사로서 영변의 약산산성축조를 감독하고 영변대도호부를 설치하게 하다.

1434년(세종 16년, 72세)
1월 6일, 영북진 통치책을 의진(議陳: 의논)하다.

6월 1일, 만포성을 쌓는 일과 삭주, 창성의 관을 바꾸는 일을 아뢰다.

8월 5일, 영북, 회령을 서로 바꾸는 계책을 아뢰다. 내이포 거류 왜인 처치책을 상신하다.

8월 26일, 최윤덕을 파송하는 일과 명나라 사람에게 수응하는 계책을 건의하다.

9월 11일, 염초를 무역하는 계책을 계진하다.

12월 15일, 삼수 무로구자에 읍을 설치하고 수령을 두는 문제를 건의하다.

1435년(세종 17년, 73세)

7월 25일, 야인 방어책을 건의하다.

8월 10일, 왜인 만도노 등을 나누어 두는 계책을 건의하다.

11월 19일, 상정소(詳定所)를 없애다.

1436년(세종 18년, 74세)

5월 21일, 공법 실행책을 아뢰다.

7월 21일, 구황평조법을 건의하다.

10월 26일, 세자빈 폐출을 진대하다.

1437년(세종 19년, 75세)

1월 14일, 새 왕세자빈을 책봉하는 의주를 올리다.

4월 1일, 세자 섭정을 반대하다.

4월 13일, 사민의 판적에 대해 의논하다. 종성을 옮겨 설치하지 말기를 아뢰다.

5월 16일, 이만주 토벌책을 건의하다.

1438년(세종 20년, 76세)

3월 2일, 세종이 《태종실록》을 보려고 하는 것을 말리다.

4월 24일, 과거은사(科擧恩賜) 제도를 혁파하다.

9월 12일, 대마도 왜인의 접대 사목을 정하다.

1439년(세종 21년, 77세)

2월 12일, 각 도의 군기를 엄하게 해 왜변을 막을 것을 주장하다.

2월 28일, 향화 야인, 왜인 급료를 주는 대책을 건의하다.

3월 3일, 초헌(軺軒)을 하사받다.

6월 1일, 함길도 도절제사로 김종서 대신 김세형을 추천하다.

벼슬을 사양하고 물러나다.

1441년(세종 23년, 79세)

3월 10일, 전지매매법을 계진하다.

5월 18일, 하삼도민 1600호를 함길도로 사민하기를 청하다.

1442년(세종 24년, 80세)

1월 14일, 함길도에 입주한 사람이 도망치는 것을 방지하는 계책을 올리다.

2월 6일, 각 도민 3,000호를 평안도로 뽑아 보내 변경을 튼튼히 하자고 건의하다.

5월 3일, 세자가 섭정하지 말기를 청하다.

6월 5일, 야인 망가를 처치하는 방도를 아뢰다.

1445년(세종 27년, 83세)

2월 8일, 대마도 종정성의 무역선 수를 정하기를 청하다.

3월 13일, 압록강 가운데 있는 섬을 경작하는 것을 금하지 말자고 하다.

4월 11일, 왜인과 서로 교역하는 대책을 의논하다.

5월 12일, 승정원이 동궁에 신달(申達)하는 제도를 아뢰다.

1446년(세종 28년, 84세)

3월 30일, 귀화한 왜인을 외방에 분치하기를 청하다.

5월 5일, 영릉(英陵) 수호군을 별도로 두다.

1448년(세종 30년, 86세)

3월 28일, 정경부인 양씨(楊氏)가 졸하다.

7월 22일, 내불당을 세우는 일을 그만두라고 상소하다.

1449년(세종 31년, 87세)

10월 5일, 영의정부사를 내놓고 치사(나이가 많아 벼슬을 사양하고 물러나는 것) 하다. 종신토록 2품록을 주다.

1450년(세종 32년, 88세)

2월 세종 대왕이 영응대군 집에서 승하하다.

2월 2일, 중자 황철신의 직첩을 돌려받고, 고신도 돌려주다.

1451년(문종 1년, 89세)

2월 7일, 기로소 녹사로 하여금 치사한 대신이 출입할 때 조예(皂隸)를 주라고 전지하다.

1452년(문종 2년, 90세)

2월 8일, 졸하다.

2월 12일, 세종 묘정에 배향하고, 시호를 익성(翼成)으로 정했으며, 승지 강맹경 (姜孟卿)을 보내 사당에 제사를 지내다.

부록 2: 방촌 황희 연구 목록

1. 문집소재 황희 관련 자료

《松隱先生文集》권2, 〈附〉, 墓表[黃喜], 建文二年白龍孟夏上澣, 長水黃喜撰

《三峯集》권14, 〈附錄〉

《浩亭先生文集》권2, 〈序〉, 禮記淺見錄序, 奉敎作, 附錄 撫錄(2)

《春亭先生續集》권2, 〈附錄〉, 年譜

《李評事集》권2, 〈策〉, [人才得失] 燕山乙卯

《冲齋先生文集》권5, 〈日記〉, 十月一日, 至庚午 三月三十日 在堂后時

《靜菴先生文集》권3, 〈經筵陳啓〉, 侍讀官時啓八, 參贊官時啓二 因論東漢黨錮
　　事進啓,參贊官時啓三, 筵中記事一, 戊寅 十月五日

《松齋先生文集》권2, 〈經筵陳啓〉, 參贊官時啓 四

《東皐先生遺稿》〈附錄〉, 行狀, 李尙書 堅松窩雜記凡五

《忍齋先生文集》권5, 〈求退錄〉, 辭右議政疏

《河西先生全集》권12, 〈墓誌銘〉, 貞夫人申氏墓誌銘 幷序

《眉巖先生集》권17, 〈經筵日記〉, 甲戌 四月 28일

《思菴先生文集》권7, 〈附錄〉, 諸家記述

《省菴先生遺稿》권2, 〈策六卿盡職〉

《栗谷先生全書》권15, 〈雜著 二〉, 東湖問答 己巳 月課

《東岡先生文集》권7, 〈箚〉, 玉堂請頻接臣僚箚 己卯十月

《晩全先生文集》권3, 〈疏〉, 賊退後封事 癸巳

《西厓先生文集》권18,〈跋〉, 題東國名臣言行錄

《重峯先生文集》권5,〈疏〉, 辨師誣兼論學政疏 丙戌十月公州提督時

《梧里先生別集》권12

《梧里先生續集》〈附錄〉, 권1, 年譜

《梧里先生續集》〈附錄〉, 권2, 行狀 行狀[權愈]

《知退堂集》권6,〈東閣雜記乾〉, 本朝璿源寶錄 璿系李氏出于全州府 卽百濟時完
　　山郡 [太宗], 本朝璿源寶錄 [世宗]

《於于集後集》권1,〈詩〉, 關東錄 關東紀行二百韻 關東錄, 庚寅

《惺所覆瓿稿》권23,〈說部二〉, 惺翁識小錄中 [黃喜詰金宗瑞之私饋]

《惺所覆瓿稿》권23,〈說部二〉, 惺翁識小錄中 [黃喜玉成金宗瑞]

《隱峯全書》권11,〈己卯遺蹟〉, 正言趙光祖特拜弘文館修撰; 隱峯全書 卷十二 己
　　卯遺蹟 典翰趙光祖特拜副提學 辭不許; 隱峯全書 卷十二 己卯遺蹟 副提學趙
　　光祖移拜同副承旨俄還拜副提學; 隱峯全書卷十九 混定編錄前集 宣廟朝; 隱
　　峯全書卷二十二混定編 錄前集 [宣廟朝]; 龍洲先生遺稿 卷之六 疏 司諫應旨
　　疏

《龍洲先生遺稿》권6,〈疏〉, 司諫應旨疏

《記言》권62, 續集,〈敍述 五〉, 天地日月星辰三; 記言別集卷之四 疏箚 辭造給居
　　室之命箚[再箚]

《宋子大全 附錄》권12,〈年譜〉, 年譜[十一][崇禎百四十九年丙申] 一百四十九年
　　丙申 今上卽位之年 四月

《市南先生文集》권11,〈箚〉, 八首 玉堂請還收徐必遠罷職之命箚

《滄洲先生遺稿》권8,〈封事〉, 甲午封事

《白湖先生文集 附錄》,〈年譜〉, 二年丙辰 先生六十歲 正月

《愚潭先生文集》권2,〈疏〉, 辭進善兼陳所懷六條疏 庚午九月 呈縣道未達 十二月

更呈辛未正月始達

《退憂堂集》권3,〈疏箚〉, 辭獻納仍陳所懷疏: 退憂堂集 卷之三 疏箚 陳時弊疏
辛丑: 退憂堂集 卷之六 疏箚 陳所懷箚

《藥泉集》제3,〈疏箚〉,玉堂陳戒箚 八月四日: 藥泉集 第八 疏箚 因臺啓儒疏辭職
再疏十一月二十六日

《文谷集》권9,〈疏箚〉, 二十三首 辭吏曹判書兼陳北路弊瘼疏

《南溪先生朴文純公文正集》권77,〈墓誌銘〉, 議政府左議政原平府院君元公墓誌
銘 丙辰六月二十七日 ： 南溪先生朴文純公文外集 卷第十五 行狀 知中樞府事
玄谷趙公行狀代趙南平作 癸卯六月二十二日

《芝湖集》권7,〈墓誌〉, 自誌補

《水村集》권11,〈行狀〉, 先考今是堂府君行狀

《西坡集》권24,〈諡狀〉, 右議政晚菴李公諡狀

《睡谷先生集》권7,〈疏箚〉, 論臺官徐命遇讒搆諸臣箚: 睡谷先生集卷之十三 行狀
先季父議政府左議政府君行狀 ： 睡谷先生集卷之十六 諡狀 原平府院君元公
諡狀

《明谷集》권16,〈疏箚〉, 辭左議政疏[五疏]: 明谷集卷之十九 疏箚 左相再疏後 更
情勢疏 [十三疏]: 明谷集卷之三十四 諡狀 右議政李公諡狀

《甁窩先生文集》권3,〈墓誌〉, 十代祖孝寧大君靖孝公墓誌

《疎齋集》권17,〈行狀〉, 左參贊竹泉金公行狀

《竹泉集》권7,〈筵奏〉, 同日奏辭: 竹泉集附錄卷之一 [行狀] 行狀[李頤命]

《陶谷集》권28,〈雜著〉, 陶峽叢說 一百四則

《陶谷集》권28,〈雜著〉, 國朝相臣

《圃巖集》권22,〈諡狀〉, 議政府左議政畏齋李公諡狀

《老村集》권2,〈疏箚〉, 還鄉後辭職 兼論時事疏

《夢囈集坤》,〈宜寧南克寬伯居著 雜著〉, 謝施子 百九十二則

《雷淵集》권26,〈諡狀〉, 禮曹判書竹泉金公諡狀

《渼湖集》권16,〈神道碑銘〉, 原平府院君元公神道碑銘 幷序

《素谷先生遺稿》권12,〈先蹟記述〉, 先祖昭靖公行狀後記 戊辰 金益熙

《樊巖先生集》권23,〈疏箚[四]〉, 翰圈後辨崔景岳疏 仍論朝儀箚

《頤齋遺藁》권22,〈行狀〉, 使陽山金公行狀, 頤齋遺藁 卷之二十二 傳 高麗義士朴
　　公 傳: 頤齋遺藁卷之二十六 雜著

《無名子集文稿》책12,〈[文] 井上閒話〉, 五十一 下又有十九條 [黃喜貽書交河倅
　　請買 田]: 嗣世祖大王 昭憲王后誕生 序居第二

《靑莊館全書》권49,〈完山李德懋懋官著男光葵奉杲編輯德水李畹秀蕙隣校訂 耳
　　目口心書[二]〉: 靑莊館全書卷之五十九 完山李德懋懋官著男光葵奉杲編輯德
　　水李畹秀蕙隣校訂 盎葉記[六] 國朝名臣言行錄: 靑莊館全書卷之六十八 完山
　　李德懋懋官著男光葵奉杲編輯德水李畹秀蕙隣校訂 寒竹堂涉筆[上] 相臣
　　三百一人

《海石遺稿》권12,〈諡狀〉, 奉朝賀李公 命植 諡狀

《弘齋全書》권21,〈祭文三〉, 翼成公黃喜墓致祭文: 弘齋全書卷二十六 綸音一 先
　　正文正公宋時烈追配孝宗大王室廟庭綸音: 弘齋全書卷百三十四 故寔六 羣書
　　標記一 御定[一] 詩樂和聲十卷 寫本

《屐園遺稿》권70,〈玉局集 行狀 健陵行狀〉

《金陵集》권7,〈宜寧南公轍元平著 疏箚〉, 辭弘文館副校理兼奎章閣直閣疏

《潁翁續藁》권2,〈啓〉, 乞致仕上殿啓

《硏經齋全集》권58,〈蘭室史料一 故實考異 金子粹〉, 硏經齋全集外集 卷三十九
　　傳記類 建州征討錄: 硏經齋全集外集 卷四十六 地理類 六鎭開拓記: 硏經齋
　　全集外集卷五十三 故事類 唐制攷: 第五集政法集 第十二 卷 經世遺表卷十二
　　地官修制倉廩之儲一: 第六集地理集第六卷 大東水經 大東水經其二 滿水一

《碩齋稿》권7, 〈書〉, 答洪和仲 大協

《俛宇先生文集》卷首, 〈疏〉, 辭賜第疏 九月四日

《梅泉集》권7, 〈長水黃玹雲卿著 疏〉, 言事疏 代人

《勿齋集》권2, 〈疏〉, 請勿稱下功臣疏

《西浦先生集》권7, 〈西浦日錄〉, [詩話]

《悠然堂先生文集》권2, 〈疏〉, 請恢復救難疏

《林谷先生文集》권7, 〈行狀〉, 濯溪全公 致遠 行狀

《秋潭集》卷貞, 〈墓誌銘〉, 行副護軍望岳奉公墓誌銘

《石洞先生遺稿》권6, 〈雜著〉, 謾記[下]

《損菴集》권3, 〈書牘〉, 上尤齋先生 丙辰

《儉齋集》권31, 〈雜著〉, 丁戊瑣錄

《儉齋集》권32, 〈雜著〉, 己庚瑣錄 己丑庚寅

《晦隱集》제5, 〈雜說 禮制〉

《朴正字遺稿》권2, 〈文, 擬上萬言草三〉

《花溪先生文集》권1, 〈詩〉, 七言絶句

《雲谷先生文集》권18, 〈國朝故寔〉, 世宗朝深以闆闆侈風, 爲憂時, 則有若相臣黃喜

2. 역사서 관련 황희 자료

《紀年便攷》권7, 〈黃喜〉

《大東野乘》권25, 〈太宗一日召黃喜至政院〉

《國朝人物志》권1, 〈(世宗朝)黃喜〉

《海東臣鑑》권1,〈黃喜〉

《純齋稿》권6,〈翼成公黃喜祝孫秌登科後致祭祭文[주:乙酉]〉

《靑野漫集》(李喜謙) 권1,〈黃喜〉

《大事編年》권2,〈召還黃喜〉

《東國名儒錄》권1,〈黃喜〉

《厖村先生遺蹟日錄》권1

《德菴文集》권2

《東文選》권22,〈七言絶句〉, 癸亥元日 會禮宴 [黃喜]

《丙辰丁巳錄》(任輔臣撰)

《海東雜錄》(權鼈) 6,〈黃喜〉

《惺所覆瓿稿》권23,〈國初名相黃喜許稠〉

《經世遺表》제5집,〈政法集〉, 제12권, 經世遺表卷十二. 地官修制倉廩之儲一

《고식 (故寔)》〈國朝故事講義〉, 翼成公臣黃喜,

《梅泉野錄》권1,〈甲午以前 上〉, 조선 3대 명신

《心山遺稿》권3,〈伴鷗亭重建記〉, 厖村 黃喜, 黃義敦

《輿地圖書》上, 京畿道 交河 塚墓·風俗·古跡: 黃海道, 兔山, 古蹟: 咸鏡道(關北
邑誌)咸鏡北道吉州牧邑誌, 公廨: 慶尙道, 尙州, 壇廟: 慶尙道, 河陽, 人物: 全
羅道,長水, 人物: 咸鏡道(關北邑誌), 咸鏡北道吉州牧邑誌, 公廨: 補遺篇 (全羅
道), 完山誌卷(下), 樓亭

《龍湖閒錄》(한국사료총서 제25집), 第一册 六五, 柳鼎養雷異疏：第六册, 三一六,
太廟配享篇三一六, 太廟配享篇：第二十一册, 一〇七五, 額院當存處,

《羅巖隨錄》(한국사료총서 제27집), 羅巖隨錄 第一册 62. 各地祠院撤存表, 翼成
黃喜,尙州玉洞書院 毁

《東史約》上(한국사료총서 제33집), 紀年東史約卷之十 朝鮮茅亭李源益, 編 本朝
　　紀 丙戌六年, 戊子八年, 庚寅十年, 辛卯十一年, 丁未九年, 己酉十一年, 癸丑
　　十五年, 甲寅十六年, 丙辰十八年, 戊午二十年, 己未二十一年, 庚午三十二年二月,
　　十七日, 壬申二年,

《戒逸軒日記》42집, 導哉日記, 戒逸軒日記, 雜記, 戒逸軒日記, 庚辰

3. 방촌 황희 관련 연구서

1) 문집류

《조선왕조실록》,《승정원일기》,《일성록》

《민족문학대계전집》 권13, 한국문화예술진흥원.

《厖村黃喜先生文集》, 황의돈, 厖村黃喜先生文集刊行委員會, 1980.

《영남문집해제:〈방촌집〉》, 민족문화연구소자료총서4, 영남대민족문화연구소,
　　1988.

《厖村黃喜先生文集》, 방촌 황희선생 문집간행위원회, 長水黃氏大宗會, 2001.

2) 단행본

(1) 연구서

이성무,《방촌 황희 평전: 조선의 기틀을 다진 탁월한 행정가이자 외교가》, 민음
　　사,2014.

조수익,《국조인물고 32 -홍유손부터 황희까지-》, 세종 대왕기념사업회, 2006.

황영선,《황희의 생애와 사상》, 국학자료원, 1998.

(2) 교양서

강태희,《황희》, 뉴턴코리아, 2003.

권미자,《황희》, 훈민출판사, 2007.

권태문,《(청렴한 정승)황희》, 한국독서지도회, 2002.

고제희,《한국 36 인물유산 파워스폿(서울 수도권)》, 문예마당, 2012.

과학기술부,《황희 정승의 후예들》, 과학기술부 감사관실, 2005.

국가기록원,《역사 속 염근리 이야기》, 국가기록원, 2011.

국가기록원,《역사 속 염근리 이야기》, 휴먼컬처아리랑, 2015.

경기도사편찬위원회,《내 고장 경기도의 인물3 -이수록~황희-》, 경기도사편찬
　위원회, 2005.

계몽사,《어린이 그림 위인전기 9 -황희-》, 계몽사, 1997.

김국태,《세종, 황희, 성삼문, 장영실: 정도전 외 13명》, 국민서관, 1976.

김선,《황희 정승》, 眞華堂, 1993. 교육출판공사,《한국위인특대전집》17, 교육출
　판공사, 1980.

김선,《황희정승과 청백리》, 빛샘, 1997.

김선태,《황희》, 리더교육, 2000.

김영이,《황희, 김시습, 최익현》, 교육문화사, 1993.

김영·이창현·김양숙,《동아시아식 생활학회 학술발표대회 논문집》5, 2015

김인호,《21세기 눈으로 조선시대를 바라 본다》, 경인문화사, 2009.

김종명 외,《세종과 재상 그들의 리더십》, 서해문집, 2010.

김종성,《조선왕조의 건국과 양반사회의 성립》, 문예마당, 2004.

김종성,《조선사 클리닉》, 추수밭, 2008.

김진섭, 《세종시대 재상열전 -朝鮮의 아침을 꿈꾸던 사람들-》, 하우, 2008.

김형광, 《조선인물전(傳)》, 시아출판사, 2007.

김형광, 《이야기 조선야사 -역사 속의 또 다른 역사-》, 시아출판사, 2008.

김형광, 《인물로 보는 조선사》, 시아, 2009.

김형광, 《역사 속의 또 다른 역사 -한국의 야사-》, 시아, 2009.

김형광, 《인물로 보는 조선사(보급판)》, 시아출판사, 2011.

노병룡, 〈청백리열전(5)〉, 《地方行政》 34-382, 1985.

림청풍, 〈야담: 황희정승과 대추나무〉, 《地方行政》 8-75, 1959.

문화공보실, 《坡州先賢의 思想과 얼 : 황희정승》, 坡州郡, 1990.

文化體育部 편, 《韓國人의 再發見》, 大韓敎科書, 1994.

民族文化社, 《申崇謙, 文益漸, 黃喜, 李元》 1, 民族文化社, 1987.

박성수, 《부패의 역사 -부정부패의 뿌리, 조선을 국문한다-》, 모시는 사람들, 2009.

박성연, 《왕의 비선과 책사》, 글로북스, 2015.

박성희, 《황희처럼 듣고 서희처럼 말하라》, 이너북스, 2007.

박시백, 《박시백의 조선왕조실록 4 -세종·문종실록-(개정판)》, 휴머니스트, 2015.

박시백, 《박시백의 조선왕조실록 인물 사전》, 휴머니스트, 2015.

박영규, 《세종 대왕과 그의 인재들》, 들녘, 2002.

박진아, 《대화의 달인 황희에게 배우는 소통의 철학》, 학지사, 2015.

박현모, 《세종, 실록 밖으로 행차하다 -조선의 정치가 9인이 본 세종-》, 푸른역사, 2007

백유선,《한국사 콘서트》, 두리미디어, 2008.

삼성당,《세종 대왕. 성삼문. 황희》41, 삼성당, 1981.

서근배,《黃喜政丞 放浪의 巨人/日暈》, 同和出版公社, 1975.

성현,《용재총화》, 서해문집, 2012.

손종흠,《조선남녀상열지사》, 앨피, 2008.

송종호,《황희 : 곧고 깨끗한 조선의 정승》, 한국퍼킨스, 2009.

신동준,《왕의 남자들》, 브리즈, 2009.

신연우 외,《제왕들의 책사 -조선시대편-》, 생각하는 백성, 2001.

信和出版社 편,《歷代人物韓國史》4, 信和出版社, 1979.

유인옥,《황희》, 계림문고, 1994.

윤용철,《살기를 탐하고 죽기를 두려워하며》, 말글빛냄, 2008.

윤재운, 장희흥,《한국사를 움직인 100인 -단군부터 전태일까지 한국을 바꾼 사람들-》, 청아출판사, 2010.

이기,《간옹·우묵》, 한국학중앙연구원, 2010.

이상각,《이도 세종 대왕 -조선의 크리에이터-》, 추수밭, 2008.

이성무,《재상 열전 -조선을 이끈 사람들-》, 청아출판사, 2010.

이성주,《발칙한 조선인물 실록 -역사적 인물들, 인간적으로 거들떠보기-》, 추수밭, 2009.

日新閣 편,《歷史의 人物》3, 日新閣. 1979.

이영관,《조선의 리더십을 탐하라》, 이콘, 2012.

이영관,《조선견문록 -500년 역사를 둘러보는 시간의 발걸음-》, 청아출판사, 2006.

이영자, 〈방촌 황희의 경제사상과 그 의의〉, 《동서철학연구》 65, 2012.

이영춘·이상태·고혜령·김용곤·박한남·고성훈·신명호·류주희, 《조선의 청백리 -조선시대 대표 청백리 34인-》, 가람기획, 2003.

이원태, 〈2월의 인물〉 영원한 청백리의 표상 황희〉, 《地方行政》 43-484, 1994.

이이화, 《이야기 인물한국사 3 -제왕의 길 치국의 도-》, 한길사, 1993.

이이화, 《이야기 인물한국사 5 -역사상의 라이벌과 동반자-》, 한길사, 1993.

이이화, 《왕의 나라 신하의 나라 -누가 왕이고 누가 신하인가-》, 김영사, 2008.

이청승, 《세종에게 길을 묻다》, 일진사. 2011.

이한, 《나는 조선이다 -조선의 태평성대를 이룩한 대왕 세종-》, 청아출판사, 2007.

이호선, 《왕에게 고하라 -상소문에 비친 조선의 자화상-》, 평단문화사, 2010.

이효성, 《황희》, 견지사, 1995

조풍연, 《황희》 23, 계몽사, 1987.

장수황씨대전연지회, 《황희정승 방촌선생 일화집》, 장수황씨대전연지회, 1994.

전우용, 《오늘 역사가 말하다》, 투비북스, 2012.

전윤호, 〈개혁에 성공한 사람들(2)-황희-〉, 《地方行政》 42-480, 1993.

鄭杜熙, 《朝鮮時代 人物의 再發見》, 일조각, 1997.

정옥자, 《지식기반 문화대국 조선 -조선사에서 법고창신의 길을 찾다-》, 돌베개, 2012.

정진권, 〈한시가 있는 에세이(86): 황희정승의 시-경포대-〉, 《한글한자문화》 86, 2006.

朝鮮日報社 편, 《조선명인전 상·하》, 朝鮮日報社, 1988.

조성린, 《조선시대 사관이 쓴 인물평가》, 수서원, 2004.

조성린,《조선의 청백리 222》, 조은, 2012.

최동군,《문화재 속 숨어있는 역사》, 담디, 2015.

파주문화원,《명재상 방촌황희의 삶과 사상》, 2008.

한국어읽기연구회,《오성과 한음의 용기와 우정, 억울한 홍 부자를 살린 어사 박
　문수, 존경받은 정승 황희》, 학이시습, 2013.

황광수,《황희 정승의 후예들》, 새벽, 1997.

황대연,《(조선왕조실록에서 가려 뽑은) 황희 정승》, 공옥출판사, 2010.

황원갑,《한국사를 바꾼 리더십》, 황금물고기, 2014.

황진하,《黃震夏 回顧錄 : 나는 황희 정승 21대손 파주 토박이다》, 연장통, 2012.

《황희 : 이조 이름 높은 재상》, 世明文化社, 1973.

(3) 논문

가. 학위논문 - 석사

김정남,〈강원 지역 역사인물 설화의 전승양상 연구〉, 한국교원대학교 대학원 석
　사학위논문, 2015.

박진아,〈방촌 황희의 소통방식 연구〉, 청주교육대학교 교육대학원 석사학위논
　문, 2014.

이연재,〈題詠에 나타난 神仙思想 研究 -東國與地勝覽의 題詠을 中心으로-〉,
　漢陽大學校 大學院 석사학위논문, 1980.

최종복,〈坡州 三賢 '얼' 繼承 教育에 대한 研究〉, 고려대 교육대학원 역사교육과
　석사학위논문, 1998.

나. 학위논문 - 박사

박천식,〈朝鮮 建國功臣의 研究 -政治勢力 규명의 일환으로-〉, 전남대학교 대학

원박사학위논문, 1985,

다. 일반논문

김낙효, 〈황희 설화의 전승양상과 역사적 의미〉, 《비교민속학》 14, 비교민속학회, 2000.

림청풍, 〈야담 -황희정승과 대추나무-〉, 《地方行政》 8, 대한지방행정공제회, 1959.

소종, 〈朝鮮 太宗代 厖村 黃喜의 정치적 활동〉, 《역사와 세계》 47, 효원사학회 2015.

신동욱, 〈한국인의 표정 -황희 정승의 덕-〉, 《北韓》 197, 북한연구소, 1988.

申學均, 〈淸白吏의 龜鑑 黃喜〉, 《人物韓國史》 3: 榮光의 星座, 人物韓國史編纂會, 博友社, 1965.

오기수, 〈조세의 중립과 공평을 추구한 황희의 위민(爲民) 사상〉, 《조세연구》 14, 한국조세연구포럼, 2014.

오병무, 〈朝鮮朝의 名宰相 厖村 黃喜의 生涯와 思想〉, 《全羅文化研究》 제10집, 全北鄕土文化研究會, 1998.

李廷卓, 〈時調史 研究〈Ⅱ〉 -時調의 발전기를 중심으로-〉, 《論文集》 12, 安東大學校, 1989.

이영자, 〈방촌 황희의 경세사상과 그 의의〉, 《동서철학연구》 65, 동서철학학회, 2012.

이형권, 〈황희 정승이 짓고 송강이 보수한 광한루〉, 《한국인》 14, 1995.

임주탁, 〈조선시대 사족층의 시조와 일상성 담론〉, 《한국시가연구》 29, 한국시가학회, 2010.

鄭杜熙, 〈朝鮮初期 黃喜의 政治的 役割〉, 《吉玄益教授停年紀念史學論叢》, 吉玄益教授停年紀念史學論叢 刊行委員會, 1996.

최래옥, 〈民譚의 사료적 성격과 사회사적 의미〉, 《說話와 歷史》, 集文堂, 2000.

韓鍾萬, 〈韓國 淸白吏像 硏究 -李朝의 代表的 淸白吏를 중심으로-〉, 《원광대학
    교 논문집》 제11집, 인문과학, 원광대학교, 1977.

황의천, 〈長水黃氏 保寧入鄕考〉, 《保寧文化》 16, 보령문화연구회, 2007.

(4) 미디어 자료

'세종 대왕, 황희', 삼성당, 1992.

'역사의 라이벌 . 24 , 황희와 맹사성: 청백리도 등급이 있소이다!', KBS미디어,
    1995.

'역사의 라이벌 27, 황희와 맹사성', 한국방송공사, KBS 미디어, 2005.

'구설수에만 올라도 물어날 줄 아는 선비 : 황희', EBS, 2006.

'역사극장 8 -구설수만 올라도 물러날 줄 아는 선비, 황희-', EBS 교육방송, 2007.

'역사극장 8 -구설수만 올라도 물러날 줄 아는 선비, 황희-', EBS 교육방송, 2011.

'황희와 맹사성', KBS Media, 2007.

4. 방촌 영당 소장 고서 · 고문서

순번	사진	구분	문서명	작성연대	발신자	수신자	세로×가로	내용
1	19	고문서	간찰	정사 10월 11일	族從 昌善		24.8 × 43	
2	39 -2 -1	고문서	데김	초 5일	파주 목사	황씨 종중	21.3 × 22.3	39-1-2 소지에 대한 데김으로 보인다. 요청한 바에 따라 7명을 배속하라는 데김이다.
3	39 -2 -4	고문서	데김	초 4일	파주 목사	파주 향교	21.6 × 19	파주목사가 파주향교에 보낸 데김이다. '모두 신역이 있는데, 파정하는 것이 온당하겠는가?'라는 내용이다.
4	39 -2 -2	고문서	명단	신해 3월	심의건 외 21명	파주 목사	22.8 × 14.4	39-1-2 하예배 7명의 명단이다. 고직 1명, 수복 2명, 수노 1명, 사령 1명, 재직 2명과 각각의 성명이 기재되어 있다.
5	25 -2	고문서	명문	1832년 도광 12년 2월 16일	宗孫 東	미상	26. × 48	종손 東이 흉년으로 생활하기가 어려워 星峴의 主山 三鹿의 松木을 錢文 18냥에 받고 방매한다는 명문이다. 구문기 1매가 점련되어 있다.
6	27 -1	고문서	명문	1833년 도광 13년 12월 29일	姜遇璜	李景顯	50.5 × 31	강우황이 부채 문제로 조상 전래로 내려오는 파주 마정면 사목리에 있는 皆字 11田 14부 9속내 田 5속 合 1日耕을 전문 47냥에 이경현에게 방매한다는 명문이다. 아울러 본문기 3장과 패자 1장을 아울러 방매한다고 되어 있다.
7	20	고문서	명문	1836년 도광 16년 1월 25일	有司 黃鳳器	黃錫寧	30.8 × 41.5	소양공의 묘소 위전과 관련한 명문이다. 상주 牟西面 성현에 있는 소양공(黃孟獻)의 위전이 坡州에서 800리 떨어져 있어 관리하기가 어려우므로 문중과 상의하여 新館員 小字47畓 12ㅏ5束, 48畓 9束, 36畓 14ㅏ 6束 正租 9斗落 곳을 전문 40냥을 받고, 본문기와 함께 파주에 사는 族叔 黃錫寧에게 영영 방매한다는 명문이다.
8	24 -3 -1	고문서	명문	1844년 도광 24년 11월	機	林信源	49 × 38.3	機이 파주 마정면 사목리에 있는 影堂 垈田 背字 9田 1부, 12田 5부 4속, 13田 4속 1일경을 전문 25냥을 받고 박신원에게 방매한다는 명문이다.

9	27 -2 -2	고 문서	명문	1845년 도광 25년 5월 21일	李景顯	黃 生員 宅 奴 大能	54 × 36.7	이경현이 파주 마정면 사목리에 있는 皆字 11田 14부 9속 내 田 5속 합 1日耕를 전문 47냥에 황 생원댁 노 대능에게 방매한다는 명문이다. 본문기 4장과 패자 1장을 아울러 방매한다고 되어 있다.
10	26 -3	고 문서	명문	1849년 도광 29년 3월 10일	姜佑昌	金希文	52.5 × 60	강창우가 坡州 七井面 望五里에 있는 退字 답 43田 8부 3속을 김희문에게 40냥에 방매한다는 명문이다. 본문기는 단지 패자와 준다고 되어 있다.
11	17 -4	고 문서	명문	1854년 갑인 2월 10일	尹氏 부인	影堂 大宗契	51 × 49.5	윤씨 부인이 가세가 점차 기울고, 喪葬의 비용을 출판할 수가 없으며, 어린 아이에 대한 호구지책이 없어서 影堂의 後鹿과 南邊의 樹木柴草落葉價를 錢文 5냥에 影堂 大宗契에게 영구히 방매한다는 명문이다.
12	2 -3	고 문서	명문	1865년 동치 4년 11월 15일	황생원 댁	鄭連孫	59.5 × 49.5	황생원의 諸宅 沙鶩津處를 錢文 50냥에 방매하고, 稅納은 秋牟 30두와 精租 30두를 매년 備納한다는 뜻으로 문기를 작성하여 줌
13	16	고 문서	명문	1882년 광서 8년 10월 16일	金相淳	黃氏 大宗中	32 × 52.7	喪人 金相淳이 坡州 馬井面 馬井里의 經字 36畓 4卜2束內 畓 5束 3夜味 3斗落을 錢文 90냥에 황희 大宗中에 영구히 방매한다는 명문이다.
14	27 -2 -1	고 문서	명문	1884년 광서 10년 3월	黃宅周	影堂 宗中	58 × 34	황택주가 파주 마정면 사목리에 있는 皆字 11田 14부 9속 내 田 5속 1日耕를 전문 70냥에 영당 종중에 방매한다는 명문이다. 본문기 5장과 패지1장을 아울러 영구히 방매한다고 되어 있다.
15	27 -3 -5	고 문서	명문	갑인 10월 6일	黃禹源	윤씨 부인	22.5 × 37.3	門長 황우원이 영당의 토지 2곳을 6냥에 윤씨 부인에게 방매한다는 명문이다.
16	27 -3 -2	고 문서	명문	을미 4월 30일	黃奴 萬男	黃奴 士奉	33 × 32	황씨의 奴 萬男이 상전이 이번에 유사가 되었으나 종중의 재력이 부족한 까닭에 影堂 垈田 1일경와 背字 9田 1부, 12田 5부 4속, 13田 4속을 종중에서 25냥에 族人에게 방매한다는 명문이다.
17	7	고 문서	미상					판독불가
18	3	고 문서	성책	1862년 동치 원년 8월			21.2 × 18.8	방촌 황희선생 영당의 守僕齋直 등의 명단을 기록한 성책이다. 庫直, 守僕, 首奴, 使令, 齋直 등 7명의 이름이 기록되어 있다.

19	28 -3 -8	고 문서	소지	1810년 경오 4월	黃道源 등 43명	경기 감사	111 × 63	前縣監 황도원 등이 경기감사에게 보낸 산송 소지이다. 장단부에 소재한 판강릉부사(黃君瑞)의 산송 문제로 황도원이 장단부에 정소하였고, 장단부에서는 鄭坪이 四山내의 무단으로 매장하였을 뿐만 아니라 익성공의 사체가 자별하니 3월 내에 이장하라고 지시하였다. 그럼에도 정질이 이리저리 핑계대고 이장하지 않자 다시 감영에 소지를 올려 처분해 달라고 요청한 내용이다.
20	28 -3 -7	고 문서	소지	1810년 경오 1월	黃道源 등 44명	경기 감사	102 × 58.3	前縣監 황도원 등이 경기감사에게 보낸 산송 소지이다. 선조인 판강릉부사(黃君瑞)는 익정공 황희의 조부로 그 묘소가 장단부 동도면 마근곡에 있고, 그 일대는 10여 대의 자손들을 繼葬한 곳이어서 다른 사람들이 犯葬하지 못하는 곳이었다. 그런데 일개 鄕品인 鄭坪이란 자가 지난 9월에 先塋에서 300보 떨어진 곳에 투장하였는데, 정질은 병자호란 중에 局內에 선조를 장사지냈으므로 이장할 수 없다고 반론하였다. 이에 황도원은 정질이 전부터 이곳에 투장하고자 한 사실을 고발함으로써 이번에 투장한 무덤 역시 속히 이장하게 해줄 것을 요청하고 있다.
21	28 -3 -4	고 문서	소지	1810년 경오 11월	황도원 등 45명	경기 감사	115.5 × 67	장단부 동도면 마근곡에 있는 익성공의 묘역에서 일어난 偸葬을 두고 黃道源과 鄭坪의 산송 문제이다. 鄭坪이 1809년 9월 황도원의 선영에서 300보 떨어진 곳에 무덤을 쓰자 이에 황도원이 전후 사정을 보고하고 처리해 주기를 요청한 내용이다. 그의 말에 따르면 장단부사는 黃坮의 13대조의 무덤과 정질의 親山이 350보의 거리일 뿐만 아니라 익성공의 사체가 중대한 만큼 정질을 옥에 가두어 무덤을 이장하게 하였다. 그러나 옥에 가둘 때 이장하면 폐단이 있을 것 같아 3월 내로 이장하게 하였으나 4월이 되도록 정질이 이장하지 않자 재차 정소하였다.
22	28 -3 -3	고 문서	소지	1810년 경오 4월	황도원 등 27명	장단 부사	73 × 41.5	정질이 3월 내에 이장하기로 하였으나, 이를 이행하지 않자 즉각 정질을 가두고 기한을 정해 이장해 가기를 요청한 황도원의 소지이다.
23	28 -3 -6	고 문서	소지	1811년 신미 윤3월	황도원 등 20명	장단 부사	65.5 × 40	정가(정질)의 6대조를 입장할 때 황씨 문중에서 일찍이 별말이 없었으므로 그대로 두고, 갑술년에 투장한 정도삼의 무덤은 이장하라는 장단부사의 데김에 대하여 다시 상세히 적간하여 처분해 달라고 요청하고 있다.

24	28 -3 -5	고 문서	소지	1811년 신미 3월	황도원 등 22명	장단 부사	87.5 × 54.5	황도원이 정질과의 산송 문제로 지난 11월에 장단부에 정소하였으나, 당시 장단부사가 때가 지독하게 춥고 權政에 바쁜 철이니 내년 봄을 기다려 파게 하겠다고 하였으나 봄에 교체되는 바람에 처리되지 못하였다. 이에 황도원이 신임 부사에게 다시 전후 문건을 상세히 살피고, 정질을 옥에 가두고, 기한을 정해 이장해 줄 것을 요청하고 있다.
25	28 -3 -2	고 문서	소지	1834년 갑오 3월	黃협	장단 부사	82 × 48.5	1814년 2월 정질의 아들이 그 어미의 무덤을 익성공의 친산 일에 투장한 것과 관련한 산송소지이다. 황협은 정질이 생전에 투장으로 수십 년 도망다니다 사망하였는데, 그 아들이 또 아비의 나쁜 습성을 본받아 투장하고 있다면서 속히 기한을 정해 이장해 줄 것을 요청하고 있다.
26	28 -3 -1	고 문서	소지	1834년 갑오 9월	부수찬 黃埉 등 13명	장단 부사	77 × 47	鄭聖仁이 1834년 2월 21일 밤에 장단부 동도면 마근곡의 판강릉부사의 선산에 그 모친을 투장한 것에 대하여 황협 등이 장단부사에게 올린 소지이다. 鄭埉는 수십 년 전에 그 부친을 투장하였다가 죄를 입고 도망치다 사망한 탓에 결국 이장을 하지 못했는데, 이번에 또 그 아들 정성인이 그 모친을 투장하자 황씨 문중에서 그를 잡아다가, 속히 이장하게 해줄 것을 요청하였다.
27	28 -2	고 문서	소지	1855년 11월	승지 黃埉 등 14명	장단 부사	108.5 × 67	황협이 좌의정공(판강릉부사)의 墓直인 權致應이 邱木을 몰래 벌채하여 팔고, 墓庭 앞까지 침탈하여 경작하고 있는 것에 대하여 처벌해 달라고 요청한 소지이다.
28	27 -4	고 문서	소지	기묘 4월	黃翊顯 등 12명	파주 목사	74 × 53	익성공(황희)의 영당 위토는 (파주) 마정면 사복리에 背字 8田 4부 9속, 9田 1부, 12전 5부 9속, 13田 4속, 18田 2부 9속 등 총 15부 1속 1일경인데, 그 문기를 종계의 궤짝에 보관하고 있었으나 유사가 잘 관리하지 못하여 분실하였으니, 특별히 立旨를 만들어 증명해 주기를 요청하는 소지이다.
29	39 -1 -2	고 문서	소지	신해 3월	파주 유생 심의건 외 21명	파주 목사	105.5 × 60.6	파주 마정면 사목리는 방촌 황희선생이 만년에 물러나 쉬던 곳으로 정자가 있었는데, 伴鷗亭이라고 불렀다. 1632년 본읍의 사림이 정자 앞에 堂을 세우고 영정을 봉안하고, 다른 서원의 예에 따라 下隷輩를 배속하였다. 그러나 불행히 병자호란을 만나 영정을 상주에 있는 선생의 서원으로 옮겨 봉안하였다. 작년에 비로소 후손들과 사림들이 반구정을 복구하고, 영당을 중건하였으니 구례에 따라 하예 7명을 배속시켜 달라고 요청한 소지이다.

30	5 -2	고문서	소지	을묘 11월	黃穰, 黃楯	장단부사	64.7 × 34.7	파주에 사는 황양과 황순 등이 장단부사에게 올린 소지이다. 그러나 權致應의 족속이 산소 인근의 수목을 벌목하고, 경작하고 있는 것을 알고 나서 다시는 경작하지 않겠다는 手記를 받아 같이 올리니 처리해 달라는 내용의 소지이다.
31	6	고문서	소지	을묘 11월	黃晸源, 黃穰, 黃楯 등	장단부사	65.3 × 35	파주에 사는 황정원, 황양, 황순 등이 장단부사에게 올린 소지이다. 그들은 선조의 산소 문제와 관련하여 두 문제를 제기하고 있는데, 하나는 局內의 斫伐 문제이고, 다른 하나는 산소 앞에서 경작 문제였다. 이로 인하여 그들은 나무값 4냥 5전을 되돌려 줄 것과 量尺으로 경계를 분명히 해줄 것을 요구하는 한편 죄인 權致應을 징계해 줄 것을 요청하였다.
32	4	고문서	소지	정축 11월	黃豆顯 등 39명	尙州牧使		황두현이 성주 牟西面 星峴山에 있는 長原君(黃孟獻, 소양공)의 묘의 位土 9두락 중 ??를 牟東面 安平里에 살고 있는 族人 源崙이 몰래 功西面 鳳谷里에 거주하는 宋基喆에게 팔아 넘겼으니 이를 바로 잡아달라고 상주목사에게 올린 소지이다.
33	2 -2	고문서	소지	임진 5월	황생원댁 노 西元卜?	使道	91 × 45.5	馬井面 盤庄里에 사는 노 元卜?이 道使에게 올린 소지이다. 興汶浦 객주 李昌錫이 誣訴한 것에 대한 내용을 담고 있다.
34	5 -1	고문서	수기	을묘 11월 25일	權致應	柳䫒	25 × 39.3	罪人 權致應이 파주에 있는 黃氏의 山所 인근의 나무를 벌작하고 경작했던 사실을 인정하고, 앞으로 다시는 경작하지 않겠다는 다짐의 手記이다.
35	26 -2	고문서	수표	갑인 8월	상전 鄭氏	奴 季成	36.3 × 48	상전 정씨가 坡州郡 七井面 望五里에 있는 退字 43田 8부 3속을 願買人에게 準價에 팔라는 수표이다.
36	27 -3 -4	고문서	수표	갑진 10월 23일	稔	미상	29.5 × 29.5	稔이 宗契錢 10냥을 빌리는 대신 영당 代田 1일경과 畓字 8田 4부 5속곳을 저당잡히겠다는 내용의 패자이다.
37	17 -3	고문서	언문명문	1854년 갑인 10월	상전 尹氏	영당 大宗中		
38	17 -2	고문서	언문수기	1854년 갑입 4월 28일	부인 尹氏		24.5 × 50.5	
39	40 -1	고문서	완문	갑자 10월	경기 감사	황씨 종중	86 × 52.4	경기감사가 황씨 문중에게 발급한 완문이다. 황희선생의 영당이 있는 파주 마정면 沙鶩里는 방촌 황희의 영당이 있고, 沙鶩浦에 있는 商船은 영당과 관계가 있으니

								다른 곳의 商船은 절대 침징하지 말라는 완문이다.
40	40-6	고문서	완문	갑자 10월	파주목사		59.8 × 52.5	방촌 황희선생의 영당에 소속되어 있는 商船이 다른 역에 징발되고 있으니, 앞으로는 해당 선척을 다른 곳에 동원하지 말라는 완문이다.
41	40-3	고문서	완문	갑자 10월	影堂齋中	파주목사	94 × 56	방촌 황희 영당에서 파주 마정면 사목포에 다른 선척이 와서 침징하는 폐단을 제거하고, 영당에 소속된 선척이 다른 역에 동원되지 않게 해달라고 파주목사에게 요청한 품목이다.
42	39-1-1	고문서	완문	신해 3월	파주목사	황씨문중	50.5 × 102.5	파주목사가 마정면 사목리 舊基에 있는 익성공 황희의 영당을 중건하는 역사에 대하여 隷輩 7명을 차정하는 대신 頉役해 준다고 약속한 완문이다.
43	28-2	고문서	점련문서	1810년	장단부사	黃㙉	38 × 95	장단부사가 황류와 정질의 산송에 대한 처분 즉, 데김 문서이다. 장단부사는 정질의 親山이 황류 13대조 墳山의 局內에 있음을 확인하고, 이장해 가라고 처분하였다.
44	28-3	고문서	점련문서	1810년 경오 2월 9일	장단부사	鄭垤	21.5 × 59.5	장단부사가 정질에게 3월 내에 투장한 무덤을 이장하라고 지시한 문서이다.
45	40-3	고문서	점련문서	초 5일			21.8 × 69	40-3에 점련된 문서이다.
46	28-1	고문서	지도	1810년 11월	승지 黃梜 등 14명	장단부사	33.5 × 38	1810년 黃㙉가 鄭垤의 투장 사실을 그린 山圖이다.
47	1	고문서	통문	1836년 병신 정월 26일	竹山宗中 坡州宗中		105.8 × 65	익성공 방촌선생의 영정은 玉院(상주 옥봉 서원)에 있고, 사당에는 帖藏, ?奉, 几安 등 3位가 있다. 그러나 서원의 재원이 부족하여 이를 제대로 관리하기 어려우니, 종중원에게 각각 일정 정도의 금액을 거두어서 서원에 보내자는 통문이다.
49	40-2	고문서	품목	갑자 10월	파주유생 尹明求 외 11명	경기 감사	96.1 × 55	파주 유생 윤명구 등이 경기감사에게 올린 품목이다. 파주 마정면 사목리에는 황희의 영당이 있고, 이 포구에 있는 商船 수 척은 역을 면제받고 일을 거행하고 있었으나, 근래 다른 포구의 사람들이 매번 침범해 오니 이들은 一身에 兩役을 지고 있어 영당을 중시하는 도가 없어지고 있다. 이 일을 본관에 정소하여 데김과 완문을 받았으니 감사도 완문을 발급해 주기를 요청하는 내용이다.

50	39 -2 -3	고 문서	품목	경술 2월 5일	향교 유생 이준영 외 7명	파주 목사	63.5 × 38	익성공 황희 영당의 수직 문제로 지난번 정소를 올렸으나, 데김에 '모두 신역이 있는데 어찌 把定하여 정액을 줄이겠는가?' 하였으나 완문을 만들어서 역을 면제해 줄 것을 요청한다는 향교의 품목이다.
51	39 -2 -5	고 문서	품목	경술 2월 4일	향교 유생 이민원 외 13명	파주 목사	62.7 × 36.7	향교 유생이 방촌 황희선생의 伴鷗堂을 중건하고, 하예 10여 명을 배속해 달라고 파주목에게 요청한 품목이다. 반구당은 사림의 공의로 숭정 임신년(1632)에 설립되었고, 관행에 따라 10여 명의 하예들이 배속되었다. 불행히 병자호란을 만나 상주의 玉峯書院으로 영정을 옮겼으나 작년 선생의 자손과 사림들이 함께 도모하여 재력을 모아 반구정을 중건하였으니 다시 하예를 배속시켜 달라고 요청하였다.
52	31 -5	근대 문서	계약 서	1913년 대정 2년 5월 19일	金相萬	黃義泰	38.3 × 39.5	김상만과 황의태가 맺은 계약서이다. 김상만의 선산이 황씨 산 경계의 부근에 있어 이를 협의하여 경계를 새로 정하고, 조금이라도 경계를 넘지 않겠다는 내용을 담고 있다.
53	33 -2	근대 문서	공문	1915년 대정 14년 12월 17일	조선총독부임야조사위원회	黃達顯	27.2 × 19.2	경기도지사가 행한 임야조사에 대하여 불복한 것을 임야조사위원회가 재결서로 교부한다는 내용이다.
54	32 -2	근대 문서	공문	1925년 대정 14년 11월 19일	조선총독부임야조사위원회	黃達顯	27.2 × 19.2	경기도지사가 행한 임야조사에 대하여 불복한 것을 임야조사위원회가 재결서로 교부한다는 내용이다.
55	31 -6	근대 문서	공문	1936년 소화 11년 5월 28일	개성 세무 서장	黃達顯	26.6 × 38.9	장단군 장도면 사시리 480번지에 있는 1712평의 토지는 황규현외 4인의 소유인데데, 토지소유이동으로 발생한 토지분할 수수료 2원 40전을 개성세무소로 6월 15일까지 납부하라는 공문이다.
56	35 -3	근대 문서	到記	1921년 신유 10월 1일			21.4 × 14.5	황씨 집안의 임야를 보호하기 위한 방법과 그 대상을 기록한 성책으로 보인다. 내용은 35-2 산야조림방법과 같다.
57	22 -6	근대 문서	도항 영업 원	1913년 대정 2년 9월 5일	姜允鳳	京畿道 警務部	22 × 29	파주군 마정면 사독리 3통 1호 강윤봉이 경기도 경무부에 제출한 도항영업 요청서이다. 길이 12척, 너비 5척의 목조 조선형 선박으로 정원 15명을 태울 수 있고, 1인당 운임 2錢 5厘를 받겠다고 제안한 문서이다.

58	23 -2	근대 문서	동의 서	1932년 소화 7년 1월 20일	黃正淵	宗中 貴中	19.5 × 36	황씨의 족보는 60년마다 수보하는 것이 관행이었으나 시세가 비상이므로 丙午譜를 만든지 30년이 안 되었으나 족보를 보수하겠다는 내용이다.
59	38 -2	근대 문서	매도 증서	1921년 대정 10년 12월 3일	黃正淵	黃世顯 외 3인	27.3 × 39.9	황정연이 파주군 탄현면 금승리 125번지의 부동산을 파주군 임진면 사목리 246번지에 살고 있는 황세현외 3인에게 100円에 매도한다는 문서이다.
60	37 -2	근대 문서	묘적 계	1914년 대정 3년 9월	黃義泰	高浪浦 憲兵派 遣所長	23.9 × 15.4	황의태가 장단군 장도면 사야리 마근곡 산의 소유가 자신임을 고랑포 헌병파견소장에게 증명하는 묘적계이다. 그 산에는 1402년 2월15일에 사망한 黃君瑞의 무덤이 있고, 자신은 그의 19대손임을 밝히고 있다.
61	24 -4	근대 문서	묘적 계	1915년 대정 4년 8월 19일	黃義準	미상	24.2 × 32.3	경상북도 상주군 모서면에 있는 黃孟獻의 묘소에 대한 祭主의 성명을 확인한 묘적계이다. 문서에 따르면 소양공 황맹헌의 제주는 14대손인 황의준으로 경기도 파주군 사목리에 거주하고 있다.
62	9	근대 문서	방명 록					미상.
63	2 -1	근대 문서	보고 서	1906년 병오 4월 27일	黃檍	군수	45.5 × 49	齊會에서 沙鷔津 沙工으로 齊直 姜允吉을 차정한다는 내용, 元金卜의 訴는 종중에서 알 바가 아니니 만일 다시 소가 있거든 그 습성을 징계하여 후폐를 없애 주기를 원한다는 애용
64	35 -2	근대 문서	산야 조림 방법	1921년 대정 10년 10월 1일			21.4 × 29	장단군 장도면 사시리에 거주하는 黃光壽외 5인이 산림을 보호하기 위한 방안에 동의한 문서로 보인다. 벌채와 가지치기[枝打]는 馬井宗中의 허가 없이는 불가하고, 산림을 배정한 면적 외에서는 소나무 1그루라도 벌채할 수 없다는 내용을 담고 있다.
65	8	근대 문서	성금 록					방촌선생 영당에서 모은 성금록이다.
66	22 -7 -5	근대 문서	소명 서	1913년 대정 2년	黃義泰	坡州 郡廳	28.5 × 40	22-7-2의 첨부 문서로 신청서에 신청한 산야의 舊券은 존재하지 않지만 본인의 소유가 확실하다는 소명서이다.
67	22 -7 -1	근대 문서	소유 권보 존신 청	1913년 대정 2년	黃義泰	坡州 郡廳	28 × 20	파주군 마정면 사목리에 소재한 산야에 대하여 소유권 보존을 신청한 문서이다.
68	22 -7 -2	근대 문서	소유 권보 존신 청	1913년 대정 2년	黃義泰	坡州 郡廳	27.8 × 40	황의태의 대리인 黃達顯이 경기도 파주군 마정면 사목리의 산야 5段 2畝 8步 9의 산야[50円 가치]에 대한 소유권을 보존해 주기를 요청한 문서이다.

69	29-1	근대문서	시문		帶隱 李學魯	25 × 35	방촌 황희 영당의 중수에 대하여 이학로가 지은 시문이다.
70	29-2	근대문서	시문		惺窩 趙興奎	43.5 × 24.5	방촌 황희 영당의 중수에 대하여 조흥규가 지은 시문이다.
71	29-3	근대문서	시문	庚午 5월 4일	春江 安 炳奎	29.5 × 41	방촌 황희 영당의 중수에 대하여 안병규가 지은 시문이다.
72	29-4	근대문서	시문		?城 后人 白冀洙	25 × 44	방촌 황희 영당의 중수에 대하여 안병규가 지은 시문이다.
73	29-5	근대문서	시문	庚午 端陽	後學 沈弘燮	23.5 × 39.5	'厖村先生影堂重修洛城宴韻...' 심홍도가 방촌선생 영당의 重修가 落成宴에 지은 시문이다.
74	29-6	근대문서	시문		後學 曹圭復	29.5 × 45.5	'刱建遙遙不記春隨頹修...' 조규복이 방촌선생 영당 중수 낙성연에 차운하여 지은 시문이다.
75	29-7	근대문서	시문	庚午 端陽	後學 李象哲	22 × 37.5	'江水洋洋入海流先生杖...' 이상철이 방촌선생 연당 중수 낙성연에 차운하여 지은 시문이다.
76	29-8	근대문서	시문		坡山 後學 成樂遊	18.5 × 39	'厖村相公影幀...' 성학유가 방촌선생 영당 중수 낙성연에 차운하여 지은 시문이다.
77	29-9	근대문서	시문		坡平 後人 尹甲秀	28 × 45	'厖村先生齋室重修洛城日...' 윤갑수가 방촌선생 영당 중수 낙성연에 차운하여 지은 시문이다.
78	29-10	근대문서	시문		松庵 辛在謨	25 × 22	'伴鷗亭傍有齋室卽...' 신재모가 방촌선생 영당 중수 낙성연에 차운하여 지은 시문이다.
79	29-11	근대문서	시문		外裔孫 金眞洙	27 × 37	'恭惟我厖村先生盛德大業...' 김진수가 방촌선생 영당 중수 낙성연에 차운하여 지은 시문이다.
80	29-13	근대문서	시문		安東 后人 金漢喆	25 × 32	'厖村先生影幀閣齋室重建落成筵...' 김한철이 방촌선생 영당 중수 낙성연에 차운하여 지은 시문이다.
81	29-14	근대문서	시문		兮南 俞鎭九	25 × 24	'賦年字呈落宴雅集...' 유진구가 방촌선생 영당 중수 낙성연에 차운하여 지은 시문이다.
82	29-15	근대문서	시문		隋城 后人 白南杓	25 × 32	'厖村先生影幀閣齋室重建落成筵...' 백남표가 방촌선생 영당 중수 낙성연에 차운하여 지은 시문이다.

83	29 -16	근대 문서	시문	庚午 5월 4일	水原人 白南軾	23.8 × 33.6	'厖村先生影幀閣齋室重建落成韻...' 백남식 이 방촌선생 영당 중수 낙성연에 차운하여 지은 시문이다.
84	29 -17	근대 문서	시문	庚午 5월 1일	朴準秀	27.8 × 40	'黃厖村影幀重修落成韻...' 박준수 방촌선 생 영당 중수 낙성연에 차운하여 지은 시 문이다.
85	29 -18	근대 문서	시문		安甲樹	30 × 82.6	'成和齋室落成之計...' 안갑수가 방촌선생 영당 중수 낙성연에 차운하여 지은 시문이 다.
86	29 -19	근대 문서	시문	庚午 5월 4일	後生 江陵 金鎭協	24 × 32.7	'伏呈厖村先生影幀閣齋室重建落成宴...' 김 진협이 방촌선생 영당 중수 낙성연에 차운 하여 지은 시문이다.
87	29 -20	근대 문서	시문	庚午 端陽	後學 閔泳友	23 × 39.5	'謹賀厖村先生影幀閣齋室重建落成宴席...' 민영우가 방촌선생 영당 중수 낙성연에 차 운하여 지은 시문이다.
88	29 -21	근대 문서	시문		全城 李敬世	26.3 × 28.2	'恭和沙鷰里齋室落成宴...' 이경세 방촌선 생 영당 중수 낙성연에 차운하여 지은 시 문이다.
89	29 -22	근대 문서	시문		梧菴 金斗演	26.4 × 47.3	'肅高遺像苑然...' 김두연이 방촌선생 영당 중수 낙성연에 차운하여 지은 시문이다.
90	29 -23	근대 문서	시문		坡平 后人 尹在昌	30.5 × 38	'送晦五月此江城改築...' 윤재창이 방촌선 생 영당 중수 낙성연에 차운하여 지은 시 문이다.
91	29 -24	근대 문서	시문		光山 后人 金殷鉉	31 × 47	'十載經營不日成暮...' 김은현이 방촌선생 영당 중수 낙성연에 차운하여 지은 시문이 다.
92	29 -25	근대 문서	시문		江陵 后人 金南輯	30.5 × 47	'士林齋會自西東...' 김남집이 방촌선생 영 당 중수 낙성연에 차운하여 지은 시문이 다.
93	29 -26	근대 문서	시문		江陵 后人 金藥卿	23.5 × 44.7	'感舊後孫各殫...' 김약경이 방촌선생 영당 중수 낙성연에 차운하여 지은 시문이다.
94	29 -27	근대 문서	시문		公州 后人 李相鎬	25 × 38	'次黃翼成公影閣齋室重修落成宴韻...' 이상 호가 방촌선생 영당 중수 낙성연에 차운하 여 지은 시문이다.
95	29 -28	근대 문서	시문	庚午 端陽節	朴忠緖	27.3 × 46.5	'一隅乾淨...' 박충서가 방촌선생 영당 중수 낙성연에 차운하여 지은 시문이다.
96	29 -29	근대 문서	시문		竹山 后人 安必壽	25.5 × 79	'落成宴?白雲扃齋室工竣...' 안필수가 방 촌선생 영당 중수 낙성연에 차운하여 지은 시문이다.

97	29 -30	근대 문서	시문		延安后 人 金思 昶	28.3 × 37.5	'次黃翼成公影幀閣齋室重建落成宴韻…' 김 사창이 방촌선생 영당 중수 낙성연에 차운 하여 지은 시문이다.
98	29 -31	근대 문서	시문		後學 朴?麟	23.2 × 39.5	'憶昔聖朝休退還先生偏…' 박?린이 방촌선 생 영당 중수 낙성연에 차운하여 지은 시 문이다.
99	29 -32	근대 문서	시문		昌寧 成樂升	25 × 25.5	'賦落成之計…' 성낙승이 방촌선생 영당 중 수 낙성연에 차운하여 지은 시문이다.
100	29 -33	근대 문서	시문		南原後 學 梁桂 謙	23.5 × 30	'恭祝厖村先生影幀閣齋室重建落成…' 양계 겸이 방촌선생 영당 중수 낙성연에 차운하 여 지은 시문이다.
101	29 -34	근대 문서	시문	庚午 ?夏	後學 郭 相德	32 × 56.5	'厖村先生影廟齋室重建韻…' 곽상덕이 방 촌선생 영당 중수 낙성연에 차운하여 지은 시문이다.
102	29 -35	근대 문서	시문	庚午 端陽節	後學 成 漢慶	32 × 56.5	'謹呈厖村先生影齋室重建韻…' 성한경이 방촌선생 영당 중수 낙성연에 차운하여 지 은 시문이다.
103	29 -36	근대 문서	시문		條里面 梧山里 尹勉學	25 × 31.5	'厖村先生影幀廟重建落成宴…' 윤면학이 방촌선생 영당 중수 낙성연에 차운하여 지 은 시문이다.
104	29 -37	근대 문서	시문	庚午 端陽	尹翰求	27.8 × 51	(좌측면 절단) 윤한구가 방촌선생 영당 중 수 낙성연에 차운하여 지은 시문이다.
105	29 -38	근대 문서	시문		昌寧 成 基萬	25 × 25	'賦落成之計…' 성기만이 방촌선생 영당 중 수 낙성연에 차운하여 지은 시문이다.
106	29 -39	근대 문서	시문		安東后 人 金翰 默	15.6 × 43	'?開影閣…' 김한묵이 방촌선생 영당 중수 낙성연에 차운하여 지은 시문이다.
107	29 -40	근대 문서	시문		完山後 人 李郁 釆	26 × 38	'敬呈厖村相公閣齋室重建落成式' 이욱 채가 방촌선생 영당 중수 낙성연에 차운하 여 지은 시문이다.
108	29 -44	근대 문서	시문		聞韶人 金樂瀅	25.5 × 51	'謹賀厖村齋閣建落成式…' 김낙형이 방 촌선생 영당 중수 낙성연에 차운하여 지은 시문이다.
109	29 -42	근대 문서	시문		漢陽 趙 炳華	27 × 28.5	'賦落成之計…' 조병화가 방촌선생 영당 중 수 낙성연에 차운하여 지은 시문이다.
110	29 -43	근대 문서	시문	庚午 5월 4일	李文燮	20 × 49	'厖村先生齋室落成韻…' 이문섭이 방촌선 생 영당 중수 낙성연에 차운하여 지은 시 문이다.

111	29 -44	근대 문서	시문		漢陽后 人 趙石 衡	24 × 32	'奉呈落成宴席下...' 조석형이 방촌선생 영당 중수 낙성연에 차운하여 지은 시문이다.
112	29 -45	근대 문서	시문	庚午 5월 4일	後學 尹 昌植	24 × 32.5	'伏呈厖村黃相國影幀閣重建落成宴...' 윤창식이 방촌선생 영당 중수 낙성연에 차운하여 지은 시문이다.
113	29 -46	근대 문서	시문	庚午 5월 4일	後學 沈 宜允	24 × 32.5	'伏呈厖村黃先生影幀閣齋室重建落成式...' 심의윤이 방촌선생 영당 중수 낙성연에 차운하여 지은 시문이다.
114	29 -47	근대 문서	시문		後生光 山 金永 世	31 × 46.5	'廣速賓朋會院東...' 김영세가 방촌선생 영당 중수 낙성연에 차운하여 지은 시문이다.
115	29 -48	근대 문서	시문		德水后 人 李敏 龍	18.4 × 37	'謹頌厖村先生影堂齋室重建落成式宴...' 이민용이 방촌선생 영당 중수 낙성연에 차운하여 지은 시문이다.
116	29 -49	근대 문서	시문	庚午 垢月 朏翌日	光山后 人 盧在 英	24.3 × 42	'影幀閣前築一座...' 노재영이 방촌선생 영당 중수 낙성연에 차운하여 지은 시문이다.
117	29 -50	근대 문서	시문		完山后 人 李貞 夏	31 × 36	'更上伴鷗亭上見...' 이정하가 방촌선생 영당 중수 낙성연에 차운하여 지은 시문이다.
118	29 -51	근대 문서	시문		南宮根	24 × 50.5	'先生各節已流...' 남궁근이 방촌선생 영당 중수 낙성연에 차운하여 지은 시문이다.
119	29 -52	근대 문서	시문		李鍾德	24.5 × 33.5	'謹祝落成韻..' 이종덕이 방촌선생 영당 중수 낙성연에 차운하여 지은 시문이다.
120	29 -53	근대 문서	시문		完山 李 秀虎	23.7 × 36	'落成韻 山川秀麗兩京間...' 이수호가 방촌선생 영당 중수 낙성연에 차운하여 지은 시문이다.
121	29 -54	근대 문서	시문		豐川后 人 林命 宰	23.7 × 47	'敬呈厖村相公影幀閣齋室重建落成式...' 임명재가 방촌선생 영당 중수 낙성연에 차운하여 지은 시문이다.
122	29 -55	근대 문서	시문		綾城後 學 具然 成	27 × 55	'厖村先生影幀齋室重建落成然...' 구연성이 방촌선생 영당 중수 낙성연에 차운하여 지은 시문이다.
123	29 -56	근대 문서	시문		後孫 正 淵	22.8 × 31	'齋閣重修宴落成衆孫...' 黃正淵이 방촌선생 영당 중수 낙성연에 차운하여 지은 시문이다.
124	29 -57	근대 문서	시문		黃五顯	26.5 × 24.7	'沙鶩里齋室落成時賀賓以詩頌...' 황오현이 방촌선생 영당 중수 낙성연에 차운하여 지은 시문이다.

125	29-58	근대문서	시문		后孫轍周	25×27.2	'齋室落成宴賦時字...' 황철주가 방촌선생 영당 중수 낙성연에 차운하여 지은 시문이다.
126	29-59	근대문서	시문		義昌	18.2×40.3	'奉賀厖村先生影堂齋室重建落成韻...' 황의창이 방촌선생 영당 중수 낙성연에 차운하여 지은 시문이다.
127	29-60	근대문서	시문		八周	26.2×25.8	'齋室重修後宴而落之賀客...' 황팔주가 방촌선생 영당 중수 낙성연에 차운하여 지은 시문이다.
128	29-61	근대문서	시문		後孫庭周	25×21.7	'齋室落宴述所懷...' 황정주가 방촌선생 영당 중수 낙성연에 차운하여 지은 시문이다.
129	29-62	근대문서	시문		芝雲黃義暻	25×27.7	'沙鶩里齋室落成時賀賓...' 황의경이 방촌선생 영당 중수 낙성연에 차운하여 지은 시문이다.
130	29-63	근대문서	시문		不肖後孫鶴周	18.2×38.3	'勳業大開數百年...' 황학주가 방촌선생 영당 중수 낙성연에 차운하여 지은 시문이다.
131	29-64	근대문서	시문		后孫義萬	25×38.6	'齋室既成會君子散韻...' 황의만이 방촌선생 영당 중수 낙성연에 차운하여 지은 시문이다.
132	29-65	근대문서	시문		后孫冕周	23.3×16.5	'頹垣壞壁已多年齋宇重成永幸...' 황면주가 방촌선생 영당 중수 낙성연에 차운하여 지은 시문이다.
133	29-66	근대문서	시문		後孫黃義豊	26.3×71.5	(좌측 결락)'黃翼成公影幀閣又有齋室年...' 황의풍 등이 방촌선생 영당 중수 낙성연에 차운하여 지은 시문이다.
134	36	근대문서	신청서	1910년 융희 4년 8월 26일	黃㼈	京畿道長湍郡署理郡主事	33.6×21.4	황발이 장단군 동도면 사시리에 있는 토지 8개 지목 총 田 3日耕, 畓 3斗落, 가격 110圜이라는 사실을 증명해 달라고 장단군에 청원한 문서이다.
135	15	근대문서	영당토지도본사정부	무오 10월 16일			34.5×27.5	방촌선생 영당의 토지와 판강릉공(黃君瑞)의 위토가 소재한 곳과 도본을 정리한 문서이다. 각 위토에는 소작인 명단이 기록되어 있는데, 대부분 황씨이다.
136	24-3	근대문서	영수증	1917년 대정 6년 음10월 13일	黃世周	黃達顯	25.5×26	黃世周가 상주군 모서면 정산리 광여산 일록에 대한 22円을 받았음을 확인하는 영수증이다.
137	24-6	근대문서	영수증	1927년 소화 2년 8월 14일	尙州郡森林組合	黃義大 등 3인	16.2×12.5	상주군 삼림조합에서 황의대 등 3인에게 각 10전의 수수료를 받았다는 영수증이다.

138	45	근대 문서	영수 증	무오 음 8월 5일	李聖求	黃達顯	18 × 35.5	厖村(황희)과 懦夫(황수신) 양선생 年譜의 還退 대가로 30円을 받았다고 확인한 영수 증이다.
139	22 -7 -6	근대 문서	위임 장	1913년 대정 2년 10월	黃義泰	坡州 郡廳	27.8 × 20	22-7-2의 첨부문서로 황의태가 자신의 대리인으로 황목현에게 행정업무의 일체 를 맡긴다는 위임한다는 내용이다.
140	44 -2	근대 문서	의금 수합 기	신사 정월	孔德 宗中 대표 冕周			공덕 종중에서 익성공 영당의 운영을 위해 모금한 義金 취지와 납부자를 정리한 문서 이다.
141	44 -3	근대 문서	의금 수합 기	신사 11월 3일	族從 鶴周			익성공 영당의 중건에 필요한 물력을 마련 하기 위하여 義金을 보내 주기를 요청한 간찰이다.
142		근대 문서	재결 서	1925년 대정 14년 11월 19일	조선총 독부임 야조사 위원회	黃達顯	27.1 × 39.4	경기도 파주군 탄현면 금승리 산67번지 임 야에 대한 토지 소유권이 경기도지사의 조 사에 의하면 黃正淵으로 되어 있으나 黃達 顯 등 4인의 소유가 확실하니 경기도지사 의 조사를 취소한다는 임야조사위원회의 재결서이다.
143	33 -3 -1	근대 문서	재결 서	1925년 대정 14년 11월 19일	조선총 독부임 야조사 위원회	黃達顯	274 × 39.3	경기도 파주군 탄현면 금승리 산6번지 임 야에 대한 토지 소유권이 경기도지사의 조 사에 의하면 黃仁宅으로 되어 있으나 黃達 顯 등 2인의 소유가 확실하니 경기도지사 의 조사를 취소한다는 임야조사위원회의 재결서이다.
144	22 -7 -4	근대 문서	증명 원	1913년 대정 2년 10월	馬井 面長	黃義泰	28 × 40	경기도 파주군 마정면장이 마정면 사목리 에 소재한 산야 5段 2畝 8步 9(?)가 황의 태의 소유가 확실하다고 증명한 문서이다.
145	30 -2	근대 문서	증빙 서	1918년 대정 7년 11월 15일	門長 ?	宗顯 八周	34.7 × 53.2	장단군 장도면 사시리에 있는 판강릉공(黃 君瑞)의 位土 중 田 1日耕半 文字 38, 39 내 2,611평은 대종중의 공동소유일뿐만 아 니라 波宗의 위전으로 자금을 각별히 마련 하여 대종중으로부터 매수한 것이다. 이에 3건 문서를 발급하여 대소종중이 보관하 고, 영구히 보존한다는 내용을 담고 있다.
146	24 -2	근대 문서	증서	1917년 대정 6년 음10월 12일	改名 黃碩周	黃檍	36.7 × 55.7	黃達顯이 상주군 모서면 정산리 광여산 일 록을 황세주에게 영구히 상납한다는 내용 이며, 이를 종중에게 알리는 문서이다.
147	22 -5	근대 문서	지도	1913년 대정 2년 9월 5일	元金卜	京畿道 觀察使	27.8 × 30	坡州郡 馬井面 沙鶯里의 나루터를 그린 지 도이다.
148	22 -7 -3	근대 문서	지도	1913년 대정 2년	黃義泰	坡州 郡廳	33.4 × 39.7	황의태 소유의 산야 지도이다.

149	37-2-1	근대문서	지도	1914년 대정 3년 9월	黃義泰	高浪浦憲兵派遺所長	23.9 × 15.4	37-2와 관련하여 황군서의 무덤을 표시한 약도이다.
150	26-4	근대문서	지도				19.6 × 55.5	파주군 임진명 당동리와 사목리에 위치한 위토 지도이다.
151	31-4	근대문서	지도				22.6 × 29.6	31-2의 위토 지도이다.
152	22-2	근대문서	청원서	1909년 융희 3년 5월 9일	元金卜	京畿道觀察使	28.5 × 17.7	坡州郡 馬井面 沙鶩里에 거주하는 (22세) 元金卜이 경기관찰사에게 올리는 청원서이다. 청원서의 내용은 본군 본면 본리에 소재한 津處는 黃翼成公(황희)의 影堂舊址 관할의 사유지인데 해당 沙格을 본인이 거행하려고 하는데, 道令 제1호에서 '타인의 사유지와 관계된 경우에는 사용승낙서를 첨부하라'고 되어 있어서 黃氏齋中에 청구하여 승낙서를 첨부하오니 처리해 주기를 청원하는 내용이다.
153	22-3	근대문서	청원서	1909년 융희 3년 5월 9일	元金卜	京畿道觀察使	28.5 × 17.7	22-2에서 첨부한 황씨 재중의 사용승낙서이다.
154	22-4	근대문서	청원서	1913년 대정 2년 9월 5일	姜允鳳	黃尨村先生影堂齋中	22.4 × 14.7	파주군 마정면 사목리 3통 1호의 강윤봉이 황촌재중에게 보낸 청원서이다. 내용은 방촌영당 관할 津航의 沙格을 거행하고자 警務部에 신청서를 제출하였으나, 소유자의 토지사용신청서를 첨부해야 한다고 하므로 이에 영당재중에 청원서를 제출한다는 내용이고, 이에 門長 黃檍이 청원에 따라 시행하라고 허가해 준 내용이다.
155	24-5	근대문서	청원서	1927년 소화 2년 8월 14일	黃義大 등 3인	朝鮮總督府	27 × 38.7	경상북도 상주군 牟西面 井山里 130번지 8畝의 森林讓與令 제1조 규정에 따라 경기도 파주군 임진면 사목리의 黃義大, 黃鎭周, 黃義正 등 3인에게 양여해 주기를 청하는 문서이다.
156	21	근대문서	토지매매계약서	1911년 명치 44년 1월 6일	黃冕顯	門長黃辭	31.3 × 19.8	경기 파주군 마정면 반장리에 사는 황면현이 석결평 浮字 57답 30원에 있는 畓 6두락 등 3곳을 같은 지역에 사는 황발에게 240圜에 매도하는 계약서이다.
157	44-1	근대문서	토지매매계약서	1941년 소화 16년 12월 18일	黃?淵	黃?淵	24.3 × 33	황?연이 파주 임진면 사목리 垈地 180번지 218평, 田 181번지 519평을 현공정가액 100圜에 황?연에게 매매한다는 문서이다.

158	34 -2 -1	근대 문서	토지 매매 신고 서	1921년 대정 10년 12월	파주군 탄현 면장	京畿道 知事	28.1 × 40	파주군 탄현면장이 경기도 파주군 탄현면에 있는 산 3町을 황규현등 4인이 황인택으로부터 매수하였다고 경기도지사에게 신고한 토지매매신고서이다.
159	31 -2	근대 문서	토지 신고 서	1913년 대정 2년 5월	黃覣周, 黃逵顯		23.8 × 35.2	장단군 동도면 사시리에 소재한 황씨 위토문서이다. 乃字 9田, 字字 15田, 字字 17田, 文字 28田, 文字 12田 등 5곳에 위토가 있다.
160	23 -1	근대 문서	편지 봉투	1932년 소화 7년 1월 20일	黃正淵	宗中 貴中	19.5 × 36	경기부 창성동에 사는 황정연이 보낸 편지의 봉투이다.
161		성책 류	명단	1863 ~ 1918			33.2 × 28	제사에 참여하는 직책과 명단을 기록한 책이다. 초헌관, 아헌관, 종헌관을 비롯하여 집례, 대축, 봉향, 봉로, 외봉작, 내봉작 등이 기록되어 있다.
162	13	성책 류	伴鷗亭중건낙성시기부록	을해 5월 16일			36 × 23	을해년 5월에 반구정이 중건되어 낙성되었을 때 문종 사람들이 납부한 기부금을 정리한 회계책이다. 총 65명이 기부금을 납부했는데, 그 액수는 1円~20円 정도였다.
163		성책 류	방촌 선생 문집					방촌 황희의 문집이다.
164	55	성책 류	방촌 선생 영당 첨배 록	1918 ~ 1930			35 × 26.2	방촌선생 영당에 첨배한 사람의 명단을 기록한 책이다.
165	54	성책 류	방촌 선생 영당 첨배 록	1931 ~ 1943			34.3 × 23	방촌선생 영당에 첨배한 사람의 명단을 기록한 책이다.
166		성책 류	방촌 선생 영당 향례 거안	1940 ~ 1978				
167	55	성책 류	방촌 선생 청무 실사					방촌선생의 후손이 황희를 문묘에 배향하기를 청하는 여러 글을 모아 놓은 책이다.

168	10	성책류	방촌영당건축관계서류	1962년임인			1962년 방촌영당중건관계 서류를 모아 놓은 성책이다.
169	49	성책류	봉선계좌목	무자12월		27×24.5	봉선계의 설립 목적은 기록되어 있지 않으나 177번 문서에서 알 수 있듯이 선조의 제사를 모시기 위해 설립한 계로 보인다. 문서에는 계의 운영지침인 立議가 있다. 내용을 보면 마정면의 자손들이 8전씩을 각출하여 계를 세우고, 각처의 후손들은 차차 가입할 것을 규정하고 있다.
170	53	성책류	봉선계좌목	신묘8월15일		24.5×20.2	봉선계 좌목이다. 봉선계는 고조와 증조의 제사를 원활하게 지내기 위하여 만든 계이다. 서두에 계의 설립 취지인 立義가 있고, 그 뒤에는 座目이 있다. 봉선계는 계원에게 租1두씩을 각출하여 설립하였다.
171	48	성책류	봉선계좌목			27.2×32.8	선조의 영당을 중수하고, 이를 공경하며 받들기 위하여 근처 자손들이 모여 설립한 계이다. 177번, 180번 문서와 내용은 비슷하다. 판강릉공의 제사 위토와, 영당의 垈田이 수록되어 있다.
172	51	성책류	사기	1927~1939	影堂大宗契	23.8×21.2	영당대종계에서 작성한 회계부이다. 연간 총 수입과 각종 지출의 내역을 시기순으로 기재해 두었다.
173	11	성책류	성책			33.7×22.5	방촌영당에서 모금한 義金 성책이다. 영태리 종중, 장단군 정동리 종중, 사목리 등지의 거주하는 후손의 명단과 금액이 보인다. 다만 낙질인 탓에 그 이상의 정보를 확인할 수 없다.
174	47	성책류	소양공산소시사	정유9월		19×19.2	昭襄公의 산소가 상주군 성현에 있으나 여러 후손들이 貧寒하여 제사를 지내기 어려운 까닭에 종중에서 位畓을 사서 매년 12월 12일 祭官 2명을 정해 보낸다는 내용의 문서이다.
175	5	성책류	영당제수목록	1928~1978		24×22	영당에 보관되어 있는 제수품의 물목을 정리한 문서이다.
176	57	성책류	영당첨배록	1850~1862		35×33	영당 瞻拜시 직책과 명단을 정리해 놓은 책이다.

177	46	성책류	영당화영개모소용물목	을해년 4월		19.5 × 21	영당의 畵幀을 바꾸는 데 들어간 물품을 정리한 문서이다. 임신년 영당 局內에서 송진목을 베어서 판 126냥, 계유년과 갑술년 식리의 이자인 222냥, 을해년 宗錢 96냥, 각파에서 수렴한 50냥 등 총 367냥으로 각종 물품값을 지급하였다. 영정을 새로 만들고 남은 돈은 134냥 정도이다.
178	56	성책류	의금부	무오 11월		36.3 × 29.5	판강릉공의 재각이 없어서 1969원을 모금하여 재각을 짓고, 이 사실을 기록한 책이다. 都有司에 황규현, 執事에 황의준과 황세연, 掌財에 황면현의 이름이 기록되어 있다.
179	12	성책류	의금부	임인 4월 25일	방촌영당종중	37 × 27.5	방촌영당 종중에서 모금한 義金 성책이다. 형식을 보면 성명, 금액, 일자, 주소 등이 기재되어 있다. 임인년, 계묘년, 정미년 등에 모금한 액수이다. 경상북도 경산종중을 비롯하여 금승리 종중, 충주종중 등지에서 義金을 보내왔다.
180	58	성책류	익성공실기			30 × 19.5	황희의 일대기를 서술해 놓은 책이다.
181		성책류	장수황씨족보				장수 황씨 족보이다.
182	14	성책류	재실건축시용하기	경오 1월 21일		225 × 205	경오년 1월에 齋室을 건축하는 데 들어간 물력을 정리한 성책이다 경오 2월 2일부터 6월 3일까지의 지출내역이 기록되어 있다 지출내역으로는 인건비인 雇價를 비롯하여 보면 酒價, 年初, 食鼎 등이 있다
183	43	기타	기타			27.6 × 58.2	방촌 황희 영당에서 지내는 제사와 관련한 제사 식순을 정리한 문서이다.
184	42-1	기타	서체			32.1 × 68	厖村先 글자이다.
185	42-2	기타	서체	1930			生影堂 글자이다.
186	41	기타	서체			42.4 × 144.4	'방촌선생영당' 글자이다. 83세의 海?堂 金聲根(1835~1919)이 썼다.

(사)방촌황희선생사상연구회
우(03191) 서울특별시 종로구 삼일대로 20길 19(관수동, 서광빌딩) 402호
전화: 02-741-0735 / Fax: 02) 2266-0394
E-mail: bangchonstudy@naver.com

방촌 황희의 학문과 사상

발행일 | 1판 1쇄 2017년 11월 3일

편   저 | (사)방촌황희선생사상연구
주   간 | 정재승
편   집 | 김창경
교   정 | 홍영숙
디자인 | 배경태
펴낸이 | 배규호
펴낸곳 | 책미래

출판등록 | 제2010-000289호
주   소 | 서울시 마포구 공덕동 463 현대하이엘 1728호
전   화 | 02-3471-8080
팩   스 | 02-6008-1965
이메일 | liveblue@hanmail.net

ISBN 979-11-85134-41-3 93130

국립중앙도서관 출판시도서목록(CIP)

방촌 황희의 학문과 사상 / 편저: 방촌황희선생사상연구회.
  -- 서울 : 책미래, 2017
    p. ;   cm. -- (방촌학술총서 ; 제2집)

권말부록: 방촌 황희 학술연구 목록
"방촌 황희 연보(年譜)" 수록
ISBN 979-11-85134-41-3 93130 : ₩20000

황희

990-KDC6
920-DDC23   CIP2017027476